Design your
perspective

관점을
디자인하라 2

| 이영철 지음 |

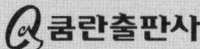

관점을 디자인하라 2

1판 1쇄 인쇄 _ 2025년 3월 24일
1판 1쇄 발행 _ 2025년 3월 29일

지은이 _ 이영철
펴낸이 _ 이형규
펴낸곳 _ 쿰란출판사

주소 _ 서울특별시 종로구 이화장길 6
편집부 _ 745-1007, 745-1301~2, 743-1300
영업부 _ 747-1004, FAX 745-8490
본사평생전화번호 _ 0502-756-1004
홈페이지 _ http://www.qumran.co.kr
E-mail _ qrbooks@daum.net / qrbooks@gmail.com
한글인터넷주소 _ 쿰란, 쿰란출판사
페이스북 _ www.facebook.com/qumranpeople
인스타그램 _ www.instagram.com/qrbooks
등록 _ 제1-670호(1988.2.27)
책임교열 _ 이화정·이주련

ⓒ 이영철 2025 ISBN 979-11-94464-33-4 93230

책값은 뒤표지에 있습니다.
이 출판물은 저작권법에 의해 보호를 받는 저작물이므로 무단 복제할 수 없습니다.
파본(破本)은 구입처에서 교환해 드립니다.

프롤로그　　DESIGN YOUR PERSPECTIVE

　목회를 잘하시는 유명한 목사님들 가운데는 설교집을 자주 펴내시는 분들이 많다. 그분들의 메시지는 주옥같아서 나는 두고두고 그것을 읽으며 은혜를 받거나 귀한 교훈으로 삼곤 한다.

　더구나 깊은 영적 통찰이 담긴 책일 경우 나는 저자에게 존경과 감사의 마음까지 봉헌(?)하며 그 내용을 삶으로 실천하려는 노력 또한 게을리하지 않았던 사람이다.

　그런 내가 설교집을 내게 되었다. 몇 년 전에 우리 교회에서 선포했던 말씀이다. 사실상 여러모로 부족한 점이 많다. 그럼에도 용기를 낸 것은 "나의 나 된"(고전 15:10) 것은 100% 하나님의 은혜이기 때문이다. 복음은 약속이 아니다. 복음은 주님께서 이미 다 이루어 놓은 사실에 대한 진술이다. 예수 믿고 거듭나면 엄청난 존재가 된다. 거듭난 우리의 생명은 하나님과 DNA가 똑같은 생명(Zoe)이기 때문이다. 이 생명은 죽음이 없다. 저주가 없다. 거듭난 생명은 죽음마저도 이기는 승리자로 태어나기 때문이다. 이런 우리의 정체성이 그리스도 안에서 발견되면 꿈같은 일들이 일어난다.

프롤로그　　　　DESIGN YOUR PERSPECTIVE

어느 날 주님께서 부족한 나를 지극히 높은 산에 세우셨다.
그리고 말씀하셨다.
"너는 이제부터 내가 보는 것처럼 세상을 바라보거라!"
갑자기 고린도후서 5장 17절 말씀이 생각이 났다.

"그런즉 누구든지 그리스도 안에 있으면 새로운 피조물이라 이전 것은 지나갔으니 보라 새것이 되었도다."

이때부터 세상을 보는 관점이 달라졌다.
만물을 바라보는 관점이 달라졌다.
사람을 바라보는 관점이 달라졌다.
그리스도 안에 내가 어떤 존재인가를 발견한 후 모든 것을 새롭게 바라보는 관점이 생겼다.
　15년 정도 되는 것 같다. 목양실 간판을 떼어내고 "그분의 정원 (His Garden)"이라고 간판을 달았다. 이제 새롭게 변화된 관점으로 내

관 점 을   디 자 인 하 라 2

마음의 정원도 그분께서 왕이 되셔서 통치하실 수 있도록 새롭게 변화되고 싶은 열망에서다. 그런 마음으로 말씀을 선포했다.
 여전히 부끄럽고 부족함이 많은 글이다. 이 글을 통해서 조금이나마 관점이 변화된다면 그것으로 감사드린다.

2025년 1월의 어느 날
His Garden 이영철

차례 / DESIGN YOUR PERSPECTIVE

프롤로그 … 3

01 마음의 관점을 디자인하라
DESIGN YOUR PERSPECTIVE

이 마음을 품으라(빌 2:5-11)	10
마음의 주인(롬 8:13-14)	24
마음과 말의 힘(엡 4:25-32)	39
마음의 외로움을 극복하라(시 133:1-3)	53
내 영혼아 찬양하라(시 103:1-11)	69

02 소망의 관점을 디자인하라
DESIGN YOUR PERSPECTIVE

소원이 무엇인가?(히 5:7)	82
무엇을 앙망하는가?(사 40:31)	93
누구와 동행하는가?(아 2:10-15)	105
마음속의 갈망이 무엇인가?(빌 2:12-18)	117
진정한 갈망은 무엇인가?(마 12:22-29)	135

관점을 디자인하라 2

03 진리의 관점을 디자인하라
DESIGN YOUR PERSPECTIVE

주인을 아는가?(사 1:1-4)	150
하나님의 표적(눅 2:8-14)	164
당신은 하나님의 꿈(신 34:1-8)	176
성탄의 목적(요 1:12-14)	189
진리로 심고 거두라(눅 12:15)	202

04 제자의 관점을 디자인하라
DESIGN YOUR PERSPECTIVE

주를 위해 수고하라(마 11:12)	216
참된 제자가 돼라(눅 14:27)	229
인정받는 일꾼(딤후 2:14-15)	242
영광스러운 일꾼(딤전 1:12-17)	255
교회의 일꾼(벧전 5:1-4)	266
믿음의 거목이 돼라(시 92:12-15)	280

05 영적인 관계의 관점을 디자인하라
DESIGN YOUR PERSPECTIVE

영적인 아비와 아들(빌 2:19-22)	296
사랑하는 법을 배우라(출 25:1-9)	309
하나님의 아들로 살라(요 5:19-29)	322
가장 귀한 선물, 부활(요 11:17-27)	334
몸으로 영광을 돌리라(고전 6:12-20)	346
행복의 비밀 - 부부의 사명(엡 5:32-33)	358

관 점 을 디 자 인 하 라 2 　DESIGN YOUR PERSPECTIVE

1장

마음의 관점을 디자인하라

이 마음을 품으라(빌 2:5-11)

마음의 주인(롬 8:13-14)

마음과 말의 힘(엡 4:25-32)

마음의 외로움을 극복하라(시 133:1-3)

내 영혼아 찬양하라(시 103:1-11)

이 마음을 품으라(빌 2:5-11)
Design your perspective

너희 안에 이 마음을

품으라 곧 그리스도 예수의 마음이니 그는 근본 하나님의 본체시나 하나님과 동등 됨을 취할 것으로 여기지 아니하시고 오히려 자기를 비워 종의 형체를 가지사 사람들과 같이 되셨고 사람의 모양으로 나타나사 자기를 낮추시고 죽기까지 복종하셨으니 곧 십자가에 죽으심이라 이러므로 하나님이 그를 지극히 높여 모든 이름 위에 뛰어난 이름을 주사 하늘에 있는 자들과 땅에 있는 자들과 땅 아래에 있는 자들로 모든 무릎을 예수의 이름에 꿇게 하시고 모든 입으로 예수 그리스도를 주라 시인하여 하나님 아버지께 영광을 돌리게 하셨느니라

밀레는 프랑스의 천재 화가입니다. 그런데 젊은 시절의 그는 누드 화가였습니다. 여성의 나체 그림을 그려 돈을 벌어서 먹고살았습니다. 그림을 너무 잘 그려 인기도 얻고 잘나갔습니다. 그런데 어느 날 전시장에 갔다가 젊은 남녀가 자기 그림을 보면서 음담패설을 하는 것을 보았습니다. 음담패설을 듣던 어떤 사람이 밀레의 그림을 보면서 저주했습니다.

"하나님이 주신 뛰어난 재주를 가지고 많은 사람들을 타락시키는 이 화가의 손은 썩어 버려라. 썩어 버려라. 썩어 버려라!"

옆에서 그 말을 들던 밀레는 충격을 받았습니다. '하나님이 나에게 좋은 은사를 주었는데 이 은사를 가지고 많은 영혼에게 은혜를 끼치

거나 영감을 주질 못하고 도리어 타락시키는 타락의 도구가 되었단 말인가?' 밀레는 결심했습니다. 그리고 아내에게 고백합니다.

"여보! 나 싫어졌어요."

"뭐가요?"

"나는 누드화가 싫어졌어요. 앞으로 많은 불편과 굶주림이 따르더라도 이제부터 깨끗한 그림을 그리고 싶어요."

아내는 남편의 결심에 절대적인 지지를 해주었습니다. 밀레는 그날부터 하나님께 기도합니다. 그리고 어떤 그림을 그릴까 생각하다가 아름다운 자연을 그리기 시작합니다. 사람들의 소박한 삶의 아름다움을 그리기 시작합니다. 그렇게 밀레의 마음이 변화되자 그는 불후의 명화를 그려 냅니다. 여기서 나온 작품이 바로 밀레의 〈만종〉이라는 작품입니다.

여러분, 밀레가 어떻게 불후의 명작을 그릴 수 있었습니까? 그는 먼저 마음을 새롭게 먹었습니다. 그 결과 그는 위대한 화가로 거듭납니다. 사랑하는 성도 여러분, 마음이 이처럼 중요합니다.

그런데 예수를 믿고 수년이 지나도 여전히 변하지 않는 사람들이 있습니다. 왜 그럴까요? 하나님의 은혜가 부족한 것이 아닙니다. 하나님의 은혜를 못 받은 것이 아닙니다. 하나님은 우리에게 은혜와 의의 선물을 넘치게 부어 주셨습니다. 그래서 하나님께서 베풀어 주시는 큰 은혜를 경험하고 눈물을 흘리면서 고백하며 간증합니다. 그런데 그때뿐입니다. 왜 그렇습니까? 우리의 마음을 훈련하지 않기 때문입니다.

하나님께서 이스라엘 백성들을 광야 40년 동안 훈련하신 목적이 무엇입니까?

"내가 오늘 명하는 모든 명령을 너희는 지켜 행하라 그리하면 너희가 살고 번성하고 여호와께서 너희의 조상들에게 맹세하신 땅에 들어가

서 그것을 차지하리라 네 하나님 여호와께서 이 사십 년 동안에 네게 광야 길을 걷게 하신 것을 기억하라 이는 너를 낮추시며 너를 시험하사 네 마음이 어떠한지 그 명령을 지키는지 지키지 않는지 알려 하심이라"(신 8:1-2).

'너의 마음이 어떠한지 알게 하려 하심이라'고 했습니다. 하나님은 사람을 훈련하실 때 그 사람의 마음을 훈련하십니다. 하나님은 사람을 연단하실 때 그 사람의 마음을 연단하십니다.

그렇다면 왜 하나님은 우리의 마음을 연단하십니까? 사람의 마음은 곧 그 사람의 영적인 태도이기 때문입니다. 마음은 바로 그 사람의 실체이기 때문입니다. 잠언 23장 7절에 "대저 그 마음의 생각이 어떠하면 그 위인도 그러한즉"이라고 했습니다. 마음의 생각이 바로 그 사람이라는 것입니다. 마음의 모습이 바로 그 사람의 진짜 모습이라는 것입니다. 마음이 바로 그 사람의 태도라는 것입니다. 마음이 바로 그 사람의 실체라는 것입니다.

이처럼 하나님은 마음의 생각이 어떠하면 됨됨이도 그러하다고 말씀하십니다. 그 사람의 됨됨이도 그러하다고 합니다. 그렇다면 오늘 우리는 우리의 소중한 마음을 어떻게 훈련해야 합니까? 오늘 성경은 말씀합니다.

"너희 안에 이 마음을 품으라 곧 그리스도 예수의 마음이니"(빌 2:5).

이 말씀에서 '마음'은 무엇을 말씀합니까? 'attitude', 바로 태도입니다. 마음은 당신의 태도, 그것도 영적인 태도라고 했습니다. 그러므로 당신의 태도가 성공의 고도를 결정합니다.

Your attitude determines your altitude.

사랑하는 성도 여러분, 사람은 이처럼 마음이 중요합니다. 하나님은 외모를 보시지 않습니다. 하나님은 사람의 스펙을 보시지 않습니다. 하나님은 사람이 가진 능력을 보시지 않습니다. 하나님은 사람의 중심을 보십니다. 성경은 "사람은 외모를 보거니와 나 여호와는 중심을 보느니라 하시더라"(삼상 16:7)라고 말씀합니다. 그러므로 사람은 마음이 중요합니다. 마음의 태도가 바로 그 사람의 실체이기 때문입니다.

그렇다면 이렇게 소중한 우리의 마음을 어떻게 해야 잘 관리할 수 있을까요?

첫째, 마음을 훈련해야 합니다.

축구 선수들의 최고의 소망은 세계적인 선수가 되는 것입니다. 야구 선수도 마찬가지입니다. 월드 클래스가 되는 것입니다. 그렇다면 예수 믿는 사람들의 최고의 소망은 무엇입니까? 이 땅에서 부귀와 권세와 모든 영광을 누리는 것일까요? 예수 믿는 사람들의 최고의 소원은 바로 예수님처럼 사는 것입니다. 예수님처럼 생각하고, 예수님처럼 말하고, 예수님처럼 생각하는 것입니다.

그렇다면 어떻게 예수님처럼 살아갈 수 있을까요? 어떻게 예수님을 닮아 갈 수 있을까요? 예수님처럼 살기 위해서 가장 중요한 것은 우리의 마음입니다. 우리 마음에 예수님을 품어야 합니다.

5절을 다시 보겠습니다.

"너희 안에 이 마음을 품으라 곧 그리스도 예수의 마음이니."

예수 믿는 사람들의 가장 큰 갈망과 소원이 무엇입니까? 예수님을 닮고 싶은 것입니다. 예수님처럼 사는 것입니다. 예수님처럼 말하고,

예수님처럼 생각하고, 예수님처럼 행동하는 것입니다.

> "오직 너희를 부르신 거룩한 이처럼 너희도 모든 행실에 거룩한 자가 되라 기록되었으되 내가 거룩하니 너희도 거룩할지어다 하셨느니라"(벧전 1:15-16).

여러분, 우리가 어떻게 예수님을 닮아 갈 수 있습니까? 우리가 어떻게 예수님처럼 거룩해질 수 있습니까? 우리의 마음을 훈련해야 합니다. 마음을 훈련해야 한다는 말은 마음에 자꾸 예수님을 생각해야 한다는 말입니다. 마음에 자꾸 예수님의 마음을 품어야 합니다. 마음에 자꾸 예수님을 묵상해야 합니다. 마음에 자꾸 예수님을 사모해야 합니다. 마음에 자꾸 말씀을 품고 묵상해야 합니다. 왜 그렇습니까?

> "만물보다 거짓되고 심히 부패한 것은 마음이라 누가 능히 이를 알리요마는"(렘 17:9).

우리 마음이 얼마나 복잡하고 더러운지 모릅니다. 어떻게 해야 깨끗해집니까? 가장 귀한 우리 마음에 예수님의 말씀과 생각과 마음을 품는 것입니다. 여기서 '품으라'는 말은 헬라어로 '프로네오'입니다. 이 말은 '마음을 의지적으로 반복해서 훈련하라'는 뜻입니다.

왜 우리 마음을 의지적으로 훈련해야 합니까? 예수님의 마음이 우리 안에 저절로 생겨나는 것이 아닙니다. 우리 안에 저절로 장착되는 것이 아닙니다. '너희 안에 이 마음을 품으라'는 말씀은 내가 예수님의 마음을 의지적으로 선택하고 의지적으로 붙잡는 훈련을 해야 한다는 뜻입니다. 한 번만 하는 것이 아니라 매일 반복적으로 훈련하라는 뜻입니다. 왜 그렇습니까? 예수님의 마음이 우리 안에 저절로 생기지 않기 때문입니다. 그러므로 마음을 훈련하시길 축원합니다. 예수님의 마음을 붙잡는 훈련을 하시길 축원합니다. 예수님의 말씀을 붙잡고 묵상하는 훈련을 하시길 축원합니다.

만약 저와 여러분이 마음을 의지적으로 훈련하지 않으면 어떻게 됩니까? 마음이 다른 데로, 다른 방향으로 흘러가 버립니다. 그래서 사는 대로 생각하며 살아갑니다. 육신의 생각대로 살아갑니다. 마음이 원하는 대로 살다가 가게 됩니다.

훈련은 모두 마찬가지입니다. 운동하는 것도 마찬가지입니다. 손흥민 선수는 손정웅 씨의 작품이라고 합니다. 그는 아들에게 철저하게 기본에 충실하도록 가르쳤습니다. 실력도, 기술도, 사람 됨됨이도 기본을 가르쳤습니다. 그 결과 손흥민 선수는 월드 스타가 되었습니다. 우리의 마음도 마찬가지입니다. 내 의지를 드려서 반복해서 훈련해야 합니다. 반복적으로 훈련하면 익숙해집니다.

사랑하는 성도 여러분, 오늘 우리는 어떻습니까? 우리의 마음을 훈련하지 않습니다. 예수님의 마음을 내가 의지적으로 붙잡아서 훈련하지 않으면 절대로 우리 마음은 예수님의 마음을 품을 수가 없습니다. 예수님의 마음을 품을 수 없으면 우리는 예수님을 닮아 갈 수가 없습니다. 그러므로 마음을 훈련하시길 축원합니다.

왜 우리 마음을 훈련해야 합니까? 타락한 우리 마음과 예수님의 마음은 동에서 서가 먼 것같이 너무나 멀리 떨어져 있습니다. 그래서 예수님의 마음을 자연스럽게 갖게 될 때까지 계속해서 의지적으로 붙잡는 훈련을 하시길 축원합니다. 예수님의 마음을 반복적으로 붙잡으시길 축원합니다. 그러므로 '너희는 이 마음을 품으라'고 말씀하는 것입니다. 마음을 훈련하라는 말입니다.

이렇게 예수님의 마음을 의지적으로 붙잡는 훈련을 반복적으로 하게 되면 어떻게 됩니까? 예수님의 말씀을 묵상하고 '예수님은 이러셨지, 예수님은 이렇게 행하셨지'라고 예수님의 마음을 의지적으로 반복해서 붙잡는 훈련을 하면 어떻게 됩니까?

그때부터 성령님께서 일하실 수 있는 환경이 됩니다. 우리의 마음에 예수님의 마음을 품는 훈련이 익숙해지면 성령께서 도우셔서 예수님을 닮아 가게 만드십니다. 여러분, 이것은 엄청난 비밀입니다. 그러므로 반복해서 실행하시길 축원합니다. 의지적으로 반복해서 예수님의 마음을 품으시면 이것이 우리의 삶의 태도가 됩니다.

사람은 마음의 태도가 중요합니다. 계속해서 예수 그리스도의 마음을 품으려고 반복적으로, 의지적으로 훈련하면 성령님이 충만하게 임재하십니다.

사랑하는 성도 여러분, 사람의 마음은 영을 담는 그릇입니다. 세상에는 많은 영들이 있습니다. 어둠의 영, 가난의 영, 우울의 영, 음란의 영, 맘몬의 영, 우상 숭배의 영, 교만의 영, 거짓의 영, 이런 영을 담고 사는 것이 사람의 마음입니다. 여러분, 계속해서 여러분의 마음에 무엇인가를 반복적으로 담아 보십시오. 그러면 그 영이 여러분을 주관하게 됩니다.

돈을 생각하고 생각하고, 또 생각하고 또 생각해 보십시오. 다른 생각을 했다가 또다시 돈을 생각하고 또 생각하고, 또다시 돈을 생각해 보십시오. 그러면 그 돈의 영인 맘몬의 영이 우리의 삶 속에 역사하기 시작합니다. 그래서 돈에 집착하게 되고 돈을 갈망하게 되고 돈이 우상이 됩니다. 결국 맘몬의 영에 사로잡혀 빠져나오지 못합니다. 그리고 중독에 빠지고 맙니다.

사랑하는 성도 여러분, 돈만 그럴까요? 아닙니다. 거짓말도 마찬가지입니다. 처음에 한두 번은 대수롭지 않은 것 같습니다. 그런데 자꾸 거짓말을 하다 보면 거짓의 영이 임합니다. 음란물도 마찬가지입니다. 처음에는 한두 번 호기심으로 시작합니다. 그런데 자꾸 생각하고 또 생각하여 마치 훈련하듯 자꾸만 반복적으로 생각하고 생각하면 어느 순간에 우리 삶 속에 음란의 영이 역사합니다. 그래서 중독에 빠집니다. 삶이 파괴됩니다. 고통스러워집니다. 부정적인 생각도 마찬가지입니다. 남을 판단하는 생각도 마찬가지입니다. 저와 여러분의 마음에 자꾸 생각하는 그것이 결국 저와 여러분의 운명을 결정하게 됩니다.

사랑하는 성도 여러분, 오늘 여러분은 어떻습니까? 우리의 마음은 영을 결정하는 열쇠요, 영을 담는 그릇입니다. 무엇을 생각하고 반복적으로 훈련하느냐에 따라 우리의 마음이 그 영을 담는 그릇이 됩니다. 그렇다면 어떻게 하시겠습니까? 우리가 계속적으로 예수의 마음을 우리 마음에 두고, 또 두고, 또 두고, 또 두고, 말씀을 우리 마음에 두고, 또 두고, 반복적으로 두면 어느 순간에 성령께서 우리 삶 속에서 역사하기 시작합니다.

그런데 그러기 위해서 처음에는 의지적으로 선택해야 합니다. 의지적으로 자꾸 선택해야 합니다. 그러다 보면 어느 순간부터는 성령님이 역사하기 시작합니다.

사랑하는 성도 여러분, 예수님 닮기를 원하십니까? 그러면 의지적으로 예수님의 마음을 여러분의 마음속에 묵상하고 생각하시길 축원합니다. 예수님의 말씀을 자꾸 묵상하시길 축원합니다. 이것을 훈련해야 합니다. 그러면 성령께서 어느 순간에 역사하기 시작합니다. 이것이 거룩한 영이요, 하나님께서 기뻐하시는 영입니다.

이럴 때 예수님께서 행하셨던 사랑하고 온유하고 겸손한 태도들이 나타납니다. 모든 일에 절제하고 화목하게 하는 이런 마음의 태도들이 나타나게 됩니다. 오늘 이런 은혜가 있기를 축원합니다. 여러분의 마음으로 예수님의 마음과 생각을 반복적으로, 의지적으로 붙드시길 축원합니다. 그러면 어느 날부터 예수님처럼 사랑하게 되고, 믿어지고, 용서되고, 전도하게 됩니다. 그러므로 마음을 잘 훈련하시길 축원합니다.

"너희 안에 이 마음을 품으라 곧 그리스도 예수의 마음이니!"

마음을 방치하지 마시길 축원합니다. 예수의 마음을 자꾸만 의지적으로 붙들고, 또 붙들고, 다른 데로 가면 잡아다가 붙들고, 또 붙들고, 이런 훈련을 한 주간 해보시길 축원합니다.

그렇다면 예수님의 마음을 갖기 위해서 우리는 어떻게 해야 할까요?

둘째, 비워야 합니다.

지난주(2022년 7월 8일)에 일본 정계 최고의 실력자인 아베 신조 전 총리가 총탄을 맞고 사망하는 사건이 발생했습니다. 일본 열도가 큰 충격에 빠졌습니다. 범인은 41세 야마가미 데쓰야로 아베에게 불만이 있어 죽이려는 생각을 품고 있었다고 합니다. 그래서 자신이 만든 총으로 5미터 뒤에서 두 차례 총격을 가한 것입니다.

왜 이런 엄청난 사건이 일어났습니까? 마음에 쓰레기를 담고 다녀서 그렇습니다. 마음에 아베에 대한 불만과 죽이고자 하는 생각을 품고 다녔던 것입니다. 소중한 마음에 쓰레기를 넣고 다녔습니다. 그 결과 어둠의 영이 그를 지배해 버렸습니다.

그러므로 이 시간에 선포합니다. "어둠은 떠날지어다. 가난도, 교만의 영도, 분노의 영도 떠날지어다!"

사랑하는 성도 여러분! 예수를 믿고 따르는 사람들이 반드시 해야 할 일들이 있습니다.

"너희 안에 이 마음을 품으라 곧 그리스도 예수의 마음이니 그는 근본 하나님의 본체시나 하나님과 동등 됨을 취할 것으로 여기지 아니하시고 오히려 자기를 비워 종의 형체를 가지사 사람들과 같이 되셨고"(빌 2:5-7).

나 자신을 비우는 것입니다. 날마다 비우시길 축원합니다.

우리 마음속에 들어 있는 쓰레기를 비워야 합니다. 왜 그렇습니까? 먼저 나를 비워야 채울 수 있기 때문입니다. 내 것을 버리고 주님 것으로 채워야 합니다. 주님으로 채우기 위해서는 어떻게 해야 합니까? 철저하게 자기를 비워야 합니다.

그런데 우리는 비우기 전에 먼저 채우려고 합니다. 비우기 전에 달라고 하라며 가르칩니다. 그것이 인간의 본능이기 때문입니다.

사랑하는 성도 여러분! 오늘 여러분은 어떻게 하셨습니까? 여러분은 예수를 믿고 무엇을 비웠습니까? 예수를 믿고 무엇을 버리고, 무엇을 채우셨습니까? 예수님은 자신을 비우셨습니다. 어떻게 비우셨습니까? 하나님이 아닌 분이 되셨습니다. 하나님이 인간이 되셨습니다. 이보다 더 큰 희생은 없습니다. 이보다 더 큰 비움은 없습니다. 이보다 더 큰 포기는 없습니다.

주님은 무엇을 포기하셨습니까? 당신의 권리를 포기하셨습니다. 당신의 모든 권리를 포기하셨습니다. 모든 것을 내려놓으셨습니다. 그래서 무능해지셨습니다. 초라해지셨습니다. 그래서 하나님이심에도 종의 형체를 가졌습니다. 종의 형체라는 말은 완전히 종이 되셨다는 말입니다. 종이 되는 척한 것이 아닙니다. 완전히 종이 되셨습니다. 진짜 종이 되신 것입니다. 가장 높으신 분이 가장 낮은 종이 되셨습니다. 하나님과 본질적으로 같은 분이 본질적으로 종이 되셨습니다. 주님께서 십자가를 지신 것은 권리 포기의 극치였습니다.

사랑하는 성도 여러분! 오늘 저와 여러분은 어떻습니까? 우리도 예수님처럼 마음을 비워 버리길 축원합니다.

마음이 비워져야 합니다. 내 마음이 강퍅한 것은 쓰레기를 비우지 않아서 그렇습니다. 주 앞에서 물 쏟듯 쏟아내고 비워야 합니다. 믿는 사람들은 마음을 비워야 합니다.

마음을 어떻게 비웁니까? 우리가 눈으로 보고 귀로 듣고 하는 것들이 마음의 그릇에 쌓입니다. 그러면 마음의 그릇을 어떻게 비웁니까? 하나님 앞에 이 마음을 물 쏟듯이 기도로 쏟을 때 비워집니다.

인생을 살다 보면 세상 사는 것이 만만치 않습니다. 여러 가지 일로 마음속에 쓰레기가 쌓입니다. 그럴 때마다 하나님 앞에 기도로 비워 버리시길 축원합니다.

우리가 마음을 비우면 반드시 나타나는 현상이 있습니다. 그것이 무엇입니까? 낮아지는 것입니다. 주님께 복종하게 됩니다. 여러분, 낮아지고 복종하는데 어디까지 복종해야 합니까? 죽기까지 복종해야 합니다. 사실 비운다는 것은 바로 이런 것입니다. 사람들은 말로는 다 비웠다고 합니다. 그런데 지금도 바리새인 같은 사람들은 낮아지지도 않고, 복종하지도 않습니다. 순종하지도 않습니다. 이것은 절대로 비운 것이 아닙니다. 아직도 내 안에 내가 너무 많습니다. 내 생각, 내 계획, 내 뜻, 내 고집, 내 신념이 너무 많습니다. 그래서 낮아지지 않습니다. 복종하지도, 순종하지도 않습니다.

사랑하는 성도 여러분, 오늘 저와 여러분은 어떻습니까? 왜 우리는 순종을 잘 못합니까? 순종에도 공식이 있습니다. 순종할 때 저와 여러분이 인식하는 인식의 주체가 누구인가가 중요합니다. '우리가 순종할 때 누구에게 순종하는가?' 그 인식의 주체가 누구인가가 중요합니다.

인식의 주체가 누구입니까? 순종의 주체가 사람입니까? 아닙니다. 하나님이십니다. 그래서 우리 삶의 모든 인식의 주체가 하나님입니다. 이것이 하나님 백성들의 삶의 메커니즘입니다. 그러므로 인식의 주체이신 하나님을 예배하면서 순종을 배워 가시길 축원합니다.

인식의 주체가 하나님이라는 사실을 인식하게 되면 부모님께도 순종합니다. 셀 리더에게도 순종합니다. 직장에서 상관에게도 순종합니다. 가정에서 남편에게도 순종합니다. 왜 그렇습니까? 인식의 주체가 하나님이시기 때문입니다.

그러나 예수를 믿지 않는 사람들은 그렇지 않습니다. 내가 이해를 해야만 그다음에 움직입니다. 왜 그렇습니까? 인식의 주체가 '나'이기 때문입니다.

사랑하는 성도 여러분! 오늘 여러분은 어떻습니까? 우리는 항상 이 싸움 가운데 있습니다. 누가 인식의 주체입니까? 나입니까, 하나님입니까? 인식의 주체가 결정되면 순종하는 것은 어렵지 않습니다. 순종의 크기도 문제가 되지 않습니다. 작은 것은 순종하고, 큰 것은 순종하지 못한다고 하는데 그렇지 않습니다. 순종의 크기가 문제가 아니라 누구에게 순종하느냐가 중요합니다. 누구에게 순종하느냐가 결정되면 큰 것도 순종하고, 작은 것도 순종합니다.

그러니까 너무 커서 순종을 못 한다고 생각할 것이 아니라 순종의 대상이 누구인가 정확하게 인식해야 합니다. 그분을 확실하게 믿는다면 큰 것도 순종할 수 있고, 작은 것도 순종할 수 있습니다. 내가 인식의 주체가 되면 내가 이해되지 않으면 순종을 못 합니다. 인식의 주체가 바로 나이기 때문입니다. 그러나 인식의 주체가 하나님이시라면, 하나님을 신뢰한다면 큰 것도 순종하고, 작은 것도 순종할 수 있습니다.

오늘 말씀에서 예수님은 하나님께 순종합니다. 여러분, 순종은 그 크기가 중요한 것이 아닙니다. 예수님은 어떻게 순종하십니까? 죽기까지 순종하십니다. 순종의 극치를 보여 주셨습니다. 그런데 예수님은 본래 어떤 분이십니까? 하나님의 본체이십니다. 그런 분이 무엇을 하셨습니까? 자기를 비우셨습니다. 깨끗하게 권리를 포기하셨습니다.

그렇다면 너무 손해 보는 것 아닙니까? 너무 억울하지 않을까요? 아닙니다. 내가 순종하는 인식의 주체는 하나님이십니다. 그러므로 하나도 억울한 것이 없습니다. 하나도 손해 보는 것이 없습니다.

이렇게 자기 권리를 포기하고 순종하는 사람에게 하나님은 어떻게 하십니까?

셋째, 가장 높은 이름을 주십니다.

"이러므로 하나님이 그를 지극히 높여 모든 이름 위에 뛰어난 이름을 주사 하늘에 있는 자들과 땅에 있는 자들과 땅 아래 있는 자들로 모든 무릎을 예수의 이름에 꿇게 하시고"(빌 2:9-10).

하나님은 권리를 포기한 예수님에게 가장 높은 이름을 주셨습니다. 그래서 모든 이름이 그 이름 앞에 무릎 꿇게 하셨습니다. 그러므로 이것, 곧 자기를 비운 것이 예수님이 하신 일 가운데 가장 소중한 일이었습니다. 예수님은 자기를 비우시고 권리를 포기하고 철저히 복종하셨습니다. 여러분, 이것이 하나님 나라의 높아짐의 원리입니다. 이것이 존귀하게 되는 원리입니다. 이것이 영광에서 영광에 이르는 원리입니다. 이것이 승리의 원리라는 것입니다.

사랑하는 성도 여러분! 오늘 여러분은 어떻습니까? 많은 사람들이 예수를 믿고 거듭났습니다. 그런데 스스로 높아지려는 마음이 많습니다. 그래서 어떤 사람은 상한 감정 때문에 인사도 안 합니다. 자존심 때문에 그런 채로 그냥 지냅니다. 우리의 마음이 훈련되지 않아서입니다. 마음을 잘 훈련하시길 축원합니다.

《톰 소여의 모험》,《허클베리핀의 모험》,《왕자와 거지》 같은 작품을 쓴 작가 마크 트웨인은 매우 비판적인 사람이었습니다. 사람들 앞에 서도, 글로도 기회가 닿을 때마다 기독교를 비판했던 그는 공교롭게도 독실한 신앙인인 올리비아 랭던이라는 여인을 사랑하게 되었습니다. 마크 트웨인은 '사랑은 종교와 상관이 없다'라고 생각해 종교를 비판하는 것과는 별개로 그녀에게 적극 구애했습니다. 올리비아도 그를 사랑했기에 믿음 생활을 방해하지 않는 조건으로 마크 트웨인의 사랑을 받아들였고 결혼까지 했습니다.

두 사람은 서로를 너무나 사랑했기에 서로 닮아 갔습니다. 마크 트웨인은 종교에 대한 비판을 점점 줄여 나갔고, 올리비아는 종교를 비판하는 마크 트웨인의 마음을 조금씩 이해해 나중에는 신앙 공동체에 나가지 않게 되었습니다. 훗날 사랑하는 자녀를 잃어 큰 슬픔에 빠진 올리비아에게 마크 트웨인이 오히려 "다시 믿음 생활을 하는 것이 당신에게 도움이 되지 않겠소?"라고 권했지만 올리비아는 고개를 가로저었습니다. "이미 내게는 아무런 믿음이 남아 있지 않아서 그럴 수가 없어요."

우리가 매일 생활하며 보는 것, 듣는 것, 생각하는 것들이 우리의 마음에 영향을 줍니다. 아무리 좋은 믿음도 마음을 훈련하지 않으면 듣고 보는 것 때문에 파산하게 됩니다. 그러므로 마음을 잘 훈련하시길 축원합니다.

마음의 관점을 디자인하라
Design your perspective

이 마음을 품으라

첫째, 마음을 훈련해야 합니다.
둘째, 비워야 합니다.
셋째, 가장 높은 이름을 주십니다.

마음의 주인 (롬 8:13-14)
Design your perspective

너희가 육신대로 살면 반드시 죽을 것이로되 영으로써 몸의 행실을 죽이면 살리니 무릇 하나님의 영으로 인도함을 받는 사람은 곧 하나님의 아들이라

오래전에 제가 한국 교회사를 배웠던 교수님이 계십니다. 교수님의 어머니는 35세 때 과부가 되어 보따리 장사를 하며 네 자녀를 키우셨습니다. 주위에선 예수 믿더니 벌 받았다고 수군거렸습니다. 어머니는 기도하는 삶을 살았습니다. 큰아들이 신앙이 좋고 공부도 잘해 늘 전교 1등을 했기에 어머니의 소망이며 기쁨이 되었습니다.

충주시장님에게 특채가 되어 이 아들이 한 달간 아르바이트를 하게 되었습니다. 그런데 아르바이트를 하다가 발을 헛디뎌 그대로 세상을 떠나고 말았습니다. 남편이 죽은 데다 큰아들까지 졸지에 잃었으니 통곡을 하면서 하나님께 부르짖었습니다.

"하나님, 왜 이 아들입니까? 하나님! 너무하십니다. 공부 잘하는 큰아들만 믿고 살았는데! 하나님, 너무하십니다."

그러자 눈물 속에서 하나님의 음성이 들려왔습니다.

"너는 네 아들보다 나를 더 사랑하느냐? 네 아들을 더 의지했느냐, 나를 의지했느냐?"

주님의 음성 앞에 어머니는 통곡하며 "주님! 잘못했습니다" 회개하

고 "주님! 이제 주님만 의지하고 살겠습니다" 하고 다짐하셨습니다. 그리고 어머니는 자녀들에게도 이렇게 말했습니다.

"너희들은 오늘부터 내 자식이 아니다. 다 하나님께 맡겼다."

그런 어머니의 믿음을 본받아 교수님은 교수가 되고 목사가 되었습니다. 이 교수님은 목회도 하고 신학 교수까지 하시면서 신학대학에서 목사 후보생들을 가르치고 은퇴하셨습니다.

그런데 교수님이 어느 날 공원 산책길에서 기도하고 막 일어서는데 하나님의 음성이 들렸습니다.

"너 나 아니?"

신학교 교수한테 '나를 아냐'는 음성, 교수님은 이 한마디에 한 달 동안 넋을 잃었다고 합니다. 어머니의 신앙을 본받아 그렇게 성실하게 최선을 다해 살아온 신학 교수에게 하나님께서 "너 나 아니…?" 하고 물으셨습니다. 그 질문 앞에서 교수님은 안다고 말을 못 했습니다.

교인들 앞에서는 자기가 하나님을 제일 잘 아는 것처럼 큰소리쳤습니다. 신학생들한테는 연구하고 깨달은 것을 확신 있게 가르쳤습니다. 그러나 주님의 물으심에 교수님은 '내가 여태까지 주님을 위해 산 것이 아니라 나의 옛 자아가 주인이 되어 살았구나! 내가 주인이 되어 살았구나!' 하고 깨달았습니다. 그러면서 자신이 위선자였음을 고백했습니다.

심판대 앞에 섰을 때 주님이 "너 나 아니?" 하고 물으셨다면 어떻게 되었겠습니까! 돌이킬 수 없는 충격이었을 것입니다.

사랑하는 성도 여러분! 오늘 여러분은 어떻습니까? 여러분은 주님을 아십니까? 주님을 깊이 알아 가시길 축원합니다. 많은 사람들이 예수는 믿지만 주님을 잘 모른 채 교회에 다닙니다. 교회에는 다니지만 주님을 거의 모른 채 살아가고 있습니다. 왜 그렇습니까? 주님을 인격적으로 만난 적이 없기 때문입니다. 예수님을 형식적으로 믿고,

기독교의 참된 진리인 십자가에서 내가 죽고 이제 내 안에 그리스도로 산다는 의미를 잘 모르기 때문입니다. 또 나 자신의 육신과 혼적인 자아를 한 번도 포기하거나 비우거나 파쇄해 본 경험이 없기 때문입니다. 그래서 많은 사람들이 예수를 믿어도 육신대로 삽니다.

그러므로 오늘 성경은 말씀합니다.

"너희가 육신대로 살면 반드시 죽을 것이로되 영으로써 몸의 행실을 죽이면 살리니 무릇 하나님의 영으로 인도함을 받는 사람은 곧 하나님의 아들이라"(롬 8:13-14).

예수를 믿어도 일생 동안 육신의 일을 생각하고 육신으로 살아갈 수 있습니다. 예수를 믿어도 영의 인도함을 받지 않으면 사는 것이 무엇인지 모를 수 있습니다. 그래서 예수를 믿어도 여전히 내가 주인이 되어 살아갑니다.

사랑하는 성도 여러분, 오늘 여러분은 어떻습니까? 주님께서 오늘 "너 나 아니?"라고 물으신다면 여러분은 어떻게 대답하겠습니까?

"네, 주님! 나는 주님을 압니다! 주님께서 십자가에서 나의 죄 때문에 죽고 부활하신 것을 내가 압니다. 나는 한시도 주님을 잊어 본 적이 없습니다."

이것이 주님을 아는 것일까요? 여러분, 신앙은 지식이 아닙니다. 이론이 아닙니다. 신앙은 바로 영적인 실제입니다. 그러므로 예수를 믿고 거듭났어도 내 마음의 주인이 안 바뀔 수 있습니다. 내 인생의 주인이 안 바뀔 수 있습니다.

사랑하는 성도 여러분, 여러분 마음의 주인은 누구십니까? 여러분의 소중한 마음의 보좌에 누가 앉아서 통치합니까? 그 마음의 주인이 누구냐에 따라서 교회 안에 세 종류의 사람이 있습니다. 육에 속한 사람이 있습니다. 혼에 속한 사람이 있습니다. 그런가 하면 영에 속한 사람이 있습니다.

육에 속한 사람은 어떤 사람입니까?

첫째, 육에 속한 사람은 삶의 모든 주도권을 육이 가지고 있습니다.

예수를 믿어도 삶의 모든 주도권을 육이 가지고 있는 사람을 육에 속한 사람, 육적인 사람이라고 합니다.

육에 속한 사람은 어떤 특징이 있습니까? 육체의 소욕대로 삽니다. 육체가 원하는 대로 삽니다. 육체의 욕구대로 삽니다. 이런 사람은 육체의 욕구를 따르기 때문에 마치 짐승처럼 삽니다. 짐승은 어떻게 삽니까? 본능대로 삽니다. 육이 원하는 대로 삽니다. 배고프면 먹고, 자고 싶으면 자고, 내가 필요하면 육체의 욕구를 따라서 행동합니다. 이런 사람의 특징은 마치 동물처럼 약육강식입니다. 성경은 이런 사람을 뭐라고 말씀합니까?

"이 사람들은 무엇이든지 그 알지 못하는 것을 비방하는도다 또 그들은 이성 없는 짐승같이 본능으로 아는 그것으로 멸망하느니라"(유 1:10).

이성이 없는 짐승처럼 삽니다. 이성 없이 산다는 말은 마치 정신 나간 사람처럼 산다는 것입니다. 이것이 육에 속한 사람입니다.

사랑하는 성도 여러분, 이런 육신에 속한 사람의 특징은 무엇입니까? 삶의 열매가 무엇입니까?

"육체의 일은 분명하니 곧 음행과 더러운 것과 호색과 우상 숭배와 주

술과 원수 맺는 것과 분쟁과 시기와 분냄과 당 짓는 것과 분열함과 이단과 투기와 술 취함과 방탕함과 또 그와 같은 것들이라 전에 너희에게 경계한 것같이 경계하노니 이런 일을 하는 자들은 하나님의 나라를 유업으로 받지 못할 것이요"(갈 5:19-21).

이것이 육에 속한 사람들의 특징입니다. 그냥 육체가 원하는 대로 사는 사람입니다. 방탕하고 호색하고 자신의 정욕에 따라 삽니다. 배고프면 먹고, 힘이 있으면 다른 사람들을 억압하고 괴롭히며 육체의 본능대로 삽니다.

오늘 여러분은 어떻습니까? 예수를 믿어도 많은 사람들이 이렇게 육에 속한 채 살아갑니다. 육체가 그 삶의 주인입니다. 이런 사람의 마음 그릇은 온통 육신의 소욕으로 가득 차 있습니다.

그렇다면 어떻게 이런 우리의 마음을 비울 수 있을까요?

"그리스도 예수의 사람들은 육체와 함께 그 정욕과 탐심을 십자가에 못 박았느니라"(갈 5:24).

십자가에 못 박아 버리시길 축원합니다. 십자가에 옛 사람을 못 박아 버리시길 축원합니다. "내가 십자가에 주님과 함께 죽었습니다. 그런즉 이제는 내가 사는 것이 아닙니다." 십자가에 육체와 함께 정과 욕심을 못 박아 버리시길 축원합니다. 탐심을 못 박아 버리시길 축원합니다. "예수의 사람은 그 정욕과 욕심과 탐심을 십자가에 못 박았느니라." 오늘 이런 은혜가 있기를 축원합니다.

예수를 믿어도 혼에 속한 사람이 있습니다. 혼에 속한 사람은 어떤 사람입니까?

둘째, 혼에 속한 사람은 삶의 모든 주도권을 혼이 가집니다.

여러분, 혼이 무엇입니까? 우리에게 있는 이성과 감정과 의지입니다. 이것을 가리켜 혼이라고 합니다. 혼에 속한 사람은 모든 결정을 혼이 내립니다. 예수를 믿어도 여전히 혼이 주인이 되어 삽니다. 삶의 모든 주도권이 혼에게 있는 사람은 내 감정이 중요합니다. 내 생각이 중요합니다. 내 의지가 중요합니다. 이렇게 혼에 속한 사람은 세상적인 잔꾀가 뛰어납니다. 성경은 말씀합니다.

"내가 깨달은 것은 오직 이것이라 곧 하나님은 사람을 정직하게 지으셨으나 사람이 많은 꾀들을 낸 것이니라"(전 7:29).

여기서 꾀는 무엇을 말합니까? 정신적인 계략, 전략, 이런 뜻입니다. 우리의 혼이 계속해서 전략적인 꾀를 생각합니다. 계속해서 인간적인 잔꾀들을 만들어 냅니다. 하나님은 원래 이렇게 짓지 않으셨는데 인간이 꾀를 낸다는 것입니다.

혼에 속한 사람들은 자신의 정신적 계략에 의해서 움직입니다. 그래서 하나님이 무엇이라 말씀하시는가를 묻는 것이 아니라 지금 나에게 무엇이 최선인가를 생각합니다. 하나님이 원하시는 것보다 지금 내게 최선은 뭔가를 생각합니다.

'이런 상황 가운데 내가 무엇을 해야 최선일까? 내가 어떤 선택을 해야 유리할까? 어떤 선택이 내게 최선인가?' 이런 생각을 합니다. 혼적인 사람 중에는 인간적인 계략과 잔꾀 그리고 그럴듯한 처세술에 능한 자가 많습니다.

사랑하는 성도 여러분! 그렇다면 이렇게 혼에 속한 사람의 특징은 어떻습니까? 혼이 주인이 되어 사는 사람은 어떻습니까?

"너는 이것을 알라 말세에 고통하는 때가 이르러 사람들이 자기를 사랑하며 돈을 사랑하며 자랑하며 교만하며 비방하며 부모를 거역하며 감사하지 아니하며 거룩하지 아니하며 무정하며 원통함을 풀지 아니하며 모함하며 절제하지 못하며 사나우며 선한 것을 좋아하지 아니하며 배신하며 조급하며 자만하며 쾌락을 사랑하기를 하나님 사랑하는 것보다 더하며 경건의 모양은 있으나 경건의 능력은 부인하니 이 같은 자들에게서 네가 돌아서라"(딤후 3:1-5).

이것이 혼이 마음의 주인이 되어 사는 사람들의 특징입니다. 그러므로 성경은 "이 같은 자들에게서 돌아서라"고 말씀하십니다.

모든 삶의 주도권을 혼이 가지고 있고 혼이 발달한 사람은 하나님 앞에 마땅히 행할 바를 묻고 행하지 않습니다. 내게 가장 최상인 것, 내게 가장 유리한 것을 생각하고 행합니다.

그렇다면 혼이 강한 사람의 핵심이 무엇입니까? 나 자신입니다. 자아중심적입니다. 자기애가 강합니다. 혼에 속한 사람의 중심은 하나님도 아니고, 다른 사람도 아니고, 오직 자기 자신입니다. 이런 사람을 일컬어서 자아가 강한 자라고 합니다. 평생을 예수 믿어도 영으로 인도함을 받아 성령을 따라 살지 않고 자기가 주체가 되어서 삽니다.

여러분, 이렇게 혼에 속한 사람은 어떻습니까? 대체로 자기에 대한 믿음이 강합니다. 자존심이 아주 강합니다. 고집이 아주 셉니다. 교만합니다. 자기에 대한 믿음이 강해서 자기가 다 알고 있다고 생각합니다. 그래서 늘 판단하고 정죄합니다. 남을 판단하길 좋아합니다. 이런 사람을 자아가 강하다고 합니다.

여러분, 우리가 자녀를 키울 때 기 죽지 않게 키운다고 자아가 강한 사람으로 키울 수가 있습니다. 그러나 우리는 자아가 강한 아이가 아니라 영에 속한 아이로 키워야 합니다. 성령에 속한 아이로 키우시길 축원합니다. 자기 자신과 자아에 대한 믿음이 아니라 하나님에 대한 믿음이 있는 아이로 키우시길 축원합니다. 자기에 대한 믿음이 아니라 하나님의 말씀에 대한 믿음이 있는 아이로 키우시길 축원합니다.

혼에 속한 사람은 자기 보호가 강합니다. 자기 자신을 보호하기 위해서는 못 할 것이 없습니다. 인간적인 머리를 씁니다. 자기를 보호하기 위해서 속이고 거짓말도 합니다. 때로는 합리화도 합니다. 자기 보호 본능이 강한 것입니다. 비판적이고 부정적인 사람도 자기 보호를 하는 사람입니다. 자기를 정당화하기 위해서 다른 사람이 틀렸다고 몰아갑니다. 자기가 맞았다는 것을 증명하고 싶어 합니다.

혼에 속한 사람은 자기 사랑이 강합니다. 자기 연민이 강합니다. 항상 자기가 피해자라고 생각합니다. 자기가 상처를 받았다고 생각합니다. 잘못을 하고도 용서를 잘 구하지 못합니다. 자기애가 강합니다. 사람이나 물건에 지나치게 집착합니다. 자기를 사랑하며 돈을 사랑합니다. 혼에 속한 사람은 육이 조금 세련되었을 뿐이지 본질은 육이라고 할 수 있습니다.

그렇다면 사랑하는 성도 여러분, 이렇게 혼이 주인이 되어 일생을 살다가 주님 앞에 가면 어떻게 될까요?

> "나더러 주여 주여 하는 자마다 다 천국에 들어갈 것이 아니요 다만 하늘에 계신 내 아버지의 뜻대로 행하는 자라야 들어가리라 그날에 많은 사람이 나더러 이르되 주여 주여 우리가 주의 이름으로 선지자 노릇 하며 주의 이름으로 귀신을 쫓아내며 주의 이름으로 많은 권능을 행하지 아니하였나이까 하리니"(마 7:21-22).

불법을 행하는 자들이 됩니다. 주님이 '나는 너를 모른다'라고 합니다. 어떻게 해야 우리 마음을 비우고 주님이 주인 되게 살 수 있을까요?

"이에 예수께서 제자들에게 이르시되 누구든지 나를 따라오려거든 자기를 부인하고 자기 십자가를 지고 나를 따를 것이니라"(마 16:24).

자기 십자가를 져야 합니다. 우리 안에 이런 육에 속한 것, 혼에 속한 것들이 떠오르거나 생겨나면 바로바로 비우는 것입니다. 십자가에서 바로 처리한다는 말입니다. 오늘 이런 은혜가 있기를 축원합니다.

그렇다면 영에 속한 사람은 어떤 사람입니까?

셋째, 영에 속한 사람은 영(성령)을 따라 삽니다.

영으로 육신의 행실을 죽입니다.

"그러므로 형제들아 우리가 빚진 자로되 육신에게 져서 육신대로 살 것이 아니니라 너희가 육신대로 살면 반드시 죽을 것이로되 영으로써 몸의 행실을 죽이면 살리니 무릇 하나님의 영으로 인도함을 받는 사람은 곧 하나님의 아들이라"(롬 8:12-14).

'영으로써 몸의 행실을 죽이면 살리니'는 무슨 말씀입니까? 영에 속한 사람은 육신의 요구대로 살아가는 자가 아닙니다. 영을 따라 삽니다. 내가 아니라 그리스도로 삽니다. 하나님이 무엇을 말씀하시는가, 하나님이 무엇을 원하시는가, 하나님의 뜻이 무엇인가 하는 것에 따라 움직입니다. 이것이 영에 속한 사람입니다.

사랑하는 성도 여러분! 그렇다면 오늘 저와 여러분은 어떤 사람입니까? 육에 속한 사람입니까, 혼에 속한 사람입니까, 아니면 영에 속한 사람입니까? 영에 속한 사람이 되시길 축원합니다.

영에 속한 사람은 특징이 있습니다.

"끝으로 형제들아 무엇에든지 참되며 무엇에든지 경건하며 무엇에든지 옳으며 무엇에든지 정결하며 무엇에든지 사랑받을 만하며 무엇에든지 칭찬받을 만하며 무슨 덕이 있든지 무슨 기림이 있든지 이것들을 생각하라"(빌 4:8).

여러분, 이것이 영에 속한 사람의 마음입니다. 영에 속한 사람은 무엇에든지 참되고 거짓이 없습니다. 아무리 작은 것이라도 무엇에든 경건하고, 무엇에든지 옳으며 정결하고 사랑받을 만하고, 무엇에든지 칭찬받을 만합니다. 이것이 바로 예수 믿고 영에 속한 저와 여러분의 모습입니다. 오늘 이런 영에 속한 모습으로 사시길 축원합니다.

사랑하는 성도 여러분, 영에 속한 사람이 되시기를 바랍니다. 무엇에든지, 누구에게든지, 무슨 일을 하든지, 어떤 모양으로 살든지, 어떤 권세를 가졌든지, 어떤 직분을 가졌든지 사랑받을 만하고 칭찬받을 만한 저와 여러분이 되길 축원합니다.

그렇다면 어떻게 영을 따라서 살 수 있을까요?

"너희가 육신대로 살면 반드시 죽을 것이로되 영으로써 몸의 행실을 죽이면 살리니 무릇 하나님의 영으로 인도함을 받는 사람은 곧 하나님의 아들이라"(롬 8:13-14).

영으로써 몸의 행실을 죽이면 됩니다. 예수님이 내 마음의 주인이 되시면 됩니다. 그런데 여기서 영으로써 몸의 행실을 죽인다는 말이 무슨 말씀입니까? 나의 영이 성령 충만하면 몸의 행실을 이길 수 있다는 것입니다. 우리의 영이 혼보다 강해지면 그럴 수 있다는 것입니다.

우리의 영이 성령으로 충만하면 어떻게 됩니까?

첫째로 죄의 유혹으로부터 승리합니다. 영이 약하면 죄의 유혹에

약합니다. 영이 약하며 혼과 육이 강한 사람이 됩니다. 이런 사람은 죄의 유혹에 잘 넘어집니다. 속절없이 넘어갑니다. 영이 약하면 하나님의 말씀에 순종하는 것이 무척 어렵게 느껴집니다. 그런데 영이 강하면 하나님의 말씀에 순종하는 것이 너무나 쉽습니다.

여러분, 육을 강하게 하려면 어떻게 합니까? 규칙적으로 운동하면 됩니다. 헬스장에 가서 규칙적으로 운동을 하면 육이 강해집니다. 근육이 생깁니다. 처음에는 5킬로그램, 10킬로그램, 20킬로그램 들던 사람이 규칙적으로 운동을 하면 나중에는 100킬로그램까지 들어올립니다. 왜 그렇습니까? 근육이 강해졌기 때문입니다.

우리의 영도 마찬가지입니다. 영이 약하면 아주 작은 것에 순종하는 것도 힘이 듭니다. 그런데 영이 강하면 순종하는 것이 아주 쉽습니다. 자연스럽습니다. 말씀에 순종하는 것이 쉽습니다. 우리가 왜 죄의 유혹에 속절없이 넘어갑니까? 영이 약해서입니다. 영이 약하면 죄의 유혹을 이길 수 없습니다.

그런가 하면 우리의 혼이 약하면 아무리 결심해도 그때뿐입니다. 많은 사람들이 살을 빼려고 다이어트를 결심합니다. 혼이 약하면 음식의 유혹을 이겨내지 못합니다. 그런데 혼이 강하면 쉽습니다. 딱 끊어 버리고 실행합니다. 죽으면 죽으리라 하는 각오로 10킬로그램을 감량합니다. 혼이 강하면 육을 이깁니다.

그런 것처럼 영이 강하면 죄의 유혹을 쉽게 이깁니다. 영이 강하면 말씀에 쉽게 순종합니다. 영이 약할 때 버리기 어렵던 죄의 유혹들도 성령이 충만해지고 영이 강해지면 쉽게 끊어집니다. 술과 담배도 쉽게 끊게 됩니다. 내 영이 성령으로 충만해지면 술, 담배 냄새가 역겹게 느껴집니다. 성령으로 충만해지면 죄에 대해서 점점 역겹게 느껴집니다. 영이 약할 때는 성경 말씀이 지겹습니다. 예배가 지겹습니다. 그런데 영이 강해지면 예배가 즐겁고 행복해집니다. 말씀이 꿀처럼 달게 됩니다. 영이 강한 사람은 말씀이 달콤합니다. 그러므로 성령으로 충만하시길 축원합니다.

둘째로 우리 영이 성령으로 충만하면 늘 평안합니다. 영이 강하면 마음이 평안하고 기쁨이 넘칩니다. 그러나 영이 약하면 마음이 불안하고 평안이 없습니다.

"육신의 생각은 사망이요 영의 생각은 생명과 평안이니라"(롬 8:6).

영이 강하면, 성령 충만하면 생명과 평안이 있습니다. 아무리 어려운 일이 생겨도 평안합니다. 왜 그렇습니까? 믿음이 있기 때문입니다. 그래서 상황이 어떠하든지 평안합니다. 그러나 믿음이 없는 사람은 작은 문제 앞에서도 요동합니다. 불안합니다. 걱정과 근심이 태산 같습니다.

여러분, 평안의 정의가 무엇입니까? 영이 육을 지배하고 있는 상태를 평안이라고 합니다. 성령이 우리를 다스리고 있는 상태를 평안이라고 합니다. 불안이란 무엇입니까? 육이 우리를 지배하고 있는 상태입니다. 왜 불안합니까? 불안은 혼에서 느끼는 감정입니다. 눈으로 보는 것, 귀로 듣는 것, 이런 것들을 육신으로 판단할 때 불안이 찾아옵니다. 우리가 보는 것, 듣는 것, 생각하는 것으로 우리 감정이 요동을 칩니다. 이것이 불안입니다.

그렇다면 평안이 무엇입니까? 영이 주는 정보가 있습니다. 하나님의 말씀이 주장합니다. '하나님이 너와 함께하신다. 하나님이 너의 목자다. 하나님이 네 안에 계시고 하나님이 너와 함께 계신다.' 이것에 우리 감정이 반응합니다. 그러면 평안해집니다.

"하나님은 우리의 피난처시요 힘이시니 환난 중에 만날 큰 도움이시

라 그러므로 땅이 변하든지 산이 흔들려 바다 가운데에 빠지든지 바닷물이 솟아나고 뛰놀든지 그것이 넘침으로 산이 흔들릴지라도 우리는 두려워하지 아니하리로다 (셀라)"(시 46:1-3).

여러분, 평안은 환경이나 상황에서 오는 것이 아닙니다. '하나님이 나와 함께하신다' 하는 믿음과 실제가 우리를 평안하게 합니다. 그러므로 하나님과 함께하는 자는 상황을 바꾸는 자입니다.

영이 강할 때는 평안이 주어집니다. 그러나 영이 약할 때는 불안이 찾아옵니다. 그렇다면 불안할 때, 근심이 찾아올 때 어떻게 해야 합니까? 기도해야 합니다. 내 영을 강화시켜야 합니다. 성령으로 충만케 하시길 축원합니다.

셋째로 범사에 감사가 넘칩니다. 그러나 영이 약하면 불평과 불만이 많고 부정적인 사람이 됩니다. 범사에 짜증을 내고 신경질적입니다. 사사건건 불평과 불만이 가득한 사람, 부정적인 사람이 됩니다. 영이 약하기 때문입니다.

사랑하는 성도 여러분, 영이 강한 사람은 특징이 무엇입니까? 늘 감사하며 삽니다. 항상 감사합니다. 감사가 인격이 됩니다.

"범사에 감사하라 이것이 그리스도 예수 안에서 너희를 향하신 하나님의 뜻이니라"(살전 5:18).

영이 강하면 우리의 혼과 육이 어디에 복종합니까? 하나님의 말씀에 복종합니다. 성령님께 복종합니다. 우리의 영에 복종합니다. 그런데 하나님의 뜻이 무엇입니까? 하나님의 뜻은 모든 일, 즉 범사에 감사하는 것입니다. 그러므로 범사에 감사하는 사람이 영이 강한 사람입니다. 이것이 예수 믿는 사람의 영적인 태도입니다. 영이 혼을 지배하기에 우리의 혼이 감사하는 것입니다.

그런데 영이 약하면 어떻습니까? 영이 병들면 어떻습니까? 범사에 불평합니다. 범사가 부정적입니다. 범사에 원망합니다. 이것은 영이 약한 것입니다. 성품이나 기질이 그런 것이 아닙니다. 영이 약해서 그렇습니다. 영이 강하면 감사할 줄 알게 됩니다.

넷째, 우리가 성령으로 충만하면 십자가를 집니다. 그러나 영이 약하면 자기보다 약한 자를 억압하고 지배하려고 합니다. 무시합니다.

동물들의 세계를 보십시오. 동물의 세계는 절대적으로 약육강식입니다. 약육강식이 절대 진리가 되는 세계입니다. 강한 동물이 약한 동물을 지배하고 잡아먹습니다. 여러분, 인간도 마찬가지입니다. 영이 약하면 이와 같습니다. 약한 자를 억압하고 지배합니다. 그러나 영이 강하면 어떻게 됩니까? 약한 자를 돕습니다. 희생합니다.

영이 가장 강하셨던 예수님은 어떻게 하셨습니까? 우리를 위해 십자가를 지셨습니다. 자기보다 연약한 존재들을 위해 자신의 생명을 내어 주셨습니다. 약한 자를 돌보아 주셨습니다. 우리를 위해 자기를 희생하셨습니다. 이것이 성경에 나타난 예수님의 모습일 뿐 아니라 영적인 삶을 살았던 신앙의 선배들이 하나같이 보여 주었던 모습입니다. 영이 강한 사람은 십자가의 길을 갑니다. 약한 사람을 살리기 위해서 삽니다. 약한 자를 절대 무시하거나 지배하지 않습니다. 자기 권리를 내세우지 않습니다.

다섯째로 성령의 열매를 맺습니다. 그러나 영이 약한 사람은 육체의 열매를 맺습니다.

"오직 성령의 열매는 사랑과 희락과 화평과 오래 참음과 자비와 양선과 충성과 온유와 절제니 이 같은 것을 금지할 법이 없느니라"(갈 5:22-23).

주님이 여러분 마음의 주인 되신 지가 수년이 되었습니다. 이 주님께 여러분의 마음을 맡겨 보시길 축원합니다. 그래서 가장 멋진 인생을 살아가시길 축원합니다. 주님께서는 저와 여러분의 마음의 주인이 되어 살고 싶어 하십니다.

"너 나 아니?"

이 질문에 "주님, 내가 주님을 압니다. 주님은 나의 주인이십니다. 주님을 사랑합니다" 하고 대답하는 저와 여러분이 되기를 축원합니다.

마음의 관점을 디자인하라
Design your perspective

마음의 주인

첫째, 육에 속한 사람은 삶의 모든 주도권을 육이 가지고 있습니다.
둘째, 혼에 속한 사람은 삶의 모든 주도권을 혼이 가집니다.
셋째, 영에 속한 사람은 영(성령)을 따라 삽니다.

마음과 말의 힘(엡 4:25-32)

Design your perspective

그런즉 거짓을 버리고 각각 그 이웃과 더불어 참된 것을 말하라 이는 우리가 서로 지체가 됨이라 분을 내어도 죄를 짓지 말며 해가 지도록 분을 품지 말고 마귀에게 틈을 주지 말라 도둑질하는 자는 다시 도둑질하지 말고 돌이켜 가난한 자에게 구제할 수 있도록 자기 손으로 수고하여 선한 일을 하라 무릇 더러운 말은 너희 입 밖에도 내지 말고 오직 덕을 세우는 데 소용되는 대로 선한 말을 하여 듣는 자들에게 은혜를 끼치게 하라 하나님의 성령을 근심하게 하지 말라 그 안에서 너희가 구원의 날까지 인치심을 받았느니라 너희는 모든 악독과 노함과 분냄과 떠드는 것과 비방하는 것을 모든 악의와 함께 버리고 서로 친절하게 하며 불쌍히 여기며 서로 용서하기를 하나님이 그리스도 안에서 너희를 용서하심과 같이 하라

동서고금을 막론하고 사람을 뽑을 때는 '신언서판'(身言書判) 네 가지 기준을 보고 뽑았습니다. 첫째는 용모(容貌)입니다. 그 사람의 비주얼을 보았습니다. 둘째가 언변(言辯)입니다. 말의 온도나 말의 태도를 보았습니다. 셋째는 글씨[筆體]입니다. 그 사람의 글을 보았습니다. 문장력을 보았습니다. 마지막 넷째는 판단력(判斷力)입니다. 부정적으로 판단하는 사람인가, 긍정적으로 판단하는 사람인가를 보았습니다.

요즘은 청년들이 취업하기 어려운 시대입니다. 아무리 이력서를 내도 연락 오는 데가 없습니다. 직원들에게 대우가 좋기로 소문난, 한국

에 있는 한 외국계 기업 신입사원 채용시험에 많은 젊은 친구들이 응시했습니다. 1, 2차 필기시험과 면접을 거친 후 최종적으로 다섯 명이 남았습니다. 인사부장은 이들 다섯 명에게 7일 이내에 최종 결과를 알려 줄 것이라고 통보했습니다. 지원자들은 초조한 심정으로 결과를 기다리고 있었습니다. 다섯 명 중 한 여성 지원자가 닷새 후 회사로부터 다음과 같은 내용의 이메일을 받았습니다.

"귀하께서 저희 회사에 지원해 주셔서 감사합니다. 그러나 안타깝게도 귀하는 이번에 저희 회사에 채용되지 않았습니다. 회사가 채용할 인원이 제한되어 있어서 귀하처럼 재능 있고 뛰어난 인재를 모시지 못하게 된 점을 매우 애석하게 생각합니다."

그녀는 마음이 아팠지만, 한편으로는 이메일에 담긴 진심 어린 내용에 '그래, 뭔가 하나님께서 더 좋은 계획이 있으시겠지'라고 생각하고 감사로 받기로 했습니다. 그래서 다음과 같은 짧은 감사의 응답 메일을 회사로 보냈습니다.

"감사합니다. 앞으로 하시는 모든 일들이 잘되시기 바랍니다. 아울러 회사의 무궁한 발전을 기원하며 감사한 마음을 간직하겠습니다."

그런데 답장을 보내고 일주일째 되던 날, 그녀는 뜻밖에도 회사로부터 최종 합격을 했다는 전화를 받습니다. 나중에 알고 보니, 그녀가 받았던 불합격 통지 이메일 내용은 그 회사의 마지막 시험 문제였던 것입니다. 회사에서는 지원자 다섯 모두에게 똑같이 불합격 통지를 보냈습니다. 그런데 회사에 감사 메일을 보낸 사람은 오직 그녀 한 사람뿐이었습니다.

사랑하는 성도 여러분! 사람은 살아가면서 수많은 문제와 사건을 경험합니다. 그러나 영에 속한 사람은 모든 문제를 감사로 받습니다. 모든 사건을 감사로 받습니다. 성경은 말씀합니다.

"항상 기뻐하라 쉬지 말고 기도하라 범사에 감사하라 이것이 그리스도 예수 안에서 너희를 향하신 하나님의 뜻이니라"(살전 5:16-18).

그러므로 범사에 감사하시길 축원합니다. 이것이 하나님 앞에서 영적인 태도입니다.

사랑하는 성도 여러분, 우리는 지난 시간에 예수를 믿고 거듭났어도 교회 안에 세 종류의 사람이 있음을 살펴보았습니다.

첫째는 육에 속한 사람입니다. 육이 마음의 주인이 되어 삶의 모든 것을 결정하는 사람입니다. 육에 속한 사람의 특징이 무엇입니까? 이성 없는 짐승처럼 삽니다. 육체의 일은 분명하니 음행과 더러운 것과 호색과 우상 숭배와 원수 맺는 것과 분쟁과 시기와 분내고 당을 짓고 분열합니다. 육체가 느끼는 대로 반응하며 삽니다. 예수를 믿어도 이렇게 살면 결과가 어떻습니까? 하나님 나라를 유업으로 받을 수 없게 됩니다. 왜 그렇습니까? 육체가 주인 되어 살았기 때문입니다.

둘째는 혼이 주인 되어 사는 사람입니다. 혼이 무엇입니까? 우리의 이성과 감정과 의지입니다. 이런 것이 삶의 주인이 되어 모든 것을 결정합니다. 삶의 모든 결정을 내 생각과 내 감정과 내 지혜로 합니다. 이렇게 혼이 주인이 되어 사는 사람들의 특징은 무엇입니까? 자기를 끔찍이 사랑합니다. 자기애가 강합니다. 자기주장이 강합니다. 고집이 아주 세며, 주님보다 돈을 더 사랑합니다. 그래서 말씀보다 자기 감정, 자기 생각, 자기 뜻이 더 중요합니다. 그래서 예수님을 주님으로 부르지만 말뿐입니다. 주님을 입으로만 부르는 사람입니다. 이렇게 혼이 주인이 되어 살면 우리 인생이 어떻게 됩니까? 주님이 "나는 너를 모른다!" 하실 수 있습니다. 왜 그렇습니까? 아직 내 인생의 주인이 안 바뀌었기 때문입니다. 예수를 믿어도 주인이 안 바뀐 것입니다.

셋째는 영에 속한 사람입니다. 내 안에 계신 성령이 주인 되어 사는 사람입니다. 이런 사람은 삶의 모든 결정에서 성령님의 인도를 받는 사람입니다. 내가 아니라 그리스도로 사는 사람입니다. "영으로써 몸의 행실을 죽이면 살리니 무릇 하나님의 영으로 인도함을 받는 사람은 곧 하나님의 아들이라"(롬 8:13-14)라고 했습니다. 이런 사람의 특징이 무엇입니까? 성령의 열매를 맺습니다. 성령으로 충만합니다.

성령으로 충만하며 어떻게 삽니까? 다섯 가지를 말씀드렸습니다. 첫째, 죄의 유혹에서 승리합니다. 이런 은혜가 있기를 축원합니다. 둘째, 늘 평안합니다. 이런 은혜가 있기를 축원합니다. 셋째, 범사에 감사가 넘칩니다. 이런 은혜가 있기를 축원합니다. 넷째, 묵묵히 십자가를 집니다. 이런 은혜가 있기를 축원합니다. 다섯째, 성령의 열매를 맺습니다. 이런 은혜가 있기를 축원합니다.

그런데 엄청난 영적인 축복을 소유하고도 많은 사람들이 하나님께서 주신 축복을 누리지 못한 채 살아갑니다. 왜 하나님께서 주신 축복을 누리지 못하고 살아갈까요? 여러분은 무엇 때문이라고 생각하십니까? 예수 믿고 거듭난 하나님의 자녀가 축복을 누리지 못하는 가장 큰 이유는 바로 말 때문입니다. 우리에게 주신 모든 것에 감사하지 못하고 원망하고 불평하며 부정적으로 말하는 우리의 말 때문입니다. 그래서 인생이 불행해집니다. 인생이 곤고해집니다. 우리의 영이 황폐해집니다.

오늘 우리가 주고받는 모든 말은 영입니다. 그래서 그 사람의 말을 들어 보면 그 사람의 미래를 알 수 있습니다. 그 사람의 말을 들어 보면 그 사람이 받을 축복의 크기를 알 수 있고, 그 사람의 운명을 알 수 있습니다. 왜 그렇습니까? 말은 곧 그 사람의 영이기 때문입니다. 그러므로 당신의 행복은 당신의 말에 의해서 결정됩니다. 당신의 불행도 당신의 말에 의해서 결정이 됩니다. 당신의 축복도 당신의 말에 의해서 결정이 됩니다. 저와 여러분의 마음속에 있는 사랑도 미움도 원망도 불평도 부정적인 생각도 근심도 걱정도 원망도 우리가 말하는 순간 실체가 됩니다. 이처럼 당신의 말은 당신의 운명을 조각합니다. 당신의 운명을 결정합니다. 그러므로 범사에 축복의 말을 선포하시길 축원합니다.

선포합니다.

"우리 안에 있는 부정적인 생각과 말은 떠나갈지어다. 원망하는 생각과 말은 떠나갈지어다. 불평하는 생각과 말은 안개처럼 사라질지어다. 신경질적인 생각과 말도 떠날지어다!"

사랑하는 성도 여러분, 그렇다면 왜 우리의 말이 이토록 중요할까요?

첫째, 말은 영을 움직이는 실체입니다.

하나님께서는 우리를 하나님의 형상인 영적인 존재로 창조하셨습니다.

> "여호와 하나님이 땅의 흙으로 사람을 지으시고 생기를 그 코에 불어 넣으시니 사람이 생령이 되니라"(창 2:7).

여기서 '생기'는 하나님의 영입니다. 하나님께서 우리에게 당신의 영인 생기를 '후' 불어 넣으셨습니다. 그래서 인간은 하나님이 영이신 것처럼 영적인 존재입니다. 이처럼 사람은 영과 육으로 창조되었습니다. 그래서 보이는 물질 세계와 보이지 않는 영적인 세계에 동시에 속한 존재입니다.

하나님은 보이지 않는 영적인 세계에 속한 분이십니다. 성경은 보이지 않는 영적인 세계에서 묶이면 이 땅에서도 묶인다고 말씀합니다. 보이지 않는 영적인 세계에서 풀리면 이 땅에서도 풀립니다. 그러므로 이 땅에서 일어나는 일들은 보이지 않는 영적인 세계에서 일어나는 일들이 그대로 집행되는 것입니다.

사랑하는 성도 여러분, 우리가 기도하면 응답됩니다. 기도는 보이지 않는데 어떻게 보이는 응답으로 나타납니까? 기도는 보이지 않는 영적인 세계를 움직입니다. 그래서 기도는 보이지 않는 영적인 실체를 가져옵니다. 우리가 기도하면 보이지 않는 영적인 세계에 변화가 일어납니다. 그러면 그 기도의 열매로 보이는 응답이 주어집니다. 이것이 영적인 원리입니다.

그러므로 보이는 세계는 사람들이 움직이는 것이 아닙니다. 예수 믿는 사람도 마찬가지입니다. 다만 믿는 사람들은 먼저 기도를 통해서 보이지 않는 하나님께서 이 땅에 일하시도록 기도합니다. 이것이 우리 믿는 사람들이 살아가는 방식입니다. 영에 속한 사람은 보이지 않는 영적인 세계를 움직임으로써 살아갑니다.

그러나 육에 속한 존재는 영적인 세계를 모릅니다. 믿지도 않습니다. 그래서 보이는 세계를 열심히 움직이려 합니다. 늘 바쁘게 허둥대며 뛰어다닙니다.

그렇다면 보이지 않는 이 영적인 세계를 움직이게 하는 가장 강력한 도구가 무엇일까요? 그것은 바로 우리의 언어입니다. 저와 여러분이 사용하는 '말'입니다. 이것이 말의 힘입니다.

> "살리는 것은 영이니 육은 무익하니라 내가 너희에게 이른 말은 영이요 생명이라"(요 6:63).

"내 말이 영이요 생명이니라!" 그러므로 말로 사람을 살립니다. 말로 사람을 죽이기도 합니다. 이처럼 말은 영적인 세계를 움직입니다. 그러므로 축복의 말을 선포하시길 축원합니다.

사랑하는 성도 여러분, 오늘 저와 여러분은 어떻습니까? 우리의 한마디가 한 개인을 죽일 수도 있고, 살릴 수도 있습니다. 우리의 말 한마디가 우리가 섬기는 공동체를 세울 수도 있고, 무너뜨릴 수도 있습니다.

그런가 하면 저와 여러분의 말소리를 하나님이 다 듣고 계십니다.

"여호와께서 모세와 아론에게 말씀하여 이르시되 나를 원망하는 이 악한 회중에게 내가 어느 때까지 참으랴 이스라엘 자손이 나를 향하여 원망하는바 그 원망하는 말을 내가 들었노라 그들에게 이르기를 여호와의 말씀에 내 삶을 두고 맹세하노라 너희 말이 내 귀에 들린 대로 내가 너희에게 행하리니"(민 14:26-28).

열두 정탐꾼이 가나안 정탐을 하고 돌아와서 보고합니다. 열 명의 부정적인 보고에 이스라엘 백성들이 영적인 패닉 상태가 됩니다. 이게 무슨 말입니까? 영적인 기류가 우리의 말에 의해서 살아나기도 하고, 꺾이기도 한다는 뜻입니다.
"그러므로 너희 말이 내 귀에 들린 대로 내가 행하리라!"
우리의 말은 이처럼 엄청난 능력이 있습니다. 말을 통해서 축복이 오기도 하고, 저주가 오기도 합니다. 말을 통해서 하나님의 도우심을 받기도 하고, 하나님의 저주를 불러오기도 합니다. 개인도 그렇고, 공동체도 그렇습니다. 그러므로 축복의 말을 선포하시길 축원합니다.

"무릇 더러운 말은 너희 입 밖에도 내지 말고 오직 덕을 세우는 데 소용되는 대로 선한 말을 하여 듣는 자들에게 은혜를 끼치게 하라 하나님의 성령을 근심하게 하지 말라 그 안에서 너희가 구원의 날까지 인치심을 받았느니라 너희는 모든 악독과 노함과 분냄과 떠드는 것과 비방하는 것을 모든 악의와 함께 버리고 서로 친절하게 하며 불쌍히 여기며 서로 용서하기를 하나님이 그리스도 안에서 너희를 용서하심과 같이 하라"(엡 4:29-32).

오직 덕을 세우는 데 소용되는 선한 말을 하여 듣는 자들에게 은혜를 끼치게 하라고 말씀합니다. 우리 모두 오직 사람을 세워 주는 선한 말을 하길 축원합니다.

그렇다면 어떻게 늘 덕을 세우는 선한 말을 할 수 있을까요? 여러분, 교회에 오면서 집 현관문을 닫고 오셨습니까? 모두 다 문단속을 하고 오셨을 것입니다. 왜요? 도둑이 침입하지 못하도록 하기 위해서입니다. 그런데 우리는 정작 가장 중요한 마음 문은 단속하지 않습니다. 항상 열어 놓고 다닙니다. 그래서 온갖 것들이 저와 여러분의 마음속에 들어와서 좋은 것들을 빼앗아 갑니다. 마음의 문을 단속하지 않으니까 지나가는 개도 들어오고, 지나가던 온갖 것이 들어옵니다. 도둑이 뿌려 놓은 거짓된 생각들과 쓰레기들이 가득합니다.

그런데 성도 여러분, 생각하는 것과 생각을 말로 내뱉는 것은 어떻게 다를까요? 둘은 완전히 다릅니다. 생각만 할 때는 아무런 능력이 없습니다. 그런데 말로 내뱉는 순간 확정됩니다. 말로 내뱉는 순간 현실이 되고, 실제가 됩니다. 믿음의 말이든 불신의 말이든 말에는 놀라운 영적인 능력이 있습니다.

여러분은 어떤 말들을 많이 하십니까? 여러분의 말에 의해서 여러분의 영이 죽기도 하고 살기도 합니다. 여러분의 말에 의해서 여러분의 말을 듣는 사람의 영이 살기도 하고 죽기도 합니다. 여러분의 말에 의해서 여러분의 셀이 살아나기도 하고 죽기도 합니다. 성령으로 충만케 되기도 하고, 영적으로 완전히 다운되기도 합니다. 무엇이 그렇게 만듭니까? 바로 말입니다. 말, 바로 저와 여러분의 말입니다. 말이 영이기 때문입니다.

그러므로 예수 믿고 거듭난 저와 여러분은 언제나 살리는 말을 하길 축원합니다. 언제든지 축복의 말을 선포하길 축원합니다. 성령이 역사하는 말을 하길 축원합니다. 사람을 세워 주는 말을 하길 축원합니다.

그렇다면 이렇게 중요한 말을 어떻게 잘 관리할 수 있을까요?

둘째, 잘못된 생각을 말로 표현하지 않아야 합니다.

사랑하는 성도 여러분! 수많은 사람이 예수를 믿고 거듭났어도 사탄이 툭툭 던져 주는 잘못된 생각을 마음으로 받아들이고 입으로 발설합니다. 그리고 행동하기 시작합니다.

그런데 마음에 어떤 잘못된 생각을 받아들였을지라도 승리하는 방법이 있습니다. 어떤 잘못된 생각, 부정적인 생각, 불의한 생각을 받아들였을지라도 승리하는 방법이 있습니다. 어떻게 해야 합니까?

일단 마음으로 받아들였다고 해도 절대로 입을 열어 발설하지 않는 것입니다. 무슨 말입니까? 어떤 나쁜 생각이 들어와서 내가 마음으로 받아들였어요. 부정적인 생각이 들어와서 내가 마음으로 받아들였어요. 그렇게 내가 마음으로 받아들였어도 말로 발설하기 전에는 아직 내 안에만 있습니다.

그것을 말로 표현하는 것과 표현하지 않는 것은 엄청난 차이가 있습니다. 생각이 내 안에 있을 때는 사탄이 역사할 수 없습니다. 그런데 그 생각이 말이 되어 입 밖으로 나가면 차원이 달라집니다. 생각이 말이 되어 발설되면 실체가 됩니다. 그때부터 말이 살아서 돌아다니기 시작합니다. 특히나 부정적인 말에는 어둠이 역사하기 시작합니다. 원망하고 불평하는 말들은 어둠이 역사하게 만듭니다.

이것을 비유로 들자면 임신과 출산의 차이라고 할 수 있습니다. 임신은 내 안에 새 생명이 들어와 있으나 아직 출산한 것이 아닙니다. 잘못된 생각이 내 안에 들어왔습니다. 내 안에서 수많은 생각들이 말을 만들어 내기 시작합니다. 그런데 내가 입 밖으로 말하지 않으면 여전히 내 안에 있습니다. 그러다 생각을 발설해서 입 밖으로 나온다면 그것은 아기가 몸 밖으로 나오는 출산과 같습니다. 생각이 영적인 실체가 됩니다.

여러분, 내가 어떤 사람에 대해서 한마디 해주고 싶다고 해봅시다. 그런데 말하지 않고 꾹 참았습니다. 그러면 그 생각이 어떻게 됩니까? 내 안에서 머물다가 사라집니다. 그런데 내가 망설이다가 참지 못하고 툭 내뱉었다면 그 말은 출생한 것입니다. 출생한 말은 이제 가만히 있지 않고 아이가 자라듯이 자라납니다.

우리의 말이 그렇습니다. 내 입에서 나간 말이 자랍니다. 말이 돌아다닙니다. 그래서 발 없는 말이 천 리를 갑니다. 여러분이 남을 왜곡하거나 비난하는 말을 했다면 그 말이 여러분에게 다시 돌아올 때는 엄청나게 부풀어 있습니다. 떠날 때와 달리 몸집을 많이 불린 채로 되돌아옵니다. 그러므로 마음에 있는 말을 조심하시길 축원합니다.

예수 믿는 사람이라면 절대로 부정적인 말이나 잘못된 생각들을 발설하지 마십시오. 저와 여러분이 무심코 내뱉은 잘못된 말은 출생하여 일하기 시작합니다. 물고기는 입으로 낚입니다. 사람도 물고기처럼 입으로 낚입니다.

**"입과 혀를 지키는 자는 자기의 영혼을 환난에서 보전하느니라"
(잠 21:23).**

그러므로 입과 혀를 잘 지키시길 축원합니다. 사람에 대해서 부정적인 말을 하면 그로 인하여 환난을 당하게 됩니다. 어둠은 여러분이 뿌린 말의 씨를 반드시 열매 맺게 하기 때문입니다.

사랑하는 성도 여러분! 혹시 나쁜 생각이 마음에 들어왔습니까? 그렇더라도 부정적인 말과 생각은 입 밖으로 발설하지 마시길 축원합니다. 이것이 마음을 지키고 입을 지키는 방법입니다. 그러므로 오늘부터 저와 여러분은 입을 열면 생명의 말이 쏟아지길 축원합니다. 축복의 말이 쏟아지길 축원합니다. 덕스러운 말이 쏟아지길 축원합니다. 능력의 말이 쏟아지기 축원합니다.

거룩하길 원하십니까? 말을 조심해야 합니다. 예수를 믿지만 십자가에서 내가 죽지 않았다면 자꾸만 혼이 주인이 되어 남을 판단하거나 정죄합니다. 남의 죄를 지적하거나 간섭합니다. 그리고 남의 말을 잘합니다. 그러나 십자가에서 죽은 자는 언제나 생명의 말을 합니다. 긍정적인 말을 합니다. 언제나 겸손합니다. 축복의 말을 선포합니다. 예수님께서 말씀하셨습니다.

> "내가 너희에게 이르노니 사람이 무슨 무익한 말을 하든지 심판 날에 이에 대하여 심문을 받으리니 네 말로 의롭다 함을 받고 네 말로 정죄함을 받으리라"(마 12:36-37).

그러므로 마음과 생각을 잘 지키시길 축원합니다. 절대 남의 죄에 간섭하거나 남의 잘못을 지적하거나 남을 판단하거나 남의 말을 하지 않기를 축원합니다.

사랑하는 성도 여러분, 우리의 말이 왜 이렇게 중요합니까?

셋째, 말에는 엄청난 능력이 있습니다.

그렇다면 오늘 우리는 어떻게 해야 합니까? 먼저 우리의 마음과 생각 속에 있는 부정적인 프레임에서 해방되어야 합니다. 그래야 우리가 복음을 마음껏 누릴 수 있습니다.

뇌조형학에서는 뇌가 우리의 말에 따라 모양이 달라진다고 합니다. 그러니 우리 안에 부정적인 생각이 들 때마다 믿음의 사람으로서 어떤 일과 문제 앞에서 이렇게 선포하십시오.

첫 번째, "나는 절대 '나는 못 해' 하는 부정적인 말이나 고백을 하지 않겠습니다."

왜 그렇습니까?

"내게 능력 주시는 자 안에서 내가 모든 것을 할 수 있느니라"(빌 4:1).

나의 힘이 되시고 내게 능력 주시는 자 안에서 내가 모든 것을 할 수 있습니다. 나를 강하게 하시는 그리스도를 통하여 내가 모든 것을 할 수 있습니다. 나는 보통 사람이 아닙니다. 그러므로 선포합니다. "내게 능력 주시는 자 안에서 나는 모든 것을 할 수 있습니다."

두 번째, "나는 절대 물질적인 부족함을 말하거나 고백하지 않겠습니다."

왜 그렇습니까? 말은 영적인 실체입니다. 지금 현실적으로 손에 물질이 없을지라도, 믿음으로 하나님의 말씀을 고백하고 선포하시길 축원합니다.

"나의 하나님이 그리스도 예수 안에서 영광 가운데 그 풍성한 대로 너희 모든 쓸 것을 채우시리라"(빌 4:19).

오직 내 하나님께서 그리스도 예수님을 통해 영광 가운데 그 풍성한 대로 나의 모든 필요를 공급하리라고 하셨습니다. 그러므로 선포합니다. "가난의 영은 떠나갈지어다. 저주는 떠나갈지어다. 그러므로 흑암 중에 감추인 보화는 우리 가정에 쏟아질지어다. 우리 사업장에 쏟아질지어다! 생업과 산업에 쏟아질지어다! 자녀들에게 쏟아질지어다!"

세 번째, "나는 절대 두려움이나 나약함이나 패배를 말하거나 고백하지 않겠습니다."

왜 그렇습니까?

"하나님이 우리에게 주신 것은 두려워하는 마음이 아니요 오직 능력과 사랑과 절제하는 마음이니"(딤후 1:7).

하나님께서 우리에게 주신 것은 두려움의 영이 아니요 능력과 사랑의 영입니다. 그러니 선포합니다. "두려움의 영은 떠나갈지어다. 어둠의 영은 떠나갈지어다. 의심의 영은 떠나갈지어다. 불신앙의 영은 떠나갈지어다."

"여호와는 나의 빛이요 나의 구원이시니 내가 누구를 두려워하리요 여호와는 내 생명의 능력이시니 내가 누구를 무서워하리요"(시 27:1).

주님은 나의 생명의 능력이시기 때문입니다.
주님은 내 생명의 능력이십니다. 그러므로 나는 세상을 이긴 자입니다. 죽음을 이긴 자입니다. 저주를 이긴 자입니다. 그러므로 나는 세상을 이긴 자입니다.

"자녀들아 너희는 하나님께 속하였고 또 그들을 이기었나니 이는 너희 안에 계신 이가 세상에 있는 자보다 크심이라"(요일 4:4).

네 번째, "나는 사람과의 관계 속에서 긍정적이고 축복하는 말을 하겠습니다. 다른 사람을 비난하거나 판단하거나 불평하거나 부정적인 말을 하지 않겠습니다."

왜 그렇습니까? 우리는 다 완전하지 못하고 허물이 많은 사람들이기 때문입니다. 오늘 본문은 이렇게 말씀합니다.

"자녀들아 너희는 하나님께 속하였고 또 그들을 이기었나니 이는 너희 안에 계신 이가 세상에 있는 자보다 크심이라"(엡 4:32).

서로 친절하게 하며, 서로가 불쌍히 여기며, 서로 허물과 잘못이 있어도 용서하라고 말씀합니다. 그러므로 어떠한 상황에서도 서로가 불쌍히 여기며 관용을 베풀길 축원합니다.

사랑하는 성도 여러분!
무더운 여름에 불쾌지수가 올라가고 때로는 짜증도 납니다. 이럴 때 우리 모두 마음과 말을 잘 지켜 나가길 축원합니다. 내 마음은 내가 지키는 것입니다. 하나님이 우리의 마음을 지켜 주시는 것이 아닙니다. 내가 상처를 받아들일 수도 있고 거부할 수도 있습니다. 우리의 의지로 얼마든지 우리의 마음을 지켜 나갈 수 있습니다. 아무리 험한 말과 환경이라도 내가 상처로 받지 않으면 상처가 안 됩니다. 그런데 아무리 사소한 말일지라도 내가 상처로 받으면 상처가 됩니다. 그러므로 내 마음은 내가 지키는 것입니다.

하나님께서 저와 여러분의 마음을 지켜 주시는 것이 아닙니다. 우리 마음을 지키는 것은 바로 우리의 몫입니다. 우리의 책임입니다.

마음의 관점을 디자인하라
Design your perspective

마음과 말의 힘

첫째, 말은 영을 움직이는 실체입니다.
둘째, 잘못된 생각을 말로 표현하지 않아야 합니다.
셋째, 말에는 엄청난 능력이 있습니다.

마음의 외로움을 극복하라 (시 133:1-3)

Design your perspective

보라 형제가

연합하여 동거함이 어찌 그리 선하고 아름다운고 머리에 있는 보배로운 기름이 수염 곧 아론의 수염에 흘러서 그의 옷깃까지 내림 같고 헐몬의 이슬이 시온의 산들에 내림 같도다 거기서 여호와께서 복을 명령하셨나니 곧 영생이로다

영국 에드워드 8세는 결혼하지 않은 상태에서 왕위에 올랐습니다. 그런 그가 미국의 신문기자였던 심프슨이라는 여자를 사랑하게 되었습니다. 영국 왕실에서는 엄청나게 반대했습니다. 왕이 평민을, 더군다나 외국인인 데다 이혼한 여자를 왕비로 들일 수는 없다는 것이었습니다. 그 여자와 결혼하려면 왕위를 내려놓으라고 했습니다.

여러분 같으면 어떻게 하시겠습니까? 그는 고민하다가 왕위를 내려놓았습니다. 그리고 자신과 결혼하기 위해 두 번째로 이혼한 그 여인과 결혼합니다. 그가 왕위를 내려놓고 결혼하자 신분이 바뀌었습니다. 왕에서 '윈저 공'으로 강등되었습니다. 왕으로서 누리던 모든 특권을 하루아침에 잃었습니다. 경제적인 어려움도 겪었습니다. 그러나 그는 한평생 아내를 사랑했습니다.

1972년 윈저 공이 사망하자 신문은 "세기의 사랑이 지다"라는 제목으로 대서특필했습니다. 그때 한 기자가 윈저 공작부인에게 질문했습니다. "당신의 남편 윈저 공은 당신을 선택하기 위하여 영국의 왕좌

를 내려놓았습니다. 그가 당신을 그렇게 사랑하게 된 이유가 뭐라고 생각하십니까?" 공작부인은 잠시 생각한 뒤 이렇게 말했습니다.

"저도 모르겠습니다. 그 고귀한 분이 왜 나를 사랑했는지. 나는 아름답지도 않고 신분도 높지 않습니다. 그리고 나는 두 번 이혼한 사람입니다. 그분이 나를 사랑한 이유를 알 수 없으나 다만 한 가지, 그분이 언젠가 이런 말을 한 것이 생각납니다. '내 마음속 깊은 외로움을 당신처럼 이해해 주는 사람이 여태껏 없었습니다.' 그러니 아마도 내가 그분의 고독을 이해해 주어서가 아닐까요?"

사랑하는 성도 여러분! 현대인들은 외롭습니다. 물질문명이 발달하고 하이테크 시대가 되면 될수록 인간은 외로움의 감옥 속에 갇히게 됩니다. 그래서 많은 사람들이 핸드폰에 중독됩니다. 동영상을 보는 데 많은 시간을 보내며 외로움을 달랩니다.

세상에는 많은 정보와 지식이 넘쳐 납니다. 엄청난 네트워크와 유튜브, 각종 소셜 미디어를 통해서 지식과 정보를 교환하며 살아갑니다. 그런데 그 많은 사람들 중에 내 마음 받아 줄 사람 하나 없습니다. 내 진실한 마음 하나 주고받을 사람이 없습니다. 인적 네트워크는 많고 사람은 많은데, 내 마음을 편하게 주고받을 만한 사람이 없습니다. 마음 편하게 이야기를 나누고 들어줄 사람이 없습니다.

오늘 여러분은 어떻습니까? 내 마음의 관계인 지성소 안에 내 마음을 받아 줄 수 있는 세 사람만 있으면 그 사람은 행복한 사람이라고 합니다. 인간의 외로움은 마치 질병과 같아서 '죽음에 이르는 병'이라고도 합니다.

사랑하는 성도 여러분! 우리는 지난 시간에 말의 힘에 대해서 나누었습니다. 사람의 말을 들어 보면 그 사람의 운명을 알 수 있습니다. 왜 그렇습니까? 말은 곧 그 사람의 영이기 때문입니다. 그러므로 당신의 행복은 당신의 말에 의해서 결정됩니다. 당신의 불행도 당신의 말에 의해서 결정됩니다. 그러므로 당신의 말은 당신의 운명을 조각합니다. 그렇다면 왜 우리의 말이 이토록 중요할까요? 말은 영을 움직이는 실체이기 때문입니다. 말은 영적인 세계를 움직이는 실체입니다. 영적인 세계가 어떻게 움직입니까? 저와 여러분의 말에 의해서 움직입니다.

그렇다면 이렇게 중요한 말을 우리가 어떻게 관리해야 할까요? 잘못된 생각을 말로 표현하지 않아야 합니다. 부정적인 생각이 들어와서 내 마음에 머물지라도 말로 발설하기 전까지는 내 안에 있습니다. 그러나 내가 입으로 발설하는 순간 부정적인 말이 역사하기 시작합니다. 예수 믿는 사람으로서 여러분은 남을 비난하거나 원망하거나 불평하거나 하는 잘못된 생각들을 발설하지 마시길 축원합니다. 물고기는 입으로 낚입니다. 사람도 입으로 낚입니다. 그러므로 성경은 "입과 혀를 지키는 자는 자기의 영혼을 환난에서 보전하느니라"(잠 21:23)라고 말씀합니다. 십자가에서 철저하게 죽은 사람은 남의 죄를 지적하거나 함부로 정죄하지 않습니다. 남의 죄에 간섭하지 않습니다.

그러기 위해서 우리는 먼저 우리 생각 속에 있는 부정적인 프레임에서 해방되어야 합니다. 왜 그렇습니까? 말에는 엄청난 능력이 있기 때문입니다. 우리는 먼저 우리 생각 속에 있는 사탄이 뿌려 놓은 부정적인 프레임에서 해방되어야 합니다. 다음과 같은 네 가지는 절대로 고백하지 않겠다고 다짐해야 합니다.

"첫째, 나는 절대 '나는 못 해' 이런 부정적인 말이나 고백을 하지 않겠다." 왜 그렇습니까? 내게 능력 주시는 자 안에서 내가 모든 것을 할 수 있기 때문입니다. 그러므로 나는 보통 사람이 아닙니다.

"둘째, 나는 절대 물질적인 부족함을 말하거나 고백하지 않겠다." 성경은 "나의 하나님이 그리스도 예수 안에서 영광 가운데 그 풍성한 대로 너희 모든 쓸 것을 채우시리라"(빌 4:19)라고 말씀합니다. 그러므로 선포합니다. "가난의 영은 떠나갈지어다. 저주는 떠나갈지어다. 질병도 떠나갈지어다. 흑암 중에 감추인 보화는 우리 가정에 쏟아질지어다. 사업장에 쏟아질지어다. 생업에 쏟아질지어다. 자녀들에게 쏟아질지어다."

"셋째, 나는 절대 두려움이나 나약함이나 패배를 말하거나 고백하지 않겠다." 왜 그렇습니까? 하나님이 우리에게 주신 마음은 두려움이 아닙니다. 오직 능력과 사랑과 절제하는 마음입니다. 선포합니다. "두려움의 영은 떠나갈지어다. 어둠의 영은, 불신의 영은, 의심의 영은 떠나갈지어다." 주님은 내 생명의 능력이십니다.

"넷째, 나는 사람과의 관계 속에서 긍정적이고 축복하는 말을 하겠다." 왜 그렇습니까? 하나님께서 나를 불쌍히 여기고 축복하셨기 때문입니다. 그래서 서로가 불쌍히 여기고 서로 용서하며 허물이 있어도 관용을 베풀며 덮어 주어야 합니다. 이런 은혜가 있기를 축원합니다.

사랑하는 성도 여러분! 오늘은 "마음의 외로움을 극복하라"는 제목으로 몇 가지 나누고자 합니다. 사람의 마음속에는 소원이 있습니다. 나를 그대로 다 이해해 주는 사람, 나를 있는 모습 그대로 받아 주는 사람, 우리는 그런 사람을 원하고 그런 사람을 필요로 합니다. 여러분에게는 이런 사람이 있습니까? 나의 있는 모습 그대로를 받아 주는 사람이 있으십니까? 마음의 깊은 관계 안에 이런 사람 세 명만 있다면 그 사람은 행복한 사람이라고 학문적으로 규정을 짓습니다.

그런데 현대인들 중에는 그런 사람이 한 사람도 없는 경우가 많습니다. 부모와 자식 간에도 있는 모습 그대로 받아 주지 않습니다. 부부지간에도 있는 모습 그대로 받아 주지 않습니다. 직장 동료들 간에도 경쟁 구도 속에 살아갑니다. 교회 안에서는 어떨까요? 안타깝게도 교회 안에도 그런 사람이 별로 없습니다. 왜 그럴까요? 만나도 마음을 나누지 않기 때문입니다. 1년을 만나도 피상적인 만남뿐이기 때문입니다. 10년을 만나도 피상적인 만남뿐이기 때문입니다.

오늘 여러분은 어떻습니까? 여러분은 누군가에게 그런 사람이 되어 주시길 축원합니다. 여러분 또한 그런 사람을 만날 수 있기를 축원합니다. 지금 우리에게 주어진 관계 속에서 그런 사람이 되시길 축원합니다.

특히나 남성들은 보이지 않는 경쟁 구도 속에서 살아갑니다. 그래서 쉽게 마음을 열지 않습니다. 또 먹고사는 일에 바쁘고 생계를 위해서 뛰어다니다 보니 마음에 여유가 없습니다. 그래서 본질적으로 외롭습니다. 오늘 이런 저와 여러분들에게 가장 필요한 것이 무엇입니까? 바쁘게 사는 현대인들에게 가장 필요한 것이 무엇입니까?

첫째, 공간이 필요합니다.

어떤 공간입니까? 바로 우리의 약함을 있는 그대로 드러낼 수 있는 공간입니다. 이 공간은 세상적인 신분 차이와 상관없이 편하게 교제할 수 있는 곳을 말합니다. 왜 그렇습니까? 세상은 유능한 사람을 인정합니다. 그래서 경쟁해야 합니다. 직장에서도 경쟁해야 합니다. 그러나 오늘 교회 안에서 우리에게 필요한 공간은 어떤 공간입니까? 경쟁하지 않는 편안한 만남입니다. 친밀한 친구요 형제요 자매로, 서로가 편하게 보듬어 주는 그런 만남이 필요한 것입니다.

이런 공동체는 현대인들에게 필수적인 공간이지만, 특별히 남성들에게 더욱 절실하게 필요합니다. 허물없이 편하게 만나는 공간, 그런 만남이 필요합니다. 많은 남성들이 신앙생활을 하면서도 함께 이야기를 나눌 사람이 없습니다. 마음을 나눌 사람이 없습니다. 어떤 장로님이 이런 고백을 하는 것을 들었습니다.

"목사님! 그토록 신앙생활을 오랫동안 함께 했는데 때로는 세상 사람들보다도 못한 관계 속에 살아가는 것 같습니다. 의리도 없고 배은 망덕하고 이기적이고…."

그래서 제가 답했습니다.

"장로님, 왜 그런 줄 아세요? 마음을 나누지 않기 때문입니다. 자신의 마음속에 있는 감옥에 갇혀서 신앙생활을 합니다. 그러니 엄청난 복음의 능력을 누리지 못하며 살아가는 것입니다."

특히 많은 남성들이 신앙생활을 해도 자신의 신앙에 대해서 진솔하게 질문하고 토론하고 물어볼 사람이 없습니다. 또 삶 속에서 크고 작은 감동을 함께 나누고 공유할 사람이 없습니다. 우리 인생의 기쁨도 슬픔도 아픔도 눈물도 축복도 함께 나눌 사람이 없습니다. 나의 진정한 신앙의 멘토도 없고, 또 내가 믿음이 성숙하다 할지라도 다른 사람을 지도할 기회도 없습니다. 이것이 오늘 현대 교회 남성들이 가진 고민입니다. 그러므로 오늘 마음의 문을 열고 걸어 나오시길 축원합니다.

현대인들에게 가장 필요한 것은 공간입니다. 이 공간은 어떤 공간입니까? 바로 우리의 약함을 있는 그대로 드러낼 수 있는 공간입니다. 우리의 있는 모습 그대로 받아 주는 공간입니다. 세상적인 신분의 차이와 상관없이 편하게 교제하는 공간입니다. 그러므로 이 공간은 세상적인 권세나 재물이나 능력의 많고 적음과 전혀 상관없이 만나는 곳이어야 합니다. 이런 공간이 예수 믿는 남성들에게 반드시 필요합니다.

이런 공간을 일컬어 소그룹이라고 합니다. 셀 모임이라고 합니다. 왜 남자들에게 이런 소그룹이 필요합니까? 여러분, 남자는 여자의 칭찬을 받아서 남자가 되는 것이 아닙니다. 남자는 남자로부터 인정을 받아야 합니다. 남자는 정서적으로 남자끼리 모여야 성숙해집니다. 아들들은 아버지의 인정을 받아야 남자가 됩니다. 남자끼리의 모임

속에서 많은 사람들이 치유되고 마음의 감옥에서 걸어 나오게 됩니다. 오늘 이런 은혜가 있기를 축원합니다. 오늘 마음의 문을 열고 걸어 나오시길 축원합니다.

사랑하는 성도 여러분! 이런 신앙인들의 고민을 풀어내고 해결할 수 있는 공간이 바로 소그룹입니다. 소그룹인 셀 모임입니다. 오늘 성경은 말씀합니다.

"보라 형제가 연합하여 동거함이 어찌 그리 선하고 아름다운고"(시 133:1).

형제가 연합하여 동거함이 얼마나 아름답습니까?

여러분, 코로나 감염보다 더 무서운 질병이 있습니다. 그것이 무엇입니까? 앞서 이야기했던 외로움입니다. 독처하는 것입니다. 외로움이 지속되면 고립의 영이 됩니다. 고립의 영이 굳어지면 사람이 완고해집니다. 융통성이 없어집니다. 굳어진 생각 속에 갇힙니다. 그래서 많은 사람들이 생각이라는 틀 속에 갇혀 버립니다.

사랑하는 성도 여러분, 오늘 여러분은 어떻습니까? 외로운 사람이 우울증에 빠질 확률이 그렇지 않은 사람보다 10배 높은 것으로 나타났습니다. 영국 시민의 4분의 3이 이웃의 이름을 모르고, 직장인의 60퍼센트가 직장에서 외로움을 느낀다고 합니다. 그래서 영국에서는 현대인들의 외로움 문제를 해결하기 위해서 2018년에 정부에서 사람들의 외로움을 담당하는 부서를 개설했습니다. 그리고 외로움부 장관(Minister for Loneliness)을 임명했습니다.

인간의 이런 외로움은 동서양을 망라해서 아시아, 호주, 아메리카, 아프리카 역시 별로 다르지 않습니다. 외로움의 문제는 앞으로 더욱 더 심화될 수밖에 없습니다.

여러분, 인생의 외로움은 젊은이든 노인이든, 남자든 여자든, 비혼이든 기혼이든, 부유하든 가난하든 똑같습니다. 전 세계 모든 사람들이 외롭고 관계가 단절되고 소외된 채 주어진 인생을 살아갑니다. 오늘 여러분은 어떻습니까? 우리는 외로움이라는 위기의 한가운데에 있습니다. 우리 가운데 이 위기에 면역이 된 사람은 아무도 없다는 것입니다.

우리나라는 많은 부분에서 일본을 따라갑니다. 일본에서는 이 외로움에서 벗어나려고, 지독한 외로움 때문에 그 대책으로 교도소에 가기 위해서 죄를 짓는다고 합니다. 일부러 매장에서 소소한 절도 같은 경범죄를 지어 재판을 받고 교도소에 수감됩니다. 그래서 일본의 재소자들 가운데 40퍼센트가 가족과 거의 대화하지 않거나 가족이 아예 없다고 합니다. 그들 가운데 다수가 감옥을 '집에서 찾지 못하는 공동체'를 경험할 수 있는 장소로 묘사합니다. 어떤 사람은 "감옥은 항상 주변에 사람이 있어 외롭지 않은 곳"이라고 합니다. 어떤 재소자는 "이야기를 나눌 사람이 많은 오아시스 같은 곳"으로 표현합니다. 그들은 교도소를 친구뿐 아니라 도움과 돌봄까지 제공되는 안식처로 여긴다고 합니다.

특히나 노년층은 우리 가운데 가장 외로운 사람들입니다. 이번에 김제로 단기 선교를 다녀왔습니다. 우리 성도님들이 최선을 다해서 수고를 하셨습니다. 그곳에서 연세 드신 많은 분들이 마음의 온갖 고통과 아픔과 상처 속에 외롭게 살아가고 계셨습니다. 마음의 상처로 외로움의 감옥 속에 갇혀 살고 계셨습니다.

어려서 부모 밑에 살 때는 공부하느라 외로움을 모른 채 지나갑니다. 결혼해서는 아이를 낳고 정신없이 사느라 바빠서 외로움을 모른 채 지나갑니다. 그런데 나이가 들면 금줄이 풀립니다. 은줄이 풀립니다. 창문이 어두워집니다. 맷돌질 소리가 들리지 않습니다. 자식들은 저마다 다 커서 둥지를 떠납니다. 이제 주변에 함께할 사람이 없습니다.

2017년 중국 톈진에서 어느 85세 할아버지가 동네 버스 정류장에 광고문을 붙여 세계적으로 유명해진 적이 있습니다. 광고문은 이렇습니다.

'80대 외로운 남성입니다. 어느 마음씨 좋은 분이나 가족이 저를 받아 주시길 희망합니다.'

안타깝게도 이 노인은 그 후 3개월 만에 사망했습니다. 이웃 주민들도 2주가 지나서야 노인이 보이지 않는다는 사실을 알았습니다.

여러분, 이 외로움은 노년층뿐 아니라 젊은이들에게서도 나타납니다. 미국에서는 2000년대 이후 출생자 가운데 친구가 한 명도 없는 사람이 5명 중에서 1.5명이나 된다고 합니다. 영국에서는 18세부터 34세까지 5명 중 3명이 외로움을 느낀다고 합니다. 그리고 10~15세 아동과 청소년층에서는 거의 절반이 외로움을 느낀다고 합니다. 이런 조사는 코로나 이전의 현상입니다. 코로나 여파로 이 수치가 더욱 크게 증가했을 것입니다.

그렇다면 왜 외로움이 죽음에 이르는 병일까요? 외로움은 우리의 정신 건강만 위협하는 것이 아닙니다. 외로움은 우리의 신체 건강만 위협하는 것이 아닙니다. 외로움은 운동을 전혀 하지 않는 것보다 우리 몸에 더 해를 끼친다고 합니다. 비만보다 2배나 더 해로운 것으로 나타났습니다. 외로움은 담배를 매일 15개비씩 피우는 것만큼이나 해롭다고 합니다. 외로움이 해로운 것은 마치 알코올 의존증과 비슷하다고 합니다. 외로움은 소득수준이나 성별이나 연령, 국적에 상관없이 이런 피해를 가져다준다고 합니다.

이 외로움에 따라붙는 사회적인 낙인 때문에 일부 사람들은 외로움을 인정하는 것을 무척이나 힘들어합니다. 직장에서 외롭다고 느끼는 영국 직장인들의 3분의 1은 누구에게도 그 사실을 말한 적이 없다고 합니다. 일부 사람들은 자기가 외롭다는 사실을 스스로 인정하기조차 힘들어합니다. 외로움은 사회적, 문화적, 경제적 요인에 의한 결과라기보다는 개인적인 실패를 암시한다고 믿기 때문입니다.

사랑하는 성도 여러분, 여러분은 어떻습니까? 외로움을 과소평가하지 마시기 바랍니다. 주변에 사람이 아무리 많아도 외로울 수 있고, 반면 혼자 있어도 외롭지 않을 수도 있기 때문입니다.

그렇다면 외로움은 왜 우리에게 해로운 것입니까? 외로움의 정의는 또 무엇일까요? 우리 시대 외로움의 징후는 사랑하고 사랑받고 싶은 갈망, 친구가 없다고 느껴질 때의 쓸쓸한 기분에만 국한되지 않습니다. 우리 시대의 외로움의 징후는 내가 배제되었다는 느낌, 스스로가 힘이 없고 무시당하는 존재라는 느낌까지 포함합니다.

인간은 누구나가 나의 말을 들어 주고 나를 받아 주고 나에게 관심을 가져 주기 바라는 욕구가 있습니다. 공정하고 다정하게 인격적으로 대우받고 싶은 욕구가 있습니다. 이런 욕구들이 충족되지 못할 때 사람은 외로워집니다. 그러므로 인간의 외로움은 죽음에 이르는 병이라고 말합니다. 오늘 이런 외로움의 감옥에서 걸어 나오시길 축원합니다.

지금 여러분은 어떤지를 1978년에 세 명의 연구자가 개발한 'UCLA 외로움의 척도'로 체크해 보십시오. 외로움이라는 주관적 감정을 측정하는 정량적 도구입니다. 이 척도는 21개 질문을 통해서 응답자가 얼마나 남과 연결되고 남에게 지지와 관심을 받는다고 느끼는지, 또 얼마나 남에게 배제되고 고립되고 오해받는다고 느끼는지 확인해 줍니다.

[UCLA 외로움의 척도]

(4: 전혀 그렇지 않다, 3: 거의 그렇지 않다, 2: 이따금 그렇다, 1: 자주 그렇다)

1. 얼마나 자주 내 주변 사람들과 마음이 잘 맞는다고 느낍니까? 4 3 2 1
2. 얼마나 자주 내 주변에 사람이 별로 없다고 느낍니까? 1 2 3 4
3. 얼마나 자주 내가 의지할 사람이 아무도 없다고 느낍니까? 1 2 3 4
4. 얼마나 자주 혼자라고 느낍니까? 1 2 3 4
5. 얼마나 자주 내가 친구들 무리에 끼어 있다고 느낍니까? 4 3 2 1
6. 얼마나 자주 주변 사람과 공통점이 많다고 느낍니까? 4 3 2 1
7. 얼마나 자주 이제 어느 누구와도 가깝지 않은 것 같다고 느낍니까? 1 2 3 4
8. 얼마나 자주 내가 사교적이고 친근한 사람이라고 느낍니까? 1 2 3 4
9. 얼마나 자주 내 관심사와 생각을 주변 사람들과 나누고 있다고 느낍니까? 4 3 2 1
10. 얼마나 자주 사람들이 나와 가깝게 느껴집니까? 4 3 2 1
11. 얼마나 자주 내가 외톨이 같다고 느낍니까? 1 2 3 4
12. 얼마나 자주 내가 다른 사람들과 의미 있는 관계를 맺고 있다고 느낍니까? 1 2 3 4
13. 얼마나 자주 나를 정말로 아는 사람은 아무도 없다고 느낍니까? 1 2 3 4
14. 얼마나 자주 내가 다른 사람들로부터 고립되어 있다고 느낍니까? 1 2 3 4
15. 얼마나 자주 내게 누군가 필요할 때 언제나 함께 있어 줄 사람이 있다고 느낍니까? 4 3 2 1
16. 얼마나 자주 나를 진심으로 이해해 주는 사람들이 있다고 느낍니까? 4 3 2 1
17. 얼마나 자주 수줍음을 느낍니까? 1 2 3 4
18. 얼마나 자주 내 주변 사람들이 나와 함께 있지 않는 것 같습니까? 1 2 3 4
19. 얼마나 자주 내가 함께 대화를 나눌 사람들이 있다고 느낍니까? 4 3 2 1
20. 얼마나 자주 내가 의지할 수 있는 사람들이 있다고 느낍니까? 4 3 2 1
21. 당신은 매 주일에 정기적으로 만나서 함께 교제하는 사람들이 있습니까? 4 3 2 1

여러분도 한번 체크해 보고 셀 모임 때 나누어 보길 바랍니다.

사랑하는 성도 여러분, 인간의 외로움은 죽음에 이르는 병이라고 말합니다. 외로움은 극단적인 자살로 이어질 수 있습니다. 미국의 UC 어바인 의료센터 정신의학과 수석 레지던트인 프랜시 하트 브로그 해머는 자신의 연구 논문에서 "사람이 너무 외로우면 살 만한 가치가 없다고 느껴서 극단적인 선택을 하게 된다"며 그 사례를 발표했습니다. 38세 남성 화이트 씨는 최근 부모가 사망하고 실업과 금전 문제로 어려움을 겪었습니다. 그는 형제자매에게 거부를 당한 채 가까운 친구도 집도 없이 지냅니다. 그러던 중에 그는 유일한 친구요 자신을 조건 없이 반겨 주는 반려견을 잃었습니다. 화이트 씨는 반려견에 대해 이렇게 말했습니다.

"이 세상에서 나를 사랑할 만한 가치가 있게 보는 유일한 존재였습니다. 나는 공원에서 잠을 잡니다. 지나가는 사람들 모두 나를 주인 없는 개만도 못하게 생각하지요. 나는 인간 이하예요. 아무도 나에게 신경 쓰지 않아요. 그러나 내가 키우던 개만큼은 예외였지요. 그는 나를 좋아했어요. 내 평생 목표가 그 사랑에 보답하는 거였어요. 이제 반려견이 세상을 떠났으니 내게 남은 것은 아무것도 없습니다."

그리고는 자살하고 말았습니다. 여러분, 외로움이 이처럼 사람을 죽음에 이르게 만듭니다. 사랑하는 성도 여러분, 그렇다면 이런 외로움을 해결하려면 오늘 우리는 어떻게 해야 합니까?

둘째, 먼저 주님과 깊이 연합하십시오.

하나님을 떠난 인생은 본질적으로 외로운 존재입니다. 본질적으로 외로운 인생은 무엇을 소유해도 하나님을 만나지 못하면 외롭습니다. 그런 외로움 때문에 우울합니다. 외로움 때문에 자살하기도 합니다.

외로움 때문에 서로 갈등하고 싸우며, 서로를 공격합니다. 외로움 때문에 갈등하고 분열합니다.

이런 인간의 본질적인 외로움을 해결하기 위해서는 먼저 하나님을 깊이 만나야 합니다. 그래서 하나님과 하나가 되어야 합니다. 예수님은 하나님과 우리를 하나 되게 하시려고 이 땅에 오셨습니다. 십자가에서 우리를 대신해서 죽으시고 부활하셔서 아버지와 우리를 하나 되게 하셨습니다.

"주와 합하는 자는 한 영이니라"(고전 6:17).

그러므로 예수님을 구주로 고백하는 심령마다 주님과 한 영입니다. 하나님과 영적으로 하나 되시길 축원합니다. 깊은 마음의 지성소 안에 하나님을 모시길 축원합니다. 여러분의 마음 중심에 하나님을 모시길 축원합니다.

하나님을 만나지 못하면 인생은 외로움 때문에 끝없이 방황합니다. 영혼이 방황합니다.

"보라 형제가 연합하여 동거함이 어찌 그리 선하고 아름다운고" (시 133:1).

성경은 형제가 연합하여 모이기에 힘쓰라고 말씀합니다. 여러분, 하나님의 모든 축복은 이렇게 형제가 연합할 때 부어집니다. 얼마나 부어집니까? 아론의 머리로부터 수염을 타고 흘러내리듯 부어집니다.

사랑하는 성도 여러분! 하나님은 독자적으로 역사하지 않습니다. 하나님의 모든 역사는 사람을 통해서 일어납니다. 사람과의 관계를 통해서 일어납니다. 그러므로 모이기에 힘쓰시길 축원합니다.

이러한 외로움의 문제를 해결하려면 오늘 우리는 어떻게 해야 합니까?

셋째, 마음을 다하여 사랑하십시오.

지금 내게 주어진 사람들을 마음을 다하여 사랑하십시오.

> "예수께서 이르시되 네 마음을 다하고 목숨을 다하고 뜻을 다하여 주 너의 하나님을 사랑하라 하셨으니 이것이 크고 첫째 되는 계명이요 둘째도 그와 같으니 네 이웃을 네 자신같이 사랑하라 하셨으니"(마 22:37-39).

마음을 다하여 사랑하시길 축원합니다. 마음을 다하지 않으면 다하지 않은 마음속에 갈등이 생깁니다. 어둠이 틈을 탑니다. 그러므로 마음을 다하시길 축원합니다.

목회를 하다 보면 가끔 외로울 때가 있습니다. 언제입니까? 믿음의 사람들은 많습니다. 그런데 많은 사람들이 예수를 믿어도, 그 가운데 주님처럼 생각하고, 주님처럼 말하고, 주님처럼 행동하는 사람이 없을 때 목회자는 참 외롭습니다.

우리는 서로가 서로를 위로하는 사람이 되길 축원합니다. 여러분, 지구상에서 모든 만물을 통틀어서 영적인 세계에 속하면서도 물질 세계에 속한 것은 오직 인간뿐입니다. 그래서 인간의 영적인 외로움은 본질적으로 하나님을 만나야 해결이 됩니다. 그리고 그 본질적인 외로움은 믿음의 가족인 셀 모임에 적극적으로 참여함으로 해결됩니다.

그러므로 믿음의 가족인 셀 원들을 만날 때마다 마음으로 만나시길 축원합니다. 마음으로 만나시되 마음을 다하여 사랑하시길 축원합니다. 마음을 다하여 위로하시길 축원합니다.

이번 단기 선교는 김제로 갔습니다. 여러분의 기도와 후원으로 잘 다녀왔습니다. 역사가 53년 정도 된 교회로서 그 지역에서 가장 좋은 곳에 자리하고 있었습니다. 그 지역에 사는 사람들은 주로 농사를 지었는데 축산과 과수원의 농작물을 경작하며 사셨습니다. 그런데 마을에 어둠이 가득했습니다. 집집마다 연로하신 어머님, 아버님들이 인생을 살아오신 것만큼 가슴 아픈 사연이 많았습니다. 자식을 일찍 잃어버리고 그 아픔을 지울 수 없어 정신이 나간 채 죽지 못해 살아가는 가정, 사람들에게 상처를 받고 신음하며 외롭게 사는 영혼 등 가슴 가슴마다 상처로 신음하며 고통하며 자신이 만든 감옥 속에 갇혀서 외롭게 살고 있었습니다. 어둠 가운데, 죽음 가운데 잃어버린 채로 있었습니다.

'잃은 양을 찾지 않겠느냐? 저들의 눈물을 씻어 주지 않겠느냐?'는 주님의 뜻을 따라서 우리 교회 권사님, 집사님과 목회 코칭팀이 눈물로 쏟아 놓는 그분들의 이야기를 함께 눈물을 흘리면서 들어 주며, 그분들이 어둠 가운데서 빛 가운데로 걸어 나오실 수 있도록 최선을 다했습니다.

냉랭하던 마을이 둘째 날부터 어둠이 떠나가기 시작합니다. 오랜 세월 그들을 붙들고 있었던 어둠이 떠나갑니다. 그리고 셋째 날에는 하나님의 사랑이 강물처럼 흘러서 그 지역을 덮었습니다.

사랑하는 성도 여러분, 하나님의 사랑이 어떻게 흘러갑니까? 사람을 통해서 흘러갑니다. 우리 전도팀들이 그들의 가슴 아픈 이야기에 눈물을 강수처럼 흘리면서 함께했습니다. 그들의 눈물을 닦아 주고 상처를 싸매 주면서 함께 있어 주었습니다. 그러자 많은 분이 복음을 듣고 빛 가운데로 돌아왔습니다.

사랑하는 성도 여러분, 이것이 인간 사회의 원형입니다. 우리는 똑같은 생명을 소유한 한 가족입니다. 그렇지 않으면 사람이 망가져 갑니다. 교회는 참다운 인간 사회의 모델입니다. 하나님이 우리 아버지요, 우리는 형제요 자매입니다. 그러므로 성경은 서로 위로하고 서로 사랑하라고 말씀합니다. 하나님을 떠난 인생은 외로움에 사로잡혀 살기 때문입니다. 선포합니다. "외로움의 영은 떠나갈지어다." 그러므로 영혼들을 서로 위로하며 사시길 축원합니다.

그렇다면 우리가 진정한 위로자가 되기 위해서는 어떻게 해야 합니까? 지금 나에게 주어진 가족과 셀 원들 그리고 영혼들을 이유 없이 사랑하십시오. 그러면 지금 나에게 주어진 가족과 셀 원들의 마음을 받아 줄 수 있습니다. 마음으로 만나시길 축원합니다. 그러면 많은 영혼이 외로움이라는 감옥에서 빛 가운데로 걸어 나올 것입니다. 그래서 마침내는 그리스도 안에서 참된 사귐과 교제가 회복될 것입니다.

마음의 관점을 디자인하라
Design your perspective

마음의 외로움을 극복하라

첫째, 공간이 필요합니다.
둘째, 먼저 주님과 깊이 연합하십시오.
셋째, 마음을 다하여 사랑하십시오.

내 영혼아 찬양하라 (시 103:1-11)

Design your perspective

내 영혼아 여호와를 송축하라 내 속에 있는 것들아 다 그의 거룩한 이름을 송축하라 내 영혼아 여호와를 송축하며 그의 모든 은택을 잊지 말지어다 그가 네 모든 죄악을 사하시며 네 모든 병을 고치시며 네 생명을 파멸에서 속량하시고 인자와 긍휼로 관을 씌우시며 좋은 것으로 네 소원을 만족하게 하사 네 청춘을 독수리같이 새롭게 하시는도다 여호와께서 공의로운 일을 행하시며 억압당하는 모든 자를 위하여 심판하시는도다 그의 행위를 모세에게, 그의 행사를 이스라엘 자손에게 알리셨도다 여호와는 긍휼이 많으시고 은혜로우시며 노하기를 더디 하시고 인자하심이 풍부하시도다 자주 경책하지 아니하시며 노를 영원히 품지 아니하시리로다 우리의 죄를 따라 우리를 처벌하지는 아니하시며 우리의 죄악을 따라 우리에게 그대로 갚지는 아니하셨으니 이는 하늘이 땅에서 높음같이 그를 경외하는 자에게 그의 인자하심이 크심이로다

지난주는 전주 지역에서 하는 전도 코칭 세미나에 다녀왔습니다. 가는 길에 휴게소에 들렀습니다. 단풍 구경을 가는 관광버스들이 즐비했습니다. 거기에 탄 사람은 대부분 연세가 드신 분들이셨습니다.

사랑하는 성도 여러분, 왜 나이가 들면 사람들이 단풍을 좋아하는 것일까요? 젊은 날에는 단풍이 별로 아름답다고 생각하지 않았습니다. 젊은 날에는 단풍 구경을 잘 다니지 않습니다. 단풍 같은 것은 잘 쳐다보지도 않습니다. 그런데 왜 나이가 들면 하늘이 그렇게 아름다

운지, 길가의 꽃이 그리 사랑스러운지 모릅니다. 단풍잎 하나하나가 어찌 그렇게 예쁜지 감격스럽다고 합니다.

미국의 스탠퍼드 대학 심리학 교수인 로라 카슨텐스 박사는 사람은 나이가 들수록 긍정적인 일에 초점을 맞춘다고 합니다. 젊은 시절에는 부정적인 것에 민감합니다. 앞으로 조심하며 살아야 할 것이 많거든요. 그러나 나이가 들면서 그때까지 받은 경고는 충분합니다. 이제는 남은 인생을 보람 있게 살아야 하므로 사소하고 부정적인 일에 신경을 집중할 여유가 없습니다. 그래서 작은 일에도 기뻐하고, 작은 아름다움에도 그만큼 더 감격합니다. 나이가 들수록 하나하나가 더욱더 소중하게 느껴지고 다가온다는 것입니다.

그렇다면 왜 나이가 들면 이런 현상이 벌어질까요? 나이가 들면 자신이 죽을 때를 인지하는 독특한 능력 때문이라고 합니다. 죽음에 더 가까워졌다는 사실 때문에 그렇다는 것입니다. 그러므로 현재에 더욱더 집중해서 주어진 시간을 더욱더 의미 있게 보내려는 몸부림 때문에 이런 현상이 일어나는 것이라고 말합니다.

단풍에 대한 감격은 단풍 자체의 아름다움에 대한 것도 있지만 사라져 가는 것에 대한 애착이라고 할 수 있습니다. 자기도 분명하게 인식하지 못하지만 무의식 속에서 자기 인생을 바라보는 것입니다. 흘러가는 세월에 대한 안타까움, 그리고 잠깐 있으면 사라질 것을 알기에 더욱 아름답게 느끼고 애착을 갖는다는 그런 말입니다.

사랑하는 성도 여러분, 우리 한 사람 한 사람도 하나의 낙엽과 같습니다. 좀더 오래 붙어 있는 낙엽도 있고, 좀더 일찍 떨어지는 낙엽도 있지만 언젠가는 분명히 떨어집니다. 문제는 떨어지기 전에 자기 역할을 잘 감당하고, 자기가 내야 할 색깔을 분명히 내고 맺어야 할 열매를 맺고 떨어져야 한다는 것입니다. 올가을에는 낙엽을 밟으면서 그런 생각을 한번쯤 해보시길 축원합니다.

사랑하는 성도 여러분, 다음 주는 추수감사절입니다. 한 해 동안 베풀어 주신 하나님의 은혜에 감사하는 날입니다. 하나님은 우리에게 감사하라고 명령하셨습니다. 하나님이 그렇게 명령하신 것은 우리를 위해서입니다. 왜 그렇습니까? 감사하는 자는 행복하기 때문입니다. 우리가 언제부터 행복해집니까? 행복은 감사하는 심령에서 시작됩니다. 그러므로 감사하시길 축원합니다.

뜨겁게 감사하시길 축원합니다. 범사에 감사하시길 축원합니다. 성경은 말씀합니다.

> **"항상 기뻐하라 쉬지 말고 기도하라 범사에 감사하라 이것이 그리스도 예수 안에서 너희를 향하신 하나님의 뜻이니라"(살전 5:16-18).**

모든 행복은 감사에서 출발합니다. 그러므로 범사에 감사하시길 축원합니다. 한 해를 돌아보면서 한 주간 뜨겁게 감사하시길 축원합니다.

왜 하나님께서 감사하라고 하십니까? 감사하면 교만의 영이 떠나갑니다. 부모에게 감사하는 자식은 부모를 거역하지 않습니다. 감사는 사람의 인격을 겸손하게 합니다. 그러나 감사하지 않으면 사람은 인격이 파괴됩니다. 감사는 우리의 인격을 온전한 인격이 되게 합니다. 한 주간 이런 은혜가 있기를 축원합니다.

본문 말씀을 보면 다윗이 나이가 들었습니다. 그래서 몸도 마음도 많이 약해졌습니다. 다윗이 늙자 그의 영향력이 축소되고 주변에 있던 사람들이 떠나갑니다. 사람들이 다윗을 무시합니다. 다윗이 세상으로부터 잊혀 갑니다. 마음이 낙심됩니다. 이런 다윗이 다시 하나님 앞에서 자신을 추스르면서 지은 시가 오늘 본문입니다.

여러분, 우리가 잘 알다시피 다윗은 왕이었고 용사였습니다. 그러나 세상의 돈도 명예도 권세도 젊은 날의 용기도 세월과 함께 사라집니다. 한때는 모든 것이 다윗을 중심으로 움직였습니다. 그런데 세월 앞에 이제 다윗이 변두리가 됩니다. 한때 자기 앞에서 숨도 못 쉬던 사람이 자기를 무시합니다. 충성스럽던 신하가 다른 사람을 추종하며 따라갑니다. 다윗이 이런 엄청난 상실감을 느끼며 영향력을 잃어갈 때, 그는 어떻게 이런 것을 극복하고 하나님 앞에 은혜롭게 서게 됩니까?

첫째, 자기 영혼을 향해 명령합니다.

다윗이 스스로에게 명령합니다. "내 영혼아 여호와를 찬송하라."
사람은 나이가 들어 가면서 두 종류의 사람으로 나뉩니다. 나이가 들수록 넓어지는 사람이 있습니다. 이런 사람은 마음이 넓어지고, 생각이 넓어지고, 지경이 넓어지고, 축복이 넓어지고, 관계가 넓어지며, 수용하는 폭이 넓어집니다. 그런가 하면 어떤 사람은 나이가 들면 들수록 좁아집니다. 마음이 좁아지고, 생각이 좁아지고, 마음 씀씀이가 좁아지고, 사람을 용서하는 것도 좁아지며, 관계도 좁아지고, 사람을 수용하는 것도 좁아집니다. 사랑하는 성도 여러분, 오늘 여러분은 어떻습니까?

그렇다면 나이가 들면 왜 이런 현상이 생기는 것일까요? 예수 믿는 사람들은 지금까지 내 힘으로 산 것 같지만 모든 것이 하나님의 은혜였다는 것을 깊이 깨닫게 됩니다. 그래서 영성이나 신앙이 좋은 사람은 하루하루 낙담하는 것이 아니라 하나님을 찬양하며 살아갑니다. 그리고 인생의 남은 여정을 하나님께 위탁합니다. '나의 남은 미래는 하나님의 손에 달려 있다. 자손을 향한 하나님의 축복은 영원히 변치 않으며 나의 수고는 하나님이 갚으신다'라는 생각이 더욱더 깊어집니다.

오늘 본문을 보면 다윗의 마음이 그대로 드러납니다.

"내 영혼아 여호와를 송축하라 내 속에 있는 것들아 다 그의 거룩한 이름을 송축하라"(시 103:1).

"내 영혼아!" 하고 자기 이름을 불렀습니다. '다윗아! 너 다윗아, 하나님을 찬송하라!' 그런 말입니다. '내 속에 있는 것들아', 즉 내 입술만이 아니라 내 몸의 온 지체를 가지고 찬송하라고 명령합니다.

사랑하는 성도 여러분, 왜 다윗은 자기 자신에게 이런 명령을 내렸을까요? 자기 속에 감사와 찬송이 없었기 때문입니다. 늙어 가는 육체와 사라지는 영향력 때문에 그의 마음이 불안해지고 어두워지고 울적해졌습니다. 이래서는 안 된다고 생각한 그는 다시 결심합니다. '내가 이래서는 안 되지.' 그리고 스스로에게 명령하는 것입니다. 뭐라고 명령합니까?

"내 영혼아! 너는 여호와를 송축하라!"
"내 영혼아! 하나님을 찬양하라!"

인생을 살면서 때로는 자기 자신에게 이런 생각이 들 때가 있습니다. '참 한심하다. 나 자신이 참 초라하다.' 그럴 때 어떻게 해야 할까요? 다윗도 그랬습니다. 여전히 잘난 사람 같습니다. 그러나 스스로 이렇게 생각했습니다. '다윗, 너도 별수 없구나! 늙었어. 좋은 시절 다 갔고 아무 쓸모 없는 인간이 되었구나' 하는 생각이 들었다는 것입니다.

살면서 일시적으로 이런 생각이 드는 것은 어쩔 수 없습니다. 그러나 그런 생각이 지속적으로 나를 지배하게 두면 안 됩니다. 과정 중에는 그럴 수 있지만 이것이 결론이 되어서는 안 됩니다. 그래서 다윗은 자신에게 명령합니다.

"다윗! 너 그러면 안 되지. 다른 사람은 몰라도 너만은 그러면 안 된다. 네가 받은 은혜가 얼마나 많니. 그런데 그걸 잊어버리고 낙심하고 좌절할 수 있느냐!"

"내 영혼아 여호와를 송축하며 그의 모든 은택을 잊지 말지어다"
(시 103:2).

흔들리는 마음과 좌절하는 마음을 향해 스스로 명령하는 것입니다. 그러면서 자기가 어떠한 은혜를 받았는지를 열거합니다.

그런가 하면 다윗은 하나님 앞에 자신의 정체성을 확인합니다.

"다윗, 너는 승리자야. 넌 세상을 이긴 자야!"

선포합니다. "어둠은 떠나갈지어다. 내 안에 있는 모든 것들아, 여호와를 찬양하라. 내 안이 성령으로 충만할지어다."

"도둑이 오는 것은 도둑질하고 죽이고 멸망시키려는 것뿐이요 내가 온 것은 양으로 생명을 얻게 하고 더 풍성히 얻게 하려는 것이라"(요 10:10).

예수 그리스도의 생명이 내 안에 충만합니다. 그러므로 우리도 명령해야 합니다. "내 안에 있는 모든 것들아, 주의 이름으로 명하노니 여호와를 찬양할지어다! 내 안에 있는 모든 것들아, 여호와를 찬양할지어다!"

문제는 우리의 자의식입니다. 자의식이 자꾸만 우리를 찬양하지 못하게 합니다.

사랑하는 성도 여러분, 그렇다면 우리가 왜 하나님을 찬양해야 합니까?

둘째, 넘치는 은혜를 받은 자이기 때문입니다.

여러분, 이 세상에서 예수 믿는 사람만큼 행복한 사람이 없습니다.

이 세상 사람들이 갈망하는 모든 것을 다 성취했다 해도 구원을 받은 것은 아닙니다. 그런데 오늘 우리는 엄청난 은혜를 받았습니다.

> "한 사람의 범죄로 말미암아 사망이 그 한 사람을 통하여 왕 노릇 하였은즉 더욱 은혜와 의의 선물을 넘치게 받는 자들은 한 분 예수 그리스도를 통하여 생명 안에서 왕 노릇 하리로다"(롬 5:17).

그러므로 예수 그리스도를 통해서 생명 안에서 왕 노릇 하시길 축원합니다. 왕은 선포합니다. 왕은 말로 선포하며 다스립니다. 본문 3절을 보겠습니다.

"그가 네 모든 죄악을 사하시며."

여러분, 우리가 받은 은혜가 많지만 그중에 가장 큰 것은 죄 사함의 은혜입니다. 다윗이 어떤 사람인지 아시지 않습니까? 자기 충신 우리아를 죽이고 그의 아내를 빼앗았습니다. 입이 열 개라도 할 말이 없는 사람입니다. 우리도 다르지 않습니다. 우리가 불평하는 이유는 내가 어떤 사람인지 몰라서 그렇습니다. 정말로 근본적으로 내 죄를 바로 깨닫는다면 오늘 이 자리는 정말 과분한 것입니다.

사람이 보편적으로 짓는 죄 가운데 어떤 죄가 있습니까? 은혜를 망각하는 죄가 있습니다. 나는 영원히 죽어야 할 사람입니다. 그런데 하나님이 내 죄를 용서하셨습니다. 12절에 "동이 서에서 먼 것같이 우리의 죄과를 우리에게서 멀리 옮기셨으며"라고 했습니다. 나를 용서하신 은혜, 내가 받은 은혜에 감사해야 합니다.

두 번째는 어떤 은혜입니까?

"…네 모든 병을 고치시며"(시 103:3).

세상에 건강하고 싶지 않은 사람이 있겠습니까? 모든 사람들이 다 건강하고 싶어 합니다. 그런데 그 건강을 내가 장담할 수 있습니까? 아닙니다. 살아가면서 한두 번 앓는 것이 아닙니다. 수없이 질병에 걸립니다. 그런데 하나님이 그때마다 고쳐 주셔서 오늘 이만큼 건강하게 살아가고 있는 것입니다. 건강 하나만 가지고도 얼마든지 감사하며 살 수 있습니다. 오늘 내가 두 다리로 걸을 수만 있다면 감사할 수 있습니다.

영적으로 보면 회개 없는 심령에는 감사가 없습니다. 진정으로 회개하는 심령 속에서는 감격이 터져 나오기 마련입니다. 오늘 주신 내 육체의 건강이 기적인 것을 깨달으면 이 건강이 그저 온 선물이 아님을 알 수 있습니다. 건강은 큰 감사의 조건입니다.

세 번째 은혜는 시편 103편 4절에 나옵니다.

"네 생명을 파멸에서 속량하시고 인자와 긍휼로 관을 씌우시며."

생명 연장의 은혜입니다. 여러분, 다윗은 전쟁을 많이 한 사람입니다. 전쟁터에서 수많은 적군의 칼과 창이 누구를 노렸겠습니까? 다윗 한 사람을 쓰러뜨리려고 무진 애들을 썼습니다. 그런데 그 죽음의 자리에서 오늘날까지 생명을 이어 왔습니다. 하루에도 수없이 위험한 순간이 지나가나 내가 깨닫지 못하는 가운데 하나님의 보호 속에 내 생명이 있음을 고백합니다. 오늘 살아 있다는 것에 감사하시길 축원합니다.

하나님을 찬송하는 자에게 하나님은 어떻게 하십니까?

셋째, 소원을 만족하게 하십니다.

"좋은 것으로 네 소원을 만족하게 하사 네 청춘을 독수리같이 새롭게 하시는도다"(시 103:5).

우리 인간은 태어나면서부터 갈망하며 살아갑니다. 마음에는 소원이 있습니다. 그런데 하나님이 그 소원을 이루어 주십니다.

인간의 소원 가운데 가장 큰 소원이 무엇입니까? 인간에게는 육신적인 소원이 있습니다. 그것보다 더 중요한 것은 영혼의 소원입니다. 그것이 무엇입니까? 영원한 생명을 갖는 것입니다.

그런가 하면 우리의 기도에 응답해 주시고, 때를 따라 채워 주시고, 말로 표현하지 못했는데도 하나님이 이루어 주신 때도 있습니다. 내 지혜보다 더 높게, 내 의보다 더 크게, 내 노력보다 더 풍성하게 하나님이 주셨습니다. 그것을 감사하는 것입니다. 이렇게 하나님을 바라보고 하나님이 주신 은혜를 깨닫고 감사하면 낙심한 내 마음이 독수리가 날개 치며 올라감같이 회복되어 하늘을 향해 날아오를 수 있습니다.

우리 인생은 어떤 존재입니까? 본문 5-6절에 말씀합니다.

"인생은 그 날이 풀과 같으며 그 영화가 들의 꽃과 같도다 그것은 바람이 지나가면 없어지나니 그 있던 자리도 다시 알지 못하거니와."

인생이 풀과 같습니다. 인생의 영화가 들의 꽃과 같습니다. 세월의 바람이 불면 시들고 사라집니다. 죽음의 바람이 불면 인생이 떠나갑니다. 육신적인 나를 바라보면 허망해집니다. 그러므로 하나님을 바라보시길 축원합니다. 하나님을 바라보되 그의 무엇을 바라보아야 합니까?

"그의 행위를 모세에게, 그의 행사를 이스라엘 자손에게 알리셨도다"
(시 103:7).

여러분, 하나님의 행위와 행사가 어떻게 다릅니까? 행위는 어떤 사건 속에 들어 있는 하나님의 본심, 하나님의 속뜻입니다. 고난을 주신 하나님의 근본적인 의도입니다. 그러나 행사는 겉으로 드러난 문제입니다. 행사는 겉으로 드러난 사건 자체입니다. 사람들은 하나님께서 어떤 문제를 주실 때 하나님의 본심인 행위를 보는 것이 아니라 겉으로 보이는 행사만 봅니다. 겉으로 드러난 것만 보고 자기 방식대로 생각합니다.

하나님의 의도를 알지 못하는 이스라엘 백성들이 어떻게 했습니까? 출애굽 후 하나님께서 이스라엘 백성들을 광야 길로 인도하셨습니다. 그러자 이스라엘 백성들이 원망합니다. 불평합니다. 겉으로 보이는 광야에서 죽을 것만 같았습니다.

그러나 하나님께서는 계획이 있었습니다. 그보다 더 높은 계획이 있으셨습니다. 홍해를 건너게 함으로 하나님의 능력을 보여 주고, 다시는 애굽으로 돌아가지 않도록 길을 끊어 주고, 끝까지 추격하는 바로의 친위대를 침몰시킴으로 다시는 쫓아올 자들이 없게 하겠다는 높은 뜻이 있으셨습니다. 인간은 이런 하나님의 의도를 하나도 모릅니다. 그래서 원망하고 불평합니다.

믿음의 사람 모세는 무엇을 보았습니까? 하나님의 마음을 보았습니다. 하나님의 속마음과 본심과 하나님의 의도인 행위를 본 것입니다. 하나님이 그에게 말씀하십니다.

"너희는 가만히 있어 내가 하나님 됨을 알라!"

하나님의 마음을 본 모세는 하나님을 원망하지 않았고 하나님께서 그 뜻을 드러내시도록 기도했던 것입니다.

여러분, 사람들은 저마다 똑똑한 척합니다. 그래서 사건 속에 있는 행위도 모르면서 겉으로 드러난 행사를 보면서 말들을 많이 합니다. 낙심도 하고 원망도 합니다. 그러므로 우리는 1년을 돌아보면서 이런 기도를 꼭 해야 합니다. "하나님! 이 사건 속에 있는 하나님의 의도를 보게 해주세요. 하나님의 행위를 보게 해주세요. 행사만 보고 내 식으로 판단하지 않게 하옵소서. 그래서 세월이 흐른 후에 '그래서 그러셨구나! 하나님의 뜻이었구나' 하고 깨닫도록 도와주옵소서." 이렇게 기도하면 모든 범사가 감사입니다. 그러므로 범사에 감사하시길 축원합니다.

사랑하는 성도 여러분, 다음 주는 추수감사절입니다. 한 주간 한 해를 돌아보면서 뜨겁게 감사하시길 축원합니다. "하나님, 이 은혜를 어떻게 갚을 수 있을까요?" 물으면서 뜨겁게 찬양하며 감사하며 한 주간을 보내시길 축원합니다.

마음의 관점을 디자인하라
Design your perspective

내 영혼아 찬양하라

첫째, 자기 영혼을 향해 명령합니다.
둘째, 넘치는 은혜를 받은 자이기 때문입니다.
셋째, 소원을 만족하게 하십니다.

관점을 디자인하라 2　DESIGN YOUR PERSPECTIVE

2장

소망의 관점을 디자인하라

소원이 무엇인가?(히 5:7)

무엇을 앙망하는가?(사 40:31)

누구와 동행하는가?(아 2:10-15)

마음속의 갈망이 무엇인가?(빌 2:12-18)

진정한 갈망은 무엇인가?(마 12:22-29)

소원이 무엇인가?(히 5:7)

Design your perspective

그는 육체에 계실 때에 자기를 죽음에서 능히 구원하실 이에게 심한 통곡과 눈물로 간구와 소원을 올렸고 그의 경건하심으로 말미암아 들으심을 얻었느니라

    1979년 하버드 대학 경영대학원에서 졸업생들을 대상으로 10년 동안 그들의 목표에 대한 추적 조사를 해온 결과를 발표했습니다. 졸업생 가운데 13퍼센트만 목표를 정했고, 나머지 84퍼센트는 목표가 없었다고 합니다. 졸업생 가운데 3퍼센트는 목표를 정하고 기록했습니다. 이들이 경영대학원을 졸업하고 10년이 흐른 후 연봉을 조사해 보았습니다. 그런데 목표를 정한 13퍼센트의 연봉이 목표를 정하지 않은 84퍼센트보다 3배가 높았습니다. 그런가 하면 목표를 정하고 기록한 3퍼센트는 나머지 97퍼센트보다도 연봉이 무려 10배나 높았습니다.
    이 조사에 학생들의 학업 성적이나 집안의 형편이라든지 외모 등의 요소는 전혀 포함되지 않았습니다. 단순하게 그들이 인생의 목표를 정했느냐 정하지 않았느냐, 인생의 목표가 있느냐 없느냐 하는 것만으로 10년 후에 나타난 결과가 이렇게 다르더라는 것입니다. 이 사실은 무엇을 의미합니까? 명확한 목표를 정하는 게 그만큼 중요하다는 것입니다.
    사랑하는 성도 여러분, 여러분은 올 한 해 명확한 목표를 세우셨

습니까? 아직 목표를 정하지 못했더라도 늦지 않았습니다. 지금이라도 정하면 됩니다.

그렇다면 삶의 목표가 왜 이렇게 중요할까요? 목표가 없는 삶이란 과녁 없이 화살을 쏘는 것과 같습니다. 내가 가진 화살, 내가 가진 시간, 내가 가진 에너지, 내가 가진 능력을 쏘는데 어디에 쏘아야 할지 모릅니다. 그래서 어떻게 합니까? 되는 대로 마구 쏘게 됩니다. 목표가 없는 삶은 이처럼 되는 대로 사는 삶이 될 수 있습니다. 골대 없이 축구를 하는 것과 같습니다. "인생의 목표가 없는 사람은 어떤 바람이 불어도 순풍이 아니다"라는 말이 있습니다. 왜 그렇습니까? 바람이 부는 대로 흘러가기 때문입니다.

사랑하는 성도 여러분! 가슴 뛰는 한 해가 시작되었습니다. 올 한 해 여러분은 무엇을 하고 싶습니까? 그리스도 안에서 어떤 사람이 되고 싶습니까? 구체적이고 정확한 목표를 갖고 출발하시길 축원합니다. 만일 여러분이 하나님의 자녀라면 한 해 동안 그리스도 안에서 이루고자 하는 멋진 목표가 반드시 있어야 합니다. 내가 올 한 해는 어떤 소원이 있고, 어떻게 영적인 성장을 하고, 성경을 몇 독 하고 성경 필사는 어떻게 하고, 내가 섬기는 셀이 어떻게 배가하고 나의 영적인 성장을 어떻게 할 것인가 하는 목표가 있으셔야 합니다.

하나님께서는 시대마다 사람을 쓰실 때 준비된 자를 쓰시기 때문입니다. 하나님은 쓸 만한 사람 하나를 만나면 그 마음속에 먼저 소원을 넣어 주십니다. 어떤 소원을 넣어 주십니까? 하나님의 가슴속에 들어 있는 간절한 소원을 넣어 주십니다.

> "너희 안에서 착한 일을 시작하신 이가 그리스도 예수의 날까지 이루실 줄을 우리는 확신하노라"(빌 1:6).

착한 일이란 어떤 일일까요? 하나님께서 우리 안에서 시작하신 일입니다. 죽음에서 해방되고 진리로 자유하게 되는 일입니다. 하나님 나라를 위해서 그의 나라와 그의 의를 구하는 일입니다. 그래서 이 땅의 모든 사람들이 주께로 돌아오는 일입니다. 예수님께서 말씀하셨습니다.

"내가 불을 땅에 던지러 왔노니 이 불이 이미 붙었으면 내가 무엇을 원하리요"(눅 12:49).

주님은 이 땅에 불을 던지러 오셨습니다. 이 불은 생명의 불입니다. 이 불은 구원의 불이요 성령의 불입니다. 이 불은 우리를 사랑하시는 하나님의 사랑의 불이요, 죄인을 변화시키는 능력의 불입니다. 오늘 이 불이 우리의 가슴속에 떨어지길 축원합니다.

예수님의 가슴속에는 하나님의 뜻을 이루시고자 하는 간절한 소원이 있었습니다. 불이 있었습니다. 하늘에서 뜻이 이루어진 것같이 이 땅에서도 아버지의 뜻이 이루어지길 원하는 간절한 소원이 있었습니다. 예수님의 이 소원은 아무도 끌 수 없는 타오르는 불과 같았습니다.

본문 말씀은 예수님께서 당신의 마음속의 소원을 놓고 어떻게 기도하셨는지 말씀해 줍니다. 어떤 사람은 오늘 본문이 예수님께서 겟세마네 동산에서 기도하실 때 땀방울이 핏방울 되신 예수님의 모습이라고 말합니다. 그렇습니다. 그러나 예수님의 삶은 비단 겟세마네 동산에서만이 아니라 일생 동안 기도하는 삶이었습니다.

그런데 오늘 주님께서 기도하시는 모습이 어떻습니까? 주님은 어떻게 기도하십니까?

"그는 육체에 계실 때에 자기를 죽음에서 능히 구원하실 이에게 심한 통곡과 눈물로 간구와 소원을 올렸고 그의 경건하심으로 말미암아 들으심을 얻었느니라"(히 5:7).

첫째, 간절한 소원 때문입니다.

사랑하는 성도 여러분! 사람들은 저마다 소원을 가지고 있습니다. 여러분은 올 한 해 소원이 무엇입니까? 어떤 기도 제목과 소원을 가지고 있나요? 사업이 잘되는 것, 물론 우리의 소원과 기도 제목일 수 있습니다. 자녀가 잘되는 것, 그것도 우리의 소원과 기도 제목일 수 있습니다. 올해는 건강하게 사는 것, 그것도 우리의 소원과 기도 제목일 수 있습니다. 남편과 자녀가 주님께 돌아오는 것, 그것도 우리의 소원과 기도 제목일 수 있습니다.

이런 것들이 우리의 소원이고 기도 제목이라면 소원이라는 것은 단순한 희망 사항이 아닙니다. 그것이 우리의 소원이라면, 그것이 우리의 진정한 기도 제목이고 정말 그 일이 올해 꼭 이루어져야 할 간절한 기도 제목이라면 우리는 기도하지 않을 수 없습니다. 왜 그렇습니까? 내 안에 그 소원이 간절하다면 간절한 그 소원은 도저히 끌 수 없는 불과 같기 때문입니다. 그런 간절한 소원이 있다면 우리는 기도를 멈출 수가 없을 것입니다. 길을 걸을 때도, 잠을 잘 때도 그 간절한 소원이 이루어지길 기도할 것입니다.

여러분은 새해 들어 기도 제목들이 얼마나 간절하십니까? 댐에 물이 가득 차면 수위를 조절하기 위해 수문을 열어야 합니다. 수문을 열면 댐 안에 가득 차 있던 물이 어떻게 됩니까? 엄청난 양의 물이 동시에 쏟아져 나옵니다. 감당할 수 없는 물이 쏟아져 내립니다. 기도란 바로 이런 것입니다. 내 마음속에 불타는 그 소원이 정말로 간절하다면 수문이 열릴 때 물이 쏟아지듯 입을 열면 그 기도가 터져 나올 것입니다. 오늘 이런 은혜가 있기를 축원합니다.

요즘은 모든 것이 어렵다고 합니다. 그렇습니다. 다 어렵습니다. 그래도 우리 대한민국이 역사상 지금처럼 호사를 누리는 적은 없었습니다. 30년 전으로 가볼까요? 저희가 30년 전에 수원에 와서 교회를 시작할 때만 해도 먹거리가 없어서 굶었습니다. 30년을 더 되돌려 볼까요? 60년 전 전쟁 이후에 모든 국민이 지독하게 가난하게 살았습니다. 그때 대한민국은 세계에서 인도 다음으로 못사는 나라였습니다. 국민소득이 76달러였습니다. 보릿고개가 있었습니다. 흉년이면 초근목피로 연명했습니다.

그런가 하면 30년 더 전에는 어떠했습니까? 일제에 나라를 빼앗겨서 나라가 없었습니다. 일제 탄압으로 우리 선조들은 신앙생활마저도 마음대로 할 수 없어서 목숨을 걸고 믿음을 지켰습니다. 그들에게는 소원이 있었습니다. 밥은 굶을지라도, 허기진 배를 움켜쥐고도 단 하나 잊어버리지 않은 것이 있었습니다. 그들은 기도는 멈추지 않았습니다. 그들은 이 민족의 해방과 조국 독립을 위해서 기도했습니다. 그들에게는 꿈에도 잊지 못할 간절한 소원이 있었습니다. 그래서 그들은 눈물로 통곡하며 기도했습니다.

그런 시대에 비해 오늘 우리는 모든 것이 풍요로운 시대에 살고 있습니다. 그러나 다 어렵다고 합니다. 예수 믿는 사람들도 사는 것이 어렵다고 합니다. 그렇습니다. 죄에 매여 사는 사람들이 어느 시대인들 어렵지 않겠습니까?

우리가 지금 어렵다고 하는 것은 환경 때문이 아니라 우리의 마음 때문입니다. 왜 우리의 마음이 어렵습니까? 우리 마음에 불타는 소원이 없기 때문입니다. 우리 마음속에 간절한 소원이 없기 때문입니다. 환경이 아무리 어려워도 우리 마음에 간절한 소원만 있다면 일어설 수 있습니다. 아무리 시대가 어려워도 우리 마음에 간절한 소원만 있다면 일어설 수 있습니다. 하나님 앞에서 물 쏟아 내듯 우리 마음을 쏟아 내며 기도할 수 있기 때문입니다.

 기도의 수문을 열면 간절한 소원들이 쏟아져 나옵니다. 환경적으로 어떤 어려움이 주어져도 간절한 소원만 있다면 우리는 불꽃처럼 타오를 것입니다. 그런데 왜 기도하지 않습니까? 코로나 때문입니까? 죽을 만큼 힘이 들어서입니까? 그게 아니면 정말 환경이 어려워서입니까? 아닙니다.

 오늘 우리가 기도하지 않는 이유는 우리에게 간절한 소원이 없기 때문입니다. 절절한 소원이 없기 때문입니다. 애가 타고 간장이 녹는 소원이 없기 때문입니다. 그래서 기도가 절박하지 않습니다. 기도하지 않습니다. 소원이 간절하지 않기 때문에 우리의 마음을 기도로 쏟아 내지 못하는 것입니다.

 사랑하는 성도 여러분! 예레미야가 복음을 전해도 사람들이 듣지 않습니다. 시위대 뜰에 갇혔음에도 그의 마음에는 꺼지지 않는 불이 있었습니다. 몸은 시위대 뜰에 갇혀 있는데 마음은 소원으로 불타올랐습니다. 마음이 불붙는 것 같았습니다. 하나님의 말씀을 전하지 않으면 죽을 것 같은 소원으로 불타올랐습니다. 그래서 몸은 시위대 뜰에 갇혀 있어도 마음은 갇힌 자가 아니었습니다.

 이런 사람이 또 있습니다. 바울입니다. 그는 예수 그리스도를 만나고 엄청난 변화를 겪습니다. 역사의 주인 되신 부활하신 주님을 만나고 왜 이 복음이 중요한지를 알게 되었습니다. 복음을 깨달은 바울의 가슴속에 불타는 소원이 생겼습니다. 예수 그리스도의 십자가의 사랑을 깨닫고 나서 그는 마음에 간절한 소원이 생겼습니다.

 이 복음이 아니면 모든 사람은 소망이 없다는 것을 깨달았습니다. 이 복음이 아니면 그가 어떤 인생을 살든지 소망이 없다는 것을 깨달았습니다. 어떤 성과를 내든지, 어떤 스펙으로 살든지, 어떤 세상적인 부귀와 영화를 누리든지 아무런 소망이 없다는 것을 깨달았습니다. 바울은 이 복음을 깨닫고 나서 가슴속에 불타는 소원이 생겼습니다. 이 간절한 복음의 불, 이 소원의 불을 가지고 복음을 위해 한 줌의 불꽃이 되고 싶었습니다.

사랑하는 성도 여러분, 오늘 우리에게는 이런 소원이 있습니까? 이런 불이 있습니까? 육신적인 소원이든 영적인 소원이든 오늘 우리에게 이런 절박함이 있습니까? 우리에게 간절한 소원이 없기에 우리는 시대에 절망합니다. 환경에 좌절합니다. 낙심합니다. 왜 그렇습니까? 우리에게 간절한 소원이 없기 때문입니다. 그래서 기도할 수 있는데 기도하지 않는 것입니다.

그러므로 올 한 해는 간절한 소원을 가지고 기도하시길 축원합니다. 예수님께서 오늘 우리에게 기도를 가르쳐 주십니다. 주님께서 어떻게 기도하십니까?

둘째, 심한 통곡과 눈물로 기도하십니다.

> "그는 육체에 계실 때에 자기를 죽음에서 능히 구원하실 이에게 심한 통곡과 눈물로 간구와 소원을 올렸고 그의 경건하심으로 말미암아 들으심을 얻었느니라"(히 5:7).

여러분, 예수님은 하나님이십니다. 사실 기도가 필요 없는 분입니다. 그런데 육체를 입고 이 땅에 오셨습니다. 그리고 우리에게 기도의 본을 보여 주셨습니다.

주님은 심한 통곡과 눈물로 당신의 소원을 간구하셨습니다. 주님께는 간절한 소원이 있었기 때문입니다. 그래서 주님은 심한 통곡과 눈물로 기도하셨습니다. 마치 심장을 날카로운 송곳으로 찌른 듯한 통증을 느낄 만큼 하나님 앞에 눈물로 간구하셨습니다. 왜 그렇습니까? 예수님의 마음속에 간절한 소원이 있었기 때문입니다.

사랑하는 성도 여러분, 마가복음 7장에 수로보니게 여인이 등장합니다. 금쪽같은 딸이 귀신이 들렸습니다. 그래서 주님을 찾아갔습니다. 수로보니게 여인은 헬라인입니다. 나름 지식 있는 여인입니다. 그녀의 간절한 소원이 무엇입니까? 귀신 들린 딸아이를 고치는 것입니다. 그런데 주님은 냉정하게 거절합니다. '자녀의 떡을 개에게 주는 자가 없다'라는 모욕적인 말과 함께 말입니다. 하지만 여인은 돌아서지 않고 더욱더 간절하게 구합니다.

> "그 여자는 헬라인이요 수로보니게 족속이라 자기 딸에게서 귀신 쫓아내 주시기를 간구하거늘 예수께서 이르시되 자녀로 먼저 배불리 먹게 할지니 자녀의 떡을 취하여 개들에게 던짐이 마땅치 아니하니라 여자가 대답하여 이르되 주여 옳소이다마는 상 아래 개들도 아이들이 먹던 부스러기를 먹나이다 예수께서 이르시되 이 말을 하였으니 돌아가라 귀신이 네 딸에게서 나갔느니라 하시매"(막 7:26-29).

'내 딸의 해결책은 당신밖에 없다'며 모든 것을 내려놓고 도우심을 구합니다. 이런 간절한 소원을 들으시고 주님은 귀신 들린 딸아이를 고쳐 주셨습니다. 오늘 우리에게 이런 은혜가 있기를 축원합니다.

사랑하는 성도 여러분, 오늘 여러분의 소원은 무엇입니까? 올 한해 여러분의 간절한 소원이 있습니까? 소원이 간절하면 간절할 수록, 어려우면 어려울수록 더욱더 주님께 부르짖을 수 있습니다. 힘들면 힘들수록 우리 주님께 더 매달릴 수 있습니다.

'주님! 안 됩니다. 이 기도는 들어주셔야 합니다. 주님, 이 소원은 들어주셔야 합니다. 주님, 저에게 간절한 소원이 있습니다. 지금 우리 자녀에게 문제가 있습니다. 중독에 빠졌습니다. 귀신이 들렸습니다. 방황합니다. 돌아와야 합니다.'

간절하게 기도해 본 적이 있으십니까? 통곡하면서 눈물로 기도해 본 적이 있으십니까? 진짜 그 일이 안 이루어진다면 죽을 것 같은 유언처럼 간절한 소원을 두고 말입니다.

오늘 우리의 기도가 간절하지 않은 것은 소원이 간절하지 않기 때문입니다. '내가 낳은 자식이 병이 들었습니다. 이대로는 안 됩니다. 내 아들이 방황하고 있습니다. 주님, 이대로는 안 됩니다. 내 자식이 생수 되신 주님을 버렸습니다. 주님, 내 남편이 생수 되신 하나님을 등지고 삽니다.' 간절히 구해야 합니다.

> "내 백성이 두 가지 악을 행하였나니 곧 그들이 생수의 근원 되는 나를 버린 것과 스스로 웅덩이를 판 것인데 그것은 그 물을 가두지 못할 터진 웅덩이들이니라"(렘 2:13).

왜 간절하게 기도하지 못합니까? 왜 몸부림을 치지 못합니까? 그만큼 절박하거나 간절하지 않다는 것입니다.

그렇다면 오늘 우리에게 간절한 소원이 없는 이유가 무엇입니까? 우리 안에 하나님의 사랑이 없기 때문입니다. 우리 안에 하나님의 사랑이 부족하기 때문입니다. 하나님의 사랑이 활활 타오르지 않기 때문입니다. 십자가의 사랑이 관념이 되어 버렸기 때문입니다. 우리의 영혼이 병들었기 때문입니다. 그래서 주님의 일이 힘든 것입니다. 기도가 힘들고, 어떤 사역이든 힘듭니다.

우리도 처음 주님을 만나서는 눈물로 기도했습니다. 통곡하며 기도하던 사람이었습니다. 그것이 가정의 일이든, 개인적인 일이든, 교회에 관한 일이든 우리 마음에 불타는 소원이 있었기에 눈물로 기도했습니다. 그런데 지금은 왜 마음이 어렵습니까? 기도가 바쳐지지 않아서 어렵습니다. 사랑이 바쳐지지 않기에 어려운 것입니다.

오늘 이런 우리의 가슴이 나를 위해 죽고 당신의 모든 것을 쏟으신 예수님의 십자가의 사랑으로 다시 한번 불타오르시길 축원합니다. 그렇다면 우리가 잃어버린 소원이 활활 타오르게 하려면 어떻게 해야 합니까?

셋째, 하나님의 사랑을 회복하십시오.

하나님의 사랑을 어떻게 회복할 수 있을까요? 첫째로 생각해야 합니다.

> "그러므로 어디서 떨어졌는지를 생각하고 회개하여 처음 행위를 가지라 만일 그리하지 아니하고 회개하지 아니하면 내가 네게 가서 네 촛대를 그 자리에서 옮기리라"(계 2:5).

어디서부터 기도를 멈추게 되었는지 생각해야 합니다. 언제부터 내 가슴이 메말랐는지, 언제부터 내가 기도 없이 살았는지, 언제부터 내 힘으로 살았는지 생각해야 합니다.

사랑하는 성도 여러분, 우리가 왜 기도하는데 눈물이 없습니까? 그것이 가장 간절한 소원이 아니기 때문입니다. 그것이 가장 절박한 기도가 아니기 때문입니다. 사람은 가장 절박할 때, 간절한 소원을 쏟아낼 때 눈물이 납니다. 그러므로 올 한 해는 여러분의 간절한 소원이 불길처럼 타오르시길 축원합니다.

둘째로 회개해야 합니다. 사람은 이 땅에 사는 한 죄를 떠나서는 살 수 없습니다. 누구나 미끄러질 수 있습니다. 실수할 수 있습니다. 넘어질 수 있습니다. 누구나 연약함이 있고 허물이 있습니다. 소문이 난 죄는 아닐지라도 은밀한 죄가 우리 안에 있습니다. 이런 죄들을 회개해야 합니다. 처음 하나님을 만났을 때 하나님께서 우리를 어떤 사랑으로 사랑하셨는지 깨닫고 한없이 울었던 그때를 기억하면서 회개해야 합니다.

처음 주님을 만났을 때를 기억해 보십시오. 복음을 위해 죽기까지 충성하겠다고 고백하며 살았던 순수했던 그때를 기억해야 합니다. 주님께 눈물로 통곡하며 주님 사랑이면 충분하다고, 이 복음이면 충분하다고 고백하며 기도하던 그때를 기억하시면서 회개하면 됩니다. 우리가 그동안 너무 많이 변질되었습니다. 그러니 올 한 해는 우리의 기도가 심한 통곡과 눈물로 드려지는 멋진 해가 되길 축원합니다.

우리의 젊음은 금세 지나갑니다. 우리의 늙음도 지나갑니다. 그러면 우리는 이 땅을 떠나게 됩니다. 질병으로 돌아가든, 돌연사로 돌아가든, 사고로 돌아가든, 우리 모두가 주님께로 갈 것입니다. 그 주님을 생각하며 올 한 해는 늘 십자가를 바라보면서 십자가의 사랑 때문에 울고 통곡하는 한 해가 되기를, 또 주님의 마음속의 간절한 소원이 우리의 소원이 되어 기도하며 이 복음을 전하는 멋진 한 해가 되기를 축원합니다.

소망의 관점을 디자인하라
Design your perspective

소원이 무엇인가?

첫째, 간절한 소원 때문입니다.
둘째, 심한 통곡과 눈물로 기도하십시다.
셋째, 하나님의 사랑을 회복하십시오.

무엇을 앙망하는가? (사 40:31)

Design your perspective

오 직 여호와를

앙망하는 자는 새 힘을 얻으리니 독수리가 날개 치며 올라감 같을 것이요 달음박질하여도 곤비하지 아니하겠고 걸어가도 피곤하지 아니하리로다

감리교를 창시한 존 웨슬리를 낳은 수산나 여사는 17명의 자녀를 키웠습니다. 한둘 낳아서 키우는 것도 버거운 지금으로선 상상할 수 없는 숫자입니다. 자녀가 17명이면 얼마나 부산하겠습니까? 가지 많은 나무이니 바람 잘 날이 없었을 것입니다.

이렇게 정신없이 살면서도 그녀는 매일 단 한 가지 놓치지 않고 실천했던 일이 있었습니다. 그것이 무엇일까요? 바로 기도였습니다. 수산나 여사는 17명이나 되는 자녀를 도저히 잘 키울 자신이 없었습니다. 그래서 하나님께 기도하고 싶은데 문제는 기도할 장소가 없다는 것이었습니다. 그래서 아이들과 약속했습니다.

"얘들아! 너희들이 내가 필요해서 나를 찾을 때 만약 내가 치마를 뒤집어쓰고 있으면 그때는 내가 하나님께 기도하는 순간이니까 절대로 방해해서는 안 된다."

아이들에게 이렇게 부탁했습니다. 그리고 열심히 살다가 기도 시간이 되면 수산나 여사는 치마를 뒤집어쓰고 기도했습니다. 부산하던 아이들도 그런 엄마의 모습을 보면 지금은 엄마가 하나님께 기도하는

시간이라고 생각하고 조용히 있었습니다. 그래서 그녀는 기도를 할 수 있었다고 합니다. 그런 엄마의 모습을 보고 자란 아이들이 믿음의 거목들이 되었습니다.

사랑하는 성도 여러분, 올 한 해 여러분은 무엇을 위해 기도하십니까? 여러분의 간절한 소원이 무엇입니까? 올 한 해는 여러분의 간절한 소원들이 모두 다 이루어지길 축원합니다. 울며 씨를 뿌리면 웃으면서 그 단을 거두게 될 줄 믿습니다. 믿음으로 기도의 씨를 뿌리면 그 열매를 거두게 될 줄 믿습니다.

오늘 본문은 이사야 선지자가 이스라엘 백성들에게 예언한 내용입니다. 어떤 내용입니까? 지금은 포로가 되었지만 앞으로 해방되어 고국으로 돌아가리라는 소망의 메시지입니다. 이것은 하나님의 약속이었습니다. 만약 여러분이 이런 약속을 듣고 예언을 들었다면 여러분은 어떻게 반응하겠습니까? "와~ 해방이다, 해방! 드디어 우리 민족이 독립이 되었구나!" 함성을 지르며 큰 소리로 기뻐하며 하나님을 찬양할 것입니다.

그런데 이스라엘 백성들의 반응은 전혀 그렇지 않았습니다. 그래서 하나님께서 말씀하십니다.

> "야곱아 어찌하여 네가 말하며 이스라엘아 네가 이르기를 내 길은 여호와께 숨겨졌으며 내 송사는 내 하나님에게서 벗어난다 하느냐"
> (사 40:27).

이 말씀이 무슨 의미입니까? '내 길은 여호와께 숨겨졌으며'는 내가 살아온 내 인생길이 하나님 앞에 숨겨졌다는 것입니다. 지금 내 사정이 하나님 앞에 숨겨졌다는 것입니다. 무슨 말씀입니까? 하나님이 지금 내 삶의 현실을 전혀 모르신다는 말입니다. 또한 '내 송사는 내 하나님에게서 벗어난다 하느냐'는 내가 아무리 호소하고 통곡하고 몸부림쳐도 하나님은 들은 척도 하지 않으신다는 것입니다. 정리하면, 하나님은 내 고통을 몰라주시고 내 눈물과 기도에 응답하지 않는 하나님이시라는 것입니다.

"지금 나에게 주어진 현실이 이렇게 어렵고 힘든데 어떻게 우리가 노예에서 해방이 되겠습니까? 그런 꿈같은 소리는 하지도 마세요! 말도 안 되는 소리 하지 마세요!"

지금 이것이 이스라엘 백성들의 반응입니다. 이런 모습을 보며 하나님의 마음이 얼마나 안타까우셨을까요? 27절 상반절에서 "야곱아 어찌하여 네가 말하며 이스라엘아 네가 이르기를"이라고 했습니다. '야곱아! 이스라엘아! 네가 어떻게 그런 말을 하는 것이냐?'라는 말입니다. '야곱'은 하나님 만나기 전에 부른 이름이고, '이스라엘'은 영적인 이름입니다. 하나님은 그들에게 '네가 어떻게 그런 말을 할 수 있느냐? 어떻게 너는 내가 너의 사정을 모른다고 말할 수 있느냐? 너의 눈물을 내가 본 척도 하지 않는다고 어떻게 그런 말을 할 수 있느냐?' 하십니다. 그러면서 하나님 자신이 누구신가를 이스라엘 백성들에게 설명하십니다.

> "너는 알지 못하였느냐 듣지 못하였느냐 영원하신 하나님 여호와, 땅 끝까지 창조하신 이는 피곤하지 않으시며 곤비하지 않으시며 명철이 한이 없으시며"(사 40:28).

'너는 알지 못하였느냐? 듣지 못하였느냐? 너희 부모로부터, 너희 조상들로부터 들은 바가 없느냐?'라는 뜻입니다.

여러분, 이스라엘 백성들이 어떻게 살아왔습니까? 그들이 늘 반복적으로 하는 이야기가 있습니다. "우리는 애굽의 노예였습니다. 그런데 하나님께서 편 팔과 능력으로 우리를 거기에서 건져 내셨습니다. 광야 40년을 우리와 동행해 주셨습니다. 우리 힘으로는 절대로 들어 갈 수 없는 가나안을 정복하게 하셨습니다. 그곳에 찬란한 이스라엘 국가를 건설하고 우리는 번성하게 되었습니다." 이러한 이야기를 수없이 들었다는 것입니다. 그런데 지금 그들의 모습은 이 고백을 잊은 것처럼 보입니다.

그런 그들에게 하나님께서 말씀하십니다. 28절에 '영원하신 하나님 여호와'라고 하신 것은, 하나님은 과거에만 역사하신 분이 아니라 오늘도 그들을 돌보고 앞으로도 그러실 분이라는 말입니다.

그런가 하면 그 하나님은 '땅끝까지 창조하신 이'라고 했습니다. 창조란 없는 것에서 있게 만드는 것입니다. 땅끝까지 창조하셨다는 말은 '너희들이 옛날에 있던 고국 예루살렘만 내가 창조한 것이 아니다. 지금 너희들이 포로로 잡혀 와 있는 땅끝, 지금 가장 비참한 현장인 이 바벨론도 내가 창조했다. 그리고 여기서도 내가 함께한다'라는 말씀입니다.

또 '피곤하지 않으시며 곤비하지 않으시며 명철이 한이 없으시며'라고 했습니다. 피곤해서 못 도와주는 일이 없다는 것입니다. 곤비하다는 말은 있는 힘을 다 써서 힘이 남아 있지 않다는 뜻입니다. 하나님은 곤비하지 않고 힘이 많은 분입니다. 명철이 한이 없다는 것은 하나님이 전지전능하신 분이시라는 것입니다.

하나님께서 "나는 피곤한 자에게는 능력을 주고, 무능한 자에게는 힘을 줄 수 있다. 나는 누구라도 도울 수 있다. 어떤 환경에 있을지라도 나는 전능한 방법으로 너희들을 도울 수 있는 하나님이다! 그런데 왜 너희들은 그렇게 낙심하고 있으며 자기 연민에 빠져 있느냐?"라고 되물으며 이렇게 말씀하십니다.

"소년이라도 피곤하며 곤비하며 장정이라도 넘어지며 쓰러지되"(사 40:30).

'소년이 피곤하다'는 것은 무슨 말씀입니까? 소년은 일생 중 제일 피곤을 모르는 나이입니다. 또한 '장정'은 기력이 가장 왕성하여 절대로 쓰러지지 않는 나이입니다. 그러나 피곤을 모르는 소년도 피곤할 수 있고, 넘어지지 않는 장정도 넘어질 수 있다는 것입니다. 사람은 이처럼 한계가 있다는 말입니다.

"오직 여호와를 앙망하는 자는 새 힘을 얻으리니 독수리가 날개 치며 올라감 같을 것이요 달음박질하여도 곤비하지 아니하겠고 걸어가도 피곤하지 아니하리로다"(사 40:31).

다 넘어지고 지치고 쓰러질지라도 오직 여호와를 앙망하는 자, 하나님을 바라보는 자는 새 힘을 얻을 것이라고 하십니다. 독수리가 바람을 받으며 창공으로 날아오르듯이 새 힘을 얻을 것이라고 말씀합니다.

사랑하는 성도 여러분, 이스라엘 백성들이 왜 낙심하고 절망하고 있습니까?

첫째, 약속을 잊어버렸기 때문입니다.

하나님은 약속의 하나님이십니다. 하나님의 약속은 신실합니다. 그런데 지금 이스라엘 백성들은 하나님의 약속을 잊어버렸습니다. 하나님의 약속을 잊어버리자 그들은 삶의 목적을 잃어버렸습니다. 삶의 방향, 관점을 잃어버렸습니다. 그래서 그들은 하나님을 바라보지 않았습니다.

하나님의 약속이 잊히자 이스라엘 백성들은 하나님을 바라보지 않았습니다. 그렇다면 그들은 무엇을 보고 있습니까? 세상을 바라봅니다. 주어진 현실을 바라봅니다. 그들이 바라보는 세상은 어떤 세상입니까? 바벨론입니다. 바벨론은 어떤 나라입니까? 이스라엘을 멸망시킨 나라입니다. 그들을 포로로 끌고 와서 노예로 부려 먹는 나라입니다. 이스라엘 백성에게 바벨론은 크고 강하고 화려하고 또 잔인하고 무서운, 상대할 수 없는 엄청난 나라였습니다. 그래서 그 앞에 서면 기가 죽을 수밖에 없었습니다. 그러니 포로로 잡혀 온 이스라엘 백성들이 세상 앞에 기가 죽고 또 죽는 것입니다.

약속을 잊어버린 이스라엘 백성들은 또 무엇을 바라봅니까? 자기 자신을 바라봅니다. 그러면서 그들은 생각합니다. '우리는, 아니 나는 얼마나 비참한가? 나는 누군가? 누구긴 노예지. 그래 난 노예야. 노예가 맞아!'

전쟁 포로로 바벨론에 끌려온 그들은 걸핏하면 채찍에 맞으며 고된 노동에 찌들고 망가져 버린 인생이 되었습니다. 그저 뼈가 부수어지도록 일해야 하고 하루하루의 삶을 연명하기 위해 죽지 못해 살아가는, 완전히 무너지고 기가 꺾여 초라한 인생이 되었습니다. 그들은 바벨론에서 아무런 소망도 희망도 없이 살아가는 인생이 되어 버렸습니다. 그러니 이런 자신을 볼수록 초라함을 느낍니다. 희망이 없습니다. 그런 상황에서 하나님께서 해방시키신다는 말을 들으면 어떻겠습니까?

"우리가 바벨론에서 해방이 된다고? 이 사람아! 자네 말조심하게. 해방이라는 말이 우리 주인 귀에 들어가면 우리는 주인에게 맞아 죽어. 그러니 쉿, 그런 말은 함부로 하지 말게."

그런 좋은 말에도 기뻐할 수 없을 뿐 아니라 환호할 수도 없었습니다.

사랑하는 성도 여러분, 지금 이들은 하나님을 믿고 있습니다. 그런데 주어진 현실이 워낙 힘들다 보니 믿음이 식어 버렸습니다. 하나님의 약속을 잊어버렸습니다. 지난날 믿음의 수고들이 이제 추억으로만 남게 되었는지도 모릅니다.

'아! 우리가 하나님 앞에 모여서 예배를 드렸던 행복했던 시절이 다시 돌아올까? 내가 가졌던 믿음도 사치였나 보구나!'

이스라엘 백성들은 이렇게 자기 연민에 빠지고 이제 현실적으로 살기 위해 다른 생각을 할 겨를이 없게 됩니다.

그렇다면 이스라엘 백성들만 그렇게 살아갑니까? 오늘 우리는 어떻습니까? 오늘 우리도 하나님의 약속을 잊은 채 살아가고 있지는 않습니까? 그래서 때로는 주어진 현실 앞에서 좌절합니다. 낙심합니다. 절망합니다.

그렇다면 이제 이런 이스라엘 백성들이 다시 일어날 수 있는 방법은 무엇일까요? 믿음의 사람들이 어려움을 만나서 지치고 힘들 때, 쓰러져서 절망 가운데 있을 때 다시 일어날 방법은 무엇일까요?

둘째, 오직 하나님만 바라보아야 합니다. 왜 그렇습니까?

"나의 힘이신 여호와여 내가 주를 사랑하나이다"(시 18:1).

오직 하나님만이 우리의 힘과 소망의 근원이시기 때문입니다.

"오직 여호와를 앙망하는 자는 새 힘을 얻으리니 독수리가 날개 치며 올라감 같을 것이요 달음박질하여도 곤비하지 아니하겠고 걸어가도 피곤하지 아니하리로다"(사 40:31).

사랑하는 성도 여러분, 우리가 왜 하나님만 바라보아야 합니까? 하나님은 창조주시며 전능하신 분이기 때문입니다. 그런데 많은 사람들이 삶이 어렵고 힘들 때 우리의 힘이 되신 하나님을 바라보지 않고 세상을 바라봅니다. 그리고 하나님의 약속을 잊어버립니다. 비전을 잊어버립니다. 그래서 믿음의 날개를 펴지 못합니다.

"묵시가 없으면 백성이 방자히 행하거니와 율법을 지키는 자는 복이 있느니라"(잠 29:18).

'묵시'는 '비전'입니다. 하나님의 말씀이 비전입니다. 비전은 앞을 내다보는 시야입니다. 더 나아가서 하나님을 앙망하며 바라보는 눈입니다. 하늘을 바라보는 눈입니다. 그런데 많은 사람들이 하나님을 바라보지 못합니다. 왜 그렇습니까? 우리의 눈이 세상 비늘에 덮여 있기 때문입니다. 우리의 눈이 육신의 비늘로 덮여 있기 때문입니다. 그래서 보이는 세상만 바라보고 삽니다.

어떤 사람이 꿩을 사육하는 사육장에 방문했다가 깜짝 놀랐습니다. 평지에 꿩을 풀어놓고 마치 닭처럼 키우는데도 꿩이 날아가지 않는 것입니다. 담도 높지 않고 그물도 씌우지 않았는데 꿩들이 날아가지 않습니다. 묶어 놓았나 싶어서 다리를 봤는데 묶여 있지도 않았습니다. 분명히 꿩은 꿩인데 날지 않고 닭처럼 걸어 다니며 모이를 먹고 있었습니다.

"사장님, 어떻게 꿩이 이럴 수가 있나요?" 하고 묻자 주인이 대답합니다. "자세히 보세요. 꿩 머리에 있는 모자가 보일 것입니다." 자세히 보니 정말 꿩마다 쪼그맣게 선캡 같은 모자를 쓰고 있었습니다. 그게 무슨 모자냐고 묻자 주인이 이렇게 대답했습니다.

"꿩들은 눈에 보이는 것에만 반응합니다. 하늘이 보이지 않으면 꿩들은 절대로 날 생각을 하지 않아요. 그래서 모자를 씌운 것입니다. 하늘을 보지 못하게 하면 됩니다. 그러면 망을 씌울 필요도 없고, 다리를 묶을 필요도 없습니다. 꿩들은 절대로 날아갈 생각을 하지 않으니까요."

이 말을 듣고 이 사람은 충격을 받았습니다. 그런데 갑자기 눈물이 핑 돌았습니다. 하늘을 볼 수 없는 그 꿩이 마치 자신의 영적인 모습과 같았기 때문입니다. '내가 꿩을 닮았구나! 하나님께서 믿음으로 날 수 있도록, 하늘을 향해 날아오를 수 있도록 나에게 믿음의 날개를 주셨건만 하나님을 바라보지 못하고, 비전도 바라보지 못하고 땅의 일에 묶여서 살고 있구나. 내가 무엇을 위해 사는지, 내 미래는 어떻게 되는지 생각지 않고 눈앞에 보이는 모이만 정신없이 먹다가 잡혀 죽는 꿩의 모습이 예수 믿는 내 모습이 아닌가?'라는 생각이 들어서 가슴이 미어졌다고 합니다.

그러므로 하나님을 바라보시길 축원합니다. 하나님을 앙망하는 자가 되시길 축원합니다. 하나님은 당신을 앙망하는 자에게 약속하십니다. 독수리처럼 날아오른다는 것입니다. 세상의 파도가 만만치 않고 인생의 바람은 갈수록 거칠어집니다. 세상을 바라보고 자기를 보면 그 바람에 쓰러질 수밖에 없습니다. 그러므로 여호와를 앙망하시길 축원합니다. 여러분, 올 한 해 이런 은혜가 있기를 축원합니다.

우리가 여호와를 앙망할 때, 하나님의 약속을 붙들고 하나님을 바라보고 기도할 때 꿈같은 일들이 일어날 줄 믿습니다. 저와 여러분이 새 힘을 얻어 독수리 날개 치듯 비상할 줄 믿습니다.

그런데 왜 성경에서 독수리를 비유로 듭니까? 두 가지입니다.

독수리처럼 믿음의 날개를 펴고 높이 상승하는 사람이 있는가 하면, 참새처럼 수평으로만 날갯짓하는 사람도 있습니다. 참새나 까치는 열심히 날아다녀도 수평이동밖에 할 수가 없습니다. 참새나 까치는 멀리, 높이 날지 못합니다. 그래서 바다를 건널 수가 없습니다. 그러나 독수리는 땅에서 상승하는 기류를 타고 날개를 활짝 피면 하늘 높은 곳까지 수직으로 상승합니다. 그러므로 하나님을 앙망하시길 축원합니다.

또 하나, 독수리가 가장 두려워하는 존재는 사람입니다. 사람이 불시에 쏘아 올리는 화살을 두려워합니다. 그래서 새끼를 옮겨야 할 때는 등에 업고 움직입니다. 왜 그렇습니까? 사람이 불시에 화살을 쏠지라도 새끼를 살리기 위해서입니다. 자신은 죽어도 새끼를 살리려는 독수리의 사랑입니다. 하나님께서 우리에게 베푸신 사랑이 바로 십자가 사랑입니다.

올 한 해 하나님의 약속을 붙잡고 이런 축복을 누리시길 축원합니다.

사랑하는 성도 여러분, 오늘 이스라엘의 백성의 모습이 오늘 우리의 모습과 많이 닮지 않았습니까? 얼마나 많은 사람들이 세상을 바라보면서 좌절하고 자기 자신을 바라보면서 낙담하는지 모릅니다. 예수를 안 믿는 사람들은 그럴 수 있다고 합시다. 그러나 예수 믿는 사람은 달라야 합니다. 왜 그렇습니까? 오늘 우리에게는 십자가에서 죽기까지 우리를 사랑하신 예수님의 불같은 사랑이 함께하시기 때문입니다. 그러므로 하나님을 바라보시길 축원합니다.

그렇다면 올 한 해 우리가 독수리 날개 치듯 비상하기 위해서는 어떻게 살아야 합니까?

셋째, 하나님께 기도해야 합니다.

우리가 오랫동안 코로나로 고생했습니다. 그때 옥석이 가려졌습니다. 많은 교회가 무너졌습니다. 많은 사람들이 영적으로 어려움을 경험했습니다.

그렇게 힘들고 어려울 때 하나님의 백성들이 할 일이 무엇입니까? 하나님을 앙망하며 기도하는 것입니다. 하나님의 약속을 기억하며 기도하는 것입니다. 기도하는 자식은 망하지 않습니다. 기도하는 가정은 망하지 않습니다. 기도하는 민족은 망하지 않습니다. 모든 성도가 강력한 기도로 서로를 받쳐 주시길 축원합니다.

그러므로 나오십시오! 매주 목요일 새벽기도는 남성들이 나와서 기도하는 날입니다. '하나님, 내가 아버지입니다. 내가 가장입니다. 내가 우리 가정의 제사장입니다' 하며 새벽의 기도 자리에 나오시길 축원합니다.

오늘 하나님께서 '내가 너희를 위해서 다 준비했다'라고 말씀하십니다.

> "사람이 이르기를 이 땅이 황폐하더니 이제는 에덴동산같이 되었고 황량하고 적막하고 무너진 성읍들에 성벽과 주민이 있다 하리니 너희 사방에 남은 이방 사람이 나 여호와가 무너진 곳을 건축하며 황폐한 자리에 심은 줄을 알리라 나 여호와가 말하였으니 이루리라 주 여호와께서 이같이 말씀하셨느니라 그래도 이스라엘 족속이 이같이 자기들에게 이루어 주기를 내게 구하여야 할지라 내가 그들의 수효를 양 떼같이 많아지게 하되"(겔 36:35-37).

'이루어 주기를 내게 구하여야 한다'고 말씀합니다. 기도할 때 사람이 변화되고, 사탄의 견고한 진이 깨집니다. 그래서 사탄은 성도들이 기도하는 것을 제일 싫어합니다. 어떻게 해서든지 막으려고 합니다. 우리의 기도가 하늘로 올라가지 못하도록 가로막습니다. 이럴 때 더 뜨겁게 기도하시길 축원합니다. 더 강력하게 기도하시길 축원합니다. 그래서 기도의 돌파가 이루어지길 축원합니다. 우리의 기도가 그 어둠을 뚫고 하늘에 상달되도록 믿음으로 기도하길 축원합니다. 개인적으로도 기도의 돌파가 일어나길 축원합니다. 교회적으로도 기도의 돌파가 일어나길 축원합니다.

올 한 해는 기도에 힘쓰면서 영적으로 승리할 수 있기를 축원합니다. '올해는 내 인생에서 가장 기도를 많이 하는 한 해가 될 것이다'라는 각오로 기도하며 한 해를 살아간다면 나와 우리 가정에 엄청난 변화가 있을 것입니다.

하나님은 전능하신 분이십니다. 올 한 해 저와 여러분이 어떤 형편에 있을지라도 우리를 능히 도우실 수 있는 하나님께 기도하고, 기도하다가 꿈같은 일을 경험할 수 있기를 축원합니다.

소망의 관점을 디자인하라
Design your perspective

무엇을 앙망하는가

첫째, 약속을 잊어버렸기 때문입니다.
둘째, 오직 하나님만 바라보아야 합니다. 왜 그렇습니까?
셋째, 하나님께 기도해야 합니다.

누구와 동행하는가?(아 2:10-15)

Design your perspective

나의 사랑하는

자가 내게 말하여 이르기를 나의 사랑, 내 어여쁜 자야 일어나서 함께 가자 겨울도 지나고 비도 그쳤고 지면에는 꽃이 피고 새가 노래할 때가 이르렀는데 비둘기의 소리가 우리 땅에 들리는구나 무화과나무에는 푸른 열매가 익었고 포도나무는 꽃을 피워 향기를 토하는구나 나의 사랑, 나의 어여쁜 자야 일어나서 함께 가자 바위틈 낭떠러지 은밀한 곳에 있는 나의 비둘기야 내가 네 얼굴을 보게 하라 네 소리를 듣게 하라 네 소리는 부드럽고 네 얼굴은 아름답구나 우리를 위하여 여우 곧 포도원을 허는 작은 여우를 잡으라 우리의 포도원에 꽃이 피었음이라

세계적으로 유명한 여론 조사 기관인 바나 연구소(Barna Group)에서 20대 청년들을 대상으로 설문조사를 했습니다. '여러분의 마음을 가장 지배하는 감정은 무엇입니까?'라는 질문에 60퍼센트가 넘는 젊은이들이 '두려움'이라고 대답했습니다. 두려움이 가장 없어야 할 나이인 20대 청년의 60퍼센트 이상이 두려움에 눌려 살아간다는 것입니다.

사랑하는 성도 여러분, 우리는 왜 인생을 두려워하면서 살아갈까요? 두려워하는 이유가 있다면 그것이 무엇일까요? 우리 자녀들은 직장 문제 때문에 두려울 수 있습니다. 결혼 문제, 아니면 건강 문제 때문에 두려울 수도 있습니다. 그런가 하면 불확실한 미래 때문에 두려

울 수 있습니다.

이런 인간의 두려움은 앞으로 주어질 수많은 문제들, 즉 예측할 수도 없고 통제할 수도 없고 우리의 힘으로 해결할 수도 없는 문제들이 언제 어디서 어떻게 일어날지 아무도 모르기 때문에 일어납니다.

사람이 배우고 익히는 학문의 목적이 무엇입니까? 인간의 이런 문제들의 원인을 규명하는 것입니다. 인간에게 일어나는 사건의 원인이 무엇인지 그것을 알아서 대책을 세우기 위해 학문을 합니다. 그렇게 하여 인간은 삶의 안정성을 극대화하는 것입니다. 이것이 학문의 목적입니다. 그러나 어떤 학문으로도 인간의 삶의 문제를 다 극복할 수는 없습니다. 그래서 인간은 두려움을 자기 힘으로 극복하기 어려운 것입니다.

성도 여러분, 여기서 나온 것이 종교입니다. 인간의 힘을 넘어서는 문제들을 신의 힘을 가지고 해석하거나 도피하거나 몸부림칩니다. 성경은 뭐라고 말씀하십니까? 하나님이 천지를 창조하셨습니다. 하나님은 우리 인간을 당신의 형상대로 만드셨습니다. 그리고 하나님은 오늘도 인간의 역사를 다스리십니다. 인간의 모든 두려움의 근원이 되는 인간의 죄 문제를 해결해 주시기 위해 주님이 찾아오셨습니다.

그러므로 하나님께서 우리에게 주시는 마음은 두려움이 아닙니다. 오늘 우리 안에 찾아오셔서 우리와 함께하십니다.

> **"하나님이 우리에게 주신 것은 두려워하는 마음이 아니요 오직 능력과 사랑과 절제하는 마음이니"(딤후 1:7).**

그런데 하나님을 알지 못하는 사람들은 해와 달과 별이 사람의 생명과 운명을 관리하는 힘을 가졌다고 믿습니다. 여기서 점성술과 팔자와 운명이 나왔습니다. 더 나아가서 옛날에는 황소, 뱀, 독수리, 호랑이같이 힘 있는 동물들이 우상이었습니다. 12간지라고 하는 '자축인묘진사오미신유술해'도 동물입니다. 우리나라도 이런 것을 숭배하는 문화 속에서 살아왔습니다. 자식이 태어나면 태어난 해에 따라 쥐띠, 소띠, 범띠, 용띠라면서 운명을 지어 주었습니다.

그러나 성경은 당연히 어느 동물도 인간의 삶을 지배할 수 없고 인간의 삶에 전혀 영향을 끼치지 못한다는 것을 알려 줍니다. 더 나아가서 인간도 한갓 피조물에 불과하다고 말씀합니다.

그러므로 사람의 계획이나 모략에 의해서 인간 역사가 운행되는 것도 아니고, 사람의 집단인 국가가 세상의 운명을 좌우하는 것도 아닙니다. 미국도 중국도 러시아도 북한도 세계의 역사를 다스릴 수 없습니다. 오직 하나님만이 역사를 다스리고 주관하십니다.

오늘 이런 엄청난 하나님께서 1월 연초에 우리를 찾아오셔서 말씀하십니다.

"두려워하지 마라. 올 한 해도 두려워하지 마라. 내가 너를 안다. 내가 너를 사랑한다. 내가 너를 먹이고 입힌다. 내가 너의 죄와 허물을 용서한다. 내가 너를 인도한다. 내가 너와 함께한다."

이런 하나님을 믿을 때 우리 안의 두려움은 안개처럼 떠나갑니다. 염려와 근심, 걱정도 안개처럼 사라집니다.

본문은 솔로몬과 술람미 여인의 사랑의 노래입니다. 솔로몬이 술람미 여인을 찾아와서 사랑을 고백하는 내용입니다. 하나님과 그 백성들 간의 오묘한 사랑의 이치를 보여 주는 영적인 말씀입니다.

여러분, 술람미 여인이 솔로몬을 찾아온 것이 아니고 솔로몬 왕이 술람미 여인을 찾아갔습니다. 얼마나 뜨거운 마음으로 갔습니까?

"내 사랑하는 자의 목소리로구나 보라 그가 산에서 달리고 작은 산을 빨리 넘어오는구나"(아 2:8).

무슨 말씀입니까? 왕이 점잖게 수레를 타거나 체통 있게 말을 탄 것이 아니라, 노루와 사슴처럼 가슴을 헐떡거리며 힘차게 여인에게 달려가는 모습을 그리고 있습니다. 그렇게 단숨에 달려가서 무엇이라고 말합니까?

> "나의 사랑하는 자가 내게 말하여 이르기를 나의 사랑, 내 어여쁜 자야 일어나서 함께 가자"(아 2:10).

'나의 사랑, 나의 어여쁜 자야! 일어나서 함께 가자'라고 사랑하는 사람에게 말합니다. '일어나서 나와 함께 동행하자'는 말입니다. 왜 그렇습니까? 그다음 11절과 13절이 전개되기 때문입니다. '겨울이 지나고 비가 그쳤고 꽃이 만발하고 새들이 노래하는 이 아름다운 자연에서 너와 함께 사랑을 나누고 싶다. 내가 왕궁에 있을 수가 없어서 너를 만나러 달려왔다'는 것입니다. 그러면서 이 두 사람은 멋진 데이트를 합니다.

그런데 여러분, 이런 데이트를 하면서 솔로몬은 술람미 여인에게 부탁을 합니다. 자신들의 사랑이 깊어지고 자기와 동행하기 위해서는 어떻게 해야 하는지를 가르쳐 줍니다.

사랑하는 성도 여러분, 올 한 해는 주님과 동행하시길 축원합니다. 주님과의 사랑이 깊어지시길 축원합니다. 그래서 최고의 해가 되시길 축원합니다.

그렇다면 오늘 저와 여러분이 주님과 동행하기 위해서는 어떻게 해야 합니까?

첫째, 사랑 앞에 나와야 합니다.

하나님의 사랑은 이유가 없습니다. 우리를 사랑하시는 하나님의 사랑에는 이유가 없습니다. 그 하나님이 오늘 우리를 향해 뭐라고 부르십니까?

"바위틈 낭떠러지 은밀한 곳에 있는 나의 비둘기야 내가 네 얼굴을 보게 하라 네 소리를 듣게 하라 네 소리는 부드럽고 네 얼굴은 아름답구나"(아 2:14).

'나의 비둘기야!'라고 부르십니다. '비둘기'는 남자가 사랑하는 자를 향하여 부르는 애칭입니다. 다정하고 사랑스럽고 귀여운 여인을 가리켜 부르는 애칭입니다. 그런데 사랑하는 그 비둘기가 지금 어디 있다는 것입니까? 바위틈 낭떠러지 은밀한 곳에 있습니다.

왜 그렇습니까? 산비둘기는 여기에다 둥지를 만듭니다. 그런가 하면 높은 소나무 가지에 둥지를 만들기도 합니다. 비둘기는 그런 데서 삽니다. 더 나아가서 이 술람미 여인의 고향은 레바논 산지입니다. 다시 말하면 깊은 산속입니다. 그래서 술람미 여자가 사는 곳을 비유적으로 표현하면 바위틈 낭떠러지, 은밀한 곳이라는 것입니다. 우리말로 말하면 벽촌에 사는 것이지요.

그런데 여러분, 거기서 사는 것은 문제가 아닙니다. 그렇다면 무엇이 문제가 됩니까? 그 속에 숨어서 나오지 못하는 사람이 되어서는 안 된다는 것입니다. 술람미 여인은 왜 바위틈 낭떠러지 은밀한 곳에 숨어서 삽니까? 술람미 여인에게는 열등감이 있습니다. 솔로몬이라는 남자와 자기는 도무지 신분이 맞지 않기 때문입니다. 신분의 차이에 대한 열등감이 있습니다. 자격지심이 있습니다. 그래서 자기의 동굴 속에서 나오지 못했습니다.

이런 마음을 가져서는 두 사람이 동행하지 못할 뿐 아니라 그들의 사랑이 더 깊어질 수도, 성숙할 수도 없습니다. 솔로몬이 뭐라고 합니까? '너의 목소리를 들려 다오. 너의 얼굴을 보여 다오. 너의 목소리는 부드럽고 너의 모습은 아름다워. 너는 충분히 사랑받을 가치가 있는 사람이야. 넌 아름다운 존재인데 왜 스스로 움츠리고 열등감에 빠져서 부끄러워하고 수치스럽게 여기니? 그런 것이 없어야 우리의 사랑이 더욱더 깊어질 수 있어'라고 권면하고 있습니다.

사랑하는 성도 여러분, 오늘 여러분은 어떻습니까? 많은 사람들이 자격지심 때문에, 열등감 때문에 자기 안에 갇혀서 하나님 앞에 나오지 못합니다. 지금까지 살아왔던 자기 생각의 틀에 갇혀서 하나님 앞에 나오지 못합니다. 오늘 여러분은 어떠십니까? 올 한 해 우리를 사랑하시는 주님과 동행하려면 어떻게 해야 할까요? 바위틈 낭떠러지 은밀한 곳에서 나오라고 말씀합니다.

그러면 우리가 어떻게 나가야 합니까? 내 생각의 틀을 깨뜨려야 합니다. 사람은 저마다 자기만의 틀이 있습니다. 이 틀이 깨지지 않으면 자기가 만든 자기만의 동굴 속에 갇혀서 삽니다. 그리고 그것이 견고한 진이 되어 버립니다. 그러므로 오늘 거기서 걸어 나오시길 축원합니다.

솔로몬은 술람미 여인에게 자기와 동행하려면 그녀가 가지고 있는 생각의 틀을 깨고 사랑 앞에 나오라고 말합니다. 그럴 때 동행할 수 있습니다. 사랑이 성숙해집니다. 관계가 깊어집니다. 오늘 우리에게 이런 은혜가 있기를 축원합니다.

사람이 바뀌지 않는 것은 자신의 틀을 깨지 않기 때문입니다. 사람은 지독하게 변하지 않습니다. 그 사람이 가진 틀도 지독하게 깨지지 않습니다. 그래서 우리의 틀을 깨기 위해서 강한 외부적인 충격이 필요하기도 합니다. 올해는 내 생각의 틀이 무너져 주님과 은혜로운 동행을 하시길 축원합니다.

주님과 은혜로운 동행을 하기 위해서 우리는 무엇을 해야 합니까?

둘째, 여우를 잡아야 합니다.

"우리를 위하여 여우 곧 포도원을 허는 작은 여우를 잡으라 우리의 포도원에 꽃이 피었음이라"(아 2:15).

포도원에 꽃이 피었으니 포도원을 허는 작은 여우를 잡으라고 말씀합니다. 무슨 말씀입니까? 포도나무에 꽃이 필 때가 되면 여우들이 포도원에 들어와서 굴을 파고 거기다 새끼를 낳습니다. 그러다 보면 포도나무가 뿌리가 상하여 병듭니다. 새끼들이 자라면서 땅을 자꾸 팝니다. 그러면 땅이 점점 푸석푸석해져서 포도나무들이 말라 죽습니다. 나무가 힘 있게 뿌리를 내리지 못합니다. 포도 열매가 줄어듭니다. 그래서 포도원에 여우가 들어오면 포도밭이 다 망가집니다.

여우는 포도원을 허는 파괴자라고 성경은 말씀합니다. 그렇다면 여기서 '포도원'은 무엇입니까? 상징적으로는 행복한 가정을 말합니다. 그리고 두 사람의 아름다운 관계도 포도원이라고 말합니다. 다시 말하면, '너와 나의 아름다운 사랑의 관계를 헐고 파괴하는 여우가 있는데 그것을 잡아내야 너와 나의 사랑이 은혜로운 동행이 되고 계속해서 성장하고 친밀해질 수 있으며, 관계가 깊어질 수 있다'는 것입니다.

그렇다면 사랑하는 성도 여러분, 솔로몬과 술람미 여인의 이야기를 우리 주님과 우리의 관계에 적용해 봅시다. 오늘 솔로몬이 술람미 여인을 찾아왔습니다. 주님이 술람미 여인 같은 나를 찾아오셨습니다. 외모로는 촌티가 팍팍 나는 그런 여인입니다. 세상의 온갖 열등감과 자격지심을 다 가지고 있습니다. 나도 술람미 여인과 다르지 않습니다. 그런데 그런 나에게 주님이 찾아오신 것입니다. 세상에서 아무런 존재감이 없는 우리에게 주님이 오셨습니다. 그리고 우리 마음의 문을 두드리고 말씀하십니다.

"나의 사랑하는 어여쁜 자야! 일어나서 나와 함께 가자. 나와 동행하자꾸나!"

저는 주님이 날 사랑하신다는 음성을 처음 들었을 때 많이 울었습니다. 주님은 십자가에서 그 사랑을 보여 주셨습니다. 확증해 주셨습니다. '나의 사랑, 나의 어여쁜 자야, 일어나서 함께 가자'라고 하는 이 주님의 음성이 여러분의 영혼에 들리길 축원합니다. 우리의 영혼은 주님으로부터 항상 이런 음성을 듣고 그 음성에 응답하여 일어날 때 새로워집니다. 변화가 일어납니다.

주님은 한걸음에 달려와서 우리 마음의 문을 두드리십니다. '나의 사랑, 나의 어여쁜 자야, 일어나 함께 가자' 말씀하십니다. 우리는 그 음성을 듣고, 주님의 손을 잡고 다시 일어서야 합니다.

본문에 보면, 봄이 되어서 꽃이 피고 새가 노래하는 아름다운 광경이 전개됩니다. 그런데 여기에는 더 깊은 의미가 있습니다. 주님과 함께 손을 잡고 길을 갈 때 바로 거기가 꽃이 피고 새가 울고 열매가 맺히는 새로운 곳으로 변화되는 것입니다. 지금 나의 삶이 추운 겨울과 같고 아주 거친 광야와 같아서 한 걸음 내딛기도 어렵다 할지라도, 그래서 앞을 보면 좌절과 절망밖에 보이지 않을지라도, 주님이 다가와 위로하시며 '일어나라, 나와 함께 가자'는 그 음성에 응답하여 믿음으로 발걸음을 내디디면 꿈같은 일이 일어날 줄 믿습니다. 새 역사가 일어날 줄 믿습니다.

우리가 주님과 은혜로운 동행을 하려면 어떻게 해야 합니까? 동굴 속에 숨지 말아야 합니다. 자기의 동굴 속으로 숨지 말라는 것입니다. '너의 얼굴을 보여 다오, 너의 음성을 나로 듣게 해다오'라고 합니다. 왜냐하면 주님이 보고 듣기를 원하시기 때문입니다.

그런데 너무나 많은 사람이 동굴에서 나오지 않으려고 합니다. 주님과의 관계에서 상처가 있기 때문입니다. 그래서 많은 사람들이 예배를 포기하기도 하고, 기도 응답이 안 된다며 기도하다가 낙심해서 기도를 중단하기도 합니다. 하나님을 사랑하는 것을 멈추기도 합니다. 봉사하는 것을 중단하기도 합니다. 전도하는 것, 섬기는 것, 가르치는 것, 사랑으로 봉사하는 것을 중단해 버립니다. 주님으로부터 돌아서서 머물러 있는 영혼들이 너무도 많습니다.

그런데 주님이 오늘 말씀하십니다. '너의 목소리가 듣고 싶다. 너의 얼굴을 보여 다오!'

여러분, 우리의 목소리를 듣고 싶어 하시는 하나님께서 들으실 수 있도록 기도하시길 축원합니다. 특별히 남성들을 위한 새벽기도가 목요일에 있습니다. 목소리를 들려 드리시고 얼굴도 보여 드리시길 축원합니다. 주님 앞에 얼굴을 보이며 예배에 힘을 다하시길 축원합니다.

그런가 하면 주님과 우리 사이를 방해하는 여우를 잡아 버리시길 축원합니다. 주님과 우리 사이를 방해하는 여우를 잡아야 합니다. 여러분이 잡아야 할 여우가 있다면 그것이 무엇입니까? 사람마다 누구나 할 것 없이 주님과의 관계를 망가뜨리는 여우가 다 있습니다. 성도님들의 가정을 심방해 보면 그것이 느껴집니다. 영적인 상태가 느껴지기도 합니다. 주님에 대한 실망, 주님에 대한 섭섭함, 간절한 기도가 응답되지 않은 것에 대한 좌절감, 자기중심적 소원이 이루어지지 않은 것, 또 어떤 사람은 받은 복에 겨워서 마음이 교만해지는 것, 이런 많은 것들이 여우가 되어서 주님과 우리의 관계를 허물고 있습니다. 이런 여우가 주님과의 관계를 멀어지게 합니다. 그것이 무엇인지를 여러분은 아실 것입니다. 오늘 그것을 잡아내시길 축원합니다.

주님과의 관계를 망가뜨리는 여우를 잡으면 우리는 주님과 어떤 관계가 됩니까?

셋째, 친밀한 관계가 됩니다.

"내 사랑하는 자는 내게 속하였고 나는 그에게 속하였도다 그가 백합화 가운데에서 양 떼를 먹이는구나"(아 2:16).

포도원을 허는 여우를 잡아낼 때, 주님과 나의 관계를 허무는 여우를 잡아낼 때 주님과 매우 친밀해집니다. 주님과 하나가 됩니다. 관계가 성숙해집니다. 오늘 이런 은혜가 회복되시길 축원합니다. 오늘 포도원을 허무는 여우를 잡아내시길 축원합니다.

사랑하는 성도 여러분, 인간은 하나님으로 사는 존재입니다. 지금까지 우리가 살아 있는 것은 하나님의 은혜 때문입니다. 앞으로도 은혜 가운데 살아갈 줄 믿습니다. 우리는 하나님의 은혜로 살아갑니다. 하나님은 저를 보고 한 번도 "이 목사야, 너 완벽해져라" 그러지 않으셨습니다. "너의 있는 모습 그대로 내가 사랑한다"라고 하셨습니다.

많은 사람들이 자기의 그늘진 모습, 어느 한 부분이 싫어서 하나님 앞에 나아가지 못합니다. 그러나 주님은 그것도 알고 우리를 사랑하십니다. 여러분, 나의 그늘도 나입니다. 나의 허물도 나, 나의 연약함도 나, 나의 약점도 나입니다. 하나님은 그것을 알고 나를 사랑하십니다. 그러므로 약점 때문에 피해 가지 마십시오! 약점 때문에 어려워하지 마시길 축원합니다.

"주님, 저는 이렇게 약합니다. 저의 손을 잡아 주시고 올 한 해 나와 함께해 주옵소서."

이렇게 고백하며 주님께로 나아오시길 축원합니다.

그렇다면 주님과 동행하는 저와 여러분의 여정에 가장 필요한 말은 어떤 말일까요? 힘겹게 하루하루를 살아가는 남편을 향해, 지쳐 버린 내 남편을 향해, 상처 난 내 아내를 향해, 병든 내 남편을 향해

해야 할 말이 무엇일까요? '내가 당신을 사랑한다', '당신은 아름다운 사람이다', '낙심하지 말고 일어나서 우리 남은 인생을 사랑하며 살자'라고 하는 고백이 여러분의 가정 가운데 있기를 축원합니다.

우리 자녀들에게 필요한 말은 무엇일까요? 수없이 이력서를 내지만 오라는 곳이 없고, 시험을 봐도 떨어지고 또 떨어져 좌절한 자녀들에게 부모로서 해줄 말이 무엇일까요? 열심히 공부해서 시험을 봐도 결과가 마땅치 않아 낙심하고 있는 자녀에게 부모로서 해줄 수 있는 말이 무엇일까요? 바로 이 말입니다. "이쁜 딸, 사랑한다. 일어나라, 함께 가자. 괜찮아, 다시 해보자. 괜찮아. 너는 할 수 있어!" 이렇게 격려해 주시길 축원합니다.

사랑하는 성도 여러분, 교회 안에도 외로운 사람이 참 많습니다. 이렇게 많은 분이 모여 있어도 한 영혼, 한 영혼은 다 외롭습니다. 곁에 남편이 있고, 아내가 있고, 부모가 있고, 자식이 있어도 인간의 영혼은 주님과 동행하지 않으면 외로운 것입니다. 열심히 사는 사람들일 수록 더 외롭습니다. 완벽하게 보이는 사람들일수록 더 외롭습니다. '너무 외롭다. 내가 여기서 받아들여지고 있는 것일까? 더는 어울리기 힘들다.' 이런 마음을 갖는 분들도 있을 것입니다.

그런 분들에게 필요한 것이 무엇일까요? '나의 사랑, 나의 어여쁜 자야, 일어나 함께 가자'라고 하는 그 음성이 필요할 것입니다. 이렇게 말해 주는 사람이 있어야 공동체가 이어집니다. 그래야 셀도 살아나고, 교구도 살아나고, 부서도 살아납니다. 이런 은혜가 있기를 축원합니다.

지금 주님이 저와 여러분에게 오셔서 "일어나라, 함께 가자!" 말씀하신다면 여러분은 뭐라고 대답하시겠습니까? "네! 주님, 알겠습니다!" "그 말씀 한마디면 충분합니다. 함께 가자는 주님의 그 말씀 한마디면 나는 충분합니다." 그것이 여러분의 대답이 되길 축원합니다.

지난주에 어떤 집사님 가정을 심방했습니다. 1년 전에 방문했을 때

집사님 남편분은 수인사도 거절하실 만큼 교회와 목사 자체를 싫어하셨습니다. 그래서 인사도 못 하고 왔습니다. 그런데 이번에는 순한 양이 되셔서 방에서 거실로 나오셨습니다. 그리고 브릿지를 통해 예수를 영접했습니다. 그래서 어떻게 된 것이냐고 집사님께 물었습니다. 집사님은 남편 영혼이 구원받는 것이 얼마나 간절했던지 울면서 말씀하셨습니다.

"이번에 목사님이 오시면 목사님께서 하시는 말씀 잘 들으실 수 있도록 '주님, 남편의 영혼을 불쌍히 여기셔서 구원해 주세요!' 하고 매 순간 간절하게 기도하면서 남편을 정성을 다해 섬겼습니다."

울면서 말하는 집사님의 눈물의 의미를 잘 알 것 같았습니다.

여러분! 보이지 않는 하나님이 당신의 뜻을 어떻게 이루어 가십니까? 보이는 목사를 통해서 이루어 가십니다. 얼마나 간절했던지 집사님도 우시고, 목사도 울고, 함께하신 분들도 다 울었습니다. 오늘 주님의 음성으로 들으시기 바랍니다.

"나의 사랑, 나의 어여쁜 자야, 일어나서 함께 가자!"

소망의 관점을 디자인하라
Design your perspective

누구와 동행하는가?

첫째, 사랑 앞에 나와야 합니다.
둘째, 여우를 잡아야 합니다.
셋째, 친밀한 관계가 됩니다.

마음속의 갈망이 무엇인가? (빌 2:12-18)
Design your perspective

그러므로 나의 사랑하는 자들아 너희가 나 있을 때뿐 아니라 더욱 지금 나 없을 때에도 항상 복종하여 두렵고 떨림으로 너희 구원을 이루라 너희 안에서 행하시는 이는 하나님이시니 자기의 기쁘신 뜻을 위하여 너희에게 소원을 두고 행하게 하시나니 모든 일을 원망과 시비가 없이 하라 이는 너희가 흠이 없고 순전하여 어그러지고 거스르는 세대 가운데서 하나님의 흠 없는 자녀로 세상에서 그들 가운데 빛들로 나타내며 생명의 말씀을 밝혀 나의 달음질이 헛되지 아니하고 수고도 헛되지 아니함으로 그리스도의 날에 내가 자랑할 것이 있게 하려 함이라 만일 너희 믿음의 제물과 섬김 위에 내가 나를 전제로 드릴지라도 나는 기뻐하고 너희 무리와 함께 기뻐하리니 이와 같이 너희도 기뻐하고 나와 함께 기뻐하라

예수님은 우리를 위해 당신의 모든 것을 포기하셨습니다. 당신의 권리를 포기하셨습니다. 당신의 마음을 다 비우셨습니다. 그리고 종이 되셨습니다. 종이 되는 척한 것이 아니라 완전히 종이 되셨습니다. 그래서 우리를 사랑하셨습니다. 사랑하는 척하신 것이 아니라 십자가에 당신의 생명을 던지셨습니다.

왜 그렇습니까? 타락한 우리를 살리시려고 예수님은 당신의 모든 것을 주셨습니다. 당신의 생명을 주셨습니다. 당신의 능력을 주셨습니다. 이름을 주셨습니다. 주님께서 이렇게 모든 것을 주신 목적이 무

엇입니까?

본문은 우리도 예수님의 마음을 품고 실행하면서 살아가라고 권면하는 말씀입니다. 여러분, 하나님께서 우리에게 주신 복음은 한마디로 우리를 완전히 새롭게 거듭나게 해서 새사람으로 살아갈 수 있도록 하는 하나님의 최종적인 프로젝트입니다. 타락한 인간을 하나님은 어떻게 새롭게 하십니까? 먼저 우리의 영을 거듭나게 하십니다. 그래서 원래 하나님께서 계획하셨던 하나님의 형상으로 창조된 인간을 회복하게 하는 것입니다. 새로운 피조물이 되게 하십니다.

> "그런즉 누구든지 그리스도 안에 있으면 새로운 피조물이라 이전 것은 지나갔으니 보라 새 것이 되었도다"(고후 5:17).

하나님께서 우리를 어떻게 새롭게 하십니까? 우리의 영과 우리의 혼과 우리의 육을 새롭게 하십니다. 총체적으로 새롭게 하십니다. 그러므로 복음은 하나님의 능력입니다. 복음은 우리의 마음은 그대로인데 행동만 바꾸는 율법이 아닙니다. 또 우리의 마음만 바꾸는 인본주의적인 사고가 아니라, 우리의 영혼부터 시작해서 육체까지 다 바꾸는 총체적인 변화를 시작하십니다.

먼저 우리가 예수를 믿고 구주로 고백하면 성령이 임하십니다. 성령이 임하심으로 죽어 있던 우리의 영혼이 거듭납니다. 우리의 영이 죽어 있을 때는 하나님 앞에서 우리의 영이 전혀 작동하지 못했습니다. 그런데 성령님께서 임하셔서 죽었던 영을 다시 살아나게 하십니다.

이렇게 새로워진 영혼은 우리의 마음을 새롭게 변화시킵니다. 어떻게 우리의 마음을 변화시킵니까? 성령으로 거듭난 우리의 영은 갈망을 갖게 됩니다. 우리의 마음이 그 갈망을 좇아서 예수 그리스도를 점점 닮아 가게 만듭니다. '아, 나도 예수님처럼 살고 싶다. 예수님처럼 생각하고, 예수님처럼 말하고, 예수님처럼 행동하며 살고 싶다.' 이런 마음의 변화가 일어나게 합니다. 이렇게 우리의 마음에 변화가 일어나면 이제 구체적인 삶의 행동으로 나타납니다. 이것이 복음이 우리 삶 가운데 행하는 총체적인 변화입니다. 그러므로 복음은 우리를 총체적으로 새롭게 합니다. 이전과는 전혀 다른 새로운 피조물이 되게 합니다.

그렇다면 예수님의 마음은 어떤 마음입니까? 겸손과 자기 부인과 자기 권리를 포기하며 하나님의 뜻에 순종하는 마음입니다. 예수님의 이런 마음을 품었다면, 이제 실천적인 행위에 대해서 말씀하고 있습니다. 예수 믿고 거듭난 사람에게는 이런 실천적인 행위가 반드시 있어야 한다는 것입니다. 왜 그렇습니까?

성령이 임하셨다면 반드시 마음의 변화가 일어나야 합니다. 그 마음의 변화는 예수 그리스도를 닮고 싶은 마음의 변화입니다. 성령이 임하시면 이런 마음의 변화가 일어납니다. 이런 마음의 변화가 일어났다면 반드시 실천적인 행동이 뒤따라야 합니다. 왜 그렇습니까?

"아아 허탄한 사람아 행함이 없는 믿음이 헛것인 줄을 알고자 하느냐"(약 2:20).

"영혼 없는 몸이 죽은 것같이 행함이 없는 믿음은 죽은 것이니라" (약 2:26).

행함이 없으면 처음 시작점이 되는 믿음도 죽은 믿음이라고 합니다. 무슨 말씀입니까? 사람들은 믿음으로 구원에 이른다고 생각합니다. 그러나 믿음의 결과로 나타나는 실천적인 행함이 없다면, 구원의 시작이라고 생각했던 믿음도 헛된 믿음이거나 가짜 믿음이라는 것입니다.

그렇다면 우리의 믿음이 진짜라는 것을 증명하기 위한 실천적인 행동은 무엇입니까?

첫째, 항상 복종하고 순종해야 합니다.

"그러므로 나의 사랑하는 자들아 너희가 나 있을 때뿐 아니라 더욱 지금 나 없을 때에도 항상 복종하여 두렵고 떨림으로 너희 구원을 이루라"(빌 2:12).

여기서 '복종'에 사용된 말은 '휘파쿠오'입니다. 성경에 21회 나오는데 그중에서 17회가 '순종'으로 번역되었습니다. 말씀에 순종하고 하나님의 뜻에 순종하라는 것입니다. 성경 말씀에 순종하는 실천적 행위로 나타나야 한다는 것입니다.

참된 구원은 반드시 우리 마음에 참된 변화가 일어납니다. 마음의 변화가 어떻게 일어납니까? 하나님의 말씀, 곧 성경 말씀에 순종하는 실천적인 모습으로 나타납니다. 그러므로 말씀에 순종하는 것은 저와 여러분이 구원받았다는 구원의 증표와 같습니다. 성경은 이 순종을 통해서 '너희 구원을 이루라'고 말씀하십니다. '항상 복종하여 두렵고 떨림으로 너희 구원을 이루라'고 말씀합니다. 순종하는 것을 통해서 구원을 이루어 가라는 말씀입니다.

'이루다'의 원어를 보면 '완수하다, 마치다, 완전하게 하다'라는 뜻이 있습니다. 그러므로 '순종을 통해서 너희의 구원을 완수하라, 너희의 구원을 완전하게 하라, 너희의 구원을 마쳐라' 이런 말씀입니다.

사랑하는 성도 여러분, 구원의 확신이 있고, 성령의 모든 은사를 다 받고, 능력이 나타나고, 열심히 신앙생활을 해도 순종이 없으면 구원은 미완성입니다. 믿음이 있는 것 같고, 성령을 체험해서 은사도 충만하고, 기적을 행하고, 능력을 행하여도 순종이 없으면 구원은 여전히 미완성 상태라는 것입니다. 순종은 구원을 완성하는 아주 중요한 증표입니다. 그러므로 하나님의 말씀에 순종하시길 축원합니다.

누군가는 이렇게 질문할지도 모릅니다.

"목사님, 구원은 믿음으로 받지 않나요? 구원은 행위가 아니라 믿음으로, 오직 믿음으로 받는다고 듣고 자랐습니다. 구원은 율법이 아니라 믿음으로 받는다고 알고 있는데, 순종이라는 행위가 없으면 구원이 아니라고 하시는 것은 무슨 말씀입니까? 행위가 아니라 믿음으로 구원받는 것 아닙니까?"

네, 맞습니다. 구원은 믿음으로 받습니다. 그런데 여러분, 구원은 믿음으로 받지만 그 완성은 순종으로 이루어집니다. 믿음으로 구원이 시작되었지만 구원의 완성은 순종으로 되는 것입니다.

구원은 하나님께서 우리의 영과 혼과 몸을 온전히 새롭게 하려는 총체적인 프로젝트입니다. 그래서 신학자들은 칭의, 성화, 영화의 과정을 말합니다. '칭의'(justification)는 의롭다고 칭해 주시는 것입니다. 우리는 죄와 허물로 죽었던 자들입니다. 그런데 예수 그리스도의 대속의 은혜로 믿는 자들마다 의롭다고 칭해 주십니다. '넌 의로운 존재야. 예수 그리스도로 옷을 입었어!' 이런 칭의를 믿음으로 구원함에 이릅니다. '성화'(sanctification)는 거듭난 우리의 영이 점점 영적으로 성숙해 가는 것입니다. 시간이 지날수록 우리가 예수 그리스도의 마음을 닮아 가고 더욱더 성숙해지는 것입니다. 마지막 '영화'(glorification)는 우리가 부활의 몸을 입고 영광스럽게 되는 것을 말합니다.

그런데 이 모든 과정이 딱딱 구분되어서 나누어지는 것이 아닙니다. 칭의와 성화만 보더라도 동전의 양면 같습니다. 칭의와 성화를 완전히 구분하면 이단이 되어 버립니다. 그 이단이 바로 '구원파'입니다. 구원파는 칭의와 성화를 완전히 분리시켜 버립니다. 믿음으로 구원을 받는데, 구원받고 난 후의 삶은 구원하고는 상관없다는 것입니다. 그래서 그들은 막 삽니다. 만약 정말로 믿음이 있으면 변화되는 삶을 살기 마련입니다. 그러므로 성화가 일어나고 있지 않다면 칭의(구원)를 의심해 봐야 한다는 것입니다.

오직 믿음으로 구원에 이릅니다. 그러나 행함이 전혀 없다면 이 믿음은 정말일까, 정말 내가 구원을 받은 것일까 한 번 정도는 의심해 봐야 합니다.

이것을 조금 더 이해하기 위해서는 우리의 영, 혼, 몸에 대해서 총체적으로 살펴보아야 합니다. 구원은 우리의 영과 혼과 육을 새롭게 하는 것입니다. 구원은 먼저 영이 새로워집니다. 그렇다면 영의 차원에서 새로워지는 것이 무엇입니까? 성령님께서 우리 안에 거하시는 것입니다. 우리가 믿음으로 예수 그리스도를 주인으로 고백할 때 성령님께서 우리 안에 거하시게 됩니다. 그리고 회개할 때 성령께서 임하십니다.

성령께서 우리 안에 임하셨으면 임하신 것이고, 임하지 않으셨으면 임하지 않으신 것입니다. 50퍼센트만 임하시고 나머지는 임하지 않았다 하는 것은 있을 수 없습니다. 칭의는 '오'(O), '엑스'(×)의 문제입니다. 성령님께서 임하셨으면 임한 것이고, 아니면 아닙니다. '구원 비슷한 것을 받은 것 같다' 하는 것은 없습니다. 구원을 받았다면 확실하게 받은 것입니다. 구원은 100퍼센트 아니면 0퍼센트입니다. 예수를 믿으면 100퍼센트 구원, 안 믿으면 0퍼센트 구원받지 못한 것, 구원은 그런 것입니다.

영의 본질은 갈망입니다. 무언가 갈망을 일으킵니다. 맘몬의 영이 우리 안에 역사하면 돈에 대한 갈망이 일어납니다. 음란의 영이 있으면 계속해서 우리 안에서 음란한 것들을 추구하게 만듭니다. 권력의 영이 있으면 우리 안에 권력에 대한 욕구가 계속해서 일어납니다. 세상의 영은 세상의 어떤 것들을 갈망하게 하는 영입니다.

사랑하는 성도 여러분, 어떤 영이 여러분을 움직이고 있습니까? 영은 우리 안에 그 영이 갈망하는 것들을 일으킵니다. 이것이 영의 본질입니다. 노름의 영은 계속 노름에 대한 생각과 노름을 하고 싶은 갈망을 일으킵니다.

성령님도 마찬가지입니다. 성령님은 하나님의 영입니다. 이 영이 우리 안에 거하시면 어떤 갈망을 일으키십니까? 하나님 나라와 하나님에 대한 갈망을 일으킵니다. 정말 예수님처럼 살고 싶어집니다. 정말 예수님처럼 말하고, 정말 예수님처럼 행동하며 하나님을 기쁘시게 하고 싶습니다. 그래서 예수님께서 하셨던 영혼 구원이 하고 싶어집니다. 하나님 나라를 위해 살고 싶어집니다. 이런 갈망들이 우리 안에서 일어납니다.

그리고 영은 우리 안에서 인생의 의미가 무엇인지를 결정하고, 인생의 행복이 뭔지도 결정합니다. 인생의 의미란 무엇입니까? 갈망하는 바를 추구하는 것이 그 사람의 인생의 의미입니다. 맘몬의 영이 지배하는 인생은 돈을 버는 게 인생의 의미입니다. 죽을 때까지 '돈! 돈! 돈!' 하다가 갑니다. 권력의 영이 역사하면 죽을 때까지 권력에 중독되어서 권력을 향한 욕심을 내려놓지 못합니다.

행복이 무엇입니까? 원하는 것이 성취되었을 때 느끼는 감정을 행복으로 여깁니다. 맘몬의 영에 잡혀서 살면 돈이 내 손에 들어왔을 때 느껴지는 감정을 행복이라고 여깁니다. 권력의 영에 잡혀 살면 내가 권력을 잡았을 때 느껴지는 감정과 감동을 행복으로 여깁니다. 이처럼 영은 인생의 의미가 무엇이고, 인생의 행복이 무엇인가를 규정합니다.

그러므로 영은 인간을 인간 되게 하는 가장 본질적인 생명입니다. 영이 없는 인간은 없습니다. 모든 인간이 다 영이 있습니다. 하나님께서 우리를 영적인 존재로 만드셨기 때문입니다. 인간에게 영이 없다면 아무런 갈망이 없는 사람이 됩니다. 아무런 갈망이 없는 인간은 죽은 인간입니다. 사람은 아무리 지치고 힘들어도 갈망이 있습니다.

하나님의 영이든, 세상의 영이든 그 영이 우리 안에 역사하고 있습니다. 그런 면에서 성령이 우리 안에서 역사하는 것이 구원, 칭의입니다. 성령이 우리 안에 있으면 하나님을 갈망하게 됩니다. 하나님을 향한 갈망이 있으면 성령이 있는 것이고, 갈망이 없으면 성령이 없는 것입니다. 예배하지 않게 됩니다.

그런데 성령이 우리 안에 임하신다고 해서 다른 갈망이 없어지는 것은 아닙니다. 다른 갈망도 있습니다. 육신의 갈망이 여전히 있습니다. 돈 벌고 싶은 갈망, 출세하고 싶은 갈망, 잘살고 싶은 갈망이 여전히 우리 안에 존재합니다. 그러나 성령이 우리 가운데 임하시면 새로운 갈망이 생기게 됩니다.

지금까지 하나님에 대한 갈망은 없었습니다. 그런데 성령이 우리 안에 임하시면 하나님에 대한 갈망을 일으킵니다. 정말 예수님처럼 살고 싶어집니다. 예수님처럼 말하고 행동하며 하나님을 기쁘시게 하고 싶습니다. 그래서 예수님께서 하셨던 것처럼 영혼을 구원하고 싶어집니다. 또 하나님 나라를 위해 살고 싶어집니다. 우리 안에 있는 육신의 모든 갈망보다 더 크고 놀라운 갈망들이 우리 안에서 일어납니다.

저 역시 기도하다가 성령이 내 안에 부어지자 설명할 수 없는 갈망이 일어났습니다. 하나님에 대한 강력한 갈망이 일어나서 주님만 생각하면 눈물이 나고, 영혼을 보면 전도하고 싶어졌습니다. '주님을 위해 살아야 해! 난 바울과 같은 선교사가 되고 싶어. 목회가 아니라 아프리카 같은 데 가서 선교하다 죽을 거야!' 이런 갈망들이 막 일어났습니다. 하나님을 위해서 살고 싶은 갈망과 열정이 막 올라왔습니다. 내 이성으로는 왜 이런 갈망이 생기는지 도저히 이해할 수 없었습니다. 내 안에 임한 성령으로 인하여 그렇게 된 것입니다.

그런데 이것이 모든 일의 시작입니다. 어떤 영이 내 안에 역사하느냐에 따라서 갈망하는 것이 생기고 인간의 모든 삶이 시작됩니다.

사랑하는 성도 여러분, 오늘 여러분은 어떻습니까? 여러분 안에 어떤 갈망들이 있습니까? 우리 안에 어떤 영이 부어지느냐에 따라서 우리의 갈망이 결정됩니다. 물론 우리 안에 다른 갈망도 있을 수 있습니다. 그러나 지금 우리 마음 깊숙한 곳에 주를 위해 살고자 하는 갈망이 있습니까? 그것이 있다면 여러분은 분명히 하나님의 자녀입니다. 그러나 이런 갈망이 전혀 없다면 구원에 대해서 다시 한번 체크해 보아야 합니다. 여러분이 교회에 나오시는 이유와 목적과 동기가 다를 수 있기 때문입니다. 친구 따라서, 혹은 모태신앙이라서 교회에 나올 수도 있습니다.

> "너희 안에서 행하시는 이는 하나님이시니 자기의 기쁘신 뜻을 위하여 너희에게 소원을 두고 행하게 하시나니"(빌 2:13).

이것이 영의 구원입니다. 영의 구원은 우리 안에서 하나님이 원하시고 기뻐하시는 뜻이 성령님을 통해서 일어나는 것입니다. 이것이 우리의 영이 새로워진 것입니다. 그전까지는 타락한 우리의 영에 하나님의 영이 거하시지 않았습니다. 세상의 영이 가득했습니다. 그래서 이것을 소원하고 저것을 소원하고, 돈을 추구하고 쾌락을 추구하고 살았습니다.

그러다 성령님이 우리 안에 부어지고 거하시니까 비로소 올바른 소원이 올라옵니다. 내 안에 있는 성령 하나님의 소원이 올라옵니다. 나도 예수님처럼 그렇게 살고 싶어집니다. 이것이 구원의 시작입니다. 이것을 칭의라고 합니다.

성화는 우리 마음의 구원입니다. 성령이 거하심으로 영이 새로워졌으니 이제 마음이 새로워져야 합니다. 마음이 변하는 것은 조금 다릅니다. 우리가 예수 그리스도의 마음을 품게 되는데, 우리 중에 100퍼센트 예수님의 마음을 가진 사람은 없습니다. 마음의 구원은 점진적으로 주님의 마음을 닮아 가는 과정(process)입니다. 하루아침에 되지 않습니다.

그런가 하면 누구도 이 땅에 살아가는 동안 100퍼센트 성화에 이르지는 못합니다. 점점 성장하고 성숙해지는 과정에 있습니다. 성령이 우리 마음에 부어지면 원함은 우리 마음에 있지만 한순간에 예수님의 마음과 우리 마음이 똑같아지지는 않습니다. 만약 한순간에 100퍼센트 예수님의 마음으로 변화된다면 사람의 인격이 완전히 파괴되고 맙니다. 그러나 하나님은 우리의 인격을 파괴하지 않으십니다. 우리의 의지적인 선택에 의해서 우리가 점진적으로 주님을 닮아 가게 하십니다.

그리고 우리에게 원함이 있고 바람이 있다고 우리가 다 그대로 합니까? 그러지 못합니다. 정말 살을 빼고 싶어서 다이어트를 결심하지만 실패합니다. 원함은 있지만 원하는 대로 잘 안 되는 것이 인간의 현실입니다.

성령께서 우리 안에 임하시면 구원이 일어납니다. 그 구원으로 인하여 예수님처럼 살고 싶은 갈망이 일어납니다. 그러나 갈망을 성취하는 데는 점진적으로 시간이 걸립니다. 이것을 성화라고 합니다.

우리 마음이 성화가 되면 그 마음에 합당한 행동을 하게 됩니다. 겉으로 드러나는, 눈에 보이는 행동이 반드시 나타납니다. 이것을 영화라고 합니다. 우리의 몸이 부활체를 입어서 몸으로 말미암아 불순종해서 저항하는 일이 없어지는 단계가 영화입니다.

이처럼 구원은 우리의 삶이 총체적으로 새로워지는 것을 의미합니다. 이 구원을 완성하는 데 마지막 조각이 무엇입니까? 결국 순종입니다. 칭의는 한순간에 일어나지만 순종을 통해서 우리의 마음은 점점 예수님의 마음을 닮아 가게 됩니다. 그러므로 성화되는 것만큼 우리의 순종도 나타나게 됩니다. 순종은 우리 구원의 마지막 퍼즐을 담당합니다.

천국이냐 지옥이냐는 칭의에 의해서 결정되는 것이지 행위에 의해서 결정되는 것이 아닙니다. 거듭난 사람일지라도 미성숙할 수 있습니다. 죄도 지을 수 있습니다. 불순종할 수도 있습니다. 이것이 구원의 조건은 아닙니다. 구원은 믿음으로 시작됩니다.

그런데 만약 어떤 사람이 반복적으로 계속해서 불순종한다면 어떻게 될까요? 반복적으로 계속해서 죄를 짓고, 반복적으로 계속해서 불순종하고, 또는 오랜 시간이 지났는데 전혀 변화가 일어나지 않는다면 한 번쯤은 구원에 관해서 생각해 봐야 합니다. 이것은 성숙과 미성숙의 문제가 아닐 수 있습니다. 이것은 우리 안에 있는 갈망이나 원함의 문제일 가능성이 큽니다. 왜 그렇습니까? 사람은 진짜로 원하고 갈망하는 것이 있으면 어떻게 해서든지 결국은 그것을 하기 때문입니다. 그런데 꾸준히 반복적으로 그렇게 하지 않는다는 것은 갈망이 없는 것입니다.

왜 전도를 못 합니까? 갈망이 없습니다. 왜 기도를 못 합니까? 갈망이 없습니다. 왜 봉사를 못 합니까? 갈망이 없기 때문입니다. 셀 모임을 왜 못 합니까? 갈망이 없으니까요. 내 안에 전도에 대한 진짜 갈망이 있습니까? 그러면 어떻게 해서든지 전도합니다. "시간을 3분만 내주세요. 네?" "오늘은 안 되는데요." "그러면 다음에 3분만 부탁합니다." 결국은 그 갈망하는 것을 행하게 됩니다. 물론 한두 번은 못 할 수도 있습니다. 그러나 갈망이 있는 사람은 반드시 그 갈망하는 것을 행하게 됩니다.

어떤 사람은 사람을 보면 '이 사람을 어떻게 해서 내 사업에 동참시켜서 파트너로 동업해 볼까?' 하며 접근합니다. 친해지려고 하고 밥도 같이 먹습니다. 저도 사람들을 보면 친해지려고 하고 밥도 같이 먹습니다. 그 사람과 제가 무엇이 다릅니까? 그 사람은 사람을 볼 때 사업의 파트너로 봅니다. 저는 전도 대상자로 봅니다. 그 안의 영이 다르기 때문입니다. 그 사람 안에 역사하는 영과 제 안에 역사하는 영이 다릅니다.

만약 어떤 사람이 반복적으로 불순종하고 오랜 시간이 지나도 전혀 변화가 없다면 영이 다르다고 할 수 있습니다. 그 사람 마음 안에 하나님을 사모하는 성령이 없다는 것입니다. 하나님의 영이 없으면 반복적으로 계속해서 불순종하게 됩니다. 정말 그 안에 하나님을 향한 갈망이 있다면 한두 번은 실수할 수 있습니다. 그런데 계속 반복적으로 그렇게 한다는 것은 그 안에 뭔가 다른 영이 있기 때문임을 알아야 합니다.

그러므로 우리의 마음을 깊게 들여다보시길 축원합니다. 내 안에 뭐가 있는지, 내가 진짜로 갈망하는 것은 무엇인지 칭의의 문제를 돌아보아야 합니다. 성화와 칭의는 분리되어 있지 않습니다. 계속해서 아무런 변화가 일어나지 않는다면 우리가 받은 칭의가 진짜인지 확인해 보아야 합니다.

'내 안에 정말 성령께서 거하시는 걸까? 진짜라면 왜 갈망이 없지? 왜 내가 안 바뀌지? 내 안에 성령께서 거하시면 내 안에 당연히 갈망이 일어나야 하는데 왜 갈망이 없지? 하나님 말씀에 순종하고 싶은 소원이 있고 하나님 나라를 위해서 살고 싶은 갈망이 있어야 하는데 왜 그렇지 않지?'

그렇다면 여러분은 진지하게 자신을 돌아보아야 합니다. 야고보서에서 말씀하는 죽은 믿음일 수 있습니다. 드러나는 선한 행동이 없다면 그 믿음이 정말 진짜인지 묻는 질문 앞에 서 보시길 축원합니다.

오랜 시간 변화가 일어나지 않는데 그냥 교회는 나옵니다. 모태신앙이기 때문입니다. 아내의 등쌀에 못 이기거나 가정의 평화를 위해서 나오기도 합니다. 누구 때문이든 무슨 이유이든 교회는 나오는데 자기 안을 들여다보니 갈망이 없는 사람이 있습니까? 그렇다면 심각하게 구원에 대한 문제를 체크해 보아야 합니다. 왜 그렇습니까? 천국과 지옥을 가르는 일이기 때문입니다.

여러분의 마음을 깊이 들여다보시길 축원합니다. 내가 진짜 원하고 진짜 갈망하는 것이 무엇인가 살펴보십시오.

"우리가 세상의 영을 받지 아니하고 오직 하나님으로부터 온 영을 받았으니 이는 우리로 하여금 하나님께서 우리에게 은혜로 주신 것들을 알게 하려 하심이라"(고전 2:12).

이 세상에는 하나님의 영이 있습니다. 그런가 하면 세상의 영이 있습니다. 이렇게 두 영이 있습니다. 내 안에 어떤 갈망이 있는가를 보면 세상의 영이 역사하는지, 하나님의 영이 역사하는지 알 수 있습니다.

사랑하는 성도 여러분, 여러분 안에 역사하는 영은 어떤 영입니까? 하늘에 속한 하나님을 향한 갈망입니까, 세상에 속한 것에 대한 갈망입니까? 이것이 내 안에 역사하는 영의 실체입니다. 당연히 실수할 수 있습니다. 우리는 연약한 존재입니다. 불순종도 사람이 연약하기에 당연히 할 수 있습니다. 그러나 진짜 원하는 것은 속일 수가 없습니다. 사람은 속일 수 있더라도 하나님은 속일 수가 없습니다.

그 안에 성령이 거하는 자는 하나님과 하나님의 나라를 갈망하게 됩니다. 그러나 세상의 영이 거하는 자는 세상의 것을 끝없이 갈망하게 됩니다. 사람은 이런 갈망을 좇아서 순종하게 됩니다. 그러므로 순종은 구원의 조건은 아니지만 구원을 완성하는 증표가 되는 것입니다.

"행함 없는 믿음은 죽은 믿음이니라."

혹시 반복적인 불순종이 있습니까? 오늘 끊어지기를 소원합니다.

우리가 성령을 받았으면 우리가 받은 영이 정말 하나님의 영인 것을 나타내게 됩니다. 순종을 통해서 온전한 구원의 모습을 이루게 됩니다. 우리 마음속에 예수 그리스도의 마음을 갖고자 하는 원함이 순종을 통해서 실체화되는 것입니다. 그러므로 순종이 제사보다 낫습니다. 우리의 구원은 순종을 통해서 완성되어 가는 줄 믿으시길 축원합니다.

그러므로 순종합시다. 순종을 통해서 우리는 영적인 권위를 얻게 됩니다. 순종을 통해서 영광을 얻게 됩니다. 천국의 상급도 얻게 됩니다. 모든 것이 순종을 통해서 주어집니다. 이처럼 순종은 매우 중요합니다. 그러니 '두렵고 떨림으로 너희 구원을 이루라'고 말씀합니다. 순종과 불순종의 차이가 우리의 영원한 삶을 결정합니다. 이 차이가 미래를 결정합니다.

죄를 지을 수 있습니다. 실수할 수도 있습니다. 그러나 그다음이 어떻습니까? 이 죄와 불순종으로 인하여 두려워 떠납니까? 죄를 합리화하고 전가해 버립니까? 불순종이 있을 수 있지만 불순종과 죄 앞에 두렵고 떨리는 마음이 있을 때 우리의 마음이 점점 주님의 마음을 닮아 갈 수 있습니다. 새로운 피조물답게 변화될 줄 믿습니다.

그렇다면 순종을 어떻게 해야 합니까?

둘째, 항상 순종해야 합니다.

항상 복종하라고 말씀합니다. '나 있을 때뿐 아니라 나 없을 때도 항상 복종하라'고 말씀합니다. 항상 복종하라는 말은 무슨 말씀입니까? 사람에게 보이기 위해서나 사람 앞에서가 아니라 하나님 앞에서 행하는 영적인 태도를 말합니다.

우리는 체면 때문에, 혹은 사람들이 이상하게 여길까 봐 하는 행동이 있습니다. 그런데 보통 우리는 언제 죄를 짓습니까? 혼자 있을 때 짓습니다. 아무도 보는 사람이 없을 때 짓습니다. 이것은 항상 순종하는 것이 아닙니다. 사람이 있을 때만, 사람이 볼 때만, 사람이 알아 줄 때만 하는 것은 온전한 순종이 아닙니다. 여러분 모두 항상 복종하시길 축원합니다.

우리가 항상 복종해야 하는 근거가 무엇입니까? 바로 하나님입니다. 항상 계시는 하나님, 어디나 계시는 하나님, 나와 함께하시며 365일 24시간 항상 나를 지키시는 그분 앞에서 순종하라는 것입니다.

> "그러므로 나의 사랑하는 자들아 너희가 나 있을 때뿐 아니라 더욱 지금 나 없을 때에도 항상 복종하여 두렵고 떨림으로 너희 구원을 이루라"(빌 2:12).

위에 세우신 사람, 리더에게 복종하라는 것입니다. 그렇지만 그 동기는 하나님입니다. 참된 순종 곧 항상 순종하시길 축원합니다.

> "너희 안에서 행하시는 이는 하나님이시니 자기의 기쁘신 뜻을 위하여 너희에게 소원을 두고 행하게 하시나니"(빌 2:13).

하나님께서 우리에게 주신 기쁘신 소원을 이루어 가되 두렵고 떨림으로 이루어 가라고 말씀합니다. 하나님께서는 우리 안에 하나님의 기쁘신 뜻을 좇아서 소원하는 마음을 주십니다. 그러면 우리의 의지를 통해서 그 소원을 선택해 갑니다. 이것이 순종입니다.

사람마다 순종하는 동기가 다릅니다. 맞을까 봐 순종합니다. 이해해서 순종합니다. 두려워서 순종합니다. 그러나 우리는 하나님께서 우리 안에 두신 소원과 갈망 때문에 순종해야 합니다. 이것이 순종의 올바른 동기입니다. 참된 순종은 억지로 하는 것이 아닙니다. 억지로가 아니라 의지적으로 행해야 합니다. 우리가 좋아하는 일일지라도 의지가 있어야 행합니다. 하나님의 영이 우리 안에 거하시면 하나님을 향한 갈망이 일어납니다. 그렇지만 그 갈망을 선택하기 위해서는 의지가 필요합니다.

> "내 속 곧 내 육신에 선한 것이 거하지 아니하는 줄을 아노니 원함은 내게 있으나 선을 행하는 것은 없노라 내가 원하는 바 선은 행하지 아니하고 도리어 원하지 아니하는 바 악을 행하는도다 만일 내가 원하지 아니하는 그것을 하면 이를 행하는 자는 내가 아니요 내 속에 거하는 죄니라 그러므로 내가 한 법을 깨달았노니 곧 선을 행하기 원하는 나에게 악이 함께 있는 것이로다 내 속사람으로는 하나님의 법을 즐거워하되 내 지체 속에서 한 다른 법이 내 마음의 법과 싸워 내 지체 속에 있는 죄의 법으로 나를 사로잡는 것을 보는도다 오호라 나는 곤고한 사람이로다 이 사망의 몸에서 누가 나를 건져내랴 우리 주 예수 그리스도로 말미암아 하나님께 감사하리로다 그런즉 내 자신이 마음으로는 하나님의 법을 육신으로는 죄의 법을 섬기노라"(롬 7:18-23).

성령을 받고 나니 하나님을 향한 선한 마음, 원함이 있더라는 것입니다. 그런데 내 안에 육신의 욕망을 따라 살고자 하는 마음도 있더라는 것입니다. 그래서 두 마음이 내 안에서 싸웁니다. 두 마음의 법이 치열하게 싸웁니다. 원함은 분명히 있습니다. 하나님을 향한 소원도 있습니다. 반면 육신의 법, 육신의 욕망을 따라가고 싶은 마음도 있습니다. 불순종하고 싶은 마음, 내 육체의 쾌락을 좇아 살고 싶은 마음, 내 이기심과 욕심대로 살고 싶은 마음이 있습니다.

여러분, 순종은 바로 이 싸움입니다. 이럴 때 내 의지를 발휘해서 하나님의 말씀을 선택하고, 하나님께서 내게 주신 기쁘신 소원을 따라 선택하는 것입니다. 이것은 억지로가 아닙니다.

여러분, 거듭나면 하나님을 위해 살고 싶은 마음이 굉장히 커집니다. 그렇지 않습니까? 그런데 동시에 다른 마음들이 방해합니다. 여기서 의지적으로 하나님을 선택하는 것, 이것이 성화입니다.

참순종은 하나님께서 소원하는 것을 나도 원하여 행하는 것입니다. 원치 않으면서 행하는 것을 우리는 율법과 종교라고 합니다. 원함이 없는데 억지로 행하는 것은 율법이요 종교입니다. 원함은 있지만, 거듭났지만 내 안에 죄의 법이 함께 역사하고 있어서 내 의지로 하나님께서 원하시는 것을 선택해 나가는 것이 참된 순종입니다.

그러므로 순종의 가장 큰 특징은 소원함입니다. 내가 원하는 것입니다.

여러분, 순종을 가볍게 생각하지 마십시오. 그렇더라도 너무 심각하게 생각하여 두려워하지도 마십시오. 순종을 심각하게 생각하면 두려워집니다. '주님이 나를 사역자로 쓰겠다고 부르시면 어떡하지?' 쓸데없는 걱정입니다. 하나님은 하수가 아닙니다. 만약 하나님께서 정말 전임 사역자로 부르셨다면 그만 한 소원을 주실 것입니다. 하나님은 소원을 두고 간구하게 하십니다. 우리 하나님은 저와 여러분 안에 성령을 통하여 원함을 주십니다. 하나님이 행하시는 모든 일은 기쁨과 즐거움입니다. 내가 원하는 것을 이루는 일입니다. 내가 하기 싫어하는 일을 억지로 등 떠밀어 하게 하시는 분이 아닙니다.

성령의 사람들은 희생이나 헌신이라는 말이 안 어울립니다. 희생이나 헌신 이전에 하나님이 소원함을 주시기 때문에, 성령의 사람들에게는 하나님이 행하시는 모든 일이 기쁘고 감사한 일입니다. 기쁘고 또 기쁘며, 축복이고 즐거움입니다. 자신이 가장 원하는 것을 이루는 것이기 때문입니다.

그러니 기뻐하고 즐거워하십시오. 하나님께서 우리의 소원을 이루실 것이기 때문입니다. 우리 안에 하나님을 갈망하는 마음도 있고, 죄에 대한 유혹도 있습니다. 두 마음이 공존합니다. 그러나 우리가 하나님의 소원을 선택하고 나아갈 때 꿈같은 일이 일어납니다.

내 안에는 그런 갈망이 없다는 사람이 있습니까? 거듭남을 위해서 기도하시기 바랍니다. "주님, 내 안에 성령을 부어 주셔서 그런 갈망이 일어나게 하옵소서. 오랜 종교 생활을 끝내게 하옵소서. 성령이 부어지도록 하나님을 갈망하게 하시고 하나님 나라를 소망으로 삼게 하옵소서."

내 안에 그런 갈망이 있다면 순종을 선택하기로 기도하십시오. "내가 비록 연약하지만 순종을 선택합니다. 순종하기를 소원합니다. 순종하는 삶을 살겠습니다." 그럴 때 주님이 도우실 것입니다.

소망의 관점을 디자인하라
Design your perspective

마음속의 갈망이 무엇인가?

첫째, 항상 복종하고 순종해야 합니다.
둘째, 항상 순종해야 합니다.

진정한 갈망은 무엇인가?(마 12:22-29)

Design your perspective

그 때에 귀신들려 눈멀고 말 못 하는 사람을 데리고 왔거늘 예수께서 고쳐 주시매 그 말 못 하는 사람이 말하며 보게 된지라 무리가 다 놀라 이르되 이는 다윗의 자손이 아니냐 하니 바리새인들은 듣고 이르되 이가 귀신의 왕 바알세불을 힘입지 않고는 귀신을 쫓아내지 못하느니라 하거늘 예수께서 그들의 생각을 아시고 이르시되 스스로 분쟁하는 나라마다 황폐하여질 것이요 스스로 분쟁하는 동네나 집마다 서지 못하리라 만일 사탄이 사탄을 쫓아내면 스스로 분쟁하는 것이니 그리하고야 어떻게 그의 나라가 서겠느냐 또 내가 바알세불을 힘입어 귀신을 쫓아내면 너희의 아들들은 누구를 힘입어 쫓아내느냐 그러므로 그들이 너희의 재판관이 되리라 그러나 내가 하나님의 성령을 힘입어 귀신을 쫓아내는 것이면 하나님의 나라가 이미 너희에게 임하였느니라 사람이 먼저 강한 자를 결박하지 않고서야 어떻게 그 강한 자의 집에 들어가 그 세간을 강탈하겠느냐 결박한 후에야 그 집을 강탈하리라

예수를 믿은 후 사람들은 두 종류로 나뉩니다. 하나님을 아버지로는 부르는데 변화가 없는 사람들이 있습니다. 이런 사람들은 내면에 갈망하는 것이 다릅니다. 입술로는 하나님을 찾지만 늘 세상 것들을 갈망하며 삽니다. 성경은 말씀합니다.

"예수께서 열두 제자에게 명하기를 마치시고 이에 그들의 여러 동네

에서 가르치시며 전도하시려고 거기를 떠나 가시니라…그들이 떠나매 예수께서 무리에게 요한에 대하여 말씀하시되 너희가 무엇을 보려고 광야에 나갔더냐 바람에 흔들리는 갈대냐 그러면 너희가 무엇을 보려고 나갔더냐 부드러운 옷 입은 사람이냐 부드러운 옷을 입은 사람들은 왕궁에 있느니라 그러면 너희가 어찌하여 나갔더냐 선지자를 보기 위함이었더냐 옳다 내가 너희에게 이르노니 선지자보다 더 나은 자니라"(마 11:1, 7-9).

교회에 다녀도 이처럼 세상을 향한 갈망이 끝이 없는 사람이 많습니다. 그런데 우리 육신이 갈망하고 또 갈망하는 그 갈망의 끝이 무엇입니까? 바로 구원입니다. 그런데 모든 갈망의 궁극적인 목적인 구원을 얻은 우리는 이 구원의 소중함과 가치를 잘 모릅니다. 그래서 이 엄청난 구원을 소유하고도 세상 사람들이 원하고 바라는 육신의 것에 똑같이 목말라합니다.

왜 그렇다고 생각하십니까? 십자가의 예수를 구주로 믿어 거듭났고 주일이면 꼬박꼬박 교회에 나가는데 왜 내 안의 갈망은 여전히 세상 사람들과 똑같을까요? 내가 구원받은 것은 사실이고, 하나님의 자녀가 된 것도 사실입니다. 그리스도 안에서의 나의 정체성을 몰라서 그럴까요? 물론 그럴 수도 있습니다. 왜 내 안에서는 전도하는 일이나 기도하는 일이나 셀 모임에 뜨거운 갈망이 일어나지 않을까요? 복음의 능력을 몰라서 그럴까요?

이런 고민과 갈등 속에서 몸부림치던 한 인생 가운데 우리 주님이 찾아오셨습니다. 기독교를 종교로만 생각하고 교회를 놀이터로만 알고 출입하던 한 인생 가운데 어느 날 성령이 부어졌습니다. 저의 육체 가운데 성령이 부어지자 꿈같은 일이 일어났습니다. 제 안의 갈망이 완전히 달라졌습니다. 술을 마시던 사람이 술을 끊습니다. 담배를 피우던 사람이 담배를 끊습니다. 죽음으로 끌려가던 인생이 죄에서 해방됩니다. 상처가 치유됩니다. 중독에서 해방됩니다. 어둠이 떠나갑니다. 저주가 떠나갑니다. 질병이 떠나갑니다.

그런가 하면 제 안에 다른 갈망이 생겨납니다. 세상에 대한 갈망이 아니라 하나님에 대한 갈망입니다. 하나님을 위해 살고 싶어집니다. 하나님을 더 알고 싶고 성경을 읽고 싶어집니다. 하나님을 더 사랑하고 싶어집니다. 십자가의 사랑을 더 깊이 경험하고 싶어집니다. 사람을 보면 영혼을 구원하고 싶어졌습니다. 예수 믿는 형제가 너무 귀하고 그들과 함께 은혜로운 나눔과 모임을 하고 싶어집니다. 시간만 나면 하나님께 기도하고 싶습니다. 이것은 이전까지는 제게 없었던 갈망입니다. 성령을 받고 난 이후에 생긴 갈망입니다.

사랑하는 성도 여러분! 오늘 이런 은혜가 있기를 축원합니다.

그런데 왜 우리 가운데 성령이 부어지면 우리의 갈망이 달라질까요? 그것이 바로 영의 본질이기 때문입니다. 그러므로 영이 우리 안에 찾아오면 반드시 나타나는 특징이 있습니다. 어떤 특징입니까?

첫째, 우리 안에 갈망을 일으킵니다.

우리 안에 어떤 영이 들어오면 그 영은 반드시 우리 안에 갈망을 일으킵니다. 이것이 바로 영의 특성이요 본질입니다. 그러므로 성경은 말씀합니다.

"우리가 세상의 영을 받지 아니하고 오직 하나님으로부터 온 영을 받았으니 이는 우리로 하여금 하나님께서 우리에게 은혜로 주신 것들을 알게 하려 하심이라"(고전 2:12).

교회에 다녀도 여전히 세상의 영에 사로잡혀 세상의 것을 갈망하며 살 수 있습니다. 내가 모태에서부터 예수를 믿었어도 하나님의 영이 아닌 세상의 영에 사로잡혀 살 수 있다는 것입니다. 왜 그렇습니까? 영적인 세계의 원리를 잘 모르기 때문입니다. 그래서 많은 사람들이 세상의 영에 속아서 일생을 삽니다.

그렇다면 세상의 영이라고 불리는 영의 특징은 어떠합니까? 세상에 있는 어떤 것에 대한 갈망을 불러일으킵니다. 비근한 예를 들면 일반적으로 세상 사람들의 성공의 기준은 돈입니다. 돈에 관한 이야기를 많이 듣다 보면 우리 안에 맘몬의 영이 들어옵니다. 그러면 어떻게 됩니까? 내 안에서 자꾸 돈에 대한 갈망이 일어납니다. 이 맘몬의 영의 특징은 돈에 대한 갈망을 일으킵니다. 돈에 대해 집착하게 합니다. 그래서 자기를 위해서 자기만을 위한 성을 쌓게 됩니다.

그런가 하면 세상의 영은 육신의 쾌락을 유일한 행복으로 삼게 합니다. 육신의 쾌락을 추구하다 보면 우리 안에 음란의 영이 들어옵니다. 그래서 우리 안에 음란에 대한 갈망을 일으킵니다. 이처럼 영의 본질은 반드시 우리 안에 그 영의 갈망을 일으킵니다.

그러므로 영적 전쟁은 결국 갈망에 대한 싸움입니다. 예수 믿는 우리가 무엇을 갈망하며 살 것인가에 대한 싸움입니다. 왜 영적 전쟁이 갈망에 대한 싸움일까요? 사람들은 자신이 갈망하는 것에 의미를 두고 살기 때문입니다. 사람들은 자신이 갈망하는 것이 이루어지면 행복해합니다. 사람들은 왜 자신이 갈망하는 것이 이루어지면 행복해합니까? 내가 갈망하는 것에 가치를 두고 살기 때문입니다. 그래서 갈망하는 것이 이루어질 때 만족해하며 행복해합니다.

사랑하는 성도 여러분, 오늘 여러분의 갈망은 무엇입니까? 여러분이 진정으로 갈망하는 것이 무엇입니까? 그것이 바로 지금 여러분을 주장하고 있는 영입니다. 오늘 여러분 안에는 어떤 갈망이 있습니까?

여러분 안에 있는 영이 어떤 영이냐에 따라서 그 영의 본질이 우리로 하여금 그것을 갈망하게 합니다. 결국 그 갈망이 내 인생의 의미와 가치와 행복을 결정합니다. 그러므로 내가 세상의 영에 잡혀 있으면 나는 세상의 것을 갈망하며 사는 자가 됩니다. 예수를 믿어도 그렇습니다. 그러나 성령에 잡혀 있으면 하나님 나라의 것들을 갈망하며 사는 자가 됩니다. 그러므로 성령님께 잡힌 바 되시길 축원합니다.

사람들을 살펴보면 각 사람마다 가치 있게 여기는 일이 다르고, 의미 있게 여기는 일이 다르고, 만족하는 것이 다릅니다. 왜 그렇습니까? 이것은 각 사람 안에 역사하는 영에 의해서 결정되기 때문입니다. 그래서 많은 사람들이 알게 모르게 세상의 영에 잡혀 삽니다. 자신도 모르게 세상의 영에 잡혀 삽니다. 예수를 믿어도 세상의 영에 잡혀 삽니다. 그래서 평생을 육신의 생각에 잡혀 늘 그 사람을 용서하지 못하고 미워하고 시기하고 원망하다가 갑니다. 어떤 사람은 평생을 이간질만 하다가 갑니다. 그런가 하면 어떤 사람은 알코올 의존증 또는 중독이 되어 삽니다. 어떤 사람은 늘 성적인 생각만 하며 삽니다. 어떤 사람은 늘 게임만 생각하며 삽니다. 어떤 사람은 늘 주식만 생각하며 삽니다. 어떤 사람은 늘 쇼핑만 생각하며 삽니다. 어떤 사람은 늘 돈 생각만 하며 삽니다. 사람들은 평생 무언가를 갈망하다가 갑니다.

그렇다면 이런 모든 갈망의 메커니즘이 어떻게 시작됩니까? 내 안의 육신의 욕망에서 시작됩니다. 육신의 욕망을 통제하지 않고 그 욕망을 따라 살면 인간은 반드시 세상의 영에 잡혀 그 영에 중독되고 맙니다. 게임에 중독되는 것이 아니라 게임의 영에 잡혀 살기 때문입니다. 쇼핑에 중독되는 것이 아니라 쇼핑의 영에 잡혀 살기 때문입니다.

선포합니다. "중독의 영은 떠나갈지어다. 어둠은 떠나갈지어다." 성경은 말씀합니다.

"그리스도 예수의 사람들은 육체와 함께 그 정욕과 탐심을 십자가에 못 박았느니라"(갈 5:24).

그러므로 정욕과 욕심을 십자가에 못 박아 버리시길 축원합니다. 옛사람을 못 박아 버리시길 축원합니다. 욕망을 못 박아 버리시길 축원합니다. 우리 옛사람을 십자가에 못 박지 않으면 우리는 세상 갈망의 노예가 되어 살게 됩니다.

사랑하는 성도 여러분, 오늘 여러분 안에는 무엇에 대한 갈망이 있습니까? 성령께서 우리 안에 계시면 어떤 갈망들이 생깁니까? 하나님을 알고자 하는 갈망이 생깁니다. 전도하고 싶은 갈망이 생깁니다. 기도하고 싶은 갈망이 생깁니다. 셀 모임에 대한 갈망이 일어납니다. 하나님을 사랑하고 싶고, 교회를 사랑하고 싶고, 하나님께 헌신하고 싶고, 하나님을 기쁘시게 하고 싶은 갈망들이 올라옵니다. 이것이 우리 안에 있는 성령의 특징이기 때문입니다.

갈망은 우리 안에 있는 영의 본질입니다. 그래서 전도하고 싶고, 하나님을 사랑하고 싶고, 예배드리고 싶고, 기도하고 싶고, 교회가 사랑스럽고, 자꾸 모이고 싶고, 봉사하고 싶어집니다. 남을 섬기고 도와주고 싶어집니다.

성령을 받고 나서 제 안의 갈망이 달라졌습니다. 예수님의 십자가 사건이 내 사건이 되어 말을 걸어 왔습니다. 하나님 나라, 영혼 구원, 이런 이야기를 들으면 감동이 되고 눈물이 났습니다. 저에게 처음으로 성령님이 부어졌을 때 비로소 이런 갈망들이 생겼습니다. 하나님 나라에 대한 갈망과 열정들이 올라왔습니다. 하나님 나라를 위해 살고 싶어졌고 비전들을 보았습니다. 갑자기 왜 그런 갈망이 생겼는지 그때는 이해하지 못했습니다. 그냥 그렇게 살고 싶은 열정이 생겼습니다. 왜 그런지 이유는 설명할 수 없었습니다. 왜냐하면 그것이 영이기 때문에 그렇습니다.

영이라고 하는 것은 우리의 혼과 이성으로는 다 설명할 수 없는 실체입니다. 우리 안에 부어진 영은 다 설명할 수는 없지만 무엇인가 우리 삶에 갈망을 일으킵니다. 이것이 영의 본질입니다.

오늘 여러분 안에는 어떤 갈망이 있습니까? 무엇을 향한 갈망이 있습니까? 여러분의 갈망이 여러분 안에서 역사하는 영입니다. 우리 안에 어떤 영이 들어오면 그 영은 우리에게 갈망을 주고, 의미를 주고, 가치를 줍니다. 그래서 우리는 그 영이 주는 갈망을 찾고 추구하고 두드리고 그것을 향해 움직이게 됩니다.

또 그 영이 우리 안에 들어오면 그 영은 우리의 혼과 육을 지배합니다. 영이 우리 안에 들어와서 무엇을 합니까? 저와 여러분의 지정의를 지배하기 시작합니다. 성령님께서도 동일하십니다. 성령이 우리 안에 임하시면 시간이 지날수록 무슨 일을 하십니까? 성령님은 우리를 다스리기 시작하십니다. 우리를 통치하시길 원하십니다. 우리 안에 거하시는 성령님은 단순한 어떤 기운과 갈망이 아니라 우리를 통치하시고 다스리시는 주인입니다. 여러분, 이것이 모든 영이 하는 일입니다.

성령님뿐 아니라 세상의 영도 똑같은 일을 흉내 냅니다. 세상의 영이 우리 안에 들어오면 우리를 지배하고 통치합니다. 그래서 도박의 영, 게임의 영, 중독의 영, 음란의 영, 드라마의 영, 시기하고 질투하고 이간질하는 영에 잡혀 삽니다. 판단하고 정죄하는 영에 잡혀 삽니다. 이런 세상의 영이 사람을 사로잡고 그 사람에게 갈망을 일으켜서 그 사람의 지정의를 지배하고 다스리기 시작합니다.

그러므로 성경은 말씀합니다.

"그때에 너희는 그 가운데서 행하여 이 세상 풍조를 따르고 공중의 권세 잡은 자를 따랐으니 곧 지금 불순종의 아들들 가운데서 역사하는 영이라 전에는 우리도 다 그 가운데서 우리 육체의 욕심을 따라 지내며 육체와 마음의 원하는 것을 하여 다른 이들과 같이 본질상 진노의 자녀이었더니"(엡 2:2-3).

우리 안에 성령님이 오시기 전에는 우리 안에 어떤 영이 있었다고 합니까? 이 세상 풍조를 따르고 권세 잡은 자, 불순종 가운데 역사하는 영이 우리 안에서 역사하고 있었다는 것입니다. 우리가 하나님을 모를 때는 우리 안에 불순종의 아들들 가운데 역사하는 세상의 영들이 있었습니다.

우리가 어떻게 이런 영들에게서 빠져나올 수 있겠습니까? 하나님의 특별한 은혜가 아니었다면 절대로 빠져나올 수 없었을 것입니다. 하나님께서 은혜와 의의 선물을 넘치게 주셔서 이런 우리를 구원해 주셨습니다. 그러므로 저와 여러분은 하나님을 갈망하며 사는 자들이 되길 축원합니다.

그런데 많은 사람들이 여전히 세상 것을 갈망하며 살아갑니다. 예수를 믿고 교회에 다니지만 여전히 세상의 영들이 내 안에서 견고한 진이 되어 나를 주장하고 다스리고 지배합니다. 그리고 우리를 중독으로 이끌어 갑니다. 그래서 늘 어떤 생각에 사로잡혀 살게 합니다. 돈, 게임, 쾌락, 음란, 도박 등에서 벗어나지 못하게 합니다.

그런가 하면 사람과의 관계 속에서도 많은 사람들이 세상의 영에 잡혀 삽니다. 남을 판단하고 정죄하고 비난하고 이간질합니다. 남을 미워하고 늘 시기합니다. 이런 수많은 영에 잡혀 삽니다. 중독이 되어서 그 사람의 인격이 되어 버렸는데도 모른 채 삽니다. 예수를 믿어도 여전히 그런 것에 잡혀 사는 사람들이 있습니다.

"목사님, 여기에서 벗어나려면 어떻게 해야 합니까? 아무리 몸부림을 쳐도 내 의지로는 헤어 나올 수가 없네요. 늘 후회하고 회개하는

데도 헤어 나올 수가 없어요."

이렇게 고백하는 사람들도 있습니다. 이런 상황에서 벗어나려면 어떻게 해야 할까요?

둘째, 더 강한 자가 와서 결박해야 합니다.

영적인 싸움에 있어서는 우리의 혼과 육을 가지고는 영을 이길 수가 없습니다. 예수님께서는 어떻게 하셨습니까? 말 못 하게 하는 귀신이 들어 왔는데 그 귀신을 예수님께서 쫓아내셨습니다.

> "그때에 귀신 들려 눈멀고 말 못 하는 사람을 데리고 왔거늘 예수께서 고쳐 주시매 그 말 못 하는 사람이 말하며 보게 된지라…그러나 내가 하나님의 성령을 힘입어 귀신을 쫓아내는 것이면 하나님의 나라가 이미 너희에게 임하였느니라 사람이 먼저 강한 자를 결박하지 않고서야 어떻게 그 강한 자의 집에 들어가 그 세간을 강탈하겠느냐 결박한 후에야 그 집을 강탈하리라"(마12:22, 28-29).

사랑하는 성도 여러분, 여기에 중요한 영적 원리가 있습니다. 우리 안의 강한 자는 무엇을 의미합니까? 오랜 세월 내 안에 자리하고 있어서 견고한 진이 되어 버린 것입니다. 내 안에 주인으로 자리 잡은 거짓된 것들이 있습니다. 그래서 강한 영이 자리하고 있습니다. 이런 것은 때로 나의 인격을 사로잡고 완고하게 합니다. 나의 성격을 불같게 합니다. 고집스럽게 합니다.

이런 영은 우리의 육과 혼으로는 대적할 수가 없습니다. 육과 혼으로는 그 영을 이길 수가 없습니다. 오랜 세월 우리 안에 자리한 그 영이 강한 자입니다. 우리의 힘으로는 어떻게 할 수가 없습니다. 그렇다면 우리 안에 자리하고 있는 강한 영을 어떻게 쫓아낼 수 있을까요?
더 강한 자가 와서 결박하면 됩니다. 더 강한 자가 와서 쫓아내면 됩니다. 왕이신 우리 주님이 오시면 됩니다.

사랑하는 성도 여러분, 현대인들은 별스럽지 않은 것에 잡혀 삽니다. 세상의 영에 잡혀 삽니다. 오늘 혹시 우리 가운데 내 의지로 조절이 안 되는 중독의 영에 잡혀 있는 사람들이 있습니까? 자꾸만 어떤 생각에 집착하는 사람이 있습니까? 온종일 머릿속에서 떠나지 않는 어떤 생각이 있습니까? 그 생각에서, 그 일에서, 그 사람에게서 벗어나고 싶어도 내 힘과 능력과 의지로는 안 된다는 사람이 있습니까?

혹시 있다면 어떻게 해야 합니까? 사람의 힘과 의지로는 안 됩니다. 성령님이 부어져야 합니다. 성령님이 찾아오셔야 합니다. 성령이 부어져야 우리 안의 악한 것들이 결박됩니다. 그러므로 성령으로 충만하시길 축원합니다.

여러분, 영적인 세계에서 흥미로운 것은 일단 어떤 영이든지 우리 안에 들어오면 우리의 혼을 지배한다는 것입니다. 그래서 의지를 사용해서 이것을 쫓아낼 수가 없게 됩니다. 우리 안에 있는 다른 종류의 갈망이 선을 넘어간 갈망이라면 우리의 의지를 가지고는 해결되지 않습니다. 이미 중독이고 집착이며 나의 의지를 가지고 안 되는 것이라면 이제 한 가지 길밖에 없습니다. 성령께서 도와주셔야 합니다.

저는 기도와 말씀으로 제 안에 있는 세상적인 영들을 몰아냈습니다. 먼저 기도했습니다. 성령님께 도와달라고 부르짖으면 됩니다. 그러므로 성경은 말씀합니다.

"너는 내게 부르짖으라 내가 네게 응답하겠고 네가 알지 못하는 크고 은밀한 일을 네게 보이리라"(렘 33:3).

이 말씀대로 부르짖어 기도하시길 축원합니다. 세상적인 내 갈망을 위해서 부르짖지 말고 성령 충만을 위해서 부르짖어 기도하시길 축원합니다.

사랑하는 성도 여러분, 부탁을 드립니다. 예수 믿는 사람이라면 누구나 일생에 한 번 정도 주님 앞에 부르짖어 기도하다가 성령으로 충만해지는 경험이 있기를 축원합니다. 부르짖어 기도하는 중에, 처음에는 성령님께서 저의 발목 정도 차올랐습니다. 물이 발목에 이르렀어도 저는 제 마음대로 뛰어다닐 수 있었습니다. 내가 안 바뀐 것입니다.

기도의 양을 조금 늘렸습니다. 하루에 세 번씩 기도했더니 성령이 무릎까지 차올랐습니다. 그래도 내가 하고 싶은 대로, 내 의지대로 다 할 수 있었습니다.

기도의 시간을 점점 더 늘렸습니다. 성령이 허리까지 차올랐습니다. 성령이 허리까지 차자 내가 가고 싶은 대로 가더라도 전처럼 잘되지 않았습니다. 그러나 느리고 움직이기 힘들어도 내가 하고 싶은 대로 할 수 있었습니다.

성령 충만을 위해서 점점 더 기도하자 가슴까지 차올랐습니다. 이제는 내 마음대로 갈 수 없었습니다. 그러다 성령이 충만히 부어져서 내 키를 넘어섰습니다. 이제는 내 마음대로 갈 수가 없습니다. 물살이 흐르는 대로, 성령님께서 인도하시는 대로 살게 됩니다.

먼저 내 안의 쓰레기가 사라졌습니다. 이때부터 엄청난 능력이 나타났습니다. 어둠이 떠나갑니다. 저주가 떠나갑니다. 본문처럼 말 못 하는 귀신을 쫓아냅니다.

성령으로 충만하신 예수님께서는 오늘 우리에게 본을 보여 주십니다. '너희도 이렇게 영적인 전쟁을 하라'는 것입니다. '너희가 싸울 것은 혈과 육에 대한 것이 아니니 예수 이름의 권세, 성령 안에 있는 권능으로 싸우라'고 하십니다. '내가 하나님의 성령을 힘입어 말 못 하게 하는 귀신을 쫓아냈듯이 너희가 내 이름으로 기도할 때 성령께서 너희 안에 있는 강한 자를 결박하고 쫓아낸다'고 하십니다. 이런 은혜가 있기를 축원합니다.

우리 안에 있는 해결할 수 없었던 다른 종류의 갈망, 어쩌면 중독이 되어 버린 다른 종류의 강한 영, 내 힘과 능력으로는 아무리 몸부림쳐도 해결할 수 없었던 갈망들이 있습니까? 오늘 선포합니다. "예수 그리스도의 이름으로 명하노니 떠나갈지어다. 어둠의 영은 떠나갈지어다. 저주의 영, 음란의 영은 이리 나와 떠나갈지어다. 가정에서 습관적으로 신경질 내고 짜증 내는 미움의 영, 남을 자꾸 미워하게 하는 영은 예수의 이름으로 명하노니 떠나갈지어다."

여러분 안에 다른 종류의 갈망이 있다면 예수 이름의 권세로 결박하고 쫓아내시길 축원합니다.

성령의 능력으로 어둠의 영들이 떠나고 나면 우리 안에 세상적인 그 갈망들이 없어집니다. 물론 육체의 흔적들은 남아 있습니다만 그 갈망이 어떻게 사라졌습니까? 논리적인 이유는 없습니다. 논리적으로는 설명할 수가 없습니다. 영적인 일이므로 영으로만 설명이 가능합니다. 더 강한 자가 오셔서 강한 자를 결박해 버렸기 때문입니다. 성령님께서 결박해 버렸기 때문입니다.

오늘 저와 여러분 안에 다른 갈망이 있다면 더 강한 자가 오셔서 강한 자를 결박해 버리시길 축원합니다. 이것밖에는 다른 방법이 없습니다. 성령께서 오셔서 모두 결박하고 쫓아내시기를 축원합니다.

그러나 이렇게 결박하고 쫓아내는 것, 곧 축사로 모든 것을 해결할 수는 없습니다. 세상의 영이 오랫동안 우리 안에 들어와서 우리를 지배하며 만들어놓은 삶의 패턴, 루틴, 습관, 흔적들이 남아 있기 때문입니다. 그래서 축사 후에 후속 조치가 필요합니다. 허물어졌던 부분들을 말씀으로 잘 복구하시길 축원합니다. 계속해서 기도하며 기도를 멈추지 마십시오. 기도로 잘 복구하시길 축원합니다. 새벽예배와 금요기도회에 나오시길 축원합니다.

사랑하는 성도 여러분, 어떻게 우리가 세상에 살면서도 세상 영의 지배를 받지 않고 하나님의 영을 받아 그 지배를 받으며 잘 살아갈 수 있을까요?

셋째, 듣고 보는 것에 주의해야 합니다.

우리가 듣고 보는 것에 의해서 우리의 영이 결정됩니다. 보는 순간 그 영이 우리 안에 들어옵니다. 듣는 순간 영이 역사합니다.

영은 듣는 것에서부터 역사합니다. 영적 전쟁에서 승리하기 위해서는 먼저 하나님의 말씀을 들어야 합니다. 생명의 말씀을 계속해서 듣는 것입니다. 여기서부터 영적인 기초가 놓입니다. 그렇기 때문에 만나는 사람이 중요합니다. 그 만남을 통해서 무엇을 보고 무엇을 듣느냐가 중요합니다.

여러분은 믿음의 만남이나 공동체를 가지고 있습니까? 일주일에 한 번이라도 실질적인 관계 안에서 만나는 영적인 모임이 있습니까? 믿음의 말을 들을 수 있고 성장할 수 있는 모임과 만남이 중요합니다. 오늘 여러분은 어떻습니까?

어떤 영이 우리에게 접근해서 영향을 미치는 첫 번째 통로가 무엇입니까? 듣는 것입니다. 맨날 돈 이야기를 하는 사람들 사이에 끼어 있으면 나도 돈의 영이 주장하게 됩니다. 맨날 음란한 이야기를 하는 사람들 사이에 끼어 있으면 나에게도 음란의 영이 역사합니다. 사람들이 이런 영향을 받는다는 것입니다.

그러므로 믿음의 말을 들을 수 있고 나눌 수 있는 셀 모임이나 영적으로 도전이 되는 만남을 주기적으로 가지시길 축원합니다.

저는 세상에 중독된 인생이었습니다. 늘 세상의 영에 잡혀 살았습니다. 늘 내 생각에 잡혀 살았습니다. 아무리 몸부림쳐도 내 의지로는 빠져나올 수가 없었습니다. 그런데 어느 날 주님이 저를 찾아오셨습니다.

깊은 절망의 수렁 가운데 / 주님께 닿을 수 없던 우리
어둔 밤중에 하늘을 향해 / 주의 이름 나 부를 때

어둠을 뚫고 오신 주 사랑 / 나의 절망 거두셨네
주님의 공로 다 이루셨네 / 주 예수 나의 산 소망

"진실로 진실로 너희에게 이르노니 죽은 자들이 하나님의 아들의 음성을 들을 때가 오나니 곧 이때라 듣는 자는 살아나리라"(요 5:25).

구원도 마찬가지입니다. 생명의 소리를 들으면 살아납니다. 복음을 들려주면 살아납니다. 성령의 지배를 받아 여러분 안의 영이 주님을 갈망하게 되시길 축원합니다.

소망의 관점을 디자인하라
Design your perspective

진정한 갈망은 무엇인가?

첫째, 우리 안에 갈망을 일으킵니다.
둘째, 더 강한 자가 와서 결박해야 합니다.
셋째, 듣고 보는 것에 주의해야 합니다.

관 점 을 디 자 인 하 라 2　DESIGN YOUR PERSPECTIVE

3장

진리의 관점을 디자인하라

주인을 아는가?(사 1:1-4)

하나님의 표적(눅 2:8-14)

당신은 하나님의 꿈(신 34:1-8)

성탄의 목적(요 1:12-14)

진리로 심고 거두라(눅 12:15)

주인을 아는가?(사 1:1-4)

Design your perspective

유다 왕 웃시야와 요담과 아하스와 히스기야 시대에 아모스의 아들 이사야가 유다와 예루살렘에 관하여 본 계시라 하늘이여 들으라 땅이여 귀를 기울이라 여호와께서 말씀하시기를 내가 자식을 양육하였거늘 그들이 나를 거역하였도다 소는 그 임자를 알고 나귀는 그 주인의 구유를 알건마는 이스라엘은 알지 못하고 나의 백성은 깨닫지 못하는도다 하셨도다 슬프다 범죄한 나라요 허물 진 백성이요 행악의 종자요 행위가 부패한 자식이로다 그들이 여호와를 버리며 이스라엘의 거룩하신 이를 만홀히 여겨 멀리하고 물러갔도다

하나님께서 직접 하신 일이 있습니다. 우주 만물을 창조하시고 사람을 만드신 것입니다. 그리고 심판을 직접 하십니다. 그 외에 나머지는 사람을 부르시고 사람을 통해서 하십니다.

"지혜 있는 자는 궁창의 빛과 같이 빛날 것이요 많은 사람을 옳은 데로 돌아오게 한 자는 별과 같이 영원토록 빛나리라"(단 12:3).

하나님께서 저와 여러분을 부르신 목적은, 우리가 인식하든 못 하든 사람을 낚는 어부로 삼으시기 위해서입니다. 저와 여러분이 해야 할 것은 많은 영혼을 구원하고 섬기는 일입니다. 이 일을 위해서 주님은 당신의 모든 것을 주셨습니다. 당신의 생명으로 우리를 새로운 피

조물로 거듭나게 하셨습니다. 모든 것이 새로워졌습니다. 우리가 새로워진 것은 하나님께로부터 온 것입니다. 예수님께 받았습니다.

주님은 당신의 생명뿐 아니라 당신의 능력, 당신의 이름, 당신의 권세까지 주셨습니다. 이제 예수님께서 가지신 모든 것이 이제 모두 우리의 것이 되었습니다. 그러므로 죄가 저와 여러분을 주장하지 못하게 됩니다.

"죄가 너희를 주장하지 못하리니 이는 너희가 법 아래에 있지 아니하고 은혜 아래에 있음이라"(롬 6:14).

그러므로 죄로부터 자유하시길 축원합니다. 선포합니다. "어둠은 떠나갈지어다."

주님은 이런 엄청난 축복을 우리에게 주시려고 수천 년 전부터 선지자들을 통해서 말씀하셨습니다. 하나님께서 예언하셨던 말씀이 때가 되매 말씀대로 성취되었습니다.

"때가 차매 하나님이 그 아들을 보내사 여자에게서 나게 하시고 율법 아래에 나게 하신 것은"(갈 4:4).

하나님은 창세기부터 예언하신 예수 그리스도를 때가 차매 이 땅에 보내 주셨습니다.

본문 말씀을 기록한 이사야는 주전 8세기에 60년 동안 예언 활동을 한 선지자입니다. 본문 1절을 보면 이사야 선지자의 시대적 배경이 나옵니다.

"유다 왕 웃시야와 요담과 아하스와 히스기야 시대에 아모스의 아들

이사야가 유다와 예루살렘에 관하여 본 계시라."

왕이 있으면 왕과 짝으로 예언자가 등장합니다. 구약성경에서는 왕과 예언자의 관계를 이해해야 합니다. 왕은 하나님이 주신 법을 가지고 백성들을 통치합니다. 그런데 통치하다 보면 하나님의 구체적인 뜻을 알고 싶을 때가 있습니다. 이럴 때 하나님의 뜻이 무엇인지 알고 싶으면 예언자들에게 물어보라고 하십니다. 그래서 예언자들을 보내 주시는 것입니다.

또 왕이 통치하면서 항상 잘할 수는 없습니다. 잘못할 때는 예언자가 직언합니다. "왕이여, 그러시면 안 됩니다" 하며 경고하고 막아설 사람이 필요합니다. 이것이 바로 예언자였습니다.

그러므로 예언자의 기능은 두 가지입니다. 왕이 하나님의 뜻을 물을 때 대답해 주고, 왕이 하나님의 뜻을 어기고 잘못 갔을 때 직언하면서 막아섭니다. 항상 왕과 예언자는 같이 갑니다.

이사야가 하나님의 선지자로 활동하면서 네 명의 왕을 거치게 됩니다. 맨 처음에 나오는 왕이 누구입니까? 웃시야 왕입니다. 웃시야 왕은 16세 때 왕이 되어 52년 동안 통치하며 장수했던 왕입니다. 그가 남유다의 왕이 되었을 당시는 나라가 매우 비참했습니다. 웃시야의 아버지가 북이스라엘과 전쟁을 했다가 크게 패하여 나라가 전부 무너진 상황이었습니다.

이렇게 어려울 때 왕으로 등극했습니다. 그러나 그는 부지런하고 지혜롭게 통치했습니다. 예루살렘을 요새화하고 전략적으로 군대를 양성합니다. 목축과 농업을 장려합니다. 상업을 부흥시킵니다. 나라를 강하게 하고 번영하도록 만든 왕입니다.

그런데 나라가 강해지자 웃시야 왕이 교만해지기 시작합니다. 얼마나 교만해졌는가 하면, 성전에 들어가서 제사장들만 할 수 있는 향단에 분향하는 일을 스스로 하려고 했습니다. 그러자 제사장들이 말립니다. 그러나 그는 화를 내고 끝내 분향을 했습니다. 그 순간 그는 나병에 걸리고 말았습니다.

사랑하는 성도 여러분, 웃시야 왕은 처음에는 정직하고 겸손하게 정치를 했지만 살 만해지자 교만해지고 경계선을 넘었습니다. 그래서 그는 나병에 걸려서 쫓겨나게 됩니다. 이 웃시야 이야기가 역대기하 26장에 나옵니다.

"웃시야 왕이 죽는 날까지 나병환자가 되었고 나병환자가 되매 여호와의 전에서 끊어져 별궁에 살았으므로 그의 아들 요담이 왕궁을 관리하며 백성을 다스렸더라"(대하 26:21).

웃시야 다음에 그의 아들 요담이 왕으로 등극합니다. 요담은 25세에 등극을 해서 16년간 통치했는데, 이때까지만 해도 유다는 정치적으로 그럭저럭 괜찮았습니다. 그런데 세 번째 아하스가 등장하면서 유다는 굉장히 큰 위기를 만나게 됩니다.

그 당시 유다의 정치적 상황을 보면 맨 위에서 앗수르라는 나라가 강력한 힘을 가지고 확장해 가고 있습니다. 그러면서 남진 정책을 폅니다. 앗수르 밑에 있던 시리아와 북이스라엘이 앗수르의 남진을 막기 위해 동맹을 맺으면서 그들만으로는 힘이 부족하니 남유다에게도 함께하자고 동맹을 제안합니다. 아하스가 이 요청을 거절하자, 시리아와 북이스라엘은 적을 뒤에 두면 안 되니 연합하여 남유다를 공격했습니다. 두려워진 아하스는 북쪽의 앗수르에게 도움을 요청했습니다. 어떻게 해서든 남쪽으로 내려오려는 앗수르에게 남유다가 도움을 요청한 것입니다.

앗수르는 내려와서 시리아를 멸망시키고 북이스라엘을 초토화했습니다. 그러고는 남유다도 정복하려고 했습니다. 그런 상황에서 남유다는 앗수르 때문에 거의 폐허가 되었습니다. 그런데도 아하스 왕은 앗수르를 좋아하고 의지하며 그 나라의 우상을 들여와 예루살렘에 세우고 경배했습니다. 이처럼 아하스 왕은 남유다를 영적으로 또 정치적으로 아주 피폐하게 만들었습니다.

그리고 네 번째로 히스기야 왕이 등장합니다. 히스기야 왕 때 북이스라엘이 앗수르에 의해서 완전히 멸망합니다. 히스기야는 깜짝 놀라서 종교 개혁을 하고 하나님께 매달리기 시작했습니다. 하나님께서 그 기도를 들으시고 18만 5천 명의 앗수르 군대를 하룻밤에 물러가게 하시어 남유다가 구원을 받았습니다.

이사야가 활동했던 시대는 바로 이처럼 격변의 시기였습니다. 국가의 존망이 외세에 의해서 휘청거리는 시대였습니다. 그럴 때 왕과 백성이 어떻게 해야 하는지 그들을 향한 하나님의 뜻이 무엇인가를 정확하게 말해주었던 선지자가 이사야입니다.

이사야는 아하스에게 앗수르를 의지하지 말고 하나님을 의지해야 한다고 권면했습니다. 히스기야의 종교 개혁도 이사야의 지지와 인도함이 있었기 때문에 가능했습니다. 이사야는 북이스라엘이 멸망하기 전부터 예언을 시작했고, 남유다도 멸망할 것이라고 예언했습니다. 그리고 멸망한 남유다가 바벨론 포로로 갔다가 다시 돌아올 것도 예언했습니다. 그런가 하면 이사야는 700년 후에 이 땅에 예수님이 오셔서 어떻게 하실 것인가까지도 예언했습니다.

사랑하는 성도 여러분, 그렇다면 이스라엘은 어떤 존재입니까?

첫째, 하나님께 사랑받은 자녀들입니다.

"하늘이여 들으라 땅이여 귀를 기울이라 여호와께서 말씀하시기를 내가 자식을 양육하였거늘 그들이 나를 거역하였도다"(사 1:2).

유다 백성들은 하나님 앞에 어떤 존재입니까? 사랑받는 자녀들입니다. 그런데 유다 백성들은 하나님께 어떻게 했습니까? 아버지를 거역합니다. 그러자 하나님이 너무너무 답답해서 어떻게 하십니까? 하늘과 땅을 호출합니다. '하늘이여, 들으라! 땅이여, 귀를 기울이라!' 하나님께서 온 천지에 이런 유다 백성들의 잘못을 폭로합니다. 그리고 하나님을 거역하는 인생이 얼마나 어리석고 잘못된 것인지를 설명합니다.

"소는 그 임자를 알고 나귀는 그 주인의 구유를 알건마는 이스라엘은 알지 못하고 나의 백성은 깨닫지 못하는도다 하셨도다"(사 1:3).

두 마리 짐승이 등장합니다. 왜 수많은 짐승 가운데 소와 나귀가 등장합니까? 소와 나귀는 다른 짐승들보다 고집이 셉니다. 미련합니다. 그런데 소와 나귀처럼 아무리 미련하고 고집스러운 짐승이라도 두 가지 곧 주인과 집을 압니다. 자기 주인이 누구인지 알아보고, 자기 집이 어딘지를 알고 찾아온다는 것입니다.

그런데 유다 백성들은 하나님이 그들의 주인인데도 하나님을 모르고, 하나님을 주인으로 인정하지 않습니다.

사랑하는 성도 여러분, 유다 백성만 그럴까요? 그들만 소와 나귀처럼 고집스럽고 미련해서 주인을 몰라볼까요? 아닙니다. 오늘날 현대인들은 어떻습니까? 현대인들은 자신이 인생의 주인이 되어 삽니다. 하나님이 인생의 주인인 것을 전혀 모릅니다. 반려견도 주인을 알아봅니다. 집에서 키우는 닭도, 오리도 주인을 알아봅니다. 그런데 사람은 그렇지 않습니다. 하나님이 나의 주인이고 아버지가 되심에도 하나님을 인정하지 않고, 하나님이 나를 위해 해주신 일도 잊어버리고 깨닫지 못합니다.

세상의 모든 것은 인간만 빼놓고 다 자기 자리를 지켜 갑니다. 주인을 압니다. 여러분, 우주 만물을 보십시오. 해와 달과 별을 보십시오. 창조된 이후부터 지금까지 자기의 궤도를 계속해서 돌고 있습니다. 만들어진 목적대로 가고 있습니다. 그런가 하면 식물을 보십시오. 봄이 되면 싹이 나고, 여름이 되면 무성해지고, 가을이 되면 열매를 맺습니다. 만들어 주신 본성을 그대로 유지합니다.

그런데 인간은 그렇지 않습니다. 인간은 죄로 인하여 변질되었고 자기들의 궤도에서 벗어났습니다. 바로 죄 때문입니다. 본문 3절 말씀에 의하면 우주 만물 중에 오직 인간만이 자기들의 길을 벗어나서 변질되었다는 것입니다.

사랑하는 성도 여러분, 이스라엘의 죄가 무엇입니까?

둘째, 그들이 여호와를 버렸습니다.

"슬프다 범죄한 나라요 허물 진 백성이요 행악의 종자요 행위가 부패한 자식이로다 그들이 여호와를 버리며 이스라엘의 거룩하신 이를 만홀히 여겨 멀리하고 물러갔도다"(사 1:4).

만홀히 여깁니다. 업신여깁니다. 무시합니다. 그리고 떠나갔습니다. 이것이 무슨 뜻입니까? 유다 백성들이 하나님을 안 믿었다는 뜻일까요? 아닙니다. 그들은 나름대로 예배를 드렸습니다. 계속 제사를 드렸습니다. 하나님의 이름을 계속 불렀습니다. 하나님의 말씀도 읽었습니다. 그런데도 하나님은 '너희들이 나를 무시하고 나를 버리고 떠나갔다'고 하십니다.

이 말은 무슨 뜻입니까? 하나님을 인정하지 않고 산다는 것입니다. 하나님이 이들과 함께하셔야 할 이유가 없다는 것입니다. 그들에게는 하나님이 필요 없다는 것입니다.

하나님께서 우리에게 하나님 자신을 주셨습니다. 그러면 우리는 하나님을 어떻게 여기고 받아들여야 합니까? 인간의 마음은 공백 상태로 있을 수가 없습니다. 인간의 마음은 언제나 무엇인가를 강력하게 빨아들이는 힘을 가지고 있습니다. 무엇인가로 우리의 마음을 반드시 채워야 합니다.

우리의 마음을 무엇으로 채울 수 있습니까? 우리의 마음은 하나님으로만 꽉 채울 수 있습니다. 이것이 우리를 하나님의 형상으로 창조했다는 의미입니다. 우리는 하나님의 형상으로 창조되었기 때문에 하나님 없이는 살 수 없습니다. 하나님만이 기쁨의 근원이며 행복의 조건입니다. 하나님을 최고의 가치로 여기고 믿고, 또 하나님으로 우리의 마음을 채울 수 있다는 것입니다. 그렇게 하라고 하나님은 당신을 우리에게 주신 것입니다.

그런데 우리는 이런 하나님의 용도를 폐기해 버렸습니다. "하나님! 당신은 이제 필요 없습니다. 하나님은 이제 저에게 그럴 만한 가치가 없거든요. 당신 말고도 얼마든지 제 마음을 채울 것들이 많이 있습니다" 하고 하나님을 떠나갔다는 것입니다.

> "내 백성이 두 가지 악을 행하였나니 곧 그들이 생수의 근원 되는 나를 버린 것과 스스로 웅덩이를 판 것인데 그것은 그 물을 가두지 못할 터진 웅덩이들이니라"(렘 2:13).

이것이 하나님의 진단입니다. 어떤 사람은 이에 반발할 수도 있습니다.

"하나님! 제가 언제 하나님을 떠났습니까? 오늘도 이렇게 성전에 나와서 예배를 드리지 않습니까? 기도도 합니다. 봉사도 합니다. 언제 우리가 주님을 떠났습니까? 제가 예수 믿은 지 50년이 되었습니다. 언제 제가 하나님을 업신여기고 무시하고 떠났단 말입니까?"

이에 하나님께서 무엇이라고 할까요?

"겉모습은 나를 섬기는 것 같아도 너희들은 나를 만홀히 여기고 무시하고 나를 버렸다."

이렇게 진단하십니다. 왜 하나님이 이렇게 말씀하시는 것일까요?

여러분, 자식을 사랑하는 것이 죄입니까? 아닙니다. 당연히 사랑해야지요. 그런데 하나님보다 더 사랑하면 죄가 됩니다. 하나님보다 자식을 더 사랑하고, 하나님이 나에게 주시는 기쁨보다 자녀가 나에게 주는 기쁨이 더 크다고 생각하기 때문입니다. 이 말은 하나님보다 내 자녀가 더 소중하다고 생각한다는 것입니다. 다시 말하면, 하나님이 내 자녀보다 가치가 없다는 뜻입니다. 바로 이것이 하나님을 만홀히 여기는 것입니다. 이것은 하나님을 하나님으로 여기는 자세가 아닙니다.

우리가 자녀를 하나님보다 더 사랑하면 하나님을 만홀히 여기는 것입니다. 하나님을 버렸다는 것입니다. 열심히 일하는 것은 좋은 일입니다. 성실하게, 근면하게 일하는 것은 좋은 것입니다. 그런데 열심히 일하느라고 하나님도 뒤로하고 하나님보다 일에 가치를 둡니다. 일을 통해서 보람을 느끼고 그것이 최고의 기쁨이라면 그 일은 죄가 됩니다. 왜냐하면 하나님이 내 삶을 보장하는 것이 아니라 일이 내 삶을 보장해 준다고 믿고, 일을 나의 가장 큰 기쁨과 삶의 보장의 근거로 생각하기 때문입니다. 한마디로 하나님을 무시하는 것입니다.

여러분, 하나님은 목적이지 수단이 아닙니다. 그런데 우리는 하나님을 우리가 좋아하는 어떤 것들을 얻기 위한 수단으로 이용할 때가 많습니다. 부모가 자식을 걱정하는 것은 당연합니다. 성장하는 자녀들을 위해 부모가 해줄 것이 많기 때문입니다. 그런데 자녀에 대한 걱정이 많아서 이 자녀 때문에 행복하지 않다면 그것은 단순한 걱정이 아닙니다. 자녀 때문에 내가 낙담하고 걱정한다면 자녀를 내 마음을 채울 수 있는 존재로 여긴다는 뜻입니다. 그래서 자녀가 잘되어야만 행복하고, 그 자녀로 인하여 가장 큰 기쁨을 누릴 수 있다고 여깁니다. 결국 자녀를 하나님보다 더 소중한 가치로 생각합니다. 하나님은 내 자녀보다 가치가 없다고 여깁니다. 하나님이 최고의 가치가 아니라 차선으로 밀려납니다. 이것이 하나님을 만홀히 여기는 것이고 하나님을 버리는 것입니다.

우리는 자신도 모르게 하나님을 만홀히 여깁니다. 용도를 폐기합니다. 하나님이 아닌 것을 하나님보다 더 소중하게 여기고 하나님을 그것을 위한 수단으로 여기며 이용하는 일이 얼마나 많습니까? 이것은 하나님을 만홀히 여기는 죄입니다. 여러분, 이것이 죄라는 것을 생각해 보셨습니까? 이 말씀의 의미를 잘 생각해 보아야 합니다. 사랑하는 성도 여러분, 여러분에게 하나님은 어떤 존재입니까?

매일 밤 다니엘 기도회가 은혜 가운데 진행되고 있습니다. 지난 금요일 밤에 변귀숙 원장님이 나왔습니다. 장애우로 평생을 살면서 어릴 때 부모로부터 학대를 받고 비관한 나머지 여러 번 자살을 시도한 이야기를 하셨습니다. "차라리 죽어 버려라!" 그의 부모는 사람 구실을 못 하는 딸아이가 평생 고생할 것을 생각하며 차라리 이 불쌍한 딸이 죽어 버렸으면 하는 마음으로 모질게 학대했습니다. 그런 부모의 무시와 언어폭력을 견디다 못해 그녀는 자살 시도를 합니다. 한 번, 두 번, 세 번, 네 번, 다섯 번, 그리고 마지막 여섯 번째 동맥을 끊고 깨끗이 자신의 삶을 끝내려는 순간 하나님의 음성이 들려왔습니다.

"돌이켜라. 왜 죽고자 하느냐?"

빛 가운데 들려오는 하나님의 음성을 듣고 자살을 멈추었습니다. 그 후에 기도의 응답을 받고 가장 좋은 신랑을 만나서 지금까지 살아온 간증은 가슴을 울렸습니다.

도대체 하나님을 어떻게 알고 있기에 수년 동안 예수를 믿었으면서도 자살을 합니까? 하나님을 모르기 때문입니다. "자살의 영은 떠나 갈지어다." 어떤 사람이 코로나로 인하여 수십억을 잃고 자살했다고 합니다. 그러면 하나님이 그 영혼에게 뭐라고 말씀하실 것 같습니까? 이런저런 인생의 문제 속에서 낙심하고 힘들어하는 사람들에게 주님은 뭐라고 말씀하실까요?

"애야! 많은 돈을 잃어서 낙심했지? 그러나 너에게 있어서 나 하나님이 그 돈보다 못한 존재냐? 네가 실망하는 그 문제보다 내가 못하냐? 내가 네가 낙심하는 그 문제보다 못하냐? 지금 네가 염려하고 걱정하는 그 문제보다 내가 못하냐? 나 하나님이 네 자식보다 못하냐?"

하나님을 돈보다 크게 여겼다면 결코 죽지 않았을 텐데 참으로 안타깝습니다. 우리는 '나는 하나님을 믿고 섬긴다'고 큰소리 뻥뻥 치는데 하나님은 '아니다. 너희들은 나를 버렸다' 하시는 일이 얼마든지 일어날 수 있습니다.

건강은 중요합니다. 건강해야 합니다. 그러나 건강도 필요 이상으로 걱정하면 죄가 됩니다. 하나님이 건강보다 못하다는 말입니까?

> "몸은 죽여도 영혼은 능히 죽이지 못하는 자들을 두려워하지 말고 오직 몸과 영혼을 능히 지옥에 멸하실 수 있는 이를 두려워하라 참새 두 마리가 한 앗사리온에 팔리지 않느냐 그러나 너희 아버지께서 허락하지 아니하시면 그 하나도 땅에 떨어지지 아니하리라 너희에게는 머리털까지 다 세신 바 되었나니 두려워하지 말라 너희는 많은 참새보다 귀하니라"(마 10:28-31).

건강하지 못해도 하나님으로 인하여 기뻐하시길 축원합니다. 아픈 것은 아픈 것이지만, 그래서 힘도 들지만, 그러나 이것과는 상관없이 하나님으로 인하여 기뻐하시길 축원합니다.

우리가 깨닫지 못하는 가운데 얼마나 하나님을 만홀히 여기고 버리는 일들을 자행하는지 모릅니다. 하나님으로만 채워지는 우리의 마음을 하나님으로 채우지 않고 살아가는 것이 바로 하나님을 버린 것이요 업신여기는 것입니다.

사랑하는 성도 여러분, 여러분은 여러분의 마음을 무엇으로 채우시나요? 자녀로 채우시나요? 돈으로 채우십니까? 일과 생업과 사업으로 채우시나요? 그것들을 하나님보다 더 신뢰하십니까? 그것들로부터 얻는 기쁨이 하나님으로부터 오는 기쁨보다 더 크고 놀라운가요? 더 행복하십니까?

중요한 것은, 하나님 외에 내 마음을 채웠던 것들은 다 내 곁에서 떠난다는 것입니다. 사랑했던 사람도 떠납니다. 좋아서 죽고 못 살았던 연인도 떠납니다. 그렇게 사랑스러워서 눈에 넣어도 아프지 않을 자식도 우리 곁을 떠납니다. 그러므로 하나님께로 돌아오시길 축원합니다.

마음을 하나님으로 채우지 않고 다른 것으로 채우면서 돌아오지 않는 자에게 하나님은 어떻게 하십니까?

셋째, 고통을 줍니다.

왜 하나님은 죄를 지으면 그 대가로 고통을 주십니까? 죄는 영적인 것이기 때문에 죄를 지으면서도 죄를 짓고 있음을 깨닫지 못할 수도 있습니다. 그러나 고통은 금방 느낍니다. 그래서 우리가 자기 죄를 스스로 깨닫지 못하지만 어느 정도 커지면 반드시 고통을 주어서 고통을 통하여 죄를 깨닫고 돌아오도록 하나님은 초청을 하십니다.

하나님을 의지해야 하는데 오히려 앗수르만 의지하던 남유다에 어떤 일이 일어납니까?

> "너희의 땅은 황폐하였고 너희의 성읍들은 불에 탔고 너희의 토지는 너희 목전에서 이방인에게 삼켜졌으며 이방인에게 파괴됨같이 황폐하였고 딸 시온은 포도원의 망대같이, 참외밭의 원두막같이, 에워 싸인 성읍같이 겨우 남았도다"(사 1:7-8).

'딸 시온'은 예루살렘성을 의미합니다. 앗수르가 와서 예루살렘성 하나만 남겨 놓고 다른 도시를 다 점령해 버렸다는 것입니다. 그러니 고통을 겪으면서 '내가 누구를 의지했어야 하는가'를 깨달으라는 것입니다. 이어 9절 말씀입니다.

> "만군의 여호와께서 우리를 위하여 생존자를 조금 남겨 두지 아니하셨더면 우리가 소돔 같고 고모라 같았으리로다."

만일 하나님께서 죄악대로 다 심판하셨다면 아마 흔적도 없이 싹 망해 버렸을 텐데, 그래도 하나님의 은혜로 마지막 하나를 남겨 주시고 다시 시작할 수 있도록 기회를 주셨다는 것입니다.

사랑하는 성도 여러분, 오늘 본문의 결론이 무엇입니까?

"들으라! 하늘이여, 들으라! 땅이여, 귀를 기울이라!"

이 말 속에는 '너희들은 귀를 열고 들으라'는 의미가 있습니다. 그런데 사람들은 하나님의 말씀을 들으려고 하지 않습니다.

여러분, 이사야가 언제 어떻게 죽었는지 아십니까?

히스기야가 죽고 나자 므낫세 왕이 등장하는데, 그는 아버지 히스기야와는 정반대 길로 갑니다. 우상을 숭배하며 유다를 영적으로 완전히 타락시킵니다. 그러자 이사야가 "왕이여, 그러시면 안 됩니다. 하나님을 경외하셔야 합니다. 우상을 숭배하면 안 됩니다" 하고 경고하며 말렸습니다. 이에 므낫세가 화를 내며 이사야를 톱으로 잘라 토막을 내서 죽이라고 명령했습니다.

"돌로 치는 것과 톱으로 켜는 것과 시험과 칼로 죽임을 당하고 양과 염소의 가죽을 입고 유리하여 궁핍과 환난과 학대를 받았으니"(히 11:37).

이사야가 어떤 사람입니까? 웃시야 왕의 사촌 동생입니다. 그러니 므낫세 왕에게는 고조할아버지뻘입니다. 그런데도 듣기 싫은 말을 하니까 위대한 대선지자이자 가문의 어른을 죽였습니다.

사랑하는 성도 여러분, 오늘 반복하여 강조하는 말씀이 무엇입니까? 들어야 산다는 것입니다. 왜 그렇습니까? 우리의 영은 하나님의 말씀을 들어야 살아나기 때문입니다. 하나님의 말씀을 듣고 순종해야 성장합니다. 소와 나귀 같은 짐승도 주인을 알건만 우리는 우리의 하나님을 모릅니다. 그러므로 알아 갑시다. 우리의 주인이신 하나님을 알고 그 하나님의 말씀을 듣고 순종하다가 꿈같은 일이 일어나시길 축원합니다. 이런 은혜가 우리 모두에게 있기를 축원합니다.

소망의 관점을 디자인하라
Design your perspective

주인을 아는가?

첫째, 하나님께 사랑받은 자녀들입니다.
둘째, 그들이 여호와를 버렸습니다.
셋째, 고통을 줍니다.

하나님의 표적 (눅 2:8-14)

Design your perspective

그 지역에 목자들이 밤에 밖에서 자기 양 떼를 지키더니 주의 사자가 곁에 서고 주의 영광이 그들을 두루 비추매 크게 무서워하는지라 천사가 이르되 무서워하지 말라 보라 내가 온 백성에게 미칠 큰 기쁨의 좋은 소식을 너희에게 전하노라 오늘 다윗의 동네에 너희를 위하여 구주가 나셨으니 곧 그리스도 주시니라 너희가 가서 강보에 싸여 구유에 뉘어 있는 아기를 보리니 이것이 너희에게 표적이니라 하더니 홀연히 수많은 천군이 그 천사와 함께 하나님을 찬송하여 이르되 지극히 높은 곳에서는 하나님께 영광이요 땅에서는 하나님이 기뻐하신 사람들 중에 평화로다 하니라

C. S. 루이스는 케임브리지 대학의 교수였습니다. 그는 많은 시간을 들여 동화를 연구했습니다. 그 결과 크리스마스가 모든 동화의 원형이라고 했습니다. 실존주의 철학자 키르케고르는 크리스마스를 동화 형식으로 다음과 같이 설명합니다.

어떤 왕자님이 사냥을 나갔다가 산골 마을에 들어갔는데 거기에서 예쁜 아가씨를 발견하였습니다. 아가씨에게 첫눈에 반한 왕자님은 아가씨를 잊을 수가 없어서 왕궁에 돌아간 후 편지를 보냈습니다.

'나는 당신을 본 순간 한눈에 반했습니다. 부디 나와 결혼해 주세요.'

그러나 그 아가씨는 청혼을 거절했습니다.

'당신은 왕자님이고 나는 미천한 시골 여자입니다. 신분이 다르고

왕궁 생활도 내게는 어울리지 않습니다. 또한 당신이 나를 사랑한다는 고백도 믿을 수 없습니다. 아마도 순간적인 감정에 불과하겠지요. 어찌 존귀하신 왕자가 시골 처녀를 사랑할 수 있단 말입니까?'

그러나 왕자는 아가씨를 잊을 수가 없었습니다. 마침내 왕자는 왕자의 지위를 버리고 왕궁에서 나왔습니다. 평민이 된 왕자는 아가씨가 살고 있는 동네에 가서 대장간의 대장장이가 되었습니다.

어느 날 물방앗간에서 일하던 이 아가씨가 대장간에 갔다가 두 사람이 만났습니다. 평민이 된 왕자가 말했습니다.

"내가 여기 이렇게 온 것은 당신을 잊지 못하고 사랑하기 때문입니다. 당신을 위해 모든 것을 포기하고 왔습니다. 이제는 나와 결혼해 주십시오!"

사랑하는 성도 여러분! 크리스마스가 일주일 앞으로 다가왔습니다. 크리스마스는 모든 동화의 원형입니다. 세상에서 가장 재미있고 감동적이고 드라마틱한 동화는 바로 우리가 기다리는 크리스마스입니다. 크리스마스는 온 인류의 영원한 동화입니다.

여기서 말하는 동화는 믿을 수 없는 상상의 이야기라는 뜻이 아닙니다. 진리를 가장 단순하게 쉽게 전달하는 방법으로서의 동화를 말합니다. 동화는 어린아이를 위한 것이라고 생각하지만 사실은 모든 사람이 다 알아야 하는 가장 중요한 진리를 쉽고 간단하게 가르치는 것이 동화입니다.

그러므로 동화가 필요한 사람은 누구입니까? 어린아이가 아닙니다. 바쁜 세상에 찌들어 있는, 매일같이 되풀이되는 시간 속에 먹고사는 일에 바빠서 상상력을 잃어버린 사람입니다. 순수한 마음을 잃어버린 채 사는 바로 저와 여러분 같은 어른들입니다.

오늘 본문에 나오는 이야기를 한 장의 그림처럼 머리로 그려 보십시오. 그리고 거기서 들려오는 소리를 동화를 듣는 마음으로 순수하게 들어 보십시오. 그 속에 크리스마스의 모든 내용이 다 들어 있습니다.

여러분, 먼저 예수님께서 이 땅에 오실 때 시대 배경은 어떠했을까요? 눈이 내리고 징글벨이 울리는 그런 멋진 크리스마스는 아니었습니다. 우리는 코로나로 인해 몇 해 동안 썰렁한 크리스마스를 보냈습니다. 그러다 어젯밤에 찬양팀에서 연극팀의 크리스마스 캐럴을 부르며 성탄을 준비하는 것을 보게 되었는데 가슴이 뭉클했습니다.

그런데 2천 년 전 예수님께서 이 땅에 탄생하신 첫 번째 크리스마스의 분위기는 이보다 더욱더 쓸쓸하고 어두웠습니다.

"그 지역에 목자들이 밤에 밖에서 자기 양 떼를 지키더니"(눅 2:8).

목자들이 밤에 양 떼를 지킵니다. 추운 밤 목자들이 잠도 자지 못하고 양 떼를 돌보면서 날이 새기를 간절히 기다리는 상황이었습니다. 정치적으로는 나라를 빼앗겨서 로마의 압제하에 있고, 종교적으로는 지도자들이 부패하고 타락해서 하나님의 계시가 보이지 않습니다. 가진 것이라고는 양 몇 마리밖에 없는 비참한 현실, 이것이 바로 크리스마스의 환경이었습니다. 사람들의 마음속에 소망이라고는 없는 환경이었습니다.

그런데 갑자기 환한 빛이 비치더니 천사들이 나타나서 외칩니다.

"천사가 이르되 무서워하지 말라 보라 내가 온 백성에게 미칠 큰 기쁨의 좋은 소식을 너희에게 전하노라 오늘 다윗의 동네에 너희를 위하여 구주가 나셨으니 곧 그리스도 주시니라"(눅 2:10-11).

'다윗의 동네'가 어디입니까? 베들레헴입니다. '구주'는 세상을 구원할 왕이라는 말입니다. 여러분, 예수님이 다윗의 고향 베들레헴에서 탄생하신 이유가 있습니다. 이스라엘의 많은 지역 중에 왜 베들레헴에서 예수님이 탄생하셨을까요?

다윗은 이스라엘에서 가장 존경받는 왕입니다. 역사 속에 수많은 왕이 왔다 갔습니다. 그중 다윗은 하나님을 사랑하고 백성들을 사랑했던 왕입니니다. '다윗과 같은 왕이 왔으면 좋겠다' 하는 것이 이스라엘 모든 사람들의 소원이요 간절한 바람이었습니다.

그래서 하나님은 '내가 메시아를 보낼 것인데 이 메시아는 너희들이 이상적으로 생각하는 왕 중의 왕 다윗 왕을 뛰어넘는 최고의 왕이며, 다윗의 후손으로 태어날 것'이라고 약속하셨습니다. 그가 태어날 장소는 베들레헴이라고 하셨습니다. 다윗은 오실 메시아의 상징이었습니다. 여기서 다윗을 언급하는 것은 예수님이 위대한 왕이심을 말하는 것입니다.

또 베들레헴은 다윗의 고향이기도 하지만 그 뜻도 중요합니다. '벧'은 집이라는 뜻이고 '레헴'은 떡이라는 뜻입니다. 그래서 베들레헴은 '떡집'이라는 뜻입니다. 무슨 의미입니까?

첫째, 예수님은 생명의 떡이 되기 위하여 오셨습니다.

사랑하는 성도 여러분, 크리스마스에 예수님께서 이 땅에 오신 이유는 바로 우리에게 생명의 떡이 되기 위해서입니다.

우리 육신은 양식을 먹어야 삽니다. 그런데 사람은 떡으로만 사는 존재가 아닙니다. 육신의 떡이 전부가 아닙니다. 사람은 하나님의 형상으로 창조된 영적인 존재입니다. 나는 영입니다. 혼을 가지고 몸 안에 삽니다. 영적인 존재인 사람은 하나님의 입에서 나오는 말씀으로 살아야 합니다. 그러므로 우리의 영혼은 생명의 떡인 말씀 되신 예수님을 먹어야 삽니다. 그래서 예수님이 생명의 떡으로 우리에게 왔다는 것을 가르치려는 것입니다.

> "진실로 진실로 너희에게 이르노니 믿는 자는 영생을 가졌나니 내가 곧 생명의 떡이니라 너희 조상들은 광야에서 만나를 먹었어도 죽었거니와 이는 하늘에서 내려오는 떡이니 사람으로 하여금 먹고 죽지 아니하게 하는 것이니라 나는 하늘에서 내려온 살아 있는 떡이니 사람이 이 떡을 먹으면 영생하리라 내가 줄 떡은 곧 세상의 생명을 위한 내 살이니라 하시니라"(요 6:47-51).

이 예수님을 영혼의 생명의 떡으로 먹고 마시길 축원합니다. 그런데 이 예수님은 베들레헴 말구유에서 탄생하셨습니다.

> "너희가 가서 강보에 싸여 구유에 뉘어 있는 아기를 보리니 이것이 너희에게 표적이니라 하더니"(눅 2:12).

구유는 말 밥통입니다. 말의 밥이 되기 위해서 태어났습니다. 여기서 '말'은 우리가 눈으로 볼 수 있는 말이기도 하지만 상징적인 용어입니다. 다윗은 시편 32편 9절에서 "너희는 무지한 말이나 노새같이 되지 말지어다 그것들은 재갈과 굴레로 단속하지 아니하면 너희에게 가까이 가지 아니하리로다"라고 했습니다. 말은 재갈을 물리고 굴레를 씌워서 잡아당기지 않으면 끌려오지 않는 불순종을 상징하는 짐승입니다. 그런 불순종하는 인간들을 위하여 주님이 오셨다는 것입니다.

여러분, 다윗보다 더 위대한 왕, 영원하신 왕, 세상을 구원하실 왕이 말과 같이 무지하고 완고하여 불순종하는 인간들을 위하여 생명의 떡으로 이 땅에 오셨습니다. 이것이 크리스마스의 메시지입니다.

이것이 왜 온 세상에 미칠 큰 기쁨의 좋은 소식이 됩니까? 기쁜 소식은 사람마다 다릅니다. 아픈 사람에게는 병이 치유되는 것이 기쁜 소식이요, 대학 입시생들은 원하는 대학에 합격했다는 소식이 기쁜 소식이요, 배고픈 사람에게는 배부르게 먹을 수 있다는 것이 기쁜 소식일 것입니다. 사랑하는 사람을 만나고 싶다면 그 사람이 온다는 소식이 기쁜 소식일 수 있습니다.

그렇다면 온 세상 사람들에게 가장 필요한 것이 무엇입니까? 모든 사람이 갈망하고 갈망하는 그 갈망의 끝이 필요합니다. 그것이 무엇입니까? 그것이 바로 구원입니다. 왜 그렇습니까? 내가 공부를 열심히 해서 원하는 대학에 들어갔습니다. 열심히 공부해서 우수한 성적으로 졸업했습니다. 좋은 스펙을 쌓아서 좋은 회사에 취업했습니다. 그리고 내가 원하고 바라는 배우자를 만나서 결혼도 했습니다. 가정을 꾸리고 자녀를 낳고 행복하게 삽니다. 그러나 이것이 구원은 아닙니다.

내가 그토록 갈망하고 갈망하는 그 갈망의 끝, 세상의 모든 사람이 그토록 갈망하고, 갈망하는 그 갈망의 끝인 구원의 문제를 해결하기 위해 오늘 주님이 찾아오신 것입니다. 구원을 얻기 위해서는 인간의 본질적인 죄 문제를 해결해야 합니다.

"모든 사람이 죄를 범하였으매 하나님의 영광에 이르지 못하더니" (롬 3:23).

모든 사람은 죄인입니다. 죄인들의 죄 문제를 해결해 주는 것, 그래서 우리를 의롭게 해주는 것, 그리하여 유한한 인생에게 영원한 생명을 주는 것이 모든 인생에게 가장 절실하게 필요한 것입니다. 이 일을 위해 왕이 왔다는 것입니다.

사랑하는 성도 여러분, 이 땅에 찾아오신 아기 예수를 뭐라고 부릅니까?

"오늘 다윗의 동네에 너희를 위하여 구주가 나셨으니 곧 그리스도 주시니라"(눅 2:11).

그리스도라고 불렀습니다.
많은 사람들이 이 세상에는 구원자가 많다, 구원받는 방법은 여러 가지가 있다고 생각합니다. 그러나 아닙니다. 하나님은 미리 약속하고 말씀하셨습니다. 한 아기가 베들레헴에 탄생할 것인데 그 아기 외에는 진정한 구원자가 없다고 하셨습니다.

"다른 이로써는 구원을 받을 수 없나니 천하 사람 중에 구원을 받을 만한 다른 이름을 우리에게 주신 일이 없음이라 하였더라"(행 4:12).

죄에서 해방되고 영생을 얻는 길은 예수밖에 없다는 것입니다. 인간 스스로는 절대로 구원을 이룰 수 없고, 만들어 낼 수도 없습니다. 인간이 죄에서 구원받을 수 있는 길은 바로 하나님의 방법뿐이기 때문입니다. 그래서 보내 주신 약속하신 메시아가 이제 탄생한 것입니다. 바로 아기 예수입니다. 그러므로 이 아기의 탄생은 온 백성에게 미칠 큰 기쁨의 좋은 소식이라고 말씀합니다.
사랑하는 성도 여러분! 모든 인간은 누구나 한 번뿐인 인생을 살아가면서 다음 몇 가지 문제를 해결해야만 합니다.

1. 나는 누구인가?
2. 나는 어디서 왔으며 어디로 가는가?
3. 죽으면 어디로 가는가? 죽은 다음에는 어떤 일이 벌어지는가?

이런 문제는 인간 스스로 절대 풀 수 없습니다. 그래서 이런 문제 앞에 모든 인생이 불안하고 두렵고 떨립니다. 그 막막한 마음으로 살아가는 것이 인생입니다. 그런데 해답을 가르쳐 준다면 인생을 자신 있게 살 수 있습니다. 이런 인생의 해답이 바로 복음입니다.

'너희를 구원하실 분이 오셨다. 인간 스스로 해결할 수 없는 문제를 해결해 주시기 위하여 하나님이 직접 사람이 되어 너희에게 오셨다.'

여러분, 이것이 기쁜 소식이요 복음입니다. 그러므로 이 복음을 가진 저와 여러분은 인생을 행복하게 살아야 합니다. 재미있게 사시길 축원합니다. 의미 있게 사시길 축원합니다. 그래서 탄생하신 아기가 바로 이 세상의 모든 문제를 푸는 진정한 해답입니다. 그분이 탄생하셨다는 소식이 온 백성에게 미칠 가장 큰 기쁨의 소식입니다. 그 아이가 강보에 싸여 있으며, 이것이 표적이라는 것입니다.

여러분, 겉으로 볼 때는 단순한데 그 속에 깊은 뜻이 담겨 있는 것을 우리는 표적이라고 부릅니다. 그렇다면 '이 아기가 표적이다'라는 말은 무슨 뜻입니까? 눈에 보이는 것은 아기밖에 없는데 이 아기가 무슨 표적이란 말입니까?

둘째, 이 아기 안에 엄청난 것이 있습니다.

하나님의 표적인 아기 예수 안에 무엇이 들어 있을까요? 하나님의 약속이 들어 있습니다. 우리를 향한 하나님의 약속이 들어 있습니다. 우리를 향한 하나님의 사랑이 들어 있습니다. 인간의 모든 문제의 해결이 들어 있습니다. 이 아기를 통하여 우리가 구원받는다는 놀라운 약속이 이 아기 속에 있다는 것입니다. 그러므로 이 아기는 오늘 우리를 찾아온 현현하신 하나님입니다.

사랑하는 성도 여러분, 하나님의 표적인 이 아기는 어떤 아기입니까?

"이는 한 아기가 우리에게 났고 한 아들을 우리에게 주신 바 되었는데 그의 어깨에는 정사를 메었고 그의 이름은 기묘자라, 모사라, 전능하신 하나님이라, 영존하시는 아버지라, 평강의 왕이라 할 것임이라"(사 9:6).

우리 눈에는 그저 아기입니다. 그러나 이 아기는 엄청난 하나님이 육신을 입고 찾아오신 존재입니다. 그러므로 영접하라고 합니다. 영접하면 구원을 받습니다.

이 아기를 하나님께서 우리에게 주시는 구원의 선물로 받으면 어떻게 될까요?

"지극히 높은 곳에서는 하나님께 영광이요 땅에서는 하나님이 기뻐하신 사람들 중에 평화로다 하니라"(눅 2:14).

심령 속에서 찬양이 터져 나옵니다. '하늘에는 영광, 땅에는 평화!' 천사들의 합창이 최고의 크리스마스 캐럴이 됩니다.

그런데 여러분, 잘 생각해 보십시오. 하늘에 영광이 있나요? 하늘을 올려다보면 텅 비어 있습니다. 캄캄할 뿐이지요. 그리고 땅에도 평화가 없습니다. 다툼과 전쟁이 끊이지 않습니다. 고통의 신음으로 가득합니다.

그렇다면 성탄의 메시지는 틀린 것일까요? 아닙니다. 14절을 바르게 이해하려면 두 가지 오해를 풀어야 합니다. 첫째는 진정한 영광이란 무엇인가 하는 것이고, 둘째는 진정한 평화는 어디서 오느냐 하는 것입니다.

우리는 '영광' 하면 대접받고 높아지는 것만 생각합니다. 다른 사람을 복종시키고 군림하는 것을 영광이라고 생각합니다. 그런데 하나님의 영광은 양면적입니다. 세상을 창조하시고 역사를 다스리시는 창조주의 놀라운 영광도 영광이지만 이것보다 더 차원 높은 영광이 있습니다. 그것이 무엇입니까? 바로 낮아지는 영광입니다. 섬김의 영광입니다. 구원의 영광입니다. 영원하신 하나님이 인간이 되어 세상 역사 속으로 들어오신다는 것, 창조주가 피조물인 인간의 모습이 되어 낮아져 오신다는 것, 이런 하나님의 자기 비하가 높고 높은 영광입니다. 그러므로 하나님의 영광의 극치는 베들레헴 말구유에 아기로 탄생하신 것입니다. 그가 우리를 위하여 속죄 제물로 죽으시는 영광입니다. 이것이 참된 하나님의 사랑입니다.

사랑하는 성도 여러분, 이것은 육신적인 사람, 타락한 사람에게는 영광이 아닙니다. 그러나 구원받은 우리에게는 진정한 영광이요 최고의 영광이며, 우리를 영원히 감동시키는 잊을 수 없는 영광입니다. 내가 뭔데 나 같은 사람을 위하여 하나님이 이 땅에 오셔서 나를 위해 죽으신단 말입니까? 이런 주님의 영광의 본질을 안다면 찬송하지 않을 인간은 아무도 없을 것입니다. 이런 것이 진정한 영광이며, 그래서 천사들이 온 천지가 울리도록 찬송을 부르는 것입니다.

그렇다면 평화란 무엇일까요? 진정한 평화란 아무에게나 주어지는 싸구려가 아닙니다. 진정한 평화란 누구에게 오는 것입니까?

셋째, 하나님이 기뻐하는 사람들에게 임합니다.

하나님은 하나님의 표적인 이 아기를 통하여 세상을 구원하기로 했습니다. 이 구원의 방법을 믿고 이 아기를 구원자로 영접하는 자, 바로 그가 하나님이 기뻐하시는 사람들입니다. 그리고 그런 사람들에게만 하나님이 주시는 평화가 주어집니다.

이 평화는 세상이 절대 줄 수 없고 세상이 알지도 못합니다. 받지 않은 사람은 절대로 알지 못하는 평화입니다. 모든 상황을 초월하는 참된 평화입니다. 한 주간 성탄을 준비하면서 우리의 마음속에 하나님의 표적인 아기 예수가 탄생하시길 축원합니다.

　독일 베를린의 어느 감옥에서 있었던 일입니다. 죄수들을 섬기던 목사님이 크리스마스 때 연극을 해보자고 죄수들을 불러 모았습니다. 죄수 14명이 모여서 연극 대본을 만들고 연습을 시작했습니다. 10명은 천사로 분장하고 4명은 목자가 되었습니다. 천사들은 흰옷을 입고 촛불을 들고 등장해서 하나님의 말씀을 전했습니다.
　목자들은 갑자기 나타난 환한 빛을 보고 무서워하다가 천사들의 찬양 소리를 듣고 기뻐하는 모습을 표현했습니다. 그런데 공연이 끝난 후 한 사형수가 이렇게 고백했습니다.
　"저는 도둑질을 하다가 현장에서 발각되어 사람을 죽이고 들어온 사형수입니다. 처음에는 감옥 생활이 너무 따분해서 연극에 동참했습니다. 그러나 연습하는 동안 깨달았습니다. 내가 바로 목자였다는 것을. 나는 어둡고 추운 들판에서 몸을 웅크린 채 죄와 죽음과 무의미와 낙심의 깊은 밤에 빠져 있었습니다. 그런데 천사가 와서 나에게 기쁜 소식을 전해 주었습니다. '오늘 너희에게 구주가 나셨다.' 그 소리를 듣는 순간 너무나 기뻤습니다. '나를 구원하기 위하여 예수님이 오셨구나! 나를 위하여, 나 같은 죄인을 위하여 예수님이 이 땅에 오셨구나!' 그것을 깨닫는 순간 내 가슴은 마구 뛰기 시작했습니다. 그리고 이전에는 전혀 경험해 보지 못했던 참된 평화가 찾아왔습니다. 이 말씀은 나를 위한 말씀이었습니다! 처음에는 연극이었지만 이제는 나의 고백이 되었습니다. 나는 이제 며칠 후면 형장에서 이슬로 사라질 것이지만 이 복음을 들은 내 영혼은 활짝 열린 하늘을 바라봅니다. 그리고 아들을 보내신 하나님의 영광이 내 가슴에 가득합니다."

여러분, 우리도 목자가 되어서 본문에 나타난 현장으로 들어가 봅시다. "주님이 저를 부르시기 전에 저는 어둠 가운데 있었던 목자 같은 인생이었습니다. 죽음 가운데 소망 없이 살던 저에게 천사의 기쁜 소리가 들려왔습니다. 천사의 소리를 함께 들어 봅시다" 하고 고백하는 은총이 있기를 축원합니다. 우리 모두가 큰 기쁨의 소식을 듣고 그곳에 담긴 하나님의 영광을 보며 세상이 알지 못하는 참된 평화를 가슴에 가득 채울 수 있기를 축원합니다.

진리의 관점을 디자인하라
Design your perspective

하나님의 표적

첫째, 예수님은 생명의 떡이 되기 위하여 오셨습니다.
둘째, 이 아기 안에 엄청난 것이 있습니다.
셋째, 하나님이 기뻐하는 사람들에게 임합니다.

당신은 하나님의 꿈 (신 34:1-8)
Design your perspective

모세가 모압 평지에서 느보산에 올라가 여리고 맞은편 비스가 산꼭대기에 이르매 여호와께서 길르앗 온 땅을 단까지 보이시고 또 온 납달리와 에브라임과 므낫세의 땅과 서해까지의 유다 온 땅과 네겝과 종려나무의 성읍 여리고 골짜기 평지를 소알까지 보이시고 여호와께서 그에게 이르시되 이는 내가 아브라함과 이삭과 야곱에게 맹세하여 그의 후손에게 주리라 한 땅이라 내가 네 눈으로 보게 하였거니와 너는 그리로 건너가지 못하리라 하시매 이에 여호와의 종 모세가 여호와의 말씀대로 모압 땅에서 죽어 벳브올 맞은편 모압 땅에 있는 골짜기에 장사되었고 오늘까지 그의 묻힌 곳을 아는 자가 없느니라 모세가 죽을 때 나이 백이십 세였으나 그의 눈이 흐리지 아니하였고 기력이 쇠하지 아니하였더라 이스라엘 자손이 모압 평지에서 모세를 위하여 애곡하는 기간이 끝나도록 모세를 위하여 삼십 일을 애곡하니라

톨스토이는 인생에 있어서 가장 중요한 세 가지를 말했습니다.
"우리 인생에서 가장 중요한 때는 지금이요, 우리 인생에서 가장 중요한 사람은 지금 내가 만나는 사람이요, 우리 인생에서 가장 중요한 날은 오늘이다."
그런가 하면 그는 인생에 대해서 다음 열 가지로 교훈했습니다.

첫째, 사람을 위해 시간을 낸다면 성공할 것이다.

둘째, 생각을 위해 시간을 낸다면 힘을 얻을 것이다.

셋째, 운동을 위해 시간을 낸다면 젊음을 얻을 것이다.

넷째, 독서를 위해 시간을 낸다면 지혜를 얻을 것이다.

다섯째, 친절을 위해 시간을 낸다면 행복을 얻을 것이다.

여섯째, 꿈을 위해 시간을 낸다면 인생을 얻을 것이다.

일곱째, 사랑을 위해 시간을 낸다면 구원을 얻을 것이다.

여덟째, 주변을 살피는 데 시간을 낸다면 여유를 얻을 것이다.

아홉째, 웃음을 위하여 시간을 낸다면 영혼을 얻을 것이다.

열째, 기도를 위해 시간을 낸다면 영원을 얻을 것이다.

나에게 주어진 시간을 어떻게 쓰느냐에 따라 인생의 질이 달라집니다. 여러분은 한 해 동안 시간을 어디에 어떻게 사용하셨습니까? 하나님께서는 모든 사람에게 공평하게 매일 86,400초를 주셨습니다. 하나님께서 우리에게 주신 시간은 세 종류로 구분됩니다. 첫째, 달력상의 시간이 있습니다. 'Calender Time'이라고 합니다. 하루하루 태양력을 말씀합니다. 둘째, 생물학적인 시간, 'Biological Time'입니다. 하나님께서 우리 안에 심어 놓으신 시간입니다. 이것은 아무도 모릅니다. 셋째, 만들어 놓은 시간, 'Built in Time'입니다. 그런데 예수 믿는 사람에게는 주어진 시간이 한 가지 더 있습니다. 히든 타임(Hidden Time)입니다. 이 히든 타임은 어떤 시간입니까? 하나님께서 우리를 키우시고 훈련하시고 준비시키시는 시간을 감추어진 시간, 히든 타임이라고 합니다.

여러분, 하나님께서 각 사람에게 가지신 계획 속에 감추어진 시간들이 있습니다. 그렇다면 하나님께서 우리를 훈련하시고 준비시키는 감추어진 시간은 언제일까요? 미래일까요, 지금일까요, 아니면 지나간 과거일까요?

매년 끝자락에 서면 아직 다가오지 않은 미래가 감추어진 시간이라고 생각할 수 있습니다. 그러나 하나님 나라의 관점에서 보면 감추어진 시간은 바로 지금 그리고 우리가 지나온 과거입니다. 왜 그렇습니까? 많은 사람들이 시간 속에 살아가면서 맞이하는 현재 시간부터 지나간 시간까지의 시간의 의미를 잘 모릅니다. 반면에 미래는 예수 믿는 사람의 입장에서는 오히려 선명한 시간입니다. 무엇이 도래하는지 알고 말씀이 있고 언약이 있기 때문입니다.

우리는 하나님의 확실한 약속을 위해 내일을 기대하면서 걸어가는 지금의 의미를 모르고 하루하루를 살아갑니다. 그러니 우리에게 감추어진 시간은 내 인생의 오늘이거나 지나간 시간일 수 있는 것입니다. 그러므로 오늘이라는 시간은 우리에게 주어진 하나님의 히든 타임이요, 더욱더 성실하게 걸어가야 하는 일상이기도 합니다.

사랑하는 성도 여러분, 우리는 한 해를 보내고 또 한 해를 맞이하는 연말이 되고 신년이 되면 결심을 합니다. 다가올 미래에 내가 뭐가 되고 무엇을 이루겠다며 목표를 세우고 기대하며 출발합니다. 그런데 하나님의 우리를 향한 히든 타임은 미래에 있는 것이 아니라 지나온 과거와 오늘에 있다는 것입니다. 그러므로 하나님의 나를 향한 기대에 부응하며 사시길 축원합니다.

오늘 본문은 여러분이 너무나도 잘 알고 있는 내용입니다. 한 시대 위대하게 쓰임 받았던 믿음의 사람 모세 이야기입니다. 모세는 출생부터 비범했습니다. 그는 당시 노예 계층인 이스라엘인이었으나 애굽, 그것도 애굽의 심장부인 궁궐에서 40년을 살았습니다. 모세는 나이 마흔에 '애굽의 모든 문무를 다 겸비했다'라고 말씀합니다. 더는 배울 것이 없을 정도로 모세는 애굽의 문명과 무예를 다 습득한 인물이었습니다.

그러나 애굽인으로 자랐을지라도 부모의 가르침 때문에 그의 가슴

한복판에는 민족을 향한 애잔함과 사명과 분노가 있었습니다. 그러던 어느 날 동족이 괴롭힘당하는 모습을 보고 사고를 칩니다. 사람을 죽이고 말았습니다. 그 일이 들통나자 광야로 도망을 갔습니다. 그로부터 40년 동안 철저하게 잊힌 사람이 되었습니다. 삭제되었습니다. 그의 모국어인 애굽말도 잊어버려 말이 어눌한 자가 됩니다.

그는 광야에 묻혀서 모든 것을 포기한 채 세월을 보냅니다. 모세가 광야에서 늘 보는 것은 바람결에 흘러가는 뭉게구름, 끝도 보이지 않는 적막한 광야, 뜨문뜨문 살아 있는 메마른 가시나무입니다. 광야에서 양과 소를 돌보며 처가살이를 합니다. 그렇게 40년을 보냅니다. 이제는 의욕조차 없고 아무런 생의 목표도 없는 초로의 백발이 되었습니다.

그의 나이 80세쯤, 똑같던 일상 속에서 한 비범한 사건을 경험합니다. 오늘 말씀 제목이 "당신은 하나님의 꿈"입니다. 어떻게 우리가 하나님의 꿈입니까? 하나님은 우리의 일생을 통해서 우리가 하나님 나라의 꿈이 되길 기대하십니다. 결국 하나님 나라의 꿈을 이루어 드린 모세가 40년 동안 하나님 앞에 어떻게 쓰임을 받고 어떻게 그의 인생을 마무리합니까?

> "모세가 그의 장인 미디안 제사장 이드로의 양 떼를 치더니 그 때를 광야 서쪽으로 인도하여 하나님의 산 호렙에 이르매 여호와의 사자가 떨기나무 가운데로부터 나오는 불꽃 안에서 그에게 나타나시니라 그가 보니 떨기나무에 불이 붙었으나 그 떨기나무가 사라지지 아니하는지라 이에 모세가 이르되 내가 돌이켜 가서 이 큰 광경을 보리라 떨기나무가 어찌하여 타지 아니하는고 하니 그때에"(출 3:1-3).

"모세야! 모세야!" 주님이 모세를 부르십니다. 하나님이 모세를 처음 만나 주신 곳은 호렙산입니다. '호렙'은 '파멸하다', '황폐하다'라는 뜻입니다. 어쩌면 호렙산은 모세의 인생을 그대로 말해 주고 있는지도 모릅니다. 하나님이 없는 인생은 파멸된 인생입니다. 하나님이 함께하지 않는 인생은 황폐한 인생입니다. 하나님이 함께하지 않는 인생은 살았다고 하나 죽은 인생입니다. 이 땅에서 무엇을 이루고 무슨 성과를 냈어도 호렙산의 뜻을 그대로 나타냅니다.

그런 인생이 오늘 주님을 만나서 하나님이 함께하는 산이 됩니다. 그리고 그곳에서 하나님은 모세에게 사명을 주십니다.

사랑하는 성도 여러분, 하나님께서 모세를 언제 부르셨습니까? 장인 이드로의 양 떼를 치며 일상적인 일을 할 때였습니다. 이것이 무슨 뜻입니까? 내가 늘 하던 일상, 평범하고 일상적인 시간이 없었다면 하나님께서 찾아오는 카이로스라는 시간은 주어지지 않았을 것입니다. 그러므로 하나님의 숨겨진 시간은 하루하루 우리가 보냈던 시간들입니다. 지나온 한 해였을 수도 있습니다. 아니, 저와 여러분이 지나온 시간이었는지도 모릅니다.

그런 시간들 속에서 하나님은 어떻게 하셨습니까? 지나온 우리의 날들이 어땠습니까?

첫째, 주님은 항상 우리와 함께하십니다.

"모세가 모압 평지에서 느보산에 올라가 여리고 맞은편 비스가 산꼭대기에 이르매 여호와께서 길르앗 온 땅을 단까지 보이시고 또 온 납달리와 에브라임과 므낫세의 땅과 서해까지의 유다 온 땅과 네겝과 종려나무의 성읍 여리고 골짜기 평지를 소알까지 보이시고 여호와께서 그에게 이르시되 이는 내가 아브라함과 이삭과 야곱에게 맹세하여 그의 후손에게 주리라 한 땅이라 내가 네 눈으로 보게 하였거니와 너는 그리로 건너가지 못하리라 하시매"(신 34:1-4).

주님께서 지금 광야 40년 동안 지나왔던 장소를 모세에게 다시 보여 주십니다. 무엇을 의미합니까?

'모세야! 광야 40년을 내가 너와 함께 걸어왔다. 너는 약속의 땅인 가나안을 눈으로 보긴 해도 들어가지는 못한다. 너는 여기까지다.'

사랑하는 성도 여러분, 모세의 소원은 가나안 땅에 들어가는 것이었습니다. 모세의 간절한 소원은 가나안 땅에 입성하는 것이었습니다.

"구하옵나니 나를 건너가게 하사 요단 저쪽에 있는 아름다운 땅, 아름다운 산과 레바논을 보게 하옵소서 하되"(신 3:25).

그런데 하나님의 말씀 앞에 우리 인간은 자신의 뜻을 내려놓아야 합니다. 모세는 하나님께 아마 이렇게 말씀을 드렸을 수도 있습니다.

"하나님, 저도 들어가고 싶습니다. 40년 동안 살아온 꿈과 목표가 가나안 입성이었습니다. 그런데 여기서 멈추라니요? 하나님, 말이 됩니까? 하나님, 해도 해도 너무하십니다."

모세의 마음속 한편에 이런 소리도 있었을 것입니다. 그런데 그는 하나님의 뜻에 순종합니다.

주님은 모세와 함께 걸어오셨습니다. 그런데 모세하고만 함께 걸어오셨을까요? 아닙니다. 오늘 우리와도 함께하십니다. 지난 1년도 주님이 우리와 함께 걸어오셨습니다. 그런데 왜 주님이 우리와 함께 걸어오셨을까요? 우리를 지켜 주시려고 그러셨을까요? 물론 그럴 수 있습니다. 우리에게 축복하시려고 그러셨을까요? 물론 그렇기도 합니다.

주님이 왜 우리와 함께해 주셨는지 알지 못한다면 우리는 우리에게 주어진 시간, 일상적인 시간을 그냥 보내 버릴 수 있습니다. 주님은 우리와 함께하면서 우리를 준비시키고 훈련하고 계십니다. 그러므로 주님께 감추어진 시간은 바로 지금입니다. 지금 함께하시는 하나님을 인식하고 하나님의 뜻에 순종하며 사는 저와 여러분이 되길 축원합니다. 그때그때 순종하며 사는 저와 여러분이 되길 축원합니다. 이것이 숨겨진 시간입니다.

그렇게 광야에서 훈련받아 광야를 누구보다도 잘 알게 된 모세에게 하나님께서 이스라엘 백성들을 맡겨 광야 40년의 여정을 이끌게 하십니다. 이제 하나님께서 약속하신 땅이 눈앞에 왔습니다. 주님께서 광야 40년 동안 함께하셨던 여정을 보여 주면서 죽음을 눈앞에 둔 모세에게 어떻게 하십니까? 그를 위로하셨습니다. "모세야, 수고했다! 여기까지 참 수고가 많았다. 고맙다." 최선을 다해서 살아온 모세에게 주님은 그의 모든 여정을 보여 주면서 위로하십니다.

사랑하는 성도 여러분, 한 해 동안 이런 주님의 위로가 있기를 축원합니다. 저와 여러분이 한 해를 매듭지으면서 하나님의 이런 위로가 있기를 축원합니다. 최선을 다해서 살아가는 여러분에게 '고맙다, 참 수고가 많았구나' 위로하시는 은혜가 있기를 축원합니다.

멈추지 않는 시간 속에 우리는 어떻게 됩니까?

둘째, 우리는 홀로 가야 합니다.

모세가 홀로 느보산에 오릅니다. 왜 홀로 느보산에 올라갑니까?

> "이에 여호와의 종 모세가 여호와의 말씀대로 모압 땅에서 죽어 벳브올 맞은편 모압 땅에 있는 골짜기에 장사되었고 오늘까지 그의 묻힌 곳을 아는 자가 없느니라 모세가 죽을 때 나이 백이십 세였으나 그의 눈이 흐리지 아니하였고 기력이 쇠하지 아니하였더라 이스라엘 자손이 모압 평지에서 모세를 위하여 애곡하는 기간이 끝나도록 모세를 위하여 삼십 일을 애곡하니라"(신 34:5-8).

인간의 순리는 거스를 수가 없기 때문입니다. 인간이 가는 궁극적인 길은 모두에게 동일합니다. 빈부귀천을 막론하고 이 땅의 모든 인생은 이 길을 가야 합니다. 그런데 이 길은 사랑하는 아내와 함께 갈 수 있는 길이 아닙니다. 사랑하는 남편과 함께 가는 길이 아닙니다. 자식이 아무리 이쁘고 사랑스러워도 함께 갈 수 없습니다. 이 죽음의 길은 혼자 가야 하는 길입니다. 성경은 말씀합니다.

> "한 번 죽는 것은 사람에게 정해진 것이요 그 후에는 심판이 있으리니"(히 9:27).

이 땅에 사는 사람이라면 남녀노소, 빈부귀천을 막론하고 누구든 이 운명을 받아들여야 합니다. 인간의 모든 육체는 흙으로 왔기에 흙으로 돌아갑니다.

> "네가 흙으로 돌아갈 때까지 얼굴에 땀을 흘려야 먹을 것을 먹으리니 네가 그것에서 취함을 입었음이라 너는 흙이니 흙으로 돌아갈 것이니라 하시니라"(창 3:19).

사랑하는 성도 여러분! 하나님께서 우리에게 주신 자원들을 모두 다 살고 나면 우리의 육체는 흙으로 돌아가야 합니다. 하나님께서 정하신 섭리와 순리를 아무도 거역할 수가 없습니다. 그렇다면 우리는 어떻게 살아야 합니까? 우리에게 아직 힘이 있을 때, 하나님께서 주신 에너지가 있을 때, 육신의 자원이 고갈되지 않았을 때 우리는 어떻게 살아야 합니까?

부지런히 주를 위해 살아야 합니다.

"네 손이 일을 얻는 대로 힘을 다하여 할지어다 네가 장차 들어갈 스올에는 일도 없고 계획도 없고 지식도 없고 지혜도 없음이니라" (전 9:10).

하나님께서 우리에게 어떤 기회를 주셨을 때 최선을 다하시길 축원합니다. 마음을 다하십시오! 지난번 크리스마스 때 성탄절 장식을 섬긴 가정이 있습니다. 돈 4만 원 가지고 시작했으나 마음을 다하고 정성을 다했습니다. 그러자 섬기는 동안에 주님이 세 번 찾아오셨습니다. 주님을 깊이 만나는 경험을 하고 꿈같은 일이 일어났습니다.

우리에게는 생물학적인 시간이 있습니다. 언젠가 홀로 가야 하는 길을 가기 전에 최선을 다해 부지런히 살아야 합니다. 하나님께서 모세에게 넣어 준 시간은 120년이었습니다. 세종대왕에게 넣어 준 시간은 47년, 이순신 장군에게 넣어 준 시간은 53년, 박정희 대통령에게 넣어 준 시간은 62년이었습니다. 이처럼 하나님께서 그 사람에게 넣어 준 생물학적 시간은 사람마다 다릅니다. 어떤 사람에게는 30년, 어떤 사람에게는 40년, 70년, 강건하면 80년입니다. 그런데 하나님께서 각 사람 안에 넣어 주신 생물학적 시간은 아무도 모릅니다.

모세가 120세가 되었습니다. 그런데도 눈이 흐려지지지 않았습니다. 허리가 굽어지지도 않았습니다. 여전히 건장합니다. 그래서 얼마든지 일을 더 할 수 있습니다. "하나님, 저 일 더 할 수 있습니다. 저를 보세요. 아직도 건강합니다. 눈도 흐려지지 않았습니다. 허리도 짱짱합니다. 저 더 할 수 있어요." 이렇게 말할 수도 있었습니다. 그러나 그가 강건할지라도 하나님께서 모세에게 허락하신 시간은 120년이었습니다.

그러므로 육신적인 일, 먹고 마시는 일, 파티하고 여행하는 일도 우리 삶의 일부가 분명하지만 이런 일에 에너지를 다 쓰지 말고 하나님께서 나에게 맡겨 주신 사역에 충성하시길 축원합니다. 봉사, 영혼을 섬기는 일, 희생하고 수고하는 일을 멈추지 말고 사명을 감당하시길 축원합니다.

지금 혼자 죽음의 길을 가야 하는 모세에게 누가 함께합니까? 그의 아내 십보라입니까? 그의 자녀들입니까? 그와 함께했던 사람들입니까? 아닙니다. 바로 주님이 함께해 주십니다.

그렇다면 오늘 우리는 어떻게 살아야 합니까?

셋째, 영적인 성장과 성숙을 목표로 삼으십시오.

사람은 성장이 중요합니다. 예수 믿는 사람은 죽을 때까지 성장해야 합니다. 날마다 새롭게 성장하지 않으면 누구나 영적으로 매너리즘에 빠지게 됩니다.

우리나라 대표 아이돌 방탄소년단(BTS)의 정국이 카타르 월드컵 개막식 무대에서 '드리머스(Dreamers)'를 불렀습니다. 아이돌로 대표되는 K팝은 사실 철저하게 기획된 상품입니다. 오디션을 거쳐 실력과 비주얼을 갖춘 10대를 선발해서 보컬, 랩, 춤을 가르치고 훈련합니다. 연습생 시절은 실력이 늘지 않으면 언제 탈락할지 모르는 살벌한 오징어 게임입니다. 단체 생활을 시작하는 순간 사생활이 사라집니다. 어렵게 데뷔한 후에도 빡빡한 스케줄을 소화해야 합니다. 계속 무언가를 찍고 또 찍습니다. 이동 중 쪽잠으로 휴식을 대체합니다. 이들에게 생각할 틈을 주지 않는 시스템입니다. 곡도 기획사의 히트곡 제조기인 작곡가들이 써줍니다.

그런데 방탄소년단은 이들과 달리 자기 목소리를 냈습니다. 사회적 편견과 억압이라는 총알을 막아 낸다는 의미의 '방탄'이라는 이름처럼 듣는 이가 공감할 수 있는 속시원하고 위로가 되는 가사를 직접 씁니다. 비틀즈 이후 가장 인기 있는 음악 그룹으로 평가받는 BTS의 영향력은 빌보드 차트에만 머물지 않았습니다. 유엔에서 희망의 메시지를 전달하고, 미국 바이든 대통령 초청으로 백악관을 방문해 아시아계 혐오 문제를 환기시켰습니다. 데뷔 9주년을 맞이하여 새 앨범도 냈습니다.

그런 그들이 그룹 활동을 잠정적으로 중단했습니다. 재충전의 시간을 가지며 개인적인 시간을 보내고 싶다는 것이 이유였습니다. 리더 RM은 "가사를 쓸 때도 할 말이 나오지 않았다. 억지로 쥐어 짜내고 있었다"라고 고백했습니다. 시스템이 문제였습니다. 자신들의 목소리를 낸다 해도 K팝 아이돌 시스템 자체가 사람들을 성숙하게 놔두지 않습니다. 성장할 시간을 주지 않는다는 것입니다. 사람의 내면이 성장하지 못한다면 오래가지 못합니다.

모세는 나이가 들어도 영적인 능력이 전혀 쇠하지 않았습니다. 분별력이 흐려지지 않았습니다. 치매도 없었습니다. 이런 은혜가 있기를 축원합니다.

우리 육신의 장막은 언젠가는 무너집니다. 무너지는 그날이 내 인생에 가장 축복된 날이 되어야 합니다. 그러기 위해서는 어떻게 해야 합니까? 겉사람은 세월 따라 쇠하지만 우리의 속사람은 날마다 새로워져야 합니다. 영적으로 성장해야 합니다.

> **"그러므로 우리가 낙심하지 아니하노니 우리의 겉사람은 낡아지나 우리의 속사람은 날로 새로워지도다"(고후 4:16).**

멈추지 않는 시간의 흐름 속에서 우리의 육체는 나날이 쇠하여 갈지라도 속사람은 날로 새로워지길 축원합니다. 그래서 저와 여러분이 이 땅을 떠나는 날 가장 영적으로 성숙하고 성장한 상태로 하나님께로 가야 합니다. 왜 그렇습니까? 그에 따라 영원한 우리의 삶의 수준이 달라지기 때문입니다. 그러므로 영적인 성장과 성숙을 목표로 살아가시길 축원합니다.

이렇게 영적으로 날마다 성장하고 성숙해져서 후대에 많은 사람들에게 기억되는 성도가 되시길 축원합니다.

"이스라엘 자손이 모압 평지에서 모세를 위하여 애곡하는 기간이 끝나도록 모세를 위하여 삼십 일을 애곡하니라"(신 34:8).

여러분, 모세는 위대한 사람이었습니다. 성경은 모세의 인생을 어떻게 평가합니까?

"믿음으로 모세는 장성하여 바로의 공주의 아들이라 칭함 받기를 거절하고 도리어 하나님의 백성과 함께 고난받기를 잠시 죄악의 낙을 누리는 것보다 더 좋아하고 그리스도를 위하여 받는 수모를 애굽의 모든 보화보다 더 큰 재물로 여겼으니 이는 상 주심을 바라봄이라 믿음으로 애굽을 떠나 왕의 노함을 무서워하지 아니하고 곧 보이지 아니하는 자를 보는 것같이 하여 참았으며"(히 11:24-27).

그런 모세보다 더 위대하고 뛰어나신 분이 바로 예수 그리스도입니다. 그분은 이 땅에 오셔서 우리를 위해 십자가에서 죽고 부활하셨습니다. 이제 우리는 그분을 따르는 제자입니다. 우리 가슴에 그분께서 흘리신 보혈의 피가 묻어 진홍빛 가슴이 되었으면 합니다.

진홍가슴새 이야기가 있습니다. 하나님께서 천지를 창조하실 때 모든 것을 만드셨습니다. 진홍가슴새도 만드셨습니다. 그런데 그의 가슴은 진홍빛이 아니라 잿빛이었습니다. 진홍가슴새는 잿빛 깃털을 가진 볼품없는 참새와 같은 자신의 이름을 왜 진홍가슴새라고 했는지 알 수가 없었습니다. 그래서 어느 날 하나님께 물었습니다.

"하나님, 왜 제 이름을 진홍가슴새라고 지으셨나요?"

"네가 언젠가 나의 사랑을 깨달으면 알게 될 것이다."

그러던 어느 날 진홍가슴새의 둥지 근처에 많은 사람들이 몰려왔습니다. 병사들이 몰려와서 십자가를 세웠습니다. 진홍가슴새가 궁금해서 날아가 보았는데, 사람들이 어떤 사람의 머리에 가시면류관을 씌우고 손발에 못을 박아 십자가에 매달았습니다. 그 모습이 너무 불쌍해서 진홍가슴새는 그 사람 머리에 박힌 가시를 작은 부리로 뽑아 주고 싶었습니다. 새가 가시 하나를 부리로 물고 빼내자 붉은 피가 뿜어져 나와 새의 가슴을 흠뻑 적셨습니다. 그럼에도 진홍가슴새는 계속 가시를 빼고 빼다 지쳐서 둥지로 돌아왔습니다.

그런데 그날 이후로 가슴의 붉은 핏자국이 지워지지 않았습니다. 알을 낳고 새끼가 부화했는데 새끼의 가슴에도 붉은 털이 났습니다. 진홍가슴새는 비로소 그 이름에 합당한 모습이 되었습니다.

사랑하는 성도 여러분, 저는 보잘것없는 잿빛 참새 같은 인생이었습니다. 그런데 십자가의 사랑을 알고 진홍가슴새가 되었습니다. 이제 저는 이 붉은 가슴을 가지고 저와 똑같은 가슴을 가진 제자들을 재생산하고 싶습니다.

진리의 관점을 디자인하라
Design your perspective

당신은 하나님의 꿈

첫째, 주님은 항상 우리와 함께하십니다.
둘째, 우리는 홀로 가야 합니다.
셋째, 영적인 성장과 성숙을 목표로 삼으십시오.

성탄의 목적(요 1:12-14)

Design your perspective

영접하는 자 곧 그 이름을 믿는 자들에게는 하나님의 자녀가 되는 권세를 주셨으니 이는 혈통으로나 육정으로나 사람의 뜻으로 나지 아니하고 오직 하나님께로부터 난 자들이니라 말씀이 육신이 되어 우리 가운데 거하시매 우리가 그의 영광을 보니 아버지의 독생자의 영광이요 은혜와 진리가 충만하더라

여러분은 자신의 생년월일을 알고 있습니까? 아마 대부분의 사람들은 자신이 이 땅에 태어난 날을 알고 있을 것입니다. 여러분은 언제 어디에서 태어났습니까?

지금으로부터 600년 전 1397년 5월 15일에 지구에 한 아이가 태어났습니다. 그로부터 150년 뒤인 1545년 4월 28일 이 땅에 또 한 아이가 태어났습니다. 한 아이는 자라서 세종대왕이 되었습니다. 한 아이는 자라서 이순신 장군이 되었습니다. 만약 대한민국 역사에서 이 두 아이가 없었다면 우리는 어떻게 되었을까요? 상상이 되지 않을 것입니다. 우리나라 고유의 말과 정체성을 잃어버린 채 여전히 중국의 말과 글을 쓰면서 중국의 속국처럼 살았을 것입니다.

예수님께서 이 땅에 오시기 전의 연도에는 'BC'를 붙입니다. 'Before Christ'의 약자입니다. BC 356년에 한 아기가 태어났습니다. 그는 20세라는 약관의 나이에 정복 전쟁을 시작했습니다. 10년 만에 세상에서 가장 크고 넓은 땅을 정복했습니다. 바로 알렉산더 대왕입니다. 그는

32세 되던 해 세상에서 가장 넓은 땅을 정복하고 죽었습니다.
여러분, 세상의 가장 위대한 왕인 알렉산더 대왕의 길과 오늘 태어나신 예수님의 길을 대조한 글이 있습니다.

> 알렉산더는 왕궁에서 금수저로 태어났고,
> 예수님은 마구간에서 흙수저로 태어났습니다.
> 알렉산더는 왕자로 태어났고,
> 예수님은 목수의 아들로 태어났습니다.
> 알렉산더는 왕좌에서 고귀한 왕으로 죽었고,
> 예수님은 십자가에서 조롱받는 왕으로 죽었습니다.
> 알렉산더의 일생은 세상에서 가장 성공한 위대한 인물로 보이지만,
> 예수님의 일생은 실패처럼 보입니다.
> 알렉산더는 자신의 소유를 위해 수십만 명의 피를 흘렸습니다.
> 그런데 예수님은 전 인류를 위해서 자신의 피를 아낌없이 흘렸습니다.
> 알렉산더는 바벨론에서 영광스럽게 죽었지만,
> 예수님은 갈보리에서 수치스럽게 죽었습니다.
> 알렉산더는 정복 전쟁에 나가서 많은 왕국을 정복했습니다.
> 그러나 예수님은 인간의 본질적인 죽음을 정복했습니다.
> 알렉산더 대왕은 인간을 노예로 만들었지만,
> 예수님은 죄의 노예, 죽음의 노예이던 인간을 해방시켜 주셨습니다. 저주로부터 해방시켜 주셨습니다. 그리고 우리에게 참된 자유를 주셨습니다.

불세출의 영웅이었던 알렉산더는 죽음 앞에 무릎을 꿇었습니다. 죽음으로 끝나는 이 세상의 역사에 무릎을 꿇었습니다.
그러나 예수님은 죽음으로 끝나는 이 세상 역사를 완전히 바꾸셨습니다. 죽음으로 끝나는 이 세상의 역사를 죽어도 사는 축제의 역사

로 바꾸셨습니다.

예수님은 오늘 이런 은총을 주시려고 이 땅에 찾아오셨습니다. 말씀이신 하나님이 인간의 옷을 입고 이 땅에 오셨기 때문입니다. 그러므로 성탄은 보이지 않는 하나님이 보이는 하나님으로 우리를 찾아오신 사건입니다. 이것은 엄청난 하나님의 사랑입니다. 누가 이 사랑의 깊이를 알 수 있겠습니까? 누가 이 사랑의 넓이를 알 수 있겠습니까? 여기 하나님의 사랑의 실체를 보십시오. 그분의 지고지순한 사랑을 보십시오.

"말씀이 육신이 되어 우리 가운데 거하시매 우리가 그의 영광을 보니 아버지의 독생자의 영광이요 은혜와 진리가 충만하더라"(요 1:14).

무슨 말씀입니까? 하나님이 인간의 옷을 입고 우리를 찾아오셨습니다. 왜 예수님께서 인간의 옷을 입고 우리를 찾아오셨을까요? 예수님은 우리에게 표현된 하나님의 사랑이었습니다. 하나님께서 저와 여러분을 사랑하시기 때문입니다.

여러분은 누군가를 사랑해 본 적이 있습니까? 사랑하면 어떻게 됩니까? 사랑하면 함께 있고 싶어집니다. 사랑하면 함께 살고 싶어집니다. 하나님께서 우리를 사랑해서 함께 살려고 인간이 되어 직접 찾아오셨습니다.

사랑하는 성도 여러분! 주님께서 어떻게 우리에게 찾아오셨습니까? 당신의 모든 것을 가지고 우리를 찾아오셨습니다. 한두 번 방문하신 것이 아니라 우리 안에 이사를 오셨습니다. 우리에게 당신의 생명을 주려고 이사를 오심으로 하나님의 생명인 영생이 내 것이 되었습니다. 예수님은 하나님의 능력을 주시려고 우리 안에 이사를 오셨습니다. 그러므로 하나님의 능력은 이제 내 것입니다.

하나님은 우리의 삶을 부요케 하시려고 이사를 오셨습니다. 그러므로 성탄은 하나님이 인간의 옷을 입고 우리를 찾아오신 엄청난 사건입니다. 성탄은 죄와 슬픔에 빠진 우리를 구원하시려고 하나님이 찾아오신 것입니다.

그렇다면 오늘 성탄을 맞이하면서 우리에게 가장 필요한 것이 무엇입니까? 지금 여러분에게 가장 필요한 것이 무엇이라고 생각하십니까? "목사님, 저는 지식이 필요합니다." 여러분, 우리 인간에게 가장 필요한 것이 지식일까요? 그렇다면 하나님은 교육가를 보내 주셨을 것입니다. "저는 건강이 필요합니다." 인간에게 가장 필요한 것이 건강일까요? 그렇다면 하나님은 우리에게 만병을 고치는 의사를 보내 주셨을 것입니다. "목사님, 지금 저에게 가장 필요한 것은 돈입니다. 절실합니다." 인간에게 가장 필요한 것이 돈이나 재물이었다면 하나님은 우리에게 사업가를 보내 주셨을 것입니다. "목사님, 지금 저에게 필요한 것은 육신의 쾌락입니다." 그렇다면 하나님은 우리에게 연예인을 보내 주셨을 것입니다.

사랑하는 성도 여러분, 정말 인간에게 가장 절실하게 필요한 것이 무엇입니까? 바로 죄 가운데 잃어버린 영원한 생명을 찾아 주는 것입니다. 하나님은 하나님을 떠나 죄와 저주와 질병과 죽음 가운데 살아가는 인간의 죄 문제를 해결해 주시고자 우리를 찾아오셨습니다. 인간의 옷을 입고 사람이 되셨습니다.

이런 주님을 믿고 사는 저와 여러분은 어떤 사람들입니까? 인생에서 가장 성공한 사람들입니다. 모든 사람들이 갈망하고 갈망하는 그 갈망의 끝인 구원을 얻은 자이기 때문입니다. 그러므로 인생을 재미있게 사시길 축원합니다. 의미 있게 사시길 축원합니다. 행복하게 사시길 축원합니다.

사랑하는 성도 여러분, 오늘 성탄을 맞이해서 누군가가 예수님께서 이 땅에 찾아오신 목적이 무엇이냐고 묻는다면 여러분은 무엇이라고 대답하겠습니까?

첫째, 예수님은 우리의 운명이 되기 위해 오셨습니다.

예수님은 하나님의 백업 플랜입니다. 왜 예수님이 하나님의 백업 플랜일까요? '백업'이란 사용자의 실수, 컴퓨터의 오류나 바이러스 등으로 원본이 손상되거나 분실된 경우를 대비하여 원본을 미리 복사해 두는 것을 말합니다.

우주를 창조하신 하나님은 전능하신 분이십니다. 전능하신 하나님은 하나님의 형상대로 창조하신 아담을 아셨습니다. 아담이 범죄로 타락하자 모든 것이 망가졌습니다. 죄의 바이러스가 들어와서 모든 것을 망가뜨렸습니다. 생명도, 축복도, 만물도 죄로 망가졌습니다. 하나님을 떠난 인간은 영혼이 죽어 버렸습니다. 하나님을 알 수 없는 육신이 되고 말았습니다. 그로 말미암아 모든 관계가 깨졌습니다.

하나님은 이런 세상을 회복하고 구원하시려고 백업 플랜을 준비해 놓으셨습니다.

> "그러나 아담으로부터 모세까지 아담의 범죄와 같은 죄를 짓지 아니한 자들까지도 사망이 왕 노릇 하였나니 아담은 오실 자의 모형이라"
> (롬 5:14).

아담은 오실 자의 모형입니다. 예수님은 이 땅에 와서 아담이 망쳐 놓은 모든 것들을 다시 회복시켜 주셨습니다. 잃어버린 하나님의 생명을 회복시켜 주셨습니다. 잃어버린 영생을 찾아 주고, 잃어버린 관계를 회복시켜 주셨습니다. 잃어버린 축복, 인간에게 주신 모든 권세를 회복시키고 잃어버린 영광, 이 땅의 모든 통치권도 다시 찾아 주셨습니다. 그런가 하면 하늘과 땅의 모든 권세까지 보너스로 주셨습니다. 모든 것을 다 회복시켜 주셨습니다.

이처럼 예수님은 하나님의 백업 플랜이었습니다. 이 예수님을 영접한 사람들은 이제 심판이 없습니다. 저주가 없습니다. 죽음이 없습니다. 예수님이 우리의 운명이 되어 주셨습니다.

그렇다면 예수님이 이 땅에 오시기 전에는 모든 인간의 운명이 어떠했습니까? 죽음 가운데, 고통 가운데 소망 없이 살아야 했습니다.

> "전에 고통받던 자들에게는 흑암이 없으리로다 옛적에는 여호와께서 스불론 땅과 납달리 땅이 멸시를 당하게 하셨더니 후에는 해변 길과 요단 저쪽 이방의 갈릴리를 영화롭게 하셨느니라 흑암에 행하던 백성이 큰 빛을 보고 사망의 그늘진 땅에 거주하던 자에게 빛이 비치도다"(사 9:1-2).

흑암에 행하던 자, 어둠이었습니다. 사망의 그늘진 땅에 살았습니다. 그래서 늘 고통 속에 있어야 했습니다. 죄와 저주와 죽음과 슬픔 속에 살았습니다. 평생 죽기를 두려워하며 죽음의 종 노릇 하며 살았습니다. 나의 편을 들어 줄 만한 그 어떤 것도 없었습니다. 이것이 흑암 가운데 살아야 했던, 범죄한 인간의 운명이었습니다. 아무런 소망 없이 어둠 가운데 죄의 값으로 사망을 경험해야 했습니다. 이것이 인간의 운명이었습니다.

사랑하는 성도 여러분, 누가 이런 인생의 운명에서 벗어날 수 있겠습니까? 누가 이런 인간의 운명을 바꿀 수 있겠습니까? 이 나라 대통령이 바꿀 수 있겠습니까? 이 나라 경제가 좋아지면 바뀝니까? 이 나라 교육이, 이 나라 정치가들이 인간의 운명을 바꿀 수 있습니까?

아닙니다. 인간의 운명은 바로 오늘 이 땅에 오신 예수님만이 완전하게 바꿀 수 있습니다. 어떻게 바꿀 수 있습니까? 예수님께서 저와 여러분의 운명이 되어 주셨기 때문입니다. 예수님께서 나의 운명이 되어 주셨습니다.

저 십자가를 보십시오. 내가 받아야 할 심판의 그 자리에 주님이 대신 피를 흘리고 죽어 주셨습니다. 그러므로 가장 위대한 삶은 바로 이 예수님이 우리 안에 들어오셔서 우리 대신 사는 삶입니다. 그러므로 예수님의 운명이 나의 운명이 되었습니다.

선포합니다. "어둠은 떠날지어다! 저주도 떠날지어다!"

사랑하는 성도 여러분, 이 땅에 오신 주님은 바로 여러분의 운명이 되어 주셨습니다. 그러면 주님이 이 땅이 오신 두 번째 목적은 무엇입니까?

둘째, 우리를 하나님과 하나 되게 하시려고 오셨습니다

여러분, 우리 인생이 가장 위대해지는 길은 무엇일까요? 어떻게 하면 우리 인생이 가장 위대해질까요? 공부를 많이 하면 위대해질까요? 그럴 수 있습니다. 돈을 많이 벌면 위대해질 수 있을까요? 그럴 수 있습니다. 내가 유명한 사람이 되면 인생에서 성공하고 위대한 사람이 될까요? 그럴 수도 있습니다.

여러분, 저와 여러분의 인생이 가장 위대해질 수 있는 확실한 방법이 여기 있습니다. 저와 여러분이 날마다 승리하며 사는 길이 여기에 있습니다. 인간이 가장 멋진 삶을 살 수 있는 방법이 여기 있습니다. 바로 오늘 예수님과 하나가 되는 것입니다. 그래서 예수님을 닮아 가는 것입니다. 이것보다 위대한 삶은 없습니다. 이것보다 성공한 인생은 없습니다. 왜 그렇습니까?

"나는 포도나무요 너희는 가지라 그가 내 안에, 내가 그 안에 거하면 사람이 열매를 많이 맺나니 나를 떠나서는 너희가 아무것도 할 수 없음이라"(요 15:5).

오늘 이런 은혜가 있기를 축원합니다.

그렇다면 예수님께서 이 땅에 오셔서 우리와 하나 되어 사시는 목적이 무엇입니까? 예수님은 우리와 하나 되어 저와 여러분이 이 세상에서 위대한 승리자로 살게 하십니다. 우리가 어떻게 이 세상에서 승리자로 살 수 있습니까? 예수의 사람들은 무엇을 해서 승리자가 되는 것이 아닙니다. 우리가 어떤 노력을 해서 승리자가 되는 것도 아닙니다. 우리가 승리자로 사는 것은 승리자로 태어났기 때문입니다. 그러므로 나는 승리자입니다. 여러분은 승리자입니다.

"항상 우리를 그리스도 안에서 이기게 하시고 우리로 말미암아 각 처에서 그리스도를 아는 냄새를 나타내시는 하나님께 감사하노라"(고후 2:14).

우리는 항상 이기는 자입니다. 우리를 이길 자가 누구입니까? 이 세상 모든 것이 덤벼도 우리를 이길 수 없습니다. 이 세상 사망이나 환난이나 핍박이나 칼이나 죽음도 우리를 이기지 못합니다. 이 세상 모든 것이 다 덤벼도 우리를 이길 수 없습니다. 이 세상에서 우리를 이길 자가 없습니다. 그 무엇도, 그 누구도 절대로 우리를 이길 수가 없습니다. 왜 그렇습니까? 우리가 승리자로 태어났기 때문입니다. 그러므로 우리를 이길 자가 없는 것입니다. 할렐루야!

여기에서 중요한 것은 여러분의 의식입니다. 왜 의식이 중요합니까? 사람은 그가 가진 의식을 바탕으로 생각하기 때문입니다. 생각이 말로 표현됩니다. 말이 행동으로 나타납니다. 예수의 사람들은 의식적으로든 무의식적으로든 승리자라는 사실이 뼛속까지 철저하게 장착되어야 합니다.

이제 승리자인 저와 여러분은 어떻게 해야 합니까? 나가서 승리를 취하시길 축원합니다. 교회 안에 숨어 있지 마십시오. 교회는 예배를 드리는 곳입니다. 우리가 승리를 선포하고 취할 곳은 세상입니다. 그러므로 승리자로 사시길 축원합니다. 여러분, 어디를 가시든지 승리의 깃발을 꽂고 시작하시길 축원합니다.

우리는 승리자입니다. 그렇다면 우리에게 주신 이 승리는 어떻게 나타납니까?

셋째, 사랑으로 나타납니다.

하나님께서는 오늘 우리를 자녀 삼으시고 저와 여러분을 하나님의 사랑의 표현으로 삼아 주셨습니다. 하나님은 사랑이십니다. 사랑이신 하나님은 그 사랑을 십자가에서 확증하셨습니다.

오늘 이 땅에 아기 예수로 오신 주님은 사랑으로 일생을 사셨습니다. 그 예수님을 구주로 믿고 거듭난 우리에게 주님은 말씀하십니다.

"서로 사랑하라. 너희가 서로 사랑하면 이로써 너희가 내 제자인 줄 알리라."

마음을 다하여 사랑하십시오. 힘을 다하여 사랑하십시오. 목숨을 다하여 사랑하십시오. 주님이 우리에게 말씀하셨습니다.

"너희 모든 일을 사랑으로 행하라"(고전 16:14).

주님은 오늘 우리에게 왜 모든 일을 사랑으로 행하라고 말씀하셨을까요? 어떻게 사랑으로 행할 수 있을까요? 우리는 사랑으로 태어났습니다. 그래서 모든 일을 사랑으로 행할 수 있습니다.

거듭난 나의 자아는 사랑의 자아가 되었습니다. 이제 거듭난 나의 자아인 사랑이 내 안에서 왕 노릇 합니다. 거듭난 나의 자아는 이제 사랑의 자아입니다. 예수님께서 이 땅에 계실 때 가지셨던 그 자아가 나의 새로운 자아가 되었습니다. 옛 자아는 예수님께서 십자가에서 보여 주신 그 사랑에 풍덩 빠져서 죽어 버렸습니다.

그러므로 저와 여러분 안에 있는 사랑을 제한하지 마십시오. 사랑이 우리 안에서 점점 자라서 우리를 통치할 수 있도록 통치권을 내어 주십시오. 그러면 모든 것을 사랑으로 행하게 될 것입니다. 예수의 사람들은 사랑하되 진리로 사랑합니다. 이 사랑은 실패가 없습니다. 이 사랑에는 절대 실패가 없습니다. 사랑은 모든 것을 이깁니다. 사랑은 어둠도 이깁니다. 두려움도 이깁니다. 죽음도 이깁니다. 사랑한다면 용서하지 못할 사람이 없습니다. 오늘 혹시 육신적인 생각에 매여 사랑하지 못하는 사람이 있다면 풀어놓으시길 축원합니다.

우리 하나님 아버지가 저에게 보여 주신 것은 오로지 사랑뿐입니다. 그래서 저는 아버지께서 보여 주신 대로 사랑밖에 할 줄 모릅니다. 아버지께서 어떻게 우리를 사랑하셨습니까? 끝까지 사랑하셨습니다. 끝까지 최선을 다해 사랑하셨습니다. 주님은 저를 사랑하시되 끝까지 사랑하셨습니다. 사랑으로 오신 주님께서 이 땅에서 그 사랑의 참된 모습을 보여 주셨습니다.

어느 추운 눈 내리는 겨울밤이었습니다. 프란시스코란 사람이 불을 끄고 잠을 청하려고 막 침대에 누웠는데 누가 문을 두드렸습니다. 귀찮은 생각이 들었으나 그리스도인으로서 찾아온 사람을 그냥 돌려보낼 수는 없었습니다. 불편한 마음으로 잠자리에서 일어나 문을 열었습니다. 문 앞에는 험상궂은 모습의 나병 환자가 추위서 벌벌 떨며서 있었습니다. 프란시스코는 나병 환자의 흉측한 얼굴을 보고 섬칫했습니다. 그러나 마음을 가라앉히고 정중하게 물었습니다.

"무슨 일로 찾아오셨습니까?"

"죄송하지만 몹시 추워 온몸이 꽁꽁 얼어 죽게 생겼어요. 몸 좀 녹이고 가게 해주시면 고맙겠습니다."

나병 환자는 애처롭게 간청했습니다. 마음으로는 당장 안 된다고 거절하고 싶었습니다. 하지만 그리스도인으로서 차마 그럴 수가 없었습니다. 마지못해 머리와 어깨에 쌓인 눈을 털어 주고 안으로 안내했습니다. 그가 자리에 앉자 썩어 버린 살과 고름으로 인해 심한 악취가 코를 찔렀습니다.

"식사는 하셨습니까?"

"아니요. 벌써 사흘째 굶어 배가 등가죽에 붙었습니다."

프란시스코는 식당에 가서 아침 식사로 준비해 둔 빵과 우유를 그에게 가져다주었습니다. 환자는 기다렸다는 듯이 빵과 우유를 게걸스럽게 먹어 치웠습니다. 식사 후 몸이 좀 녹았으니 나가 주기를 기다렸습니다. 하지만 그는 가기는커녕 콜록콜록 기침을 하며 오히려 이렇게 부탁했습니다.

"성도님! 지금 밖에 눈이 많이 내리고 날도 추워 도저히 가기 어려울 것 같네요. 하룻밤만 좀 재워 주시면 감사하겠습니다."

"할 수 없지요. 누추하지만 여기 침대에서 하룻밤 주무시고 가시지요."

그는 마지못해 승낙했습니다. 염치 없는 나병 환자에게 울화가 치밀어올랐으나 꾹 참았습니다. 그는 혼자 살고 있어서 침대도 하나뿐이었습니다. 그 침대를 나병 환자에게 양보하고 할 수 없이 맨바닥에 누웠습니다.

밤이 깊어지자 나병 환자는 또 무리한 부탁을 해왔습니다.

"성도님, 제가 몸이 얼어 너무 추워서 도저히 잠을 잘 수가 없네요. 미안하지만 성도님의 체온으로 제 몸을 좀 녹여 주시면 안 되겠습니까?"

어처구니없는 요구에 당장 밖으로 내쫓아 버리고 싶었습니다. 그러나 예수님이 자신을 위해 희생하신 십자가의 은혜를 생각하며 꾹 참고 그의 요구대로 옷을 벗어 버리고 알몸으로 나병 환자를 꼭 안고 침대에 누웠습니다. 일인용 침대라 불편한 잠자리에서 고약한 냄새까지 나는 나병 환자와 몸을 밀착시켜 자기 체온으로 녹여 주며 잠을 청했습니다. 도저히 잠을 못 이룰 것 같다고 생각했지만 자신도 모르게 꿈속으로 빠져들었습니다. 꿈속에서 주님이 밝게 웃고 계셨습니다.

"프란시스코야! 나는 네가 사랑하는 예수다. 네가 나를 이렇게 극진히 대접했으니 하늘에서 상이 클 것이다."

"아, 주님! 나는 아무것도 주님께 드린 것이 없습니다."

꿈속에서 주님의 모습을 보고 깜짝 놀라 자리에서 일어났습니다. 벌써 날이 밝아 아침이었습니다. 침대에서 같이 자고 있어야 할 나병 환자는 온데간데없었습니다. 그뿐 아니라 고름 냄새가 배어 있어야 할 침대에는 오히려 향긋한 향기만 남아 있을 뿐, 나병 환자가 왔다 간 흔적도 없었습니다.

"아! 주님이셨군요. 주님이 부족한 저를 이렇게 찾아 주셨군요. 감사합니다."

프란시스코는 무릎을 꿇고 엎드렸습니다. 모든 것을 깨닫고 밤에 나병 환자에게 불친절했던 자신의 태도를 회개하며 자신과 같은 비천한 사람을 찾아 주신 하나님께 감사기도를 올렸습니다. 그 기도가 바로 지금도 전 세계에서 가장 사랑받는 프란시스코의 '평화의 기도'입니다.

주님, 저를 평화의 도구로 써주소서.

미움이 있는 곳에 사랑을, 다툼이 있는 곳에 용서를, 분열이 있는 곳에 일치를, 의혹이 있는 곳에 신앙을, 그릇됨이 있는 곳에 진리를, 절망이 있는 곳에 희망을, 어둠이 있는 곳에 빛을, 슬픔이 있는 곳에 기쁨을 가져오는 자 되게 하소서. 위로받기보다는 위로하며, 이해받기보다는 이해하며, 사랑받기보다는 사랑하게 하여 주소서. 우리는 줌으로써 받고, 용서함으로 용서받으며, 자기를 버리고 죽음으로써 영생을 얻기 때문입니다. 아멘!

진리의 관점을 디자인하라
Design your perspective

성탄의 목적

첫째, 예수님은 우리의 운명이 되기 위해 오셨습니다.
둘째, 우리를 하나님과 하나 되게 하시려고 오셨습니다
셋째, 사랑으로 나타납니다.

진리로 심고 거두라 (눅 12:15)
Design your perspective

그들에게 이르시되 삼가 모든 탐심을 물리치라 사람의 생명이 그 소유의 넉넉한 데 있지 아니하니라 하시고

4월입니다. 완연한 봄입니다. 봄이 되면 농부는 가장 먼저 땅을 경작하고 파종합니다. 그렇게 한 해 농사를 시작합니다.

여러분은 금년 봄에 여러분의 인생의 밭에 무엇을 경작하시겠습니까? 우리 인생도 밭과 같아서 심는 대로 거두게 됩니다. 콩을 심으면 콩이 납니다. 팥을 심으면 팥이 납니다. 믿음을 심으면 기적이 나타납니다. 기도를 심으면 응답의 열매를 거둡니다. 오늘 이런 은혜가 있기를 축원합니다.

그러나 춘불경작하면 추무소득이라고 했습니다. 봄에 씨를 뿌리고 경작하지 않으면 가을에 거둘 게 아무것도 없다는 말입니다. 사랑하는 성도 여러분! 이것은 영적인 일에도 마찬가지입니다. 하나님 앞에 심지 않으면 인생의 가을이 되었을 때 아무것도 거두지 못합니다. 그러므로 성경은 말씀합니다.

"이것이 곧 적게 심는 자는 적게 거두고 많이 심는 자는 많이 거둔다 하는 말이로다 각각 그 마음에 정한 대로 할 것이요 인색함으로나 억

지로 하지 말지니 하나님은 즐겨 내는 자를 사랑하시느니라"(고후 9:6-7).

인생은 누구나 한 번입니다. 단 한 번 왔다 가는 소중한 인생을 우리는 어떻게 살아야 합니까? 영원한 삶과 인생의 풍성한 삶을 위해서는 좋은 것을 심어야 합니다. 인생은 심는 대로 거두기 때문입니다.

그렇다면 무엇을 심어야 합니까? 구원은 믿음으로 받습니다. 그러나 축복은 심는 대로 거둡니다. 어떤 사람은 하나님 앞에 자신의 인생을 심습니다. 어떤 사람은 달란트를 심습니다. 어떤 사람은 하나님 앞에 믿음의 수고와 봉사를 심습니다. 감사를 심습니다. 찬양을 심습니다. 어떤 사람은 하나님 앞에 물질을 심습니다. 사람이 무엇으로 심든지 반드시 심은 대로 거두게 됩니다. 많이 심으면 많이 거둘 것입니다. 적게 심으면 적게 거둘 것입니다. 심지 않으면 거둘 것이 없습니다.

러시아 땅에 바흠이라는 농부가 살았습니다. 그는 소작인이었기 때문에 자기 땅을 갖고 싶었습니다. 애써서 자기 땅을 조금 갖게 되었지만 넓은 땅을 소유하길 간절히 소원했습니다. 어떻게 하면 넓은 땅을 소유할 수 있을까 생각하던 중에 땅을 판다는 사람이 있어서 그를 찾아갔습니다.

"땅값이 얼마입니까?"

바흠이 묻자 그는 보통과 다른 방법을 말합니다.

"우리는 땅을 넓이로 팔지 않습니다. 하루에 1천 루블입니다. 1천 루블을 내면 당신이 소유하고 싶은 만큼 땅을 가질 수 있습니다. 다만 한 가지 조건이 있지요."

바흠은 땅을 갖고 싶은 욕심에 어떻게 하면 되는지 물었습니다.

"여기에서 출발하여 해가 지기 전까지 반드시 출발점으로 돌아오십시오. 그러면 당신이 돌아본 땅 전부를 1천 루블에 드리겠습니다."

그는 다음 날 새벽에 일찍 출발했습니다. 마음이 급해서 걸을 수가 없어서 뛰기 시작했습니다. 그가 가는 만큼 그의 땅이 될 테니까요. 너무 힘들어서 중간에 멈추고도 싶었지만 조금이라도 땅을 더 갖고 싶은 마음에 계속 달렸습니다.

점심때가 지나 이제 돌아갈 때가 되었다고 생각했는데, 눈앞에 더 비옥한 땅이 보이는 겁니다. '그래, 저 땅까지만 가자' 하면서 그는 계속해서 뛰었습니다. 이제는 정말 돌아가야겠다고 생각했을 때 그는 이미 너무 멀리 가 있었습니다. 그는 이제 방향을 바꾸어 죽을힘을 다해 뛰기 시작했습니다. 어느새 해는 기울기 시작했고 아직 출발한 장소까지는 갈 길이 멀었습니다. 그는 너무 힘들었지만 땅을 포기할 수 없었습니다. 있는 힘을 다해서 해가 떨어지는 순간 출발점에 도착할 수 있었습니다. 그는 출발점에 들어온 후 푹 쓰러졌습니다. 사람들은 장한 일을 했다고 박수를 쳐주었습니다.

바흠의 하인이 다가가서 주인을 부축해서 일으키려 하자 그의 입에서 피가 흘러나왔고, 그는 다시 일어나지 못했습니다.

톨스토이 단편집 중에 '사람에게는 얼마만큼의 땅이 필요한가?'라는 제목의 이야기입니다. 이야기의 마지막 구절은 이렇습니다.

"바흠의 하인은 괭이를 들고 그 주인을 위해 구덩이를 팠다. 그 구덩이는 머리에서 발끝까지 단 2미터밖에 되지 않았다. 그는 그곳에 묻혔다."

사랑하는 성도 여러분, 왜 사람들이 물질에 집착하고 거기에 그토록 마음을 빼앗기는 것일까요? 왜 사람들은 돈이라면 그렇게 사족을 못 쓰고 돈에 울고 웃으며 집착하며 살아갈까요? 공산주의의 창시자인 카를 마르크스는 그 이유를 다음과 같이 말합니다.

"나의 힘은 내가 가진 돈의 힘만큼 크다. 돈의 속성은 돈을 가진 자의 속성이자 능력이 된다. 나는 못생겼지만 돈으로 아름다운 여자를 살 수 있다. 내가 파렴치하고 어리석어도 돈이 존경을 받기 때문에 돈만 있으면 존경을 받을 수 있다. 부정직한 사람이라도 돈만 있으면 돈의 힘으로 정직하다고 인정받을 수 있다. 내가 어리석어도 돈이 만물을 움직이는 진짜 머리이니 돈을 가진 사람이 어찌 어리석을 수 있단 말인가? 인간이 열망하는 모든 것을 다 돈으로 살 수 있으니, 돈을 소유하는 자는 인간의 모든 능력을 소유한 자가 아닌가? 그러므로 돈은 나를 돈의 액수만큼 능력의 사람으로 만들어 주는 것이다."

사랑하는 성도 여러분! 오늘 본문은 재물에 대한 예수님의 가르침입니다. 오늘 본문의 배경은 이렇습니다. 어떤 사람이 예수님을 찾아와서 이런 부탁을 했습니다.

> "무리 중에 한 사람이 이르되 선생님 내 형을 명하여 유산을 나와 나누게 하소서 하니"(눅 12:13).

"선생님! 우리 형에게 명하여 유산을 나와 나누게 해주세요"라는 부탁입니다. 이 사람은 예수님의 말씀이 권세가 있기 때문에 자기 형에게 예수님이 가셔서 설득하면 형의 마음이 변할 것이라고 생각한 것입니다.

유대인들에게는 부모의 유산을 나누는 법이 정해져 있었습니다. 맏이는 다른 형제의 두 몫을 받습니다. 형제가 둘이라면 부모의 재산을 삼등분해서 그중 둘을 형에게 주고 나머지 하나를 아우에게 주면 됩니다. 그런데 본문에서 예수님을 찾아온 이는 동생입니다. 예수님을 찾아와서는 형의 유산 중 일부를 자기가 받을 수 있게 해달라고 부탁하는 것입니다.

왜 이런 일이 일어났을까요? 구체적인 상황은 모르지만, 다음 두 가지 경우를 생각해 볼 수 있습니다. 첫 번째는 형이 두 몫을 가지면서도 거기에 만족하지 못해서 하나밖에 없는 동생의 몫도 챙겨 가려고 욕심을 부린 경우입니다. 동생의 두 배를 가지면서도 나머지 하나도 주기 싫어서 조금 주었든지 동생 것까지 빼앗아 갔을 수 있습니다. 또 하나는 그 반대의 경우입니다. 형은 제대로 유산을 분배했는데 동생이 욕심을 내는 것입니다.

여러분, 형에게 두 몫을 주는 이유가 무엇입니까? 부모님을 모시고 봉양하기에 두 몫을 주는 것입니다. 그런데 형은 그 일을 하지 않고 오히려 동생이 부모님을 모시고 살았습니다. 동생이 부모님을 모시고 살면서 가정의 대소사를 다 책임졌습니다. 부모님이 아파서 병원에 입원했을 때도 형은 나 몰라라 하면서 병문안 한 번을 안 옵니다. 동생이 수발을 다 했습니다.

그런데 부모님이 돌아가시자 형이 장례식장에 나타나서 형이라는 이유로 부모의 유산 중 두 몫을 챙겨 갑니다. 동생이 "형님! 이러면 안 됩니다. 제가 부모님을 모셨으니 오히려 형 몫에서 떼어 제게 주어야 합니다. 제가 어머니를 10년 동안 모셨습니다" 하고 항의합니다. 그러나 형은 "안 돼! 법대로 하자" 이러면서 두 몫을 가지고 갑니다. 동생의 마음속에 억울함과 분노가 일어납니다.

예수님을 찾아온 이의 정확한 상황은 모릅니다. 그러나 예수님은 동생의 요청에 뭐라고 말씀합니까?

"이르시되 이 사람아 누가 나를 너희의 재판장이나 물건 나누는 자로 세웠느냐 하시고"(눅 12:14).

예수님께서는 "나는 이런 것을 재판해 주는 사람이 아니다" 하며 거절하셨습니다. 예수님은 왜 거절하셨을까요?

첫째, 인간의 탐심 때문입니다.

사람의 마음속에 탐심이 생기면 타협이 안 됩니다. 순종이 안 됩니다. 아무리 좋은 조건을 제시해도 탐심을 가진 자는 설득되지 않습니다. 왜 그렇습니까? 탐심은 내가 만든 신이요, 내가 만든 하나님이요, 우상이기 때문입니다. 예수님께서는 이렇게 말씀하십니다.

"그들에게 이르시되 삼가 모든 탐심을 물리치라 사람의 생명이 그 소유의 넉넉한 데 있지 아니하니라 하시고"(눅 12:15).

그러므로 탐심을 물리치시길 축원합니다.

여러분, 부모의 유산을 아무리 공평하게 나누고 서로의 입장을 배려한다 할지라도 마음속에 탐심이 들어가면 형제지간이라도 타협이 안 됩니다. 상대방이 볼 때는 좋은 조건이라 할지라도 탐심을 가진 자는 설득이 안 됩니다. 만족하지 못합니다. 그래서 예수님은 궁극적인 해결 방법을 제시합니다. 탐심을 물리치라고 명령하십니다. 그러므로 여러분도 모든 탐심을 물리치시길 축원합니다.

그렇다면 탐심이란 무엇입니까? '탐심'은 헬라어로 '플레오넥시아'입니다. '플레이온'과 '에코'의 합성어인데, '플레이온'은 영어로 'more', '좀 더 많은'이라는 뜻입니다. '에코'는 영어로 'have', '가지다'라는 뜻입니다. 직역하면 '좀더 많이 가지려는 마음'입니다. 만족함이 없는 마음을 의미합니다. 필요해서가 아니라 분수에 넘치도록 더 가지려는 마음을 가리켜 탐심이라고 합니다.

사람의 마음속에 이 탐심이 왜 생기는 것일까요? 탐심에도 메커니즘이 있습니다. 모든 인간은 하나님과의 관계 속에서 행복하도록 만들어졌습니다. 하나님의 형상으로 만들어졌기 때문입니다. 그런데 사람이 죄로 말미암아 하나님을 떠났습니다. 존재 자체이신 하나님을 떠났기 때문에 존재의 근거를 상실해 버렸습니다. 그래서 불안합니다. 뭔가를 대신 붙잡으려고 합니다. 존재 자체이신 하나님을 붙잡는 대신에 다른 것을 붙잡는 그것을 종교적으로는 우상이라고 합니다. 신의 대체물로 붙잡는 존재물에 대한 사랑을 탐심이라고 합니다.

다시 말하면, 하나님을 떠난 빈 마음에 뭔가를 채워야 하는데 무엇으로 채우느냐는 것입니다. 어떤 사람은 돈으로 채우려고 합니다. 어떤 사람은 육신적인 권력으로 채우려고 합니다. 어떤 사람은 세상의 명예와 부와 쾌락으로 채우려고 합니다. 그것이 돈이든 재물이든 세상의 권세든 자신의 존재와 가치를 확인하려고 몸부림을 칩니다. 이처럼 하나님 대신 채우려고 하는 그 대상이 바로 탐심입니다. 하나님이 떠난 빈 마음을 존재 자체이신 하나님으로 채우는 것이 아니라 대체물로 그 공간을 채우려는 것이 탐심입니다.

탐심은 하나님을 떠난 인간의 실존적인 모습입니다. 인간의 탐심은 언제나 하나님을 대신하여 우리 삶을 지배합니다.

사랑하는 성도 여러분, 많은 사람이 예수를 믿어도 탐심 때문에 하나님을 제대로 섬기지 못합니다. 탐심 때문에 인색합니다. 탐심 때문에 인간관계가 깨집니다. 형제지간의 우애가 깨집니다. 영혼이 파리해져 갑니다. 영혼이 헐벗고 굶주립니다. 탐심 때문에 인생에 만족이 없습니다. 범사에 감사가 없습니다. 탐심은 내가 만든 신이요, 내가 만들고 섬기는 우상이요, 내가 만든 가짜 하나님입니다.

> **"그리스도 예수의 사람들은 육체와 함께 그 정욕과 탐심을 십자가에 못 박았느니라"**(갈 5:24).

그러므로 탐심을 철저하게 물리치시길 축원합니다. 탐심을 십자가에 못 박아 버리시길 축원합니다.

만약 오늘 저와 여러분이 탐심을 물리치지 않으면 어떻게 될까요? 우리가 만들어 낸 탐심은 반드시 우리를 배신합니다. 탐심은 우리를 비참하게 만듭니다. 우리 인생을 파멸시킵니다. 그러므로 선포합니다. "탐심의 영은 떠날지어다. 탐욕의 영은 떠날지어다. 어둠은 떠날지어다!"

사랑하는 성도 여러분, 그렇다면 우리가 탐심에서 벗어날 수 있는 길은 무엇일까요? 더 많이 가지면 해결될까요? 아닙니다. 우리 안에 있는 탐심은 끝이 없습니다. 탐심은 만족을 모르는 마음입니다. 세상이 주는 물을 먹고 마시고 취해 보지만 더 갈증이 납니다. 더 목이 마릅니다. 타는 듯한 탐심에서 벗어날 수가 없습니다. 그렇다면 오늘 저와 여러분이 이 탐심에 잡히지 않고 탐심을 물리치려면 어떻게 해야 할까요?

둘째, 모든 물질의 주인은 하나님이십니다.

하나님은 우리 인생의 주인이십니다. 우리 인생의 공급자이십니다. 모든 물질의 주인이십니다. 그러므로 탐심을 극복하는 진정한 해결책은 철저하게 하나님이 내 인생의 주인임을 인정하는 것입니다. 하나님이 모든 물질의 주인임을 인정하는 것입니다. 내 인생의 공급자이심을 철저하게 인정하는 것입니다.

성경은 우리를 청지기라고 말씀합니다. 청지기는 진정한 주인이 아닙니다. 우리의 물질은 물질의 주인 되신 하나님께서 우리에게 잠시 맡기신 것입니다. 그러므로 청지기인 우리는 물질을 주인의 뜻대로 사용해야 합니다. 청지기인 저와 여러분은 하나님 앞에 설 때 결산해야 합니다. 내게 맡겨 주신 물질을 어떻게 썼는지 하나님 앞에 결산해야 한다는 사실을 기억하십시오.

사랑하는 성도 여러분, 오늘 여러분은 어떠십니까? 탐심으로부터 해방되시길 축원합니다.

그런데 하나님을 믿지 않고 하나님의 존재를 인정하지 않는 사람은 어떻게 됩니까? 그들은 죽을 때까지 탐심에서 벗어날 수 없습니다. 스스로 만들어 낸 탐심이라는 신에서 절대로 벗어날 수 없습니다.

오늘 본문에서 부자는 생각합니다. 소출이 많아서 곡식을 더는 쌓을 곳이 없으니 어떻게 하면 좋을까 하며 행복한 고민을 합니다. 여러분 같으면 어떻게 하겠습니까? 불쌍한 이웃과 나누고 하나님 앞에 심을 것입니다. 그런데 이 부자는 어떻게 합니까?

"또 이르되 내가 이렇게 하리라 내 곳간을 헐고 더 크게 짓고 내 모든 곡식과 물건을 거기 쌓아 두리라 또 내가 내 영혼에게 이르되 영혼아 여러 해 쓸 물건을 많이 쌓아 두었으니 평안히 쉬고 먹고 마시고 즐거워하자 하리라 하되"(눅 12:18-19).

더 크게, 더 많이 쌓아 두고는 자신의 수고를 자랑스러워하며 편히 쉬겠다고 합니다. 더 많이 소유할수록 더 안전할 것이라고, 자기의 물질이 언제까지나 자기의 미래를 보장해 줄 것이라고 믿었습니다. 그런 그에게 하나님께서 뭐라고 말씀하십니까?

"하나님은 이르시되 어리석은 자여 오늘 밤에 네 영혼을 도로 찾으리니 그러면 네 준비한 것이 누구의 것이 되겠느냐 하셨으니"(눅 12:20).

하나님은 세 마디를 하십니다. "어리석은 자여, 오늘 밤에 네 영혼을 도로 찾으리니, 그러면 네 준비한 것이 뉘 것이 되겠느냐?" 성경은 왜 이 부자를 어리석다고 말씀합니까? 부자는 물질만 바라보았습니다.

이것이 어디서 왔는지, 어떻게 사용해야 하는지, 그리고 어떻게 사용했는지에 대한 하나님의 평가를 전혀 생각하지 않았습니다. 물질과 하나님과의 관계를 고려하지 않았습니다. 그래서 어리석다는 것입니다.

그런가 하면 부자는 물질보다 더 중요한 것이 있다는 것을 몰랐습니다. 그것이 무엇입니까? 자기의 생명입니다. 생명이 누구의 손에 달려 있는지를 몰랐습니다. 결국 자기가 모아둔 것이 다 자기 것이 되지 않는다는 것을 몰랐습니다. 그는 계속 쥐고만 있으면, 움켜쥐기만 하면 된다고 생각했습니다. 이미 많이 가졌으면서도 더 갖길 원했던 것입니다. 부자는 스스로 만든 탐심이라는 가짜 신의 노예가 되어 살았습니다.

사랑하는 성도 여러분! 오늘 예수님을 찾아온 동생의 모습이 어쩌면 바로 이 부자의 모습일 수 있습니다. 더 중요한 것은 오늘날 대부분의 사람들이 바로 이와 같이 산다는 것입니다. 이것이 이 시대의 가치관이요, 탐심이라는 영에 잡혀서 끝없이 물질만 추구하며 살아가는 사람들의 모습입니다.

오늘 주님 앞에 나아온 이 형제는 정말 돈이 없는 가난한 사람들이었을까요? 아닙니다. 먹고사는 데 아무런 문제가 없는 사람들이었습니다. 부모의 유산이 충분한 사람들입니다. 그 정도면 충분히 행복하게 살 수 있었습니다. 더 많이 갖지 않아도 얼마든지 살 수 있는 사람들입니다. 그런데 탐심 때문에 형제간의 우애가 깨집니다. 인생이 황폐해집니다. 영혼이 헐벗게 됩니다. 탐심에 잡히면 육신적인 삶은 풍요로워도 영혼은 헐벗고 굶주리게 됩니다.

사랑하는 성도 여러분, 오늘 여러분은 어떻습니까? 예수를 믿어도 많은 사람들이 탐심에 잡혀 삽니다. "목사님! 저는 하나님을 믿고 사는데 탐심에 잡혀 사는지 어떻게 알 수 있을까요?" 저와 여러분이 하나님을 믿고 산다고 하지만 정말 그런지, 탐심에 잡혀 있지 않은지는 다음 세 가지 다림줄을 내려 보면 알 수 있습니다.

첫 번째, 물질 때문에 가족 간에 불화하고 갈등하고 있다면 당신은 분명히 탐심을 갖고 있는 것입니다. 물질 때문에 가족 관계가 흔들리고 있다면 당신은 100퍼센트 탐심에 빠져 있는 것입니다.

두 번째, 인생을 살다 보면 물질을 잃고 물질의 손해를 볼 때가 있습니다. 그럴 때 울고불고 통곡하며 죽네 사네, 돈 때문에 못 살겠다 생각하고 있다면 당신은 100퍼센트 탐심에 빠져 있는 것입니다. 여러분, 돈 때문에 울지 마십시오. 예수 믿는 사람은 주님의 사랑 때문에 울고, 하나님의 은혜 때문에 울어야 합니다. 사람의 생명은 소유의 넉넉함에 있는 것이 아닙니다. 살다 보면 돈을 잃을 수도 있고 손해 볼 수도 있지만 인생은 이것 때문에 망하거나 실패하거나 죽는 것이 아닙니다.

세 번째, 돈을 하나님보다 더 믿고 신뢰하고 있다면 당신은 탐심에 빠져 있는 것입니다. 돈이 있으니 하나님 없이도 살 수 있을 것 같고, 돈이 있으니 기도 안 해도 될 것 같습니까? 돈이 있으니 든든합니까? 돈 때문에 신앙생활이 게을러진다면 돈을 믿고 사는 것입니다.

여러분, 돈이 있으면 잘 사는 것입니까? 돈이 없다고 못 사는 것입니까? 돈이 있어도 못 살 수 있고, 돈이 없어도 얼마든지 잘 살 수 있습니다. 돈이 없다고 인생을 실패한 것이 아닙니다. 그러므로 못 사는 사람이라고 자책할 것도 없습니다. 그런데 우리는 우리 마음의 탐심 때문에 자족할 줄을 모릅니다.

그렇다면 오늘 우리는 어떻게 살아야 할까요? 물질이 전부라고 생각하는 이 시대에 우리는 어떻게 살아야 할까요?

셋째, 진리로 심고 거두는 인생이 되십시오.

여러분, 인생은 탐심으로 사는 것이 아닙니다. 인생은 하나님의 은혜로 사는 것입니다. 우리는 탐심으로 사는 자들이 아니라 하나님의 진리의 말씀으로 사는 자들입니다. 그렇다면 어떻게 내 안의 탐심을 물리치며 선한 청지기로서 인생을 살아갈 수 있을까요? 우리의 소유를 진리로 심을 때 우리 안의 탐심의 영이 떠나갑니다. 콩 한 쪽도 나눌 때 탐심이 떠납니다. 그러므로 하나님 나라를 위해서 부지런히 진리로 심고 거두며 살아가시길 축원합니다.

"이것이 곧 적게 심는 자는 적게 거두고 많이 심는 자는 많이 거둔다 하는 말이로다 각각 그 마음에 정한 대로 할 것이요 인색함으로나 억지로 하지 말지니 하나님은 즐겨 내는 자를 사랑하시느니라"(고후 9:6-7).

여러분, 우리 인생은 기회입니다. 한 번 왔다 가는 기회입니다. 성경은 말씀합니다. 하나님 나라의 법칙은 심는 대로 거두는 것이며, 그 법대로 살아야 한다고 말입니다. 적게 심으면 적게 거두고, 많이 심으면 많이 거둡니다. 그러므로 밭이 보이면 부지런히 심어야 풍성하게 거둘 수 있습니다.

그렇다면 오늘 저와 여러분은 어떻게 해야 합니까? 심어야 할 밭이 보이면 물질의 주인 되신 하나님께 반드시 묻고 심으시길 축원합니다. 하나님께 묻고 선한 사업에 풍성하게 심으시길 축원합니다. 그럴 때 하나님께서 생각지 못한 축복을 거두게 하십니다.

사랑하는 성도 여러분, 봄입니다. 농부는 봄이 되면 씨를 뿌립니다. 절대로 허황된 생각을 하지 않습니다. 봄에 씨를 뿌리지 않았는데 가을에 추수하러 낫 들고 나가겠다는 것은 허황된 생각입니다. 농부는 거둘 것을 생각하며 심습니다. 반드시 심어야 거둡니다.

지금 여러분 앞에 심을 수 있는 밭이 준비되어 있습니다. 이 밭은 아주 비옥하고 좋은 밭입니다. 4월부터 우리 교회 외장 공사를 진행합니다. 모든 성도님들이 하나님의 성전 외부 공사에 동참해서 심고 거두는 축복을 경험하시길 축원합니다. 모세가 광야에서 성막을 지을 때 이스라엘 백성들이 날마다 금과 은, 패물과 재료들을 하나님 앞에 가져왔습니다. 너무 많이 가져와 모세가 "여러분! 그만 가져오십시오. 충분합니다. 차고 넘칩니다"라고 하자 이스라엘 백성들이 가져오기를 멈추었습니다. 우리 교회의 외장 공사에도 이런 역사가 있기를 축원합니다.

역사적으로 가장 많은 땅을 정복했던 이는 알렉산더 대왕입니다. 그는 약관의 나이인 20세에 정복을 시작해서 32세에 아시아를 다 정복하고 세상을 떠났습니다. 그는 죽으면서 이렇게 유언했습니다.

"내가 죽으면 관 양쪽에 구멍을 내서 양손이 관 밖으로 나오게 하라!"

그는 평생을 땅만 정복했습니다. 탐심과 야망에 사로잡혀 온 세상을 정복하고 또 정복했습니다. 그래서 세계의 땅을 대부분 정복했지만 죽을 때는 아무것도 가져가지 못한다는 것을 사람들에게 알려 주고 싶었던 것입니다.

올봄에는 여러분의 인생의 밭에 가장 좋은 씨를 파종하시길 축원합니다.

진리의 관점을 디자인하라
Design your perspective

진리로 심고 거두라

첫째, 인간의 탐심 때문입니다.
둘째, 모든 물질의 주인은 하나님이십니다.
셋째, 진리로 심고 거두는 인생이 되십시오.

관점을 디자인하라 2 DESIGN YOUR PERSPECTIVE

4장

제자의 관점을 디자인하라

주를 위해 수고하라(마 11:12)

참된 제자가 돼라(눅 14:27)

인정받는 일꾼(딤후 2:14-15)

영광스러운 일꾼(딤전 1:12-17)

교회의 일꾼(벧전 5:1-4)

믿음의 거목이 돼라(시 92:12-15)

주를 위해 수고하라 (마 11:12)

Design your perspective

세례 요한의 때부터 지금까지 천국은 침노를 당하나니 침노하는 자는 빼앗느니라

지금의 시대를 격변의 시대라고 합니다. 이런 격변의 시대에 가장 위험한 것은 격변 자체가 아니라 지난 사고방식을 버리지 못하는 것이라고 합니다. 경영학의 아버지인 피터 드러커는 격변하는 시대에 가장 큰 위기는 위기 자체가 아니라 그것을 대하는 우리의 자세라고 했습니다.

여러분, 뜨거운 물에 개구리를 넣으면 개구리가 깜짝 놀라서 밖으로 뛰쳐나옵니다. 그런데 1872년에 생리학자 하인즈만(Heinzmann)이 개구리가 들어 있는 섭씨 21도의 물을 90분에 걸쳐서 서서히 데우는 실험을 했습니다. 섭씨 37.5도까지 오르는 동안 개구리는 물 밖으로 나오지 않고 있다가 그 안에서 죽었습니다. 점진적으로 증폭되는 위험에 개구리가 반응하지 못한 것입니다. 이것을 '삶은 개구리 증후군' 이라고 합니다. 이처럼 조용히 다가오는 변화를 느끼고 올바로 대처하지 못하면 아주 위험해집니다.

미국의 조지 바너는 이런 개구리의 모습이 마치 오늘날 예수 믿는 사람들의 모습과 같다고 말합니다. 정말 그런 것 같습니다. 어쩌면 이것은 오늘날 교회의 모습일지도 모릅니다. 많은 교회가 코로나로 인

하여 원치 않게 현실에 안주하였고, 원치 않게 많은 성도들이 영적인 생활을 멈추었습니다. 믿음의 잠을 자게 되었습니다. 이로 인해 수많은 그리스도인들이 자신도 모르는 사이에 복음의 야성을 잃어버렸습니다. 그러면서 아주 서서히 영적으로 약해지고 병들어 죽어 갑니다.

사랑하는 성도 여러분, 그런 의미에서 이 시대 기독교의 가장 큰 도전은 세상의 박해가 아닙니다. 외부적인 탄압이 아닙니다. 외부적인 어떤 환경이 아닙니다. 바로 조용히 다가오는 변화에 대처하지 못하는 동안 육신의 안일함과 편리함 속에 은밀하게 세상의 유혹이 다가오자 교회의 본질을 잃어버린 것입니다. 성도의 본질을 잃어버린 것입니다.

코로나 중에도 우리가 멈추지 않은 것이 있습니다. 우리는 여전히 밥은 먹고 살았습니다. 학생들은 공부를 했습니다. 직장인들도 여전히 직장 생활을 했습니다. 사업이든 일이든 힘들었지만 계속했습니다. 밥 먹는 것, 일하는 것, 공부하는 것 같은 육신적인 일은 멈출 수가 없습니다. 육신의 생명과 직결되어 있기 때문입니다.

그런데 당장 보이지 않는 영적인 생활은 소홀히 하다 보니 많은 사람들이 사망의 잠을 자게 되었습니다. 오늘 다시 한번 일어서시길 축원합니다. 선포합니다. "내 영혼아, 일어날지어다. 어둠은 떠날지어다!" 사망의 잠에서 깨어나시길 축원합니다. 깨어 기도하시길 축원합니다. 영적인 잠에서 깨어나시길 축원합니다.

> "여호와 내 하나님이여 나를 생각하사 응답하시고 나의 눈을 밝히소서 두렵건대 내가 사망의 잠을 잘까 하오며"(시 13:3).

사랑하는 성도 여러분, 저와 여러분이 왜 일어서야 합니까? 우리가 왜 깨어 기도해야 합니까? 사람은 영적인 존재이기 때문입니다. 육신적인 일과 삶은 천 년을 살아도 주님 앞에 별로 기억되지 않기 때문입니다.

> "육신을 따르는 자는 육신의 일을, 영을 따르는 자는 영의 일을 생각하나니 육신의 생각은 사망이요 영의 생각은 생명과 평안이니라" (롬 8:5-6).

그렇다면 우리가 육신의 안일함에서 벗어나려면 어떻게 해야 할까요? 성경은 말씀합니다.

> "세례 요한의 때부터 지금까지 천국은 침노를 당하나니 침노하는 자는 빼앗느니라"(마 11:12).

천국, 영적인 세계는 침노를 당한다고 했습니다. 천국이 어떻게 침노를 당합니까? 복음을 가진 우리가 주를 위해 수고할 때 천국은 침노를 당합니다. 복음을 가진 우리가 주의 일에 힘쓸 때 천국은 침노를 당하는 것입니다. 우리가 주를 위해 살고 주의 일에 힘쓸 때 하나님 나라는 확장되고 천국은 침노당합니다. 우리가 죽은 영혼들에게 복음을 전할 때 천국은 침노를 당합니다.

그렇다면 우리가 왜 주를 위해서 수고를 아끼지 말아야 합니까?

첫째, 우리는 하나님의 자녀이기 때문입니다.

종교개혁자 칼뱅이 죽을 때, 예정론 때문에 힘들었던 그의 제자들이 임종을 앞둔 칼뱅에게 이런 질문을 했습니다.

"선생님, 예정론에 대하여 취소할 생각은 없으신지요?"

그러자 칼뱅이 유명한 말을 합니다.

"성경이 그렇게 말씀하셨다. 우리는 성경이 가는 데까지 가고, 멈추는 데서 멈춰야 한다."

왜 그렇습니까? 예정론에 대한 오해가 많았기 때문입니다. 여러분, 예정론이 무엇입니까? 내가 하나님의 자녀가 된 것은 내게 어떤 근거가 있어서가 아닙니다. 내가 구원받은 것은 내게 어떤 선함이 있어서가 아닙니다. 내가 구원받고 하나님의 자녀가 된 것은 오직 하나님의 은혜 때문입니다. 나는 오히려 하나님으로부터 멀어지려고 했는데 하나님이 나를 꼭 붙들어서 오늘 이 자리에 있게 되었다는 것입니다.

그러므로 내가 하나님의 자녀가 된 것은 내 공로가 아니라 은혜와 의의 선물을 넘치게 주신 전적인 하나님의 은혜요, 불가항력적인 하나님의 은혜입니다. 이것을 고백하는 것이 예정론입니다.

그렇다면 이 예정론이 성경에 나옵니까? 네, 나옵니다. 성경에 나오기 때문에 이론이 된 것입니다. 어디에 나옵니까?

"찬송하리로다 하나님 곧 우리 주 예수 그리스도의 아버지께서 그리스도 안에서 하늘에 속한 모든 신령한 복을 우리에게 주시되 곧 창세 전에 그리스도 안에서 우리를 택하사 우리로 사랑 안에서 그 앞에 거룩하고 흠이 없게 하시려고 그 기쁘신 뜻대로 우리를 예정하사 예수 그리스도로 말미암아 자기의 아들들이 되게 하셨으니 이는 그가 사랑하시는 자 안에서 우리에게 거저 주시는바 그의 은혜의 영광을 찬송하게 하려는 것이라"(엡 1:3-6).

사랑하는 성도 여러분! 오늘 저와 여러분은 이런 엄청난 하나님의 은혜로 의의 선물을 받고 구원받은 자가 되었습니다. 그렇다면 이런 하나님의 은혜와 사랑을 넘치게 받은 저와 여러분은 어떻게 살아야 합니까? 하나님의 은혜를 잊지 말고 사시길 축원합니다. 십자가의 그 사랑을 잊지 말고 사시길 축원합니다.

우리는 예수 믿고 영원한 생명을 가진 하나님의 자녀입니다. 우리가 가진 이 생명은 주님과 하나 된 생명입니다. 주님과 똑같은 생명입니다. 죽음이 없습니다. 저주가 없습니다.

교회인 저와 여러분은 어떤 존재입니까? 우리는 주님의 몸이요 지체입니다. 교회인 우리는 주님의 몸입니다.

"교회는 그의 몸이니 만물 안에서 만물을 충만하게 하시는 이의 충만함이니라"(엡 1:23).

교회는 만물 안에서 하나님의 통치를 선포하고 만물을 다스려야 합니다. 그런데 교회가 세상에 완전히 눌려 버렸습니다. 교회인 저와 여러분의 정체성이 무엇입니까? 그리스도 안에서 죽음을 이긴 자, 세상을 이긴 자입니다. 그러므로 하늘과 땅의 권세를 가지고 세상에 침투해 들어가야 합니다. 세상은 죄와 사망의 법 아래 신음하고 있기 때문입니다.

핼러윈데이 전야에 이태원에 많은 우리 아이들이 모였습니다. 사람에 쌓여 수많은 자녀들이 죽었습니다. 세상은 사망이 왕 노릇 합니다. 우리는 세상에 침투해 들어가서 복음으로 영혼들을 살려 내야 합니다.

10월 24일에 여수 지역으로 전도하러 갔습니다. 많은 영혼이 주께 돌아왔습니다. 한 목사님 부부가 오셨는데, 그분들은 섬에서 목회를 하다가 뇌출혈로 은퇴하시고 신장 투석 중이셨습니다. 주일 새벽 우리 교회 한 권사님이 여수 지역에 전도하러 갈 때 쓰라고 봉투 하나를 주셨습니다. 어렵게 사시는 그 목사님, 사모님께 그 봉투를 그대로 드렸습니다.

사랑하는 성도 여러분, 우리가 왜 돈을 벌어야 합니까? 어디에 돈을 써야 합니까? 하나님 나라를 위해서입니다. 성경은 말씀합니다.

"또 누구든지 제자의 이름으로 이 작은 자 중 하나에게 냉수 한 그릇이라도 주는 자는 내가 진실로 너희에게 이르노니 그 사람이 결단코 상을 잃지 아니하리라 하시니라"(마 10:42).

오늘 주님은 내가 예수 그리스도의 이름으로 냉수 한 그릇 준 것도 절대로 잊지 않으시겠다고 합니다. 우리 주님이 바로 이런 분이십니다. 저와 여러분의 삶 가운데 작은 땀방울 하나라도 수고한 것을 결단코 잊지 않으십니다. 다 기억하고 다 갚아 주십니다.

제가 지금까지 살면서 제일 많이 경험한 것이 무엇인 줄 아십니까? 바로 갚아 주심입니다. 하나님은 우리에게 언제나 후하게 갚아 주십니다. 철저하게 갚아 주십니다. 하나도 남김없이 갚아 주십니다.

그런가 하면 하나님은 당신의 백성들이 핍박받고 방해받은 일들도 갚아 주는 분이십니다. 500년 전에 있었던 일을 기억하시고 사울 왕에게 아말렉 족속을 진멸하라고 말씀하십니다.

"사무엘이 사울에게 이르되 여호와께서 나를 보내어 왕에게 기름을 부어 그의 백성 이스라엘 위에 왕으로 삼으셨은즉 이제 왕은 여호와의 말씀을 들으소서 만군의 여호와께서 이같이 말씀하시기를 아말렉이 이스라엘에게 행한 일 곧 애굽에서 나올 때에 길에서 대적한 일로 내가 그들을 벌하노니 지금 가서 아말렉을 쳐서 그들의 모든 소유를 남기지 말고 진멸하되 남녀와 소아와 젖 먹는 아이와 우양과 낙타와 나귀를 죽이라 하셨나이다 하니"(삼상 15:1-3).

하나님은 아말렉 족속이 출애굽하던 이스라엘 백성들을 방해한 500년 전 사건을 기억하고 그들을 진멸하라고 명령하십니다. 이처럼 하나님은 철저하게 갚아 주시는 분이십니다.

이런 하나님께서는 오늘 저와 여러분의 죄도 갚아 주셨습니다. 깨끗하게 갚아 주셨습니다. 우리의 죄를 어떻게 갚아 주셨습니까? 그 아들 예수를 이 땅에 보내 주셨습니다.

"하나님이 죄를 알지도 못하신 이를 우리를 대신하여 죄로 삼으신 것은 우리로 하여금 그 안에서 하나님의 의가 되게 하려 하심이라"(고후 5:21).

하나님은 우리의 죄를 철저히 갚아 주셨습니다. 내가 죽어야 할 그 자리에 주님이 대신 죽으심으로 예수 믿고 거듭난 저와 여러분은 하나님의 의가 되었습니다. 나는 하나님의 의가 되었습니다. 그러므로 하나님의 임재 앞에 두려움 없이, 죄책감 없이 설 수 있는 능력이 있습니다. 하나님께서 주신 엄청난 능력으로 주를 위해 수고하는 저와 여러분이 되길 축원합니다.

천국은 침노하는 자의 것입니다. 믿음으로 침투하시길 축원합니다. 복음으로 침투하시길 축원합니다. 예수의 이름으로 침투하시길 축원합니다. 사람의 마음속에 침투해 들어가야 합니다. 하나님은 당신을 위해 수고하시는 모든 것들을 절대 잊지 않으십니다. 작은 땀방울 하나라도 다 기억하십니다. 꿈같은 일이 일어납니다.

그렇다면 우리가 주를 위해 수고하고 주의 일에 힘쓰는 것은 구체적으로 어떤 것일까요?

둘째, 영혼들을 사랑하고 섬기는 것입니다.

여러분, 주님께서 가장 사랑하는 것이 있다면 무엇일까요? 사람의 영혼입니다. 주님께서 가장 가치 있게 여기는 것은 사람의 영혼입니다. 주님께서 가장 소중하게 여기는 것은 바로 죽은 영혼이 살아나는 것입니다. 죄로 인하여 죽은 영혼이 살아나는 것입니다.

"사망아 너의 승리가 어디 있느냐 사망아 네가 쏘는 것이 어디 있느냐 사망이 쏘는 것은 죄요 죄의 권능은 율법이라 우리 주 예수 그리스도로 말미암아 우리에게 승리를 주시는 하나님께 감사하노니"(고전 15:55-57).

할렐루야! 이 복음처럼 천국을 침노하시길 축원합니다. 천국을 침노하는 일은 바로 주를 위해 힘쓰는 것입니다. 이것이 주를 위해 수고하는 것입니다.

하나님은 어떤 분이십니까? 부족함이 없으십니다. 그래서 하나님께 드릴 수 있는 유일한 선물은 영혼입니다. 하나님께서는 당신의 형상으로 만드신 영혼 외에는 부족함이 없으십니다. 하나님께 부족한 것이 무엇이 있겠습니까? 하나님이 금이 부족하시겠어요, 은이 부족하시겠어요, 돈이 부족하시겠어요? 하나님께서 다 만드셨는데 뭐가 부족하시겠습니까? 하나님은 부족한 것이 아무것도 없는 분이십니다.

딱 하나 하나님의 간절한 소원이자 원하시는 것이 있습니다. 그것은 바로 하나님의 가슴에 불순종의 칼을 박고 떠나 버린 사람의 영혼을 찾는 것입니다. 지금도 수많은 사람들이 죄 가운데 방황하고 있습니다. 하나님과의 생명의 관계가 끊어졌습니다. 영적인 생명이 죽어 버린 것입니다. 이것은 하나님께서 마음대로 못 하십니다. 왜 그렇습니까? 인간에게 자유의지를 주셨기 때문입니다. 그래서 사람들이 하나님을 선택할 수도 있고, 떠날 수도 있습니다.

그러므로 하나님께서 유일하게 기뻐하시는 것은, 하나님의 형상으로 창조된 사람들이 우리가 전하는 복음의 기쁜 소식을 듣고 하나님 앞으로 돌아오는 것입니다. 죽은 영혼들이 돌아와서 아버지의 사랑을 깨닫고 아버지 품에 안겨서 잃어버린 모든 축복을 회복하는 것입니다. 하나님은 이것을 가장 기뻐하십니다.

우리가 주를 위해 수고한다는 것은 바로 하나님의 마음 안에 있는 영혼들, 하나님의 가슴속에 들어 있는 영혼들을 위해 수고하는 것입니다. 그러기 위해서는 어떻게 해야 합니까?

셋째, 대가를 지불해야 합니다.

참사랑은 대가를 지불해야 합니다. 여러분, 사랑을 해보셨습니까? 누군가를 사랑하면 그 사람을 위해 대가를 지불합니다. 필요하면 돈도 쓰고, 시간도 씁니다. 사랑하면 희생합니다. 그러므로 성경은 말씀합니다.

> **"그가 우리를 위하여 목숨을 버리셨으니 우리가 이로써 사랑을 알고 우리도 형제들을 위하여 목숨을 버리는 것이 마땅하니라"**(요일 3:16).

사랑하는 성도 여러분! 참사랑은 반드시 대가를 지불합니다. 희생합니다. 사랑에는 반드시 값을 치러야 합니다. 여러분 모두 사랑의 대가를 지불하시길 축원합니다.

우리는 하나님의 사랑을 어떻게 알게 되었습니까? 예수께서 우리를 위해서 생명을 내어 주심을 통해 알게 되었습니다. 그러므로 사랑은 대가를 치르는 것입니다. 예수께서 아무런 대가도 안 치르셨다면 어떻게 되었을까요? 십자가를 안 지셨고 죽지 않으셨다면, 우리를 위해 아무런 대가도 안 치르셨다면, 그것은 예수님께서 우리를 사랑하신 것이 아닙니다. 사랑은 반드시 대가를 치러야 사랑이 됩니다. 이것이 사랑의 위대한 속성입니다.

그러나 세상에서 말하는 사랑은 어떤 사랑입니까? 이기적인 사랑입니다. 자기중심적인 사랑입니다. 세상의 사랑은 아무런 대가도 안 치르고 사랑을 누리려고만 합니다.

여러분, 참된 사랑은 사랑하면 너무 행복하고 사랑받으면 좋고 행복합니다. 이런 사랑이 되려면 어떻게 해야 합니까? 대가를 치러야 합니다. 대가를 치르지 않는 사랑은 참사랑이 아닙니다.

세상은 어떻습니까? 아무런 대가를 치르지 않고 누리려고만 합니다. 많은 사람들이 이런 싸구려 사랑에 길들고 맛이 들어서 주님도 이렇게 사랑하려고 합니다. 주님의 몸 된 교회도 이렇게 사랑하려고 합니다. 교회 안에서 "어떻게 형제들을 위해서 목숨을 버려요? 잃어버린 영혼을 위해 어떻게 목숨을 버립니까? 어떻게 목숨을 버리면서까지 영혼을 구원합니까?"라고 합니다.

사랑하는 성도 여러분, 왜 예수의 사랑이 고귀합니까? 그분의 생명을 주셨기 때문입니다. 나 같은 죄인을 위해 대가를 치르셨기 때문입니다. 그것이 사랑입니다. 대가를 치르는 만큼 고귀하고 존귀한 사랑이 됩니다. 그러므로 주를 위해 수고를 아끼지 마시길 축원합니다.

영국의 에드워드 8세는 왕이 된 지 10개월 만에 사랑 때문에 왕권을 포기했습니다. 그가 왕세자 시절에 좋아했던 여인은 한 번 이혼하고 심프슨이라는 사람과 결혼하여 런던에서 살고 있던 미국 여인이었습니다. 영국 황실에서 극구 반대하자 왕이었던 에드워드는 두 번째로 이혼한 여인과 결혼하기 위해 왕위를 포기했습니다. 영국 왕실은 이혼 경력이 있는 유부녀와 사랑에 빠진 왕을 용서하지 않았습니다.

그는 원저공으로 신분이 격하된 채 조국을 떠나 프랑스에서 살았습니다. 이 두 사람의 사랑을 일컬어 '세기의 사랑'이라고 합니다.

사랑하는 성도 여러분, 참사랑은 어떤 대가를 치르든 반드시 지불합니다. 어떤 희생이라도 감수합니다. 그래서 사랑은 그만큼 가치가 있고 존귀한 사랑이 되는 것입니다. 이것이 사랑을 평가하는 기준입니다. 그 사랑을 위해서 내가 얼마나 대가를 치렀느냐, 내가 얼마나 희생을 했느냐 하는 것이 사랑을 평가하는 기준입니다. 크고 존귀한 사랑은 그 사랑을 위해서 크고 소중한 것을 포기한 사랑입니다.

사랑을 하긴 했는데 치른 대가도 없고 포기한 것도 없다면 그런 사랑은 참사랑이 아닙니다. 사랑하는 척만 하면서도 살 수 있습니다. 부부도 사랑하는 척만 하고도 살 수 있습니다.

사랑의 속성 중에 사랑의 크기는 어떻습니까? 지불한 대가에 비례합니다. 성경이 말씀하는 사랑의 본질적은 특성은 바로 희생입니다. 희생이 사랑의 본질적인 특성입니다. 사랑하는 대상을 위해서 내가 뭔가를 희생합니다. 사랑하는 대상을 위해서 나의 소중한 것을 내려놓는 것입니다. 그래서 사랑이 영적인 일이 되는 것입니다.

사랑이 로맨틱하고 연애할 때 느끼는 감정이라면 그것은 영적인 일이 될 수 없습니다. 사랑이 영적인 것이 되는 포인트가 무엇입니까? 사랑을 위해서 내가 희생하고 대가를 치르는 것입니다. 그럴 때 그 사랑이 영적인 것이 됩니다. 그 사랑이 천국을 침노합니다. 그 사랑이 하나님의 가슴에 감동을 줍니다.

사랑 중에 가장 큰 사랑은 생명을 내놓는 것입니다. 생명을 버리는 사랑입니다.

> **"사람이 친구를 위하여 자기 목숨을 버리면 이보다 더 큰 사랑이 없나니"(요 15:13).**

사랑 중에 가장 큰 사랑이 여기 있습니다. 사랑 중에 가장 강력한 사랑은 생명을 희생하는 사랑입니다. 생명의 대가를 치르는 사랑은 일생에 한 번밖에 못 합니다. 그래서 다른 것으로 대가를 치릅니다.

두 번째로 중요한 것이 무엇입니까? 돈입니다. 돈이란 사랑뿐 아니라 영성과도 깊이 연결되어 있습니다. 물론 생명을 내어놓는 것보다는 덜하겠지만 생명을 빼놓고 사람이 희생할 수 있는 제일 큰 것이 바로 돈 아닙니까? 그러니 돈이 따라가지 않는 사랑, 희생이 없는 사랑은 가치가 없는 사랑입니다. 아무런 대가도 치르지 않는 사랑은 가치가 없습니다. 아무런 희생도 치르지 않는 사랑은 가치가 없습니다.

여러분, 우리가 왜 영혼을 위해 모든 수고를 해야 합니까? 영혼을 위한 수고가 바로 우리의 면류관이기 때문입니다. 우리 하나님의 마음속에는 무엇이 들어 있을까요? 세상에서 가장 소중한 바로 우리의 영혼들이 하나님의 마음속에 들어 있습니다. 하나님은 한 영혼이 돌아오면 천국에서 잔치를 하십니다. 하나님께서 가장 기뻐하시는 일이 영혼들에게 잘해 주는 것입니다. 한 영혼을 사랑하고, 섬기고, 아버지의 사랑 가운데로 인도하고, 셀 모임을 통해서 영혼들을 잘 돌보고 섬기는 것을 하나님께서 가장 기뻐하십니다. 이것이 주를 위해 수고하는 것입니다.

그래서 성경은 말씀합니다.

"그러므로 나의 사랑하고 사모하는 형제들, 나의 기쁨이요 면류관인 사랑하는 자들아 이와 같이 주 안에 서라"(빌 4:1).

"너희가 바로 나의 기쁨이요 면류관이다." 오늘 우리 모두에게 이런 은혜가 있기를 축원합니다.

"우리의 소망이나 기쁨이나 자랑의 면류관이 무엇이냐 그가 강림하실 때 우리 주 예수 앞에 너희가 아니냐 너희는 우리의 영광이요 기쁨이니라"(살전 2:19-20).

바울이 말합니다. "내가 자랑할 면류관이 무엇이냐? 바로 너희가 아니냐! 예수님께서 다시 오실 때 내가 하나님 앞에 받을 면류관은 너희다. 내가 자랑할 것은 너희다!"

여러분, 사람이 면류관입니다. 사람의 영혼이 하나님 앞에 드릴 수 있는 최고의 선물입니다. 하나님을 사랑하십니까? 그렇다면 그 하나님께서 죽도록 사랑하시는 영혼들을 여러분도 사랑하시길 축원합니다. 그 영혼들을 위해서 기도하시길 축원합니다. 불신 영혼들이 아버지의 사랑 가운데로 돌아올 수 있도록 섬기고 땀 흘리고 힘쓰는 저와 여러분이 되길 축원합니다.

그리고 한 영혼이 주님께 돌아와 구원받을 수 있도록 복음을 전하는 것입니다. 그 구체적인 수고를 하나님께서 기억하겠다고 하십니다. 그러므로 영혼들을 위해서 수고하고 땀 흘리는 저와 여러분이 되길 축원합니다.

진리의 관점을 디자인하라
Design your perspective

주를 위해 수고하라

첫째, 우리는 하나님의 자녀이기 때문입니다.
둘째, 영혼들을 사랑하고 섬기는 것입니다.
셋째, 대가를 지불해야 합니다

참된 제자가 돼라 (눅 14:27)
Design your perspective

누구든지 자기

십자가를 지고 나를 따르지 않는 자도 능히 내 제자가 되지 못하리라

부모는 자녀에 대한 계획이 있습니다. 어떤 미국인 아버지가 아이가 태어나기 2년 전부터 아이가 태어나면 어떻게 키우겠다는 계획을 세웠습니다. '내 자식 잘 키워야지!' 하는 정도의 계획이 아니라 78쪽에 달하는 구체적인 양육 계획서를 작성합니다. 아이가 다섯인데 그 중 두 딸 비너스와 세레나를 테니스 선수로 만들 계획을 세웁니다. 이런 아버지의 불굴의 헌신과 어머니의 균형 잡힌 면밀한 통찰력 아래 두 딸은 시설이 낙후된 테니스 코트에서 비가 오나 눈이 오나 연습을 거듭합니다. 부정적인 예측과 전혀 이길 수 없을 것 같은 불리함을 함께 극복해 나갑니다.

아버지 리차드 윌리엄스는 흑인입니다. 흑인들의 인권이 무시당하던 시절에 아버지는 모든 굴욕을 참아 냅니다. 아이들이 보는 앞에서 지역 건달들에게 구타당하고 폭행을 당합니다. 그래도 아버지는 묵묵히 참아 냅니다. 아버지는 자녀들에게 "세상은 나를 무시하지만 너희들은 존중받게 될 것이다"라며 자녀들을 위해 모든 수모를 겪으면서도 불굴의 의지로 비전과 계획대로 훈련시킨 결과 전설적인 테니스 선수 윌리엄스 자매로 만들어 냅니다.

이 이야기는 영화로도 만들어졌는데 제목이 〈킹 리차드〉입니다. 저는 이 영화를 보면서 우리 주님이 많이 생각났습니다. 아버지 리차드가 자녀를 위해서 그 수모를 당하면서도 끝까지 포기하지 않는 모습을 보면서 우리 주님이 생각나서 울컥울컥했습니다.

사랑하는 성도 여러분, 아이가 태어나면 부모는 그 아이를 호적에 올립니다. 그리고 그 아이를 잘 키우기 위해 모든 수고와 노력을 아끼지 않습니다. 그러니 아이는 어린아이 상태에 멈춰 있으면 안 됩니다. 계속해서 성장하고 자라서 부모의 기대를 이루고 자신의 의미 있는 인생을 살아가야 합니다. 이것은 자녀를 둔 부모의 간절한 소원이기도 합니다.

신앙생활도 별반 다르지 않습니다. 우리가 예수 믿고 하나님의 자녀가 됩니다. 그러나 우리의 믿음이 초보에 머물러 있어서는 안 됩니다. 계속해서 성장해서 예수님의 제자가 되시길 축원합니다. 날마다 성장해서 하나님의 뜻을 이루어 드리시길 축원합니다.

여러분은 하나님의 뜻을 이루어 드리기 위해서 누군가의 제자가 된 적이 있습니까? 제자가 되어 보았다면 또 다른 제자를 세울 수 있습니다. 제자가 되려면 무엇보다도 두 가지가 필요합니다. 첫 번째는 비전입니다. 나를 향한 하나님의 뜻이 무엇인지, 나를 향한 하나님의 부르심이 무엇인지 그 비전을 발견해야 합니다.

두 번째는 순종입니다. 비전을 이루는 데 있어서 가장 큰 방해물이 무엇입니까? 부모나 배우자, 친구가 아닙니다. 비전을 이루는 데 있어서 가장 큰 방해물은 바로 자기 자신입니다. 내 자아가 하나님께 순종하지 못하도록 계속 방해합니다. 내 삶의 주인으로 살았던 자아가 하나님의 뜻에 순종하지 못하도록 방해합니다. 이렇게 거역하는 자아를 깨뜨리고 복종을 배워 가는 과정을 우리는 권리 포기라고 합니다.

옛날에는 권리 포기라는 말이 없었습니다. 그런데 지금은 시대적으로 권리 포기라는 말을 많이 사용합니다. 왜 그렇습니까? 이 시대가 강하게 권리를 요구하기 때문입니다. 핸드폰을 보고 길을 가다가 도로가 움푹 팬 곳을 잘못 디뎌서 발목을 접질리자 국가를 대상으로 손해 배상을 청구합니다. 사람들은 모두 저마다 자기의 권리를 요구합니다. 자기 권리를 극대화하려고 몸부림칩니다. 자녀가 부모에게, 학생이 스승에게, 직원이 사장에게, 국민이 국가에 한없이 권리를 요구하는 시대입니다. 심지어는 모든 사람들이 '인권! 인권!' 하면서 성소수자들의 인권까지도 보장하라고 요구하고 있습니다. 그러나 성경은 하나님의 뜻을 분별하여 순종하라고 말씀합니다.

"너희는 이 세대를 본받지 말고 오직 마음을 새롭게 함으로 변화를 받아 하나님의 선하시고 기뻐하시고 온전하신 뜻이 무엇인지 분별하도록 하라"(롬 12:2).

그런데 왜 우리는 순종할 수 없을까요? 왜 순종이 잘 안 될까요? 우리 속에 있는 옛 자아가 계속해서 자기의 권리를 주장하기 때문입니다. 여러분, 순종해야 하는데 뭔가 마음속에서 치밀어 올라오는 것이 있습니까? '내가 왜? 내가 꼭 그래야 돼?' 하며 거부하는 마음이 있습니다. 자기 권리를 요구하는 마음이 있습니다. 이것을 내려놓아야만 순종이 가능합니다.

그러므로 순종은 자기 권리를 포기해야 할 수 있습니다. 순종의 본질은 바로 권리를 포기하는 것입니다.

사랑하는 성도 여러분, 우리는 복음을 받아들이면서 성도가 됩니다. 권리를 포기하고 순종하면서 예수님의 제자로 성장해 갑니다. 그러므로 예수님의 제자가 되려면 가장 먼저 자기 권리를 포기해야 합니다. 왜 그렇습니까? 예수님이 저와 여러분의 주인이기 때문입니다. 그러므로 권리 포기란 내가 주인 된 삶에서 내려와 예수님이 진정한 나의 주인이라는 것을 인정하는 것입니다.

내 인생의 주인이 바뀌지 않으면 우리는 절대로 참된 제자가 될 수 없습니다. 주님을 따르다가도 결정적인 순간에 배신합니다. 여러분, 예수를 믿어도 주인이 바뀌지 않으면 아무것도 달라지지 않는 것과 같습니다. 그러므로 권리 포기는 예수님의 제자가 되는 과정에서 반드시 필요한 과정입니다. 신앙의 성장 과정에서 반드시 있어야 합니다. 권리 포기가 없으면 절대로 신앙이 성장하지 않습니다. 이것이 없으면 성장이 멈춰 버립니다. 나를 향한 하나님의 뜻을 이루어 드릴 수가 없습니다.

예수님께서 제자를 뽑으실 때 어떤 사람을 선택하셨습니까? 본문은 예수님의 제자가 되는 방법에 대해서 예수님께서 직접 들려주신 아주 소중한 말씀입니다. 오늘 본문 배경이 25절에 나옵니다.

"수많은 무리가 함께 갈새 예수께서 돌이키사 이르시되"(눅 14:25).

많은 무리가 예수님을 따랐습니다. 시기적으로는 어떤 때입니까? 예수님의 공생애인 3년이 끝나가는 시점입니다. 얼마 전에 5천 명을 먹이신 기적 사건이 있었기에 많은 사람들이 호기심을 가지고 군중심리에 붙들려서 예수님을 따라왔습니다. '예수님이 왕이 되면 좋겠다. 그래서 우리를 로마의 압제에서 해방시켜 주면 좋겠다.' '예수님이 왕이 되면 우리의 경제 문제를 해결해 주실 것이다.' '예수님이 왕이 되면 우리의 질병 문제를 해결해 주실 것이다.' 모두들 자기 나름의 욕망을 지니고 예수님을 따랐습니다.

예수님께서 길을 가다가 뒤를 돌아보고 "너희들은 왜 지금 나를 따라오는 것이냐"라고 질문하셨습니다. 그리고 '나를 따라오는 것은 좋은데 아무런 생각 없이 덜렁덜렁 따라오지 말고 정말로 나의 제자가 되라'고 간곡한 부탁을 하십니다.

지금 예수님은 어디로 가고 있습니까? 십자가를 지러 예루살렘으로 가시는 중입니다. 그런데 사람들이 아무 생각 없이 예수님을 따라옵니다. 그렇게 따르는 사람들은 쉽게 예수를 버립니다. 이런 군중은 자기 마음에 안 들면, 자기 기분에 맞지 않으면, 자기 생각과 다르면 쉽게 예수를 버리고 다시 제 길로 가버립니다. 그러므로 '이런 군중의 자리에 머물지 말고 정말로 나를 따라오려거든 진정한 제자가 되어 끝까지 따라오라'는 것입니다. 이것이 오늘 본문의 내용입니다.

그렇다면 예수님의 참된 제자가 되기 위해서는 어떻게 해야 합니까?

첫째, 예수님을 가장 사랑해야 합니다.

우리가 인생을 살다 보면 사랑하는 것들이 많이 생깁니다. '덕질'이라는 말이 있습니다. 어떤 일을 좋아해서 열정적으로 그와 관련된 것을 모으거나 파고드는 것을 말합니다. BTS의 한 멤버를 좋아하면 그 사람의 모든 것을 다 삽니다. 밥을 먹을 때도 그 사람 사진을 식탁 위에 놓고 먹습니다. 꼭 이런 게 아니더라도 우리는 사랑하며 살아갑니다. 부모님을 사랑하며 삽니다. 자식을 사랑하며 삽니다. 아내도, 남편도, 형제자매도, 친구도 사랑합니다. 우리는 사랑하는 모든 것 가운데 예수님을 가장 사랑해야 합니다.

> "무릇 내게 오는 자가 자기 부모와 처자와 형제와 자매와 더욱이 자기 목숨까지 미워하지 아니하면 능히 내 제자가 되지 못하고"(눅 14:26).

여기서 '미워한다'는 말은 강조하는 어법입니다. 두 개가 다 소중합니다. 부득이하게 하나를 선택해야 한다면 하나를 내려놓아야 하는데 이런 경우를 미워한다고 표현한 것입니다.

여러분, 우리에게 가장 소중한 게 무엇입니까? 아마 오늘 본문과 똑같을 것입니다. 부모님이 소중합니다. 자식도 소중합니다. 아내와 남편도 소중합니다. 내 형제자매, 가족도 소중합니다. 세상에 이것보다 소중한 것이 어디 있겠습니까? 만약에 있다면 마지막으로 자기 목숨입니다. 그런데 이것보다 더 소중한 게 있다는 것입니다. 그것이 무엇입니까? 바로 예수님입니다. 왜 그렇습니까? 예수님은 나보다 나를 더 사랑하시기 때문입니다.

오늘 본문을 오해하지 마시기 바랍니다. 예수님 빼고는 다 버리라는 뜻이 아닙니다. 우리는 가족을 사랑해야 합니다. 자기 생명도 아껴야 합니다. 그러나 예수님이 더 소중하다는 말씀입니다.

주 예수보다 더 귀한 것은 없네 이 세상 부귀와 바꿀 수 없네
영 죽을 내 대신 돌아가신 그 놀라운 사랑 잊지 못해
세상 즐거움 다 버리고 세상 자랑 다 버렸네
주 예수보다 더 귀한 것은 없네 예수밖에는 없네(찬송가 94장)

이 고백이 분명해야만 참제자가 될 수 있습니다. 다른 것을 사랑하지 말라는 것이 아닙니다. 사랑해야 할 것 중에 가장 사랑하는 것이 예수님이어야 합니다. 고난주간을 맞이해서 예수님을 뜨겁게 사랑하시길 축원합니다.

예수님을 사랑하면 사랑하지 못할 것이 없습니다. 용서하지 못할 사람이 없습니다. 예수님의 참된 제자가 되려면 어떻게 해야 합니까? 예수님을 가장 사랑하시길 축원합니다.

또 참된 제자가 되려면 어떻게 해야 합니까?

둘째, 자기 십자가를 져야 합니다.

오늘은 종려주일입니다. 이제 예수님께서 고난을 당하고 십자가를 지는 고난주간이 시작됩니다. 예수님을 따르는 제자라면 누구나 자기 십자가를 지고 예수님을 따라야 합니다.

> "누구든지 자기 십자가를 지고 나를 따르지 않는 자도 능히 내 제자가 되지 못하리라"(눅 14:27).

각자 자기 십자가를 지고 따라오라고 말씀하십니다. 십자가가 능력이기 때문입니다. 예수님께서 십자가를 지셨으니 나는 십자가를 안 져도 될까요? 아닙니다. '십자가는 힘들고 어려운 것이니까 나는 지기 싫어!' 하는 자세로는 제자가 될 수 없습니다. 왜 그렇습니까? 하나님께서 우리 모두에게 각자 그 사람에게 맞는 십자가를 주셨기 때문입니다. 그 십자가를 지고 주님을 따라가야 합니다.

그렇다면 이런 생각이 들 수도 있습니다. '자기 십자가가 뭐지?' 예수님의 십자가는 속죄의 십자가지만 우리의 십자가는 그런 것이 아닙니다. 저와 여러분이 예수님을 따라가기 위해 지불해야 하는 모든 수고의 대가가 다 나의 십자가입니다. 그래서 우리에게는 각자 자기만의 십자가가 있는 것입니다. 절대로 다른 사람의 십자가를 대신 져줄 수가 없습니다.

각자의 십자가를 늘 지고 가야 합니다. 부모의 사랑이 아무리 커도 자식의 십자가는 대신 져줄 수 없습니다. 부모가 자식을 대신해서 아플 수 없듯이, 부모가 자식 대신 죽어 줄 수 없듯이, 아무리 사랑이 많은 어머니라도 자녀의 십자가를 대신 질 수는 없습니다. 자신의 십자가는 자신이 져야 합니다. 그래서 내 몫에 태인 십자가라고 부르는 것입니다.

사랑하는 성도 여러분, 우리 모두에게는 자신에게 주어진 십자가가 있습니다. 그렇다면 나에게 주어진 이 십자가를 어떤 자세로 져야 합니까? 예수님께서 그 본을 보여 주셨습니다. 예수님에게는 예수님이 지셔야 할 십자가가 있었습니다. 쉽지 않은 십자가였습니다. 그래서 예수님은 어떻게 하셨습니까? 이 잔이 물러가게 해달라고 기도하셨습니다. 그리고 덧붙이길 '그러나 내 원대로 하지 마시고 아버지의 원대로 하십시오'라고 하셨습니다.

그러고 나서 예수님은 고백합니다. "아버지께서 내게 주신 잔을 내가 마시지 않겠느냐!" 십자가를 아버지께서 자신에게 주신 잔으로 받아들이고 더는 불평하거나 원망하지 않았습니다. 순종하는 마음, 감사하는 마음으로 고난의 십자가를 지셨습니다.

우리도 그래야 합니다. 자기 십자가를 묵묵히 지고 가시길 축원합니다. 불평 없이 지고 가시길 축원합니다. 기꺼이 지고 가시길 축원합니다. 감사함으로 지고 가시길 축원합니다. 순종하는 마음으로 잘 지고 가시길 축원합니다.

이런 이야기가 있습니다. 자기 십자가가 무겁다고 십자가를 원망하고 불평하는 사람이 있었습니다. '내 십자가는 왜 이렇게 무겁지? 저 사람의 십자가는 가볍게 보이고 질 만하게 보이는데 나는 왜 힘든 십자가가 벗겨지지 않지?' 하고 생각했습니다.

그러던 어느 날 밤 꿈을 꾸었습니다. 꿈에 예수님께서 현현하셔서 "네 십자가가 그렇게 무거우냐?" 물으셨습니다. 그가 "네, 주님. 제 십자가는 너무 크고 무겁습니다!"라고 대답했습니다. 그러자 주님이 "그렇다면 여기에 많은 십자가가 있으니 이 중에서 네가 질 수 있는 십자가를 하나 골라 보거라!" 하시는 것입니다.

그는 너무 기쁘고 좋아서 그곳에 있는 십자가들을 하나씩 살펴보며 자기가 질 만한 십자가를 고르기 시작했습니다. 큰 십자가, 작은 십자가, 무거운 십자가, 가벼운 십자가, 화려한 십자가, 초라한 십자가…. 하나하나 다 살펴본 후에 가장 작고 가벼운 십자가를 골라 "주님, 저는 이 십자가가 마음에 듭니다"라고 말했습니다. 주님이 그에게 십자가 뒤에 누구 이름이 쓰여 있는지를 보라고 하셔서 십자가를 돌렸는데 거기에 자신의 이름이 쓰여 있었습니다.

"아니, 이것은 제 십자가가 아닙니까?"
"그렇다. 그것이 너에게 가장 적합한 십자가였단다."
그리고 꿈에서 깨어났다고 합니다.

여러분, 여러분의 십자가는 각자에게 가장 알맞은 것입니다. 그러니 내 십자가와 다른 사람의 십자가를 비교하면 안 됩니다. 내 몫에 태인 십자가는 내게 주신 잔입니다. 잘 감당하는 저와 여러분이 되길 축원합니다.

마지막으로 예수님의 참된 제자가 되려면 어떻게 해야 할까요?

셋째, 모든 소유를 마음에서 내려놓아야 합니다.

사람에게는 마음이 소중합니다. 그리고 그 마음의 중심에 예수님이 계셔야 합니다. 하나님의 말씀이 있어야 합니다. 그래야 우리 인생의 중심이 잡힙니다.

예수님께서 두 가지 비유를 말씀하십니다. 인생의 차변과 대변을 잘 비교해 보라는 말씀입니다. 하나는 망대를 세우는 비유입니다.

"너희 중의 누가 망대를 세우고자 할진대 자기의 가진 것이 준공하기까지에 족할는지 먼저 앉아 그 비용을 계산하지 아니하겠느냐"
(눅 14:28).

그 당시에 실제로 있었던 일을 놓고 이야기를 하고 계십니다. 예루살렘은 실제로 큰 도시라서 밖에서부터 수로를 만들어서 물을 끌어들여오지 못하면 예루살렘 시민들에게의 식수가 부족해집니다. 그래서 로마 총독 빌라도가 예루살렘 시민들에게서 인기를 얻기 위해 외부에 수로를 만들어서 예루살렘에 물이 부족하지 않도록 해주겠다고 약속했습니다.

그는 수로 공사를 시작하면서 자기 기념탑부터 세웁니다. 그러다 보니 공사 비용이 부족해서 수로 공사를 중단했습니다. 수로를 관리할 망대를 다 세우지 못했습니다. 이것 때문에 예루살렘 시민들이 빌라도를 엄청 욕합니다. 예수님은 이 사건을 놓고 이야기하신 것입니다.

"그렇게 아니하여 그 기초만 쌓고 능히 이루지 못하면 보는 자가 다 비웃어"(눅 14:29).

사람들이 비웃을 것이라는 것입니다.

두 번째는 이어서 31절에 나옵니다. 전쟁은 위험하고 중요한 일입니다. 그래서 전쟁을 하기 전에는 많은 것을 생각하고 계산해야 합니다. 북한이 남한을 함부로 침략하지 못하는 이유가 무엇입니까? 여러 가지가 있겠으나 그중 하나는 남한의 군사력이 엄청나기 때문입니다. 나에게는 군사가 만 명이 있고 적군은 2만 명이라면 신중하게 생각해야 합니다. '꼭 싸워야 하는가? 안 싸우면 안 되는가? 반드시 싸워야 한다면 어떻게 이길 것인가? 과연 끝까지 이길 수 있을 것인가?' 치밀한 계산과 계획을 통해 결론을 내야 합니다.

싸워야겠다고 결론을 내렸다면 죽기를 각오하고 끝까지 싸워야 합니다. 그러나 아무래도 안 되겠다는 생각이 든다면 빨리 포기하고 화친해야 합니다. 그러지 않고 무작정 전쟁을 하다가는 엄청난 일이 벌어질 것입니다.

사랑하는 성도 여러분! 예수님께서 이 두 가지 이야기를 왜 하셨을까요? 예수님을 따라가는 것도 이와 같기 때문입니다. 저와 여러분이 예수님의 제자가 되기로 결심했다면 끝까지 가야지 시작만 해놓고 중간에 끝내면 안 된다는 교훈입니다. 전도하다 보면 시작은 해놓고 중도에 포기하는 사람들이 많습니다. 그러면 사람들의 비웃음거리가 될 수도 있습니다.

그런가 하면 예수님의 제자가 되는 것은 만만한 일이 아닙니다. 전쟁에 나가는 것과 같이 생명을 걸어야 합니다. 그래야 끝까지 싸울 수 있습니다. 그래야 최후 승리를 얻을 수 있습니다. 우리나라를 일본에 빼앗겼을 때 독립군이 활약했습니다. 그 어려운 상황에서도 독립군에 들어가려면 세 가지 질문에 답해야 했습니다. '굶어 죽을 각오가 되어 있는가?' '맞아 죽을 각오가 되어 있는가?' '얼어 죽을 각오가 되어 있는가?' 이 질문들에 각오가 되어 있다고 하면 입단을 허락합니다. 비장한 각오를 하고 출발한 사람들이기에 이들은 웬만한 고난에도 끄떡하지 않았습니다.

예수님을 따라가는 길도 마찬가지입니다. 그냥 호기심으로 따라갈 수 있는 게 아닙니다. 오늘 본문에 나오는 무리처럼 아무 결심도 없이 그냥 따라가다가는 오합지졸이 될 뿐입니다. 조금 힘들면 뒤로 돌아가고, 불평하고, 시험에 들고, 교회 안 나오고, 연락도 안 됩니다. 교회에 누구 때문에 나오는 것 같고, 늘 자신의 감정과 기분에 휘둘립니다. 그래서는 안 됩니다.

주님은 "나를 따라오려거든 단단히 결심해라. 참제자가 되겠다는 비장한 결심을 하고 나를 따라오너라!" 하고 말씀하십니다. 할렐루야!

사랑하는 성도 여러분, 예수님은 왜 당신을 따르는 제자들에게 이렇게 어려운 요구를 당당하게 하실까요? 이유가 있습니다. 십자가는 대단히 고통스러운 것이지만 그 뒤에는 엄청난 부활의 영광이 있기 때문입니다. 십자가는 내가 죽어야 하는 고통이지만 그 뒤에 엄청난 축복이 약속되어 있기 때문입니다. 십자가를 지고 가려면 버릴 것도 많습니다. 그런데 사실은 엄청난 것들을 얻게 됩니다. 이런 엄청나게 큰 이익을 위해 작은 이익을 포기할 수 있다는 것입니다.

미래의 더 큰 이익을 위해 지금 작은 이익을 포기하고 참된 제자가 되는 일에 우리 인생을 투자하라고 합니다. 그러니 영원한 것을 위해 일시적인 것을 내려놓으시길 축원합니다. 큰 것을 위해 작은 것을 버릴 수 있기를 축원합니다. 여러분, 이것이 손해입니까? 아닙니다. 엄청난 이익입니다. 이것을 잘해야 좋은 투자가 됩니다.

그렇다면 왜 예수님께서 이러한 요구를 우리에게 하셨을까요? 주님은 우리를 사랑하시되 죽기까지 사랑하셨기 때문입니다. 예수님은 우리를 위해 당신의 모든 것을 아낌없이 쏟으셨습니다. 십자가에서 남김없이 다 쏟아 주셨습니다. 주님은 저와 여러분이 참된 제자가 될 것을 기대하시면서 묵묵히 십자가를 지셨습니다.

영화 〈킹 리차드〉에서 아버지는 자녀들을 위해 모든 굴욕을 참습니다. "딸아, 너는 모든 흑인을 대표해서 나가는 것이다. 나는 무시를 당하고 살았지만 너희들은 세상이 존중하는 사람으로 만들고 싶다."

예수님은 우리가 이 세상에서 죄에 매여 죄의 종 노릇 하면서 비굴하게 살지 않고 당당하게 세상을 이긴 자로 살 수 있도록 우리의 모든 수치와 죄악과 허물을 담당하셨습니다. 예수님의 제자가 되는 것은 거기에 전부를 걸어도 후회가 없는 최고의 인생입니다. 그러므로 주님은 모든 것을 내려놓고 자기를 따라오라고 말씀하십니다.

오늘 저와 여러분 모두가 각자의 십자가를 지고 예수님의 뒤를 잘 따라가길 축원합니다. 예수님의 참된 제자가 되는 것이 이 세상에서 가장 남는 장사요, 가장 멋진 투자요, 가장 영광스러운 일이라는 사실을 잊지 마시길 축원합니다. 이런 은혜가 우리 모두에게 있기를 축원합니다.

제자의 관점을 디자인하라
Design your perspective

참된 제자가 돼라

첫째, 예수님을 가장 사랑해야 합니다.
둘째, 자기 십자가를 져야 합니다.
셋째, 모든 소유를 마음에서 내려놓아야 합니다.

인정받는 일꾼 (딤후 2:14-15)

Design your perspective

너는 그들로 이 일을 기억하게 하여 말다툼을 하지 말라고 하나님 앞에서 엄히 명하라 이는 유익이 하나도 없고 도리어 듣는 자들을 망하게 함이라 너는 진리의 말씀을 옳게 분별하며 부끄러울 것이 없는 일꾼으로 인정된 자로 자신을 하나님 앞에 드리기를 힘쓰라

사람들은 저마다 마음속에 자신이 괜찮은 사람이라고 인정받기를 원합니다. 정말 괜찮은 사람이라고 칭찬받기를 원합니다. 왜 사람들마다 이런 갈망들이 있을까요? 우리 자신이 그렇게 존귀한 자이기 때문입니다. 우리가 하나님의 형상으로 창조되었기 때문입니다.

이 세상에 태어나서 아무런 의미도 없이 살다가 가기를 원하는 사람은 없습니다. 아무런 존재감 없이 그냥 사라져 버리길 원하는 사람도 없을 것입니다. 많은 사람들이 영웅 하면 대개는 위대한 정치가나 군인, 왕처럼 인류 역사에 기여하거나 업적을 남긴 사람들을 떠올립니다. 어떤 사람은 알렉산더 대왕이라고 합니다. 어떤 사람은 나폴레옹이라고 합니다. 어떤 사람은 로마의 시저라고 생각하고, 중국의 진시황제를 영웅이라고 생각하는 사람도 있습니다. 또 맥아더 장군, 영국의 처칠 수상도 영웅이라고 합니다.

이런 사람들은 매우 소수입니다. 우리와는 별로 상관이 없습니다. 그런데 이런 사람들만 영웅일까요? 우리 같은 평범한 소시민들은 영

웅과는 상관이 없는 것일까요? 영국의 역사학자이자 평론가인 토머스 칼라일은 자신의 책 《영웅의 역사》에서 진정한 영웅이라면 다음 세 가지 특징이 있어야 한다고 말합니다.

첫째는 사명의식입니다. 하나님이 나를 이곳에 보내셨고, 그래서 이 일을 한다는 투철한 사명감입니다. 둘째는 사명감에 성실하게 응답해서 어떤 분야든지 그 분야에서 아름다운 꽃을 피우고 열매를 맺는 것입니다. 여러분이 어떤 일을 하든지 그 분야에서 아름다운 열매를 맺어야 합니다. 셋째는 그 결과 다른 사람에게 감동을 전해 주는 것입니다. '나도 저렇게 살고 싶다. 나도 저분을 본받고 싶다' 하는 감동을 주는 것입니다.

사랑하는 성도 여러분, 오늘 저와 여러분은 어떻습니까? 그 사람의 직업이 무엇이든 상관없습니다. 시골에서 농사일을 하시는 농부라도 상관없습니다. 학교에서 아이들을 가르치는 교사라도 상관없습니다. 동네 마트에서 물건을 파는 사람일지라도 상관없습니다. 또 많이 가졌든 적게 가졌든 상관없습니다. 세상적인 권력이 있든 없든 상관없습니다. 스펙이 있든 없든 상관없습니다. 삶의 여러 현장에서 세 가지 특징을 보이며 제 역할을 감당하는 사람이 진정한 영웅입니다.

이렇게 영웅의 기준을 제시하고 이런 각도에서 보면 인류 최고의 영웅은 누구입니까? 토머스 칼라일은 바로 이 땅에 오신 예수님이 인류 최고의 영웅이라고 주장합니다. 예수님은 소명의식이 투철했습니다. 아버지 앞에 '내가 온 것은 잃어버린 자를 찾아 구원하고자 함이다'라는 확실한 소명의식을 가지고 있었습니다. 그리고 자신을 십자가에 내어 주시기까지 성실하게 그것을 감당하셨습니다. 그 결과 주님은 많은 사람들을 구원해 내셨습니다. 그리고 지금도 많은 사람들을 감동시키십니다. 그런 예수님의 삶을 많은 사람이 흠모하며 따르게 되었습니다. 칼라일은 이처럼 예수님의 영향력은 역사를 변화시키고도 남을 만큼 강력하다고 주장했습니다.

잘못된 영웅주의는 세상을 어지럽힙니다. 가치관에 혼란을 가져옵니다. 대다수의 사람을 실망시킵니다. 진정한 영웅은 자기를 나타내려고 몸부림치거나 세상을 요란하게 만들지 않습니다. 묵묵히 자기 삶의 현장에서 성실하게 살아가면서 다른 사람에게 삶의 희망과 용기를 주고 꿈을 주고 비전을 주며 거룩한 소명의식이 끓어오르게 만듭니다. 이런 사람들이 진정한 영웅이라는 것입니다. 이러한 토머스 칼라일의 새로운 영웅 이론은 기존의 잘못된 가치관을 바꾸는 데 엄청난 기여를 한 것으로 평가받고 있습니다.

사랑하는 성도 여러분, 여러분은 누구를 존경하십니까? 저는 어릴 때 역사 속에서 위대한 업적을 이룬 링컨, 맥아더 장군, 이순신 장군, 세종대왕 같은 사람을 존경했습니다. 그런가 하면 성경적으로는 다윗, 요셉, 다니엘, 느헤미야, 바울 같은 이들을 존경했습니다.

그런데 언제부턴가 참으로 존경하는 사람들이 제 주변의 목사님들, 그리고 우리 교회 안의 사람들로 바뀌었습니다. 교회 안에서 신앙 생활하시는 우리 성도님들을 보면서 '저분은 참 좋은 분이다, 저분은 참 본받고 싶은 분이다' 하고 생각합니다. 이런 사람들이 교회 안에 많은 것을 보게 됩니다. 이런 사람들이야말로 진정한 의미에서 오늘 우리의 영웅입니다.

그렇다면 오늘 우리는 어떤 사람이 되어야 할까요? 어떻게 살아야 인정받는 일꾼이 될 수 있습니까? 인정받는 일꾼이 되려면 어떻게 해야 합니까?

첫째, 충성스러워야 합니다.

예수 믿는 사람들은 하나님의 비밀을 맡은 자들입니다. 엄청난 복음을 소유한 자이기 때문입니다.

"그리고 맡은 자들에게 구할 것은 충성이니라"(고전 4:2).

충성스러운 사람은 어떤 사람입니까? 내게 맡겨진 일과 짐을 잘 지고 가는 사람입니다. 사람들은 저마다 지고 가는 짐이 있습니다. 여러분은 어떤 짐을 지고 가십니까? 목사에게도 무거운 짐이 있습니다. 목사에게 무거운 짐은 무엇일까요? 목회자에게 가장 무거운 짐은 바로 말씀을 전하는 짐입니다. 복음을 전하는 짐입니다. 목회자는 이 짐을 지고 두렵고 떨림으로 평생을 살다가 갑니다. 왜 그렇습니까? 하나님의 말씀을 맡은 자이기 때문입니다. 복음을 맡은 자이기 때문입니다. 그러므로 말씀 사역은 세상에서 가장 영광스러운 짐이요, 목회자에게는 가장 무거운 짐과 같습니다.

하나님의 말씀을 전하는 일은 세상에서 가장 귀한 사역입니다. 왜 그렇습니까? 하나님의 말씀을 통해서 죽은 영혼을 살리고, 죄와 사망의 법에서 하나님의 백성들을 자유롭게 하며, 그들을 인도해 나가야 하기 때문입니다. 그래서 하나님께서는 당신의 소중한 이 말씀과 복음을 전할 사람을 찾으십니다.

하나님은 쓸 만한 사람이 발견되면 그 사람을 예선하고 훈련을 시키십니다. 그리고 그 사람의 어깨 위에 당신께서 맡기고 싶은 짐을 묵직하게 올려놓습니다. 그래서 목회자는 그 말씀의 짐을 지고 헉헉거리며 걸어가는 것입니다.

어떤 사람은 교구장으로서 짐을 지고 갑니다. 어떤 사람은 셀 리더로서 짐을 지고 갑니다. 어떤 사람은 교사로서 짐을 지고 갑니다. 각자 맡겨진 사역들의 짐을 지고 갑니다.

그런가 하면 충성스럽게 일을 합니다. 심긴 그 자리에서 충성스럽게 일을 합니다. 맡은 자에게 구할 것은 충성입니다. 언제까지 충성스럽게 일해야 합니까? 심긴 그 자리에서 묵묵히 일하여 꽃을 피우고 열매를 맺을 때까지 충성스럽게 일해야 합니다.

무슨 말씀입니까? 나무 한 그루를 심으면 나무는 심긴 그 자리에서 꽃을 피우고 열매를 맺어야 합니다. 그러기 위해서 나무는 어떻게 해야 합니까? 모진 비바람을 견디어야 합니다. 때로는 거센 바람이 불어옵니다. 나뭇가지가 부러질 만큼 강한 태풍도 불어옵니다. 그럴지라도 나무는 묵묵히 심긴 그 자리에서 견디어 냅니다.

사랑하는 성도 여러분, 흔들리지 않는 나무가 어디 있습니까? 아프지 않은 인생이 어디 있겠습니까? 때로는 마음이 아프고 육체가 힘들지라도 심긴 그 자리에서 꽃을 피우시길 축원합니다. 열매를 맺으시길 축원합니다.

우리가 수원에 사는 것은 우연이 아닙니다. 우리의 만남도 우연이 아닙니다. 하나님께서는 30년 전 척박한 이곳에 저를 심으셨습니다. 처음 7년은 수원에 정이 안 들었습니다. 복음을 들고 전도하러 나가면 동네 사람들이 핍박했습니다. 저는 동네북이었습니다. 사람들이 저를 밟고 지나갑니다. 이 지역이 하도 강퍅해서 교회를 옮기려고 여기저기 건물을 찾아다니기도 했습니다.

그런 제게 주님은 딱 한 말씀을 하셨습니다. '링 밖을 떠나지 말라'고 하셨습니다.

여러분, 하나님은 우리 인생의 연출가이십니다. 주님께서는 우리에게 링 안에서 훈련하고 싸우라고 하십니다. 주님께서 인정하실 때까지 주님께서 심어 놓으신 곳에서 꽃을 피우라고 말씀하십니다.

"사람이 감당할 시험밖에는 너희가 당한 것이 없나니 오직 하나님은 미쁘사 너희가 감당하지 못할 시험 당함을 허락하지 아니하시고 시험

당할 즈음에 또한 피할 길을 내사 너희로 능히 감당하게 하시느니라"
(고전 10:13).

그동안 수많은 크고 작은 비바람과 사건들이 스쳐 지나갔습니다. 수많은 어려움 속에서도, 수많은 사건 속에서도 주님의 은혜로 이곳에 뿌리를 내리고 꽃을 피우게 하셨습니다. 오늘 우리 모두에게 이런 은혜가 있기를 축원합니다.

또 인정받는 일꾼이 되려면 어떻게 해야 합니까?

둘째, 말다툼을 하지 말아야 합니다.

"너는 그들로 이 일을 기억하게 하여 말다툼을 하지 말라고 하나님 앞에서 엄히 명하라 이는 유익이 하나도 없고 도리어 듣는 자들을 망하게 함이라"(딤후 2:14).

사람이 사는 곳에는 항상 옳고 그름의 논리와 시시비비가 있습니다. 이런 세상의 영이 교회 안에 들어와서 늘 다툼을 일으킵니다. 그러나 복음을 가진 자들은 하나님의 일을 하면서 다투지 말라고 말씀합니다. 내 속에 내가 아니라 그리스도가 사시기 때문입니다. 내 안에 있는 것은 내가 아니라 그리스도입니다. 그러므로 절대로 말다툼하거나 싸우지 마시길 축원합니다. 화평하게 하는 자가 되시길 축원합니다.

온유한 자는 복이 있나니 그들은 땅을 기업으로 받는다고 말씀하셨습니다. 하나님의 사람으로 살아갈 때 하나님께서 엄히 금지하신 것이 무엇입니까? 사람들과 싸우거나 말다툼하는 것입니다. 그러므로 사람들과 서로 화목하게 지내야 합니다.

우리가 화목하게 살기 위해서는 어떻게 해야 합니까? 먼저 예수님의 보혈이 우리에게 효험이 되어야 합니다. 내 안에 죄가 왕 노릇하면 다툼이 일어납니다. 화평이 없습니다. 죄의 특성인 다툼이 일어납니다.

여러분, 우리처럼 허물 많은 인생을 주님께서 구원하셨습니다. 하나님과 화목하게 하셨습니다. 예수님은 하나님과 우리 사이의 죄의 담을 허물고 화목제물이 되어 주셨습니다. 그러므로 하나님과 화목하게 된 저와 여러분은 먼저 나 자신과 화목해야 합니다. 먼저 나를 용서해야 합니다.

많은 사람들이 자신을 용납하지 못합니다. 자신과 화해하지 못합니다. 실패의식과 열등감에 잡혀서 자신을 학대합니다. 하나님이 용서하고 용납했는데도 나는 나를 용납하지 못해서 괴로워합니다. 그래서 싸움이 일어납니다.

그럴 때 십자가를 보십시오. 예수님의 보혈은 나를 있는 모습 그대로 받아 주신 하나님의 사랑입니다. 그 사랑을 받아들여 하나님과 화목하시고, 여러분 자신과 화목하십시오. 그리고 다른 사람과 여러분을 풀어놓아 주시길 축원합니다. 복음을 가진 자는 화목해야 합니다. 어떤 경우에든지 싸우지 마시길 축원합니다.

본문은 바울의 경험이 절실하게 녹아 있는 고백입니다. 사도 바울은 공부를 많이 한 사람입니다. 아는 것이 많아서 자기도 모르게 토론을 좋아하고 논쟁을 좋아했습니다. 그런데 이것이 말싸움이 됩니다. 살다 보면 정말 다시는 만나고 싶지 않은 사람들이 있습니다. 어떤 사람입니까? 내 삶에 치욕적인 상처와 아픔을 준 사람, 자기만 아는 사람입니다. 늘 가르치려 드는 사람, 늘 정죄하며 판단하는 사람, 매우 교만한 사람, 아주 폭력적이고 폭언하는 사람들입니다. 그럴지라도 다투지 말라고 합니다.

바울은 율법에 능통하고 복음에도 능통했습니다. 언어에도 능통하고 글도 잘 쓰고 말도 잘했습니다. 철학에도 능통했습니다. 육신적으로 부족한 것이 없었습니다. 그래서 항상 그는 말싸움에서 이겼습니다.

중요한 것은 결과입니다. 말싸움에서 이겼으나 남는 것이 없습니다. 허무합니다. 사람을 얻을 수가 없습니다.

바울은 철학의 도시 아테네에서 철학자들과 신학을 놓고 논쟁을 벌입니다. 말싸움을 합니다. 사도 바울이 가장 빛나는 순간이 이때입니다. 철학에 대하여, 언어에 대하여, 복음에 대하여 논쟁할 때 그의 지식이 가장 빛납니다. 논쟁에서 다 이겼습니다. 그런데 결과가 어땠습니까? 영혼을 얻지 못합니다. 교회가 세워지지 않습니다.

사도 바울이 전도하러 들어가서 교회를 세우지 못한 유일한 도시가 아테네였습니다. 이유가 무엇입니까? 바로 말싸움 때문입니다. 사도 바울은 순교나 핍박을 겁내는 사람이 아닙니다. 아주 담대한 사람입니다. 그러나 순간적으로 자기 지식과 인간적인 지혜가 발동되어 변론하다가 말싸움이 되면 적이 생깁니다. 관계가 깨집니다. 논리적으로는 압도했으나 마음이 멀어졌습니다. 결과는 실패입니다.

사도 바울이 이 사건을 통해서 한평생 뼈저리게 느낀 것이 무엇입니까? 교회 안에서나 복음을 전할 때 말싸움하지 말라는 것입니다. 심긴 곳에서 꽃을 피우려면 절대로 말다툼하지 말라는 것입니다. 특별히 전도할 때 신앙 문제로 말다툼하거나 싸우면 복음은 절대로 전파되지 않습니다.

14절에서 "너는 그들로 이 일을 기억하게 하여"라고 할 때 '그들'이 누굽니까? 성도들입니다. 강하고 충성스러운 성도들입니다. 사랑하는 성도 여러분, 신앙생활이 무엇입니까? 예수님과 함께 죽고, 예수님과 함께 부활하는 것입니다. 이제는 내가 아니라 그리스도로 사는 사람들입니다. 그러므로 절대로 다투지 마시길 축원합니다.

우리가 다투지 않고 대화를 하려면 어떻게 해야 할까요? 다음 세

가지 전제가 필요합니다. 첫 번째로 상대방을 인정해야 합니다. 상대방을 무시하면 같이 말을 할 수가 없습니다. 상대방을 나의 파트너로 인정해야 합니다. 두 번째로 들어야 합니다. 듣고 상대방의 말을 수용해야 합니다. 안 들으려 하는데 어떻게 대화하고, 또 왜 대화가 필요하겠습니까? 그리고 세 번째로 내가 말하는 것입니다. 말하고 나서 기다리는 것입니다. 내가 말한다고 해서 상대방이 100퍼센트 수용하거나 실행하는 것이 아닙니다. 사람이 말을 듣고 생각을 바꾸고 행동하기까지는 시간이 필요합니다. 그래서 기다려야 합니다. 오늘 이런 은혜가 우리 모두에게 있기를 축원합니다.

여러분, 사람은 금방 안 바뀝니다. 사람이 바뀌는 데는 시간이 필요합니다. 그래서 예수님도 제자들에게 이런 말씀을 하셨습니다.

"이후에는 너희가 알리라."

예수님께서 제자들에게 당신의 말씀을 많이 해주셨으나 제자들이 이해하지 못했습니다. 그래서 주님이 '이후에는 알리라'라고 말씀하신 것입니다.

여러분, 자식이 부모의 마음을 알겠습니까? 모릅니다. 안다고 착각하는 것이지요. 부모가 되기 전까지는 진짜 부모의 마음을 잘 모릅니다. 그러니 자녀를 끝없이 기다리고 찾아 주시길 축원합니다. 주님께서 우리를 기다려 주십니다. 이제나저제나 철이 들기를 기다려 주십니다. 그러니 우리도 기다립니다. 교회에서, 가정에서, 직장에서 말싸움하지 않기를 축원합니다.

셋째, 자신을 하나님 앞에 드리기를 힘쓰십시오.

알베르트 슈바이처가 매일 아침 하는 기도가 있었습니다.

주님 제가 여기 있습니다.

오늘도 주님의 제단에 저를 제물로 드리나이다.

주님 뜻대로 하옵소서.

매일매일 주님의 제단에 자신을 드리는 기도입니다. 이것이 없으면 다시 나로 산다는 것입니다. 옛날의 헌신, 옛날의 각오는 아무런 소용이 없다는 것입니다.

사랑하는 성도 여러분, 인정받는 일꾼이 되려면 어떻게 해야 합니까?

"너는 진리의 말씀을 옳게 분별하며 부끄러울 것이 없는 일꾼으로 인정된 자로 자신을 하나님 앞에 드리기를 힘쓰라"(딤후 2:15).

'힘쓰라'는 현재형입니다. 매일 매 순간 하나님 앞에 자신을 드리기를 힘써야 합니다. 한 번 드리고 마는 것이 아니라 계속해서 나 자신을 하나님께 드리는 것을 힘써야 합니다. '제물로 드리기를 힘쓰라!' 자신을 하나님 앞에 제물로 드리기를 계속해서 힘쓰라는 것입니다.

마치 사랑 고백이 한 번으로 끝나는 것이 아닌 것과 같습니다. 가정생활을 하는데 사랑한다고 한 번 고백하고 끝나면 안 됩니다. 반복해야 합니다. 이처럼 헌신도 반복해야 합니다. "하나님, 저는 당신의 것입니다. 저를 받아 주옵소서."

충성도 마찬가지입니다. 반복하십시오. 어제 했습니까? 오늘 또 하십시오. 반복해서 하지 않으면 풀어지고 맙니다. 자신을 계속 반복해서 제물로 드려야 합니다.

반복이 중요합니다. 반복할 때 역량과 재능이 계발됩니다. 우리가 하나님께 우리 자신을 헌신해서 제물로 드릴 때 하나님께서 기뻐하며 받으십니다. 그런데 받으시고 끝내시는 것이 아닙니다. 받으신 다음에 반드시 주시는 것이 있습니다. 바로 은혜입니다. 은혜의 빛을 우리의 심령에 비추어 주십니다.

내가 정말 하나님의 일꾼이 되길 원하고 나를 진정으로 하나님께 드리면 내 영혼이 살아납니다. 반드시 그렇게 되도록 되어 있습니다. 이것이 예배입니다. 예배는 나를 제물로 드리는 것입니다. 예배를 통하여 말씀을 듣기도 하고 찬송을 부르기도 합니다. 그 순간순간마다 나를 다 올려 드리십시오. 그러면 은혜가 옵니다. 그것을 통로로 하여 우리에게 은혜가 임합니다. 하나님의 임재가 우리에게 임합니다.

말씀을 들을 때도 나에게 필요한 말씀만 취하는 것이 아니라 모든 말씀을 내게 주시는 말씀으로 받고 그 말씀에 나를 온전히 드리면 그 말씀을 통하여 은혜가 옵니다. 드리는 자에게는 결코 공짜가 없습니다.

내가 왜 은혜를 못 받을까요? 이유는 딱 하나입니다. 안 드리기 때문입니다. 내 마음을 안 드립니다. 나 자신을 안 드립니다. 드리는 척만 합니다. 하나님은 신실하십니다. 나를 드리고, 나를 바치고, 나를 깨뜨리면 하나님께서 반드시 은혜를 주십니다.

여러분, 똑같이 앉아서 예배를 드리고, 똑같은 설교를 들어도, 똑같이 은혜를 받는 것이 아닙니다. 얼마만큼 은혜를 받습니까? 나를 드린 만큼 받습니다.

"스스로 속이지 말라 하나님은 업신여김을 받지 아니하시나니 사람이 무엇으로 심든지 그대로 거두리라"(갈 6:7).

기도로 심으면 응답으로 거둡니다.
어떤 목사님이 교회 주보에 칼럼을 썼습니다.

"여러분, 일이 바빠서 시간이 없으면 교회에 나오지 마십시오! 하나님도 여러분의 자투리 시간은 받고 싶어 하지 않으십니다. 온전한 예배를 받으시길 원하십니다. 여기저기 돈을 쓰다 남은 돈으로 헌금하지 마십시오! 하나님은 여러분이 쓰다 남은 물질을 받고 싶어 하지 않습니다. 하나님은 쓰다 남은 돈이 아니라 쓰기 전에 구별된 물질을 원하십니다. 심신이 지쳐 있으면 봉사하지 마십시오! 기쁜 마음이 아닌 찌든 마음으로 억지로 하는 봉사는 하나님도 원하지 않으십니다. 하나님께서 주신 직분이 너무 버겁다고 생각되면 언제든지 포기하십시오! 하나님은 직분이 아닌 기쁜 마음으로, 자원하는 심령으로 섬기길 원하십니다."

똑같은 찬양을 하는데 어떤 사람은 눈물로 찬양하고, 어떤 사람은 졸면서 합니다. 왜 그렇습니까? 자기를 드리는 사람과 안 드리는 사람의 차이입니다. 늘 교회에 출입하면서 예배를 드려도 몸을 드리지 않고 생각으로만 예배를 드리는 사람이 있습니다. 그런 사람은 변화가 없습니다. 왜 그렇습니까? 예배를 드린다는 것은 자기를 드리는 것인데, 자신을 드리지 않고 생각으로만 예배를 드리기 때문입니다.

그래서 늘 예배만 드립니다. 예배를 드리는 척만 합니다. 머리로만, 생각으로만 드립니다. 그러면 변화가 없습니다.

우리가 하나님께 드리면 하나님은 넘치게 주십니다. 하나님은 은혜가 풍성하신 분입니다. 우리가 마음과 몸을 드리면 풍성하게 은혜를 내려 주십니다. 진정한 변화를 원하십니까? 하나님의 말씀 앞에 여러분을 드리십시오. 그러면 하나님 앞에서 변화가 일어나게 되어 있습니다. 인정받는 일꾼은 하나님 앞에 자신의 몸을 드린 사람들입니다.

고린도 교회가 이 땅에 세워진 지 2천 년이 되었습니다. 묵묵히 그곳에서 자신을 드려 몸 된 교회를 섬긴 사람들이 있었습니다. 1대 바울, 2대 아볼로, 3대 실라입니다.

제가 그 교회에 들어갔다가 뒤쪽에 있는 기둥 세 개를 보았습니다. 거기에는 바울, 아볼로, 실라가 아니라 다른 사람들이 그려져 있었습니다. 기둥 하나에는 브리스길라와 아굴라 부부, 두 번째 기둥에는 뵈뵈 집사, 그리고 세 번째 기둥에는 이름 모를 성도님의 얼굴이 그려져 있었습니다. 그들은 모두 하나님께서 심어 놓은 그곳에서 꽃을 피우고 열매를 맺었던 사람들입니다. 하나님께 인정받은 일꾼, 진정한 영웅들입니다. 여러분 모두 이런 일꾼들이 되시기를 축원합니다.

제자의 관점을 디자인하라
Design your perspective

인정받는 일꾼

첫째, 충성스러워야 합니다.
둘째, 말다툼을 하지 말아야 합니다.
셋째, 자신을 하나님 앞에 드리기를 힘쓰십시오.

영광스러운 일꾼(딤전 1:12-17)
Design your perspective

나를 능하게 하신 그리스도 예수 우리 주께 내가 감사함은 나를 충성되이 여겨 내게 직분을 맡기심이니 내가 전에는 비방자요 박해자요 폭행자였으나 도리어 긍휼을 입은 것은 내가 믿지 아니할 때에 알지 못하고 행하였음이라 우리 주의 은혜가 그리스도 예수 안에 있는 믿음과 사랑과 함께 넘치도록 풍성하였도다 미쁘다 모든 사람이 받을 만한 이 말이여 그리스도 예수께서 죄인을 구원하시려고 세상에 임하셨다 하였도다 죄인 중에 내가 괴수니라 그러나 내가 긍휼을 입은 까닭은 예수 그리스도께서 내게 먼저 일체 오래 참으심을 보이사 후에 주를 믿어 영생 얻는 자들에게 본이 되게 하려 하심이라 영원하신 왕 곧 썩지 아니하고 보이지 아니하고 홀로 하나이신 하나님께 존귀와 영광이 영원무궁하도록 있을지어다 아멘

고대 그리스의 고린도 지방에 디오게네스라는 철학자가 살았습니다. 그는 대단히 현명한 사람이었으며 매우 검소하게 살았습니다. 그래서 아무런 소유물도 가지고 있지 않았습니다. 그는 커다란 나무통 속에서 살았는데, 이사를 가고 싶으면 나무통을 굴려서 자기가 살고 싶은 곳에서 살곤 했습니다.

어느 날 알렉산더 대왕이 고린도를 방문하였는데 왕을 환영하는 인파 속에 디오게네스가 보이지 않았습니다. 알렉산더는 디오게네스를 존경했기 때문에 직접 찾아가서 만났습니다. 그는 커다란 나무통

에 누워서 일광욕을 즐기다가 알렉산더 대왕을 보고 일어나서 앉았습니다. 왕이 그에게 말했습니다.

"디오게네스, 나는 그대로부터 많은 지혜를 배웠소. 그대를 위해 뭔가를 해주고 싶으니 소원이 있으면 말해 보시오!"

그러자 디오게네스가 답했습니다.

"왕이여! 햇빛을 가로막지 마시고 옆으로 좀 비켜 주십시오. 이것이 제가 왕에게 원하는 전부입니다."

그 말을 듣고 깜짝 놀란 왕은 얼른 비켜서면서 옆에 있는 신하들에게 이렇게 말했습니다.

"내가 알렉산더가 아니었더라면 저 디오게네스가 되었을 것이다!"

왕이 줄 수 있는 그것이 무엇이든 디오게네스에게는 사소한 것이었습니다. 왜 그렇습니까? 그는 이 세상 소유에 마음을 두지 않았기 때문입니다.

사랑하는 성도 여러분, '사소한 것에 목숨을 건다'는 말이 있습니다. 그런데 사소한 것이란 무엇일까요? 이것이 사소한 것이라고 사소한 것에 대해서 객관적인 설명을 할 수 있을까요? 불가능합니다. 심리적으로 말하면 사소한 것은 존재하지 않습니다. 왜 그렇습니까? 무언가의 가치는 내가 그것을 얼마나 내 마음에 두느냐에 따라서 달라지는 것이기 때문입니다.

술을 좋아하는 애주가에게 술은 매우 가치 있지만 술에 전혀 관심이 없는 사람에게는 무가치합니다. 그런 사람은 아무리 좋은 술이 옆에 있어도 쳐다보지 않습니다. 보석을 좋아하는 사람에게 보석은 꿈에도 잊지 못할 소중한 것이지만 관심이 없는 자에게는 보석도 사소한 것에 불과합니다.

여러분, 하나님이 얼마나 위대한 분이십니까? 세상 어떤 것과도 바꿀 수 없고, 내 생명보다도 소중한 분입니다. 그러나 어떤 사람에게는 아무런 관심의 대상이 되지 못합니다. 그분의 존재 자체를 인정하지도 않습니다. 어떤 것이 중요하고 어떤 것이 사소한가는 객관적인 대상 그 자체가 가지고 있는 것이 아니라 그것에 내가 어떤 가치를 부여하느냐, 내 마음을 거기에 두느냐에 달려 있습니다. 그러므로 그 사람이 무엇을 소중히 여기는가를 통해서 그 사람을 알 수 있습니다.

사랑하는 성도 여러분, 여러분에게는 무엇이 소중하고 무엇이 사소합니까? 그것이 바로 여러분의 모습입니다.

우리가 하나님의 영광스러운 일꾼이 되려면 어떻게 해야 합니까?

첫째, 하나님의 은혜를 깊이 경험해야 합니다.

하나님께서는 오늘 저와 여러분에게 은혜와 의의 선물을 넘치게 주셨습니다. 하나님의 은혜는 불가항력적인 은혜입니다. 말로 설명할 수 없는 은혜입니다. 하나님께서 우리를 죄로부터 해방시키셨습니다. 죽음으로부터, 저주로부터 해방시키셨습니다. 그리스도 안에서 완전히 새로운 피조물이 되게 하셨습니다.

바울은 어떤 사람이었습니까?

"내가 전에는 비방자요 박해자요 폭행자였으나 도리어 긍휼을 입은 것은 내가 믿지 아니할 때에 알지 못하고 행하였음이라"(딤전 1:13).

예수님을 욕하고 비난했던 사람입니다. 박해자였습니다. 입으로만 박해한 것이 아니라 예수 믿는 사람을 직접 박해하고 죽였습니다. 더 나아가서 폭행자였습니다. 잔인한 일을 서슴지 않았습니다. 생각과 말과 행동으로 주님 앞에 못된 짓을 많이 한 사람이라고 스스로 고백합니다. 그러면서 그는 자신을 뭐라고 불렀습니까?

"죄인 중에 내가 괴수니라"(딤전 1:15).

죄인 중에서도 가장 흉악한 괴수였다고 고백합니다. 그런 그가 지금은 어떻게 되었습니까? 어떻게 하여 이렇게 놀랍도록 변했습니까? 은혜 때문입니다.

"우리 주의 은혜가 그리스도 예수 안에 있는 믿음과 사랑과 함께 넘치도록 풍성하였도다"(딤전 1:14).

넘치는 하나님의 은혜, 불가항력적인 하나님의 은혜 때문에 죄인 중에 괴수가 주님의 일꾼이 되었다고 말합니다. '이해할 수 없는 예수 그리스도의 풍성한 은혜' 때문에 일꾼이 되었다면서 은혜의 정의를 내립니다. 하나님이 우리를 향해 이해할 수 없는 큰 사랑을 베풀어 주셨는데 그 은혜의 결과로 내가 이런 사람이 되었다는 것입니다.

그러므로 '예수를 믿고 내가 어떤 존재가 되었는가? 나는 무엇을 가졌는가? 내가 어떤 일을 할 수 있는가?' 하는 등 자신의 정체성을 알아야 합니다.

바울이 하나님의 은혜로 영광스러운 주님의 일꾼이 된 이후 무엇에 감격합니까?

둘째, 바울은 세 가지에 뜨겁게 감사합니다.

"그러나 내가 긍휼을 입은 까닭은 예수 그리스도께서 내게 먼저 일체 오래 참으심을 보이사 후에 주를 믿어 영생 얻는 자들에게 본이 되게 하려 하심이라"(딤전 1:16).

먼저는 자신을 오래 참아 주심에 감사하다고 했습니다. 세상에서 제일 변하지 않는 것이 있다면 그것이 무엇입니까? 바로 사람입니다. 사람은 참 안 변합니다. 사람에게 자유의지가 있기 때문입니다. 그래서 습관 하나 고치는 것도 잘 안 됩니다. 어떤 경우는 평생 걸립니다.

하나님께서 나를 부르시고 일꾼 되게 하신 것은 정말 오래 참으셨기 때문입니다. 하나님께서 오늘 저와 여러분을 얼마나 오래 참아 주셨다고 생각하십니까? 우리의 나이만큼 참아 주셨습니다. 하나님은 참으로 오래오래 참아 주시고 계십니다. 그래서 바울이 감사하며 감격하는 것입니다

바울이 뜨겁게 감격하는 두 번째 이유는 12절에 나옵니다.

"나를 능하게 하신 그리스도 예수 우리 주께 내가 감사함은 나를 충성되이 여겨 내게 직분을 맡기심이니"(딤전 1:12).

하나님께서 수많은 사람 가운데 자기를 충성되이 여겨 직분을 맡기셨다는 것입니다. '충성되이'는 '피스토스'입니다. 쉽게 말하면 믿어 주셨다는 것입니다.

세상에서 제일 고마운 사람이 누구입니까? 나를 믿어 주는 사람입니다. 어떤 경우든지 믿어 주는 사람이 있다면 그는 다시 일어날 수 있습니다. 내 마음을 나와 같이 믿어 주는 사람, 끝까지 나를 믿어 주는 사람이 제일 고맙습니다. 이것보다 고마운 일이 어디 있겠습니까?

부부 사이도 마찬가지입니다. 부모와 자식 간에도 마찬가지입니다. 믿어 주면 남편은 다시 일어설 수 있습니다. 부모가 자식을 믿어 주면 자녀는 다시 일어설 수 있습니다. 그런데 원수 마귀는 믿지 못하게 합니다. 불신하고 의심하게 하며 자꾸만 죄와 허물을 지적하게 합니다. 그런데 하나님은 그러지 않으십니다. 하나님은 나를 믿어 주십니다.

사람들이 믿어 주지 않을 때도 하나님은 믿어 주십니다.

하나님은 바울을 믿어 주셨습니다. 무엇을 믿어 주셨습니까? 바울이 교회를 핍박하고 악한 짓을 했지만 그것은 그 나름대로 하나님을 위해서였습니다. 율법을 사랑한 결과였다고 하나님께서는 그의 동기를 믿어 주셨습니다. 바울의 깊은 마음속을 알고 믿어 주셨다는 것입니다. 바울은 13절에서 "내가 믿지 아니할 때에 알지 못하고 행하였음이라"라고 말합니다. 하나님이 그를 보시며 "아이구, 바울이 몰라서 그래. 자기 딴에는 저것이 나를 위하고 율법을 사랑하는 행동이라고 생각하고 있구나"라고 그를 이해하고 믿어 주셨다는 것입니다.

하나님께서 오랫동안 참고 믿어 주시고 나를 위해 하신 일이 무엇입니까? 직분을 맡기신 것입니다. 그렇다면 직분은 무엇입니까? 나를 충성되이 여기셔서 맡기신 일입니다. 그것이 바로 직분입니다. 나 아니어도 일할 사람은 많습니다. 그런데 특별히 하나님이 나에게 이 일을 맡기신 것입니다. '내가 너를 믿는다. 네가 순종할 줄로 나는 믿는다. 최선을 다할 줄로 믿는다' 하고 맡기셨습니다.

교회학교, 찬양팀, 교구, 셀 리더, 주차 안내 등 어느 팀에서 어떤 일을 하든 그것은 하나님이 나를 충성되이 여겨 맡기신 사역입니다.

사랑하는 여러분, 구원받은 성도에게 세상에서 가장 가치 있고 소중한 일이 있다면 그것이 무엇일까요? 하나님이 내게 맡기신 이 일보다 귀한 일은 없습니다. 이런 하나님의 일을 하나님께서 목사님을 통해서 나에게 맡기셨으니 감사하다는 마음이 있어야 합니다. 바울의 마음속 깊은 곳에는 이런 감사가 있었습니다.

사랑하는 성도 여러분, 오늘 바울이 영광스러운 주의 일꾼이 되고 뜨겁게 감격하는 세 번째 이유는 일과 함께 능력도 주셨다는 것입니다. 12절 앞부분에 나옵니다.

> "나를 능하게 하신 그리스도 예수 우리 주께 내가 감사함은…."

'능하게 하다'라는 말은 영어로 '임파워먼트'(empowerment)로 '능력을 부어 준다'는 뜻입니다. 이것이 일꾼의 특권입니다. 엄청납니다! 하나님은 일만 맡기는 것이 아니고 능력도 함께 주십니다. 일을 맡기실 때 반드시 능력을 함께 주십니다. 감당할 힘을 주신다는 것입니다. 그러므로 모든 능력은 바로 맡겨진 직분에 순종할 때 나타납니다.

여러분, 요단강이 언제 갈라졌습니까? 말씀에 순종할 때 갈라졌습니다. 하나님의 말씀을 믿고 순종할 때 요단강이 갈라졌습니다. 이것이 믿음의 공식입니다. 축복의 공식입니다. 그러므로 주어진 일에 순종하고 나아가면 반드시 간증이 생깁니다. 하나님께서 무엇을 미리 준비하셨는지 고백하게 되고, 그러면서 우리의 신앙이 성장합니다.

사랑하는 성도 여러분, 사람은 두 종류가 있습니다. 세상에 헌신해서 사느냐, 아니면 하나님께 헌신해서 사느냐 두 부류가 있습니다. 하나님께 헌신해서 살지 않으면 세상에 헌신해서 살게 되어 있습니다.

예수 믿고 거듭난 사람들에게는 반드시 하나님께 쓰임 받고 싶은 마음이 있습니다. 하나님께 쓰임 받는 데도 비결이 있습니다. 어떻게 하나님께 쓰임 받게 됩니까? 복잡하지 않습니다. 교회에서 여러분에게 어떤 일거리를 맡기실 때가 있습니다. 그때가 바로 기회입니다. 그러므로 충성스러운 사람이 되시길 축원합니다.

영광스러운 주님의 일꾼으로서 우리는 어떻게 일해야 합니까?

셋째, 최선을 다해야 합니다.

미국 캘리포니아 대학의 브라이언 킹 박사는 거짓말을 연구하다가 재미있는 것을 발견했습니다. 이 세상에서 사람들이 제일 많이 하는 거짓말, 그런데 거짓말인지도 모르는 거짓말이 있다는 것입니다. 바로 '바쁘다'는 말입니다. 그는 '바쁘다'는 핑계로 자신의 삶을 반추하거나 돌아보지 않고 생각 없이 인생을 살아가는 사람들의 생활 태도와 그가 하는 '바쁘다'란 말을 거짓말로 규정했습니다.

바빠서 하나님께 예배드릴 수 없고, 기도할 수 없고, 바빠서 셀 모임도 할 수 없고, 바빠서 다른 사람과 얼굴을 맞대고 진심으로 이야기할 수도 없고, 바빠서 부모님을 찾아뵙지도 못하고, 운동도 할 수 없고…. 환경 속에서 바쁘다는 프레임이 만들어져서 그렇게 의식하며 살아갑니다. 그런데 이것이 먹혀듭니다. 브라이언 박사는 현대인들은 바쁘다는 말로 모든 것을 정당화하는 거짓말에 능숙한 사람들이라고 결론을 지었습니다.

그렇다면 바쁘다는 것이 거짓말일까요? 아닙니다. 바쁜 것은 맞습니다. 그런데 왜 바쁘다는 말이 거짓말이 될까요? 바쁨 속에 그 사람의 가치관이 들어 있기 때문입니다. 무엇 때문에 바쁜지 그 속에 나의 가치관이 들어 있습니다.

우리 모두가 바쁘게 살아가지만, 아무리 바빠도 사람들은 자기가 하고 싶은 것은 다 하고 삽니다. 그래서 정확하게 말하면 바빠서 못 하는 것이 아니라, 그 일에 가치를 두지 않기 때문에 못 하는 것입니다. 그러므로 바쁘다는 말은 사실이지만, 동시에 그 바쁘다는 말이 거짓말도 될 수 있습니다.

자기 자신에게 물어보십시오. '나는 정말 바쁜가?' 정말 바쁜 것인지, 아니면 바쁘다고 핑계를 대는 것인지 생각해 보십시오. 여기에 정직하게 대답해야 합니다. 그러면 그 사람의 인생은 변할 수 있습니다. 반드시 변합니다.

하나님은 사람들에게 많은 투자를 하십니다. 한 해 한 해 기다려 주고 기대하십니다. 그런데 사람이 잘 변화되지 않습니다. 왜요? 하나님의 말씀에 가치를 두지 않기 때문입니다. 그래서 바쁘다는 핑계로 기도하지 않습니다. 바쁘다는 핑계로 셀 모임을 하지 않습니다. 바쁘다는 핑계로 전도하지 않고, 예배를 소홀히 합니다.

여러분, 바쁘다는 것은 좋은 일입니다. 할 일이 많다는 것은 정말 좋은 일입니다. 그런데 왜 바쁘게 일하는 가운데 늘 정신이 없고 분주하게 쫓기는 마음인 것일까요?

심층심리학에 따르면 현대인들이 바쁘게 살면서도 마음이 불안한 것은 지금 내가 바르게 살고 있지 않다는 신호라고 합니다. 나의 겉사람은 잘 모릅니다. 그런데 내 마음의 깊은 곳에서 진짜 나인 내 영혼은 내가 지금 바쁘게 살고 있지만 바르게 살고 있지는 않음을 안다는 것입니다. 그럴 때 마음이 불안하고 인생을 쫓기듯 살게 됩니다. 바쁘게 사는 것과 바르게 사는 것은 전혀 별개입니다.

사랑하는 성도 여러분, 내가 바쁘게 산다고 해서 올바로 살고 있다고 착각해서는 안 됩니다. 내 몸은 바쁘게 살고 있지만 내 영혼은 잠을 자고 있을 수 있기 때문입니다. 그러므로 잠자는 영혼이 깨어나시길 축원합니다. 영적으로 깨어나시길 축원합니다.

나는 영입니다. 혼을 가지고 몸 안에 삽니다. 하나님께서 나에게 기회를 주셨을 때 최선을 다하시길 축원합니다.

**"네 손이 일을 얻는 대로 힘을 다하여 할지어다 네가 장차 들어갈 스올에는 일도 없고 계획도 없고 지식도 없고 지혜도 없음이니라"
(전 9:10).**

우리 교회의 가장 연약한 셀 리더인 이 친구는 코로나가 한창이던 8월에 제가 앞의 요양병원에 침투해서 셀 리더로 임명한 사람입니다. 아직 세례도 안 받았습니다. 그런데 그 후 매주 수요일마다 셀 모임을 했습니다. 어떻게 이런 일이 일어날 수 있습니까?

그는 하나님의 은혜를 깨달았습니다. 비록 온라인 예배지만 매주 목사님 말씀 영상에 집중합니다. 제가 가끔 오며 가며 길거리 코칭을 합니다. 이렇게 하루하루 살아가는 데는 두 가지 길이 있습니다.

**"네가 죽도록 충성하라 그리하면 내가 생명의 관을 네게 주리라"
(계 2:10).**

주님의 제안에 어떻게 응답해 가는지가 바로 나입니다. 응답이 나 자신입니다. 동시에 나 자신을 만들어 가는 것입니다. 그러므로 항상 바르게 응답하시길 축원합니다.

바울은 16절에서 이렇게 말합니다.

"그러나 내가 긍휼을 입은 까닭은 예수 그리스도께서 내게 먼저 일체 오래 참으심을 보이사 후에 주를 믿어 영생 얻는 자들에게 본이 되게 하려 하심이라."

여러분, 하나님께서 바울을 이렇게 사용하는 것은 바울만을 위한 것이 아닙니다. 후에 주를 믿는 우리 모든 그리스도인들에게 본을 보여 주기 위함입니다. 다시 말씀드리면, 모든 믿는 사람들이 알아야 할 것은 하나님께서 바울을 오래 참아 주시고 일을 맡겨 주시며 감당할 힘을 주셨다는 것, 거기에 순종할 때 바울이 되었다는 것, 그것을 믿고 알고 그 길로 가라는 것입니다.

왜 그렇습니까? 지금도 순종하는 자에게 바울과 같은 역사가 일어나기 때문입니다. 이것은 바울에게만 해당되는 것이 아닙니다. 과거에만 있었던 일도 아닙니다. 바울 후에 주를 믿어 영생을 얻는 모든 사람들이 가야 할 길이기 때문입니다.

　올 한 해 수고하신 여러분! 사도 바울이 하나님께서 주신 직분에 대한 감격을 가지고 일한 것처럼, 그와 같은 마음으로 내년에도 주님께서 주신 사역과 직분들을 잘 감당하시길 축원합니다.

제자의 관점을 디자인하라
Design your perspective

영광스러운 일꾼

첫째, 하나님의 은혜를 깊이 경험해야 합니다.
둘째, 바울은 세 가지에 뜨겁게 감사합니다.
셋째, 최선을 다해야 합니다.

교회의 일꾼 (벧전 5:1-4)

Design your perspective

너희 중 장로들에게 권하노니 나는 함께 장로 된 자요 그리스도의 고난의 증인이요 나타날 영광에 참여할 자니라 너희 중에 있는 하나님의 양 무리를 치되 억지로 하지 말고 하나님의 뜻을 따라 자원함으로 하며 더러운 이득을 위하여 하지 말고 기꺼이 하며 맡은 자들에게 주장하는 자세를 하지 말고 양 무리의 본이 되라 그리하면 목자장이 나타나실 때에 시들지 아니하는 영광의 관을 얻으리라

이번 주에 대통령 선거가 있습니다. 어떤 후보든 대통령이 되면 통수권자로서 행정부 고위 공직자들을 임명하게 됩니다. 행정부 고위 공직자를 임명할 때 국회가 검증하는 시스템을 가리켜서 '인사 청문회'라고 합니다. 이 사람이 그 자리에 합당한가 검증하는 시스템입니다.

이런 인사 청문회는 미국에서 시작되었습니다. 미국은 개인의 사생활을 철저하게 보장하기에 개인의 사생활에 간섭하거나 탓하지 않는 나라입니다. 그러나 공직자들에 대해서는 철저하게 검증합니다. 왜 그렇습니까? 지도자의 영향력 때문입니다. 이것은 윤리적으로 매우 중요합니다.

"당신이 이 사회에서 개인으로 살아간다면 당신 마음대로 살아도 상관하지 않습니다. 간섭하지 않습니다. 그러나 당신이 우리의 지도자가 되겠다면 달라집니다. 당신은 철저히 검증받아야 하고, 윤리적으

로 흠이 없어야 합니다."

이런 목적으로 그 사람이 살아온 행적, 과거를 철저하게 검증하는 절차를 거치는 것입니다.

사랑하는 성도 여러분, 그렇다면 왜 그렇게 해야 합니까? 과거에 자기 멋대로 살았던 사람은 공인이 되어도 깨끗하게 살 수 없다고 판단하기 때문입니다. 과거에 모범이 되지 않았던 사람이 어떤 권력이나 힘을 가졌다고 해서 절대로 바르게 살 수 없으며, 오히려 권력을 갖게 되면 더 나쁜 영향력을 끼칠 수 있다고 판단합니다. 그러니 개인으로서는 어떻게 살든 상관없지만 지도자가 될 생각이 있다면 이전부터 철저하게 자기 관리를 해야 한다는 것입니다.

제멋대로 살다가 어떤 기회를 잡아서 하루아침에 지도자가 되는 것은 용납할 수 없다는 것입니다. 이런 이유 때문에 미국은 지도자를 뽑을 때 철저하게 검증합니다. 이런 검증 과정을 통하여 자격이 없는 사람을 배제하고 지도자가 걸어가야 할 길을 바르게 알려 줍니다. 그리고 지도자가 되면 권위를 부여하고 그가 존경받으며 일하게 만들려고 이러한 검증 절차를 거치게 하는 것입니다.

어느 공동체나 지도자가 필요합니다. 어느 공동체나 쓸 만한 사람이 필요합니다. 그런데 교회의 지도자는 사회의 지도자와 성격이 매우 다릅니다. 그렇다면 교회의 지도자는 어떻게 세워집니까?

복음을 가진 성도가 하나님 나라의 일꾼이 되는 데도 과정이 있습니다. 이것을 잘 이해하면 신앙생활에 혼란이 없을 뿐 아니라 교회 지도자가 되어도 잘 섬기는 자가 될 것입니다. 그렇다면 하나님 나라의 일꾼은 어떻게 선택됩니까?

하나님 나라의 일꾼은 "내가 하나님의 일을 하겠습니다"라고 내가 원하고 자원해서 되는 것이 아닙니다. 하나님의 일꾼은 하나님께서 선택하시는 것입니다. 이렇게 하나님에 의해서 선택되는 것을 '피택'이라고 합니다. 그래서 교회의 일꾼이 되면 우리는 그 사람이 '피택되었다'라고 말합니다. 피택이라는 말은 택함을 받았다는 뜻입니다. 내 의지와는 상관없이 하나님께서 쓰시겠다고 나를 뽑으셨다는 말입니다.

그러면 피택된 사람은 어떻게 반응해야 합니까?

"만일 누가 무슨 말을 하거든 주가 쓰시겠다 하라 그리하면 즉시 보내리라 하시니"(마 21:3).

피택은 하나님의 주권입니다. 이것이 예수 믿는 사람들이 하나님 앞에 반응하는 영적인 태도입니다. 주가 쓰시겠다고 하면 두말없이 순종해야 합니다. 우리는 모두 주님의 소유이기 때문입니다.

주님의 일은 내가 하고 싶다고 하는 것이 아닙니다. 주님이 나를 쓰시겠다고 선택하셔야 합니다. 왜 그렇습니까? 모세는 하나님의 일을 하고 싶었습니다. 애굽에서 왕자로 있을 때 주님의 일을 하고 싶었습니다. 그런데 자신이 뭔가를 하려고 했을 때 하나님이 막고 그를 광야로 내모셨습니다. 그곳에서 오랜 시간 연단을 받습니다. 모든 것을 포기한 채 세월이 흘렀습니다. 그리고 광야 생활 40년이 지난 어느 날, 하나님은 모세를 끌어내어 일을 맡기셨습니다. 피택은 바로 이런 것입니다. 이것이 주님의 일꾼이 되는 방법입니다.

세상에서는 "내가 여기 있습니다. 나를 알아주세요! 내가 이런 능력이 있습니다. 나를 지지해 주세요! 내가 하겠습니다" 이렇게 말하며 자신이 원하고 바라서 일을 시작할 수 있겠지만, 교회의 일꾼은 그렇게 뽑는 것이 아닙니다. 하나님께서는 내 의지와 상관없이 피택을 하십니다.

그렇다면 이 사람이 하나님이 세우시는 사람인지 어떻게 압니까? 성경에는 교회 일꾼을 뽑을 때 반드시 했던 것이 기록되어 있습니다.

기도하고 금식하고 그 후에 선거했습니다. 왜 기도하고 금식했을까요? 나의 뜻과 욕심을 내려놓고 하나님의 뜻을 들으며 그것이 이루어지길 바라는 마음에서 금식했습니다.

예수님께서도 열두 제자를 선택하실 때 금식하고 기도하셨습니다. 교회 모든 역사에서 일꾼을 뽑을 때 이런 방식을 취했습니다. 그러니까 사람들이 각자 조용히 기도하면서 금식하고 하나님께서 마음에 감동을 주는 사람의 이름을 기록하고 제출하면 그것을 모아 하나님의 뜻으로 받아들였습니다.

그렇다면 하나님의 일꾼의 자격과 능력을 어떻게 검증할 수 있습니까? 여기에 중요한 공식이 있습니다. 하나님이 지명하여 선택하는 것이 그 사람의 자격이 됩니다. 그리고 지명한 사람이 순종하면 그것이 능력이 됩니다. 이것이 무슨 말입니까? 선택이 자격이고 순종이 능력이라는 것입니다. 교회 일꾼의 자격은 언제 주어집니까? 하나님이 선택할 때 주어집니다. 그렇다면 능력은 언제 생깁니까? 순종할 때 주어집니다.

왜 그렇습니까? 여러분, 자격과 능력은 원래 내 것이 아닙니다. 하나님의 선택이 자격을 부여합니다. 그리고 그 부르심에 순종할 때 거기서 능력이 나오는 것입니다.

사랑하는 성도 여러분, 하나님은 전능하신 분입니다. 하나님이 우리를 부르셔서 일을 맡기실 때 내 능력으로 일하라고 부른 것이 아닙니다. 요단강이 어떻게 갈라졌습니까? 하나님의 약속의 말씀을 믿고 순종하여 가는 그때 능력이 나타났습니다.

그러므로 기독교는 체험의 종교입니다. 많은 성도님들이 주님을 체험하고 싶어 하고 체험 있는 신앙생활을 원한다고 말합니다. 체험 있는 신앙인이 되려면 공식이 있습니다. 선택이 자격이고 순종이 능력이라는 것입니다. 다시 말하면, 순종할 때 능력이 나타납니다. 순종할 때 체험이 생기고 살아 계신 하나님의 능력을 경험하게 됩니다.

여러분은 어떻습니까? 그토록 오랜 세월 동안 신앙생활을 했음에도 체험이 없었다면 오늘부터 순종해 보시길 축원합니다. 꿈같은 일들이 일어납니다.

오늘 본문은 교회 일꾼인 장로에 관한 말씀입니다. 이 본문을 통해 교회 지도자는 어떤 사람인가, 교회 지도자는 어떤 자세로 봉사해야 하는가, 그리고 그렇게 했을 때 하나님은 어떤 축복을 주시는가에 대한 말씀을 함께 나누려고 합니다.

첫째, 먼저 장로란 어떤 사람입니까?

장로의 자격에 대해서 정확하게 말씀합니다. 어떤 사람이 교회의 지도자가 되어야 합니까?

먼저는 그리스도의 고난의 증인입니다. 교회 지도자는 세상의 지도자와 다릅니다. 세상에서는 유능하고, 스펙 있고, 능력 있는 사람을 지도자로 뽑습니다. 그러나 교회는 다릅니다. 교회에서는 어떤 사람이 지도자가 되어야 합니까? 그리스도의 고난의 증인 된 사람이 지도자가 되어야 합니다.

> "너희 중 장로들에게 권하노니 나는 함께 장로 된 자요 그리스도의 고난의 증인이요 나타날 영광에 참여할 자니라"(벧전 5:1).

'그리스도의 고난의 증인'이라는 말이 무슨 뜻일까요? 그리스도의 고난의 증인이 되려면 먼저는 예수를 그리스도로 믿어야 합니다. 살아 계신 예수님을 인격적으로 깊이 만나야 합니다. 그래서 십자가를 경험해야 합니다. 십자가에서 나의 옛사람이 죽어야 합니다. 나의 고집, 내 생각이 죽어야 합니다. 그리스도의 고난의 증인이라는 말은 바로 내가 그리스도와 함께 십자가에 죽고, 이제 내가 아니라 그리스도로 사는 자가 되었다는 것입니다.

> "내가 그리스도와 함께 십자가에 못 박혔나니 그런즉 이제는 내가 사는 것이 아니요 오직 내 안에 그리스도께서 사시는 것이라 이제 내가 육체 가운데 사는 것은 나를 사랑하사 나를 위하여 자기 자신을 버리신 하나님의 아들을 믿는 믿음 안에서 사는 것이라"(갈 2:20).

그리스도의 고난의 증인은 이제 나는 십자가에서 죽고 내가 아니라 그리스도로 사는 자입니다. 왜 교회 일꾼인 장로나 지도자들은 그리스도의 고난의 증인이 되어야 합니까? 내가 죽지 않으면 항상 내 생각이 앞서게 됩니다. 하나님보다 내 고집이 앞서게 됩니다. 하나님보다 나의 사사로운 감정이 앞서게 됩니다.

이렇게 내가 죽게 되었다면 이제 어떻게 삽니까? 그리스도를 위해 받는 고난을 기뻐하는 사람이 됩니다. 십자가의 예수의 은혜로 구원을 받았기 때문입니다. 그래서 십자가의 의미를 알고, 십자가 뒤에는 부활이 있다는 것을 압니다. 이제는 십자가의 고난과 주님을 위한 수고와 희생을 내가 마땅히 감당해야 할 것으로 받아들입니다. 그래서 이제부터는 예수님을 위해 희생하고 수고하고 십자가를 지고 주님을 위해 고난받는 것을 당연한 것으로 알고, 그런 삶을 살기로 결심하는 것입니다.

그런데 이것이 그렇게 결심으로만 끝나면 안 되고 그 증거가 있어야 합니다. 그래야 고난의 증인이 됩니다.

우리가 그리스도의 고난의 증인이 되면 고난만 받을까요? 여러분, 주님의 일에는 공짜가 없습니다. 주님이 얼마나 후하신 분이십니까? 주님을 위해 희생하고 고난을 받으면 그것은 바로 영광으로 이어집니다. 그래서 주님을 위한 고난은 영광의 보증수표입니다. 부도나는 법이 없습니다.

중요한 것은 그 영광의 시점입니다. 언제 그 영광이 나타납니까? 1절에 '나타날 영광'이라고 했습니다. 다시 말하면, 주님이 오시는 날에 주님을 위해 수고한 사람들에게 "너 나를 위해 수고했지. 내가 너의 수고를 안다. 내 영광에 참여할지어다"라고 말씀하신다는 것입니다. 즉, 당신을 위해 수고하고 고난당한 사람들에게 영광으로 갚아 주시는 그 영광의 시점은 오늘이 아니라 장차 주님 오시는 날입니다. 할렐루야! 그러므로 우리 모두 그리스도의 고난의 증인이 되시길 축원합니다.

고난의 증인이라는 말을 다른 말로 바꾸면, 장로는 교회 안에서 예수님을 위하여 가장 고난을 많이 받은 사람이라는 뜻이 됩니다. 그런데 요즘 교회 지도자들은 예수님을 위해 고난을 받아 본 적이 없습니다. 예수님을 위해서 고난을 받은 흔적이 없습니다. 새벽기도회에 나와 성도들을 위해 기도합니까? 철야기도회에 나옵니까? 전도합니까? 교회에 헌신해서 교회의 필요를 위해 수고합니까? 아무것에도 해당되지 않는 사람이 장로가 되면 교회 성장의 디딤돌이 되지 못합니다. 그런 사람은 겨우 자기 신앙을 유지하기도 힘들어합니다. 그러므로 주님을 위해 고난받는 일꾼이 되시길 축원합니다. 교회는 그런 일꾼들이 많아야 부흥합니다.

만일 우리가 교회의 일꾼이라면 우리 스스로에게 질문을 해봐야 합니다. 나는 주님을 위해서 어떤 고난을 받았는가, 나는 교회를 위해 어떤 수고를 하고 어떤 고난을 받았는가 물어야 합니다. 나는 교회가 필요로 할 때 어떻게 헌신했는지 살펴보아야 합니다. 그리고 누가 주님을 위해서, 우리 교회를 위해서 고난받고 희생을 하는가 생각해 보면 하나님의 일꾼을 분별할 힘과 지혜가 생길 것입니다.

그러므로 교회를 위하여, 주님을 위하여 가장 고난받고 수고하는 저와 여러분이 되길 축원합니다. 참된 일꾼이 되길 축원합니다. 그렇다면 교회 일꾼들은 어떤 자세로 일해야 할까요?

둘째, '억자사주본'의 자세로 봉사해야 합니다.

'억'지로 하지 말고, '자'원하여 기쁨으로 하되, '사'람을 바라보지 말고, '주'장하는 자세로 하지 말고, '본'이 되어야 한다는 말입니다.

> "너희 중에 있는 하나님의 양 무리를 치되 억지로 하지 말고 하나님의 뜻을 따라 자원함으로 하며 더러운 이득을 위하여 하지 말고 기꺼이 하며 맡은 자들에게 주장하는 자세를 하지 말고 양 무리의 본이 되라"(벧전 5:2-3).

성도들을 뭐라고 부릅니까? 그냥 양 무리가 아니라 하나님의 양 무리입니다. 여러분은 자신이 하나님의 양 떼라고 믿습니까? 나는 하나님의 양 무리에 속한 자입니까? 이것이 성도의 실체입니다. 하나님의 양 무리입니다.

그렇다면 우리는 누구를 위하여 일합니까? 왜 우리가 교회를 섬기고 다른 성도들을 위해 눈물로 기도합니까? 그들을 돌보느라 애쓰고 희생합니까? 그분들이 예쁘고 사랑스럽기 때문입니까? 그럴 수도 있습니다. 그분들이 불쌍해서 그럴 수도 있습니다. 그분들이 잘해 주어서 그럴 수도 있습니다. 그러나 근본 동기가 중요합니다.

그들이 누구이기에 우리가 그들을 위해 헌신하는 것입니까? 성도는 하나님의 양 무리입니다. 그래서 하나님을 사랑하고 하나님께 충성하는 마음으로 그들을 섬기고 돌보고 인도하는 것입니다. 그 수고에 대해서 누가 인정합니까? 양 떼가 인정하는 것이 아닙니다. 그들의 목자가 되시는 하나님이 인정하시면 됩니다.

여러분, 이 전제가 흔들리면 우리의 봉사는 중심을 잡을 수가 없게 됩니다. 그러므로 성도는 하나님의 양 무리인 것을 기억하시길 축원합니다. 그러면 그들을 어떤 자세로 섬겨야 할까요? 세 가지입니다.

첫째로 억지로가 아니라 자원하는 마음으로 섬겨야 합니다. 2절 중반에 "자원함으로 하여"라고 말씀합니다. 즐거운 마음으로 감당해야 한다는 말은 바로 이런 경우입니다. 사도 바울이 빌립보에 가서 전도하다가 매를 맞고 감옥에 갇혔습니다. 감옥 속에서 바울이 무엇을 합니까? 그날 밤에 "하나님, 내가 복음 전하는데 왜 이런 일을 허락했습니까? 너무합니다!" 하며 신세를 한탄하고 원망하지 않았습니다. 감옥에서 찬송을 부릅니다.

주의 보혈 능력 있도다 주의 피 믿으오

왜 그가 감옥 안에서 찬송을 불렀을까요? 원하던 것이 이루어져서가 아닙니다. 그는 자기 자신을 생각했습니다. 바울이 어떤 자였습니까? 예수 믿는 사람을 핍박하던 십자가의 원수였습니다. 그런 자신 앞에 예수님이 나타나 만나 주시고, 이방인의 사도로 삼아 주시고, 충성되이 여기어 선교사로 삼아 주셔서 그리스도의 영광스러운 복음을 위하여 사용하십니다. 그 영광을 위하여 지금 고난받는 것이 그는 너무나 영광스러웠고 감격스러웠습니다. 너무나 감사했습니다. 그렇게 감격하여 찬송을 불렀을 때 감옥 문이 열리는 놀라운 역사가 일어난 것입니다.

사랑하는 성도 여러분, 억지로 하는 일과 자원해서 하는 일은 다릅니다. 신앙생활을 하다가 여러분에게 어떤 직분이 주어졌을 때 억지로 할 수도 있습니다. '뭐 까짓것, 1년 지나면 그만이지' 하는 마음을 품을 수 있습니다. 반대로 자원하는 마음으로 '하나님께서 나를 믿고 맡기셨으니 내가 죽도록 충성하리라. 기쁜 마음으로 하나님 앞에 일해야지' 할 수도 있습니다. 이 둘은 결코 같지 않습니다.

그러므로 하나님의 일은 자원함으로 해야 합니다. 그렇게 일하시길 축원합니다.

둘째로 사람을 바라보면 안 됩니다. '더러운 이득을 취하지 말라'는 것은 사람을 바라보지 말라는 말입니다.

하나님의 일은 어떤 가치로 환산할 수 없는, 최고로 가치 있는 일입니다. 이런 가치 있는 하나님의 일을 사람의 인정과 칭찬을 바라는 마음으로 해서는 안 됩니다. 사람에게 보이기 위해서 일하거나 내게 돌아올 이득과 명예 등을 생각하며 일하고 행동하는 것은 모두 하나님 앞에서 위선입니다. 그러다 보면 기회주의자가 됩니다. 그 사람의 헌신과 봉사는 하나님 앞에 가치 없는 싸구려가 되고 맙니다. 그러므로 더러운 이득을 바라지 말고 하나님만 바라보고 일하시길 축원합니다.

여러분, 오늘 본문은 누가 기록했습니까? 베드로 사도입니다. 그는 스스로 예수님을 따르고 충성한다고 했지만 항상 그 마음에는 경쟁의식, 피해의식이 있었습니다. 시기와 질투가 있었습니다. 누가 수제자가 될 것인가 생각하고 늘 사람을 바라보며, 요한 등 다른 제자와 자신을 비교하면서 출세를 생각했습니다. 자기 속에 주님을 섬기는 마음과 함께 더러운 이득을 취하려는 마음이 있었기에, 그런 경험을 해 보았기에 이런 마음을 가져서는 안 된다고 말합니다.

셋째로 주장하는 자세가 되지 말고 본이 되어야 합니다.

"맡은 자들에게 주장하는 자세를 하지 말고 양 무리의 본이 되라" (벧전 5:3).

사람들에게 이래라저래라 하지 말고, 끌고 다니면서 고압적인 자세를 취하지 말고, 사람을 비인격적으로 대하지 말고, 오히려 직접 솔선수범하여 묵묵히 모범을 보이라는 것입니다. 교회 직분자들이 먼저 묵묵히 모범을 보여야 합니다. 성도들이 그것을 보고 다 믿고 따라갈 때 교회가 견고해집니다.

저는 우리 교회만이 아니라 다른 교회 혹은 노회에서 여러 장로님을 만나고 임직식도 합니다. 그럴 때 "장로의 사명이 뭐라고 생각하세요?"라고 물으면 다들 나름대로 이야기합니다. 제일 많이 나오는 대답이 "목사님과 성도 사이에 문제가 있을 때 양자를 잘 조율하고 조정하는 일이 장로의 사명이라고 생각합니다"입니다.

그런데 여러분, 이것은 장로의 본분이 아닙니다. 장로의 본분은 첫째가 양 무리의 본이 되는 것입니다. 둘째도 셋째도 양 무리의 본, 성도들의 모범이 되는 것입니다. 이렇게 믿고, 이렇게 섬겨야 합니다. 몸소 보여 주는 것이 장로의 사명입니다.

교회 지도력 분야의 대가인 톰 마셜은 이렇게 말했습니다. "교회의 지도자들이 교회의 지도력을 오해하고 있다. 진정한 지도력은 성도들의 모범이 되는 것이다." 그러므로 교회 직분자들은 예배의 모범이 되시길 축원합니다. 기도의 모범이 되시길 축원합니다. 섬김의 모범이 되고 헌신의 모범이 되시길 축원합니다.

왜 모범이 되어야 합니까? 교육학에서 다른 사람을 가르치는 방법이 많지만 크게 두 가지가 있습니다. 규범과 모범입니다. 규범이란 이런 일은 이렇게 해야 한다고 규칙을 정하고 거기에 맞추어 교육하는 것입니다. 규칙을 정해 놓고 이렇게 해야 하고 이렇게 하지 않으면 안 된다고 가르칩니다. 정한 대로 잘하면 상을 줍니다. 그래서 목적에 맞게 이끌어 갑니다. 이것도 굉장히 중요하고 필요한 것입니다.

그런데 더 중요한 것이 있습니다. 모범을 통한 교육입니다. 규정을 만들고 이래라저래라 잔소리 안 하고 묵묵히 나서서 그 일을 하는 사람을 보면 더 감동하게 되고 그걸 보면서 그대로 따라가게 됩니다. 이것이 모범을 통한 교육입니다. 규범보다 강한 것이 모범입니다.

성도들은 교회 안에서 두 종류의 사람을 모델로 삼을 수 있습니다. 먼저는 교역자이고, 그다음은 장로님들과 권사님들과 안수집사님들입니다.

예를 들어 새벽기도회를 봅시다. 장로님이 새벽기도회에 잘 나오시면 모범이 됩니다. 성도님들은 핑곗거리가 없습니다. 장로님들이 다 사회생활을 하면서도 새벽기도회에 잘 나오시면 '아, 나도 저렇게 해야겠구나!' 깨닫고 성도님들도 그렇게 하는 것입니다. 헌신할 때 장로님들을 봅니다. 봉사할 때, 섬길 때 장로님들을 봅니다. 그래서 직분자들이 중요합니다.

성도들에게 좋은 모범이 되어서 '아, 저렇게 교회를 사랑하는 것이구나! 저렇게 주님께 충성하는 것이구나! 저렇게 영혼을 섬기는 것이구나!' 보여 주어야 합니다. 그러면 목사님이 목회를 하는 데 수월해지고 교회가 평안해집니다. 그러므로 장로의 사명은 양 무리의 모범이 되는 것입니다.

또 하나의 사명은 목사님을 도와서 교회를 섬기는 것입니다. 목사님과 함께 논의하고 목사님과 함께 성도님들을 돌보면서 협력하는 것입니다. 성도님들이 "우리 교회에도 필요한 것이 많은데 목사님은 왜 외국에 교회를 많이 세우려 합니까?" 물으면 장로님이 "목사님은 이런 뜻에서 이런 일을 하시는 것입니다" 하고 잘 설명해 주어야 합니다. 그리고 성도들의 마음이 분리되지 않도록 하나로 모아 주어야 합니다. 이것이 장로님이 할 일입니다.

목회 방침을 이해하고, 성도들이 하나가 될 수 있도록 성도들에게 모범을 보이며, 교역자와 협력하여 주님을 섬기는 것, 이것이 바로 교회 지도자의 사명이요, 교회 일꾼의 사명입니다.

이럴 때 교회는 효과적으로 주님의 일을 추진할 수 있습니다. 이렇게 충성되게 일을 잘할 때 하나님이 주시는 약속과 결과가 무엇입니까?

셋째, 영광의 면류관입니다.

"그리하면 목자장이 나타나실 때에 시들지 아니하는 영광의 관을 얻으리라"(벧전 5:4).

주님을 위한 고난은 영광의 면류관과 같습니다. 주님이 반드시 그 날에 갚아 주십니다. 주님을 위한 고난은 쉬운 일이 아닙니다. 그러나 '내가 갚아 준다' 하신 그 약속을 믿고 살아가는 것입니다. 우리 교회 장로님들과 권사님들 그리고 안수집사님들은 모두 이런 신실하고 충성스러운 일꾼들이 되시길 축원합니다.

성경을 보시면 창세기부터 요한계시록까지 하나님께서 애타게 찾는 사람이 있습니다. 하나님께서 이 땅을 구원하고 하나님 뜻을 이루어 가는 과정 가운데 누가 필요합니까? 바로 헌신된 일꾼입니다. 여러분, 오늘도 주님은 사람을 찾습니다. 좋은 믿음의 일꾼을 찾습니다. 왜 그렇습니까?

하나님께서 이스라엘 백성을 출애굽시키려다 보니 사람이 필요했습니다. 그래서 모세를 부르셨습니다. 가나안 정복을 위해서는 여호수아를 부르셨습니다. 이방 선교를 위해서는 바울을 부르셨습니다. 하나님은 사람을 부르십니다. 그런데 그런 사람이 잘 안 만들어진다는 것이 문제입니다.

하나님은 오늘도 충성되고 헌신된 사람을 목마르게 찾고 계십니다. 사랑하는 성도 여러분, 새롭게 시작하는 3월입니다. 내가 지금까지 주님을 위하여 어떤 고난을 받았는가, 십자가의 은혜로 구원받은 내가 그동안 교회를 위해, 주님을 위해 무엇을 했는가를 질문하십시오. 그 질문에 답할 수 있다면 잘하신 것입니다. 그것은 반드시 영광의 면류관으로 이어질 것입니다.

그런데 아무리 생각해 봐도 없다고 생각된다면, 앞으로 그 답을 위해서 살아야 합니다. 그래야 저와 여러분이 인생을 후회하지 않고 기대하는 마음으로 주님을 기다릴 수 있는 것입니다.

여러분 자신을 위해서, 교회를 위해서 진실한 일꾼이 되시길 축원합니다. 한 사람, 한 사람 우리 교회의 자랑이 되시길 축원합니다. 우리 교회 역사에 산 고난의 증인이 되시길 축원합니다.

제자의 관점을 디자인하라
Design your perspective

교회의 일꾼

첫째, 먼저 장로란 어떤 사람입니까?
둘째, '억자사주본'의 자세로 봉사해야 합니다.
셋째, 영광의 면류관입니다.

믿음의 거목이 돼라 (시 92:12-15)
Design your perspective

의인은 종려나

무같이 번성하며 레바논의 백향목같이 성장하리로다 이는 여호와의 집에 심겼음이여 우리 하나님의 뜰 안에서 번성하리로다 그는 늙어도 여전히 결실하며 진액이 풍족하고 빛이 청청하니 여호와의 정직하심과 나의 바위 되심과 그에게는 불의가 없음이 선포되리로다

부모의 소원은 자녀들이 잘 자라는 것입니다. 때가 되면 좋은 배우자를 만나는 것입니다. 행복한 가정을 이루어서 믿음의 명문가가 되어 자자손손 복을 받길 원합니다. 이것은 모든 부모의 공통적인 소원일 것입니다.

사랑하는 성도 여러분, 하나님께서도 마찬가지입니다. 오늘 저와 여러분의 믿음이 잘 성장하길 원하십니다. 믿음의 거목들이 되길 원하십니다.

목회를 하면서 많은 사람들이 믿음이 성장하지 못하는 이유를 발견하였습니다. 사람들이 예수를 믿고 거듭나면 믿음이 잘 성장해서 거목이 되어야 하는데, 실제로는 믿음이 잘 성장하지 못합니다. 믿음의 성장을 방해하는 것이 여러 가지 있기 때문입니다. 오늘은 그 가운데 딱 한 가지만 말하려고 합니다.

우리를 향한 하나님의 계획은, 오늘 본문에서 말하는 것처럼 종려나무같이 번성하며 백향목같이 믿음의 큰 거목으로 성장하는 것입니

다. 하나님은 우리의 성장을 소원하십니다. 종려나무는 특징이 있습니다. 어떤 특징입니까? 종려나무는 죽을 때까지 끊임없이 열매를 맺습니다. 그런가 하면 백향목은 수백 년을 살지만 늘 푸르고 청청합니다.

사랑하는 성도 여러분, 하나님께서는 당신의 자녀들이 이런 믿음의 거목들이 되기를 원하십니다. 그런데 우리가 이렇게 믿음의 큰 나무가 되는 것을 가장 싫어하고 방해하는 것이 있습니다. 바로 이 세상의 어둠의 영입니다. 악한 원수 마귀입니다. 사탄은 성도들의 믿음 생활을 방해하고 성장하지 못하도록 갖은 수단과 방법을 다 사용합니다.

믿음이 성장하지 못하도록 사탄이 사용하는 가장 치명적인 무기가 무엇인 줄 아십니까? 덫입니다. 누구든지 사탄이 쳐놓은 덫에 걸리면 맥없이 무너져 버립니다. 그래서 많은 그리스도인들이 실족합니다. 이 덫에 걸리면 인간관계가 어려워지고 분열됩니다. 사랑이 식고 관계가 파괴됩니다. 사람들 사이에 갈등이 생겨 하나가 되지 못하고 분열합니다. 마음의 상처와 분노와 미움과 적개심과 상한 감정을 가지고 살아갑니다.

수많은 사람이 가슴에 쓴 뿌리가 있습니다. 복음을 가졌음에도 많은 사람들이 상처와 고통 때문에 자신들의 사명을 저버리고 주어진 소명을 감당하지 못하며 살아갑니다. 그래서 믿음이 성장하지 못합니다.

사랑하는 성도 여러분, 오늘 여러분은 어떻습니까? 오늘 여러분 안에 있는 이런 어둠을 향해 선포합시다. "어둠은 떠나갈지어다! 저주는 떠나갈지어다! 질병도 떠나갈지어다!"

복음을 가진 수많은 성도들이 상처 때문에 하나님의 뜻을 이루어 드리지 못하고 실족해서 넘어져 방황합니다. 여러분은 어떻습니까? 사탄이 쳐놓은 덫에 걸린 적이 있습니까? 많은 사람들이 이 덫에 걸려서 무기력하게 살아갑니다. 가슴 뛰는 복음을 가지고 있으면서도 무의미하게 살아갑니다.

그렇다면 우리에게 상처를 준 사람이 누구였습니까? 어떤 사람들이 상처를 주었습니까? 미국의 트럼프 대통령입니까? 러시아의 푸틴입니까? 아닙니다. 우리에게 상처를 주는 사람은 가장 가까운 가족이나 함께 신앙생활을 하는 믿음의 사람들입니다. 가까운 사람들에게서 받은 상처는 더욱더 큰 아픔과 배신감을 가져옵니다.

> "나를 책망하는 자는 원수가 아니라 원수일진대 내가 참았으리라 나를 대하여 자기를 높이는 자는 나를 미워하는 자가 아니라 미워하는 자일진대 내가 그를 피하여 숨었으리라 그는 곧 너로다 나의 동료, 나의 친구요 나의 가까운 친우로다 우리가 같이 재미있게 의논하며 무리와 함께하여 하나님의 집 안에서 다녔도다"(시 55:12-14).

'나를 모욕하는 자가 원수였다면 차라리 견디기 쉬웠을 것을, 나를 업신여기는 자가 적이었다면 그를 피하여 숨기라도 했을 것'이라고 말합니다. 여러분, 저와 여러분에게 상처를 주는 사람은 어떤 사람입니까? 바로 나의 동료, 가까운 친우, 나와 함께 하나님을 섬기는 사람입니다.

바로 우리 옆에 앉아서 우리와 더불어 찬양하는 사람일 수도 있습니다. 우리와 함께 주일을 보내고, 같은 팀에 속해서 활동하고, 사무실도 함께 쓰고, 셀 모임도 함께 하는 사람일 수 있다는 것입니다. 그래서 우리에게 상처를 주는 사람은 가장 신뢰하는 사람일 수도 있고, 가장 친한 사람일 수도 있다는 것입니다.

한때 가장 가까운 관계였던 사람들이 심한 상처를 받고 증오의 관계로 돌아서는 것을 본 적이 있을 것입니다. 이런 일들은 우리 가정에서도 일어나고, 직장에서도 일어나고, 교회 공동체 안에서도 일어납니다. 사람이 사는 곳에서는 어느 곳에서나 일어납니다.

왜 그렇습니까? 사람은 모두 죄인이기 때문입니다. 사람 안에는 선한 것이 없습니다. 주님이 아니면 사람은 이기적이며 자기중심적입니다. 이런 육신의 성향을 통한 사탄의 덫과 시험에 대비하기 위해 철저히 말씀으로 무장하시길 축원합니다.

이런 육신의 성향이 발견될 때마다 버리는 훈련을 해야 합니다. 왜 그렇습니까? 어떤 사람은 이런 덫에 걸려 평생을 낭비해 버립니다. 어떤 사람은 이런 덫에 걸려 평생 사람을 원망하며 삽니다. 이런 덫에 걸려 평생 교회를 원망하며 사는 사람도, 마음에 쓴 뿌리를 갖고 살아가는 사람도 있습니다. 어떤 사람은 좋은 자질과 능력이 있음에도 이런 덫에 걸려 상처 때문에 의욕을 상실한 채로 살아갑니다. 그런 모든 것이 오늘 풀어지길 축원합니다.

오늘 저와 여러분이 이 사탄의 덫을 잘 풀고 잘 이겨 낼 때 우리와 우리 자녀들의 미래가 결정됩니다. 사탄의 덫을 잘 이겨 낼 때 우리 그리스도인들이 믿음의 거목들이 될 줄 믿습니다. 꿈같은 일이 일어날 줄 믿습니다.

사랑하는 성도 여러분, 그렇다면 왜 많은 사람이 관계 속에서 상처를 입게 될까요? 우리의 최고의 안식처이자 사랑을 주고받으며 사랑하는 법을 배우며 성장해야 할 가정마저도 때로는 갈등과 분노와 고통의 뿌리가 되기도 합니다. 그래서 가정이 분열되고, 부모와 자식 간에 갈등하며 상처를 주고받습니다. 그런가 하면 부부지간에도 갈등과 상처 속에서 살아갑니다. 행복해야 할 가정 공동체가 분열되고 많은 사람들이 상한 마음으로 살아갑니다.

"목사님, 저는 자식들만 믿고 살았는데, 자식들에게 상처를 받으니 내 마음에 끝없이 슬픔이 올라오네요."

그렇다면 왜 이런 일들이 우리에게 일어날까요? 왜 예수님을 믿고 따르는데 믿음이 좋은 거목들이 만들어지지 않을까요?

첫째, 사탄이 관계 안에 덫을 놓기 때문입니다.

덫을 놓아서 동물을 잡아 보셨습니까? 제가 어릴 때는 덫을 놓아서 짐승도 잡고 새도 잡고 쥐도 잡았습니다. 한때는 우리나라에 쥐가 많았습니다. 심지어 학교에서 쥐를 잡아 오라고 했습니다. 그래서 쥐를 잡는 덫을 놓았습니다. 덫에 쥐가 좋아하는 미끼를 끼워 놓으면 아무것도 모르는 쥐는 다가와 그 미끼를 덥썩 한입에 뭅니다. 쥐가 미끼를 입에 무는 순간 철컥 하면서 덫에 걸립니다.

그런데 덫을 놓을 때는 한두 가지 요건을 갖추어야 합니다. 우선 덫이 보이지 않게 잘 숨겨야 합니다. 그리고 잡고자 하는 동물들이 잘 걸려들도록 그 동물이 좋아하는 것을 미끼로 놓아야 합니다.

사랑하는 성도 여러분, 이런 원리는 짐승을 잡을 때만 사용되는 것이 아닙니다. 이 세상 원수 마귀가 저와 여러분을 유혹할 때도 똑같은 방법을 사용합니다. 성도들을 유혹할 때도 아주 치명적인 덫을 놓습니다. 여러분이 아주 좋아하는 것을 사용합니다. 어떤 사람에겐 육신의 쾌락을 미끼로 사용합니다. 어떤 사람에겐 돈, 또 어떤 사람에겐 명예, 권세, 인기, 칭찬, 어떤 사람에겐 자존심, 어떤 사람에겐 감정을 미끼로 사용합니다.

사탄은 어떤 존재입니까?

"그중에 이 세상의 신이 믿지 아니하는 자들의 마음을 혼미하게 하여 그리스도의 영광의 복음의 광채가 비치지 못하게 함이니 그리스도는 하나님의 형상이니라"(고후 4:4).

사탄은 많은 사람들이 생각하는 것처럼 속이 뻔히 들여다보이는 작전을 실행하지 않습니다. 그는 아주 교활하고 간교하며 약삭빠릅니다.

빈틈없이 작전을 수행하며 사람 속이는 것을 무척이나 즐거워합니다.

여러분, 사탄은 자신을 광명한 천사로 위장할 수도 있다는 사실을 잊지 말아야 합니다. 하나님의 말씀을 통해서 선과 악을 명확히 분별하는 훈련을 받지 않으면 사탄이 놓는 올무나 덫을 구분해 내지 못합니다.

이런 방법을 써서 사탄은 우리 가정을 파괴하고, 우리 공동체를 파괴하고, 사람과의 관계를 파괴하고, 나라와 민족 공동체를 파괴하고, 인생을 파괴합니다.

우리가 믿음의 사람으로 성장하지 못하도록 방해하기 위해 사탄이 가장 잘 사용하는 미끼가 무엇일까요? 대부분의 그리스도인이 한 번쯤 경험해 보았을 것입니다. 바로 사람을 실족하게 하는 시험입니다. 사람의 마음을 깨지게 합니다. 관계를 깨뜨려 버립니다. 사람은 마음이 깨지면 그때부터 커다란 시험이 찾아옵니다.

사탄의 덫에 걸려 실족하면 우리가 어떤 열매를 맺게 됩니까? 상처라는 이름으로 관계가 깨집니다. 분노하고 분개합니다. 질투합니다. 적의를 품게 됩니다. 그래서 갈등과 분쟁을 야기합니다. 그런가 하면 비통함과 증오심을 갖습니다. 부정적인 사람이 됩니다. 그리고 스스로 하나님이 되어 모든 일을 판단하고 정죄하게 됩니다. 그런가 하면 사탄의 덫에 걸리면 사람이 무례해집니다. 부모도 비난합니다. 직장 상사를 비난하고 지도자를 비난하며 모욕합니다. 분열시킵니다. 주어진 자리에서 이탈합니다. 그리고 마음이 깨진 채 살아갑니다. 배신의 아픔을 안고 살아갑니다. 그러면서 보상이라도 하듯 타락한 행동을 합니다.

그런데 더 중요한 것은, 대개 실족한 사람은 자신이 덫에 걸렸다는 것조차 깨닫지 못한 채 살아간다는 것입니다. 많은 사람들이 자신의 상태를 감지하지 못한 채 이런 생각의 프레임에 갇혀서 한평생 살아갑니다. 그 모든 것이 오늘 풀어지길 축원합니다.

사랑하는 성도 여러분, 복음을 가진 저와 여러분은 상처로 사는 자들이 아닙니다. 말씀으로 삽니다. 복음을 가진 자들은 감정으로 사는 자들이 아닙니다. 하나님의 말씀으로 사는 자들입니다. 오늘 여러분은 어떻습니까?

> "예수께서 제자들에게 이르시되 실족하게 하는 것이 없을 수는 없으나 그렇게 하게 하는 자에게는 화로다"(눅 17:1).

실족하는 일 없이 살아갈 수는 없다고 말씀합니다. 왜 그렇습니까? 이 세상이 어둡기 때문입니다. 세상은 죄와 사망의 법이 주관하기 때문입니다.

그렇다면 이렇게 세상에서 누구나 경험하는, 실족하게 하는 사탄의 유혹 앞에 우리는 어떻게 해야 합니까? 성경은 뭐라고 말씀하십니까?

> "보라 여호와의 크고 두려운 날이 이르기 전에 내가 선지자 엘리야를 너희에게 보내리니 그가 아버지의 마음을 자녀에게로 돌이키게 하고 자녀들의 마음을 그들의 아버지에게로 돌이키게 하리라 돌이키지 아니하면 두렵건대 내가 와서 저주로 그 땅을 칠까 하노라 하시니라"(말 4:5-6).

자꾸만 마음을 돌이켜야 합니다.

먼저 아비의 마음을 자녀에게로 돌이키라고 말씀합니다. 마음을 돌이키시길 축원합니다. 자녀들의 마음 또한 아비에게로 돌이키라고 말씀하십니다. 오늘 마음들이 돌이켜지시길 축원합니다.

"돌이킬지어다! 풀어질지어다!"

세상이 어떠하든, 상황이 어떠하든 돌이키시길 축원합니다. 옳고 그름이 어떠하든 돌이키시길 축원합니다. 문제가 어떠하든 돌이키시길 축원합니다.

우리의 마음을 돌이키면 회복될 줄 믿습니다. 가정이 회복될 것입니다. 모든 관계가 회복될 것입니다. 부부 관계가 회복될 것입니다. 부모 자식 관계가 회복될 것입니다. 공동체가 회복될 것입니다. 모든 관계가 회복되고 풀어지기를 축원합니다.

주님은 저와 여러분을 회복시키시기 위해서 십자가에서 당신의 모든 것을 쏟으셨습니다. 그러므로 모든 옳고 그름의 논리는 십자가에 못 박으시길 축원합니다. 그렇게 할 때 회복됩니다.

그런데 우리가 원치 않게 상처를 받았을 때는 어떻게 해야 할까요? 상처에 대한 우리의 영적인 태도는 어떠해야 할까요?

둘째, 상처는 하나님께서 나를 성숙시키는 기회입니다.

사랑하는 성도 여러분, 흔들리지 않고 자라는 나무가 있습니까? 비바람을 맞지 않고 자라는 나무는 없습니다. 하나님께서는 저와 여러분을 믿음의 거목으로 만드실 때 반드시 사람과의 관계를 훈련시키십니다. 하나님께서는 믿음의 사람들을 키우실 때 그 사람의 중심을 보십니다. 어떤 상황에서도 한결같이 사람을 보지 않고 하나님을 바라보는 믿음의 사람으로 훈련시키십니다. 하나님은 사람과의 관계를 통해서 우리의 자아를 버리고 포기하게 만드십니다. 저와 여러분이 사람과의 관계에 어려움이 있을 때 이것을 기억하길 축원합니다.

그런데 우리의 자아를 버리게 하시기 위해 사람을 붙여 주시는데, 부부 관계에서는 한계가 있습니다. 그래서 하나님은 우리를 불의한 지도자 밑에 두십니다.

"각 사람은 위에 있는 권세들에게 복종하라 권세는 하나님으로부터 나지 않음이 없나니 모든 권세는 다 하나님께서 정하신 바라 그러므로 권세를 거스르는 자는 하나님의 명을 거스름이니 거스르는 자들은 심판을 자취하리라"(롬 13:1-2).

누구에게나 똑같이 적용됩니다. 그러므로 가정에서도 순종하길 원하십니다. 직장 생활에서도 순종하길 원하십니다. 교회도 마찬가지입니다. 그래서 하나님은 믿음의 거목인 다윗을 훈련하실 때 불의한 지도자 밑에 두셨습니다.

하나님은 모든 인생의 연출가이십니다. 다윗은 아무런 죄 없이 사울 왕에게 쫓겨 도망 다녀야 했습니다. 그는 골리앗을 죽이는 공을 세웠습니다. 그런데 예루살렘 여인들의 '다윗은 만만, 사울은 천천'이라는 소리에 사울이 그를 시기해서 죽이려 했고, 그때부터 다윗은 사울에게 표적이 되고 말았습니다. 아무런 이유 없이 다윗은 사울을 피해 도망 다닙니다.

하나님은 그런 상황 속에서 그의 영적인 태도를 보십니다. 다윗을 지긋지긋하게 괴롭히는 사울을 잠들게 하고 그가 사울을 어떻게 대하는지, 그 중심은 어떠한지 지켜보십니다. 다윗은 아무것도 몰랐지만 지금 아주 중요한 시험을 치르고 있었습니다. 다윗의 중심에 하나님을 경외하고 바라보는 선한 마음이 있는지, 아니면 그 역시 사울처럼 불량하고 완악하며 자기 감정대로 행동하는 사람인지 그 시험을 통해 살펴보는 것입니다. 언제까지요? 하나님께서 인정하실 때까지 훈련하십니다.

"선지자 갓이 다윗에게 이르되 너는 이 요새에 있지 말고 떠나 유다 땅으로 들어가라 다윗이 떠나 헤렛 수풀에 이르니라"(삼상 22:5).

하나님은 너무 힘들어서 유다를 떠나 있는 다윗을 불러들입니다. 갓 선지자를 보내 이곳을 떠나지 말고 돌아오라고 하셨고, 다윗은 힘들지만 그 말씀에 순종했습니다.

사랑하는 성도 여러분, 오늘 여러분은 어떻습니까? 과연 어느 때든 한결같이 하나님만을 믿고 따르는 사람입니까? 모든 관계 속에서 하나님만을 바라보는 사람입니까? 하나님은 우리를 관계 속에 두시고 시험해 보십니다. 우리의 순종 여부를 시험하십니다.

그래서 때로는 불의한 지도자를 섬기게도 하십니다. 하나님께서는 의도적으로 종교적 혹은 사회적 규범을 기준으로 볼 때 우리의 행동이 아주 정당한 것처럼 보이는 상황으로 몰아넣기도 합니다. 그리고 우리의 영적인 태도를 보십니다. 중심을 보십니다.

가정에서 부모님의 허물을 보여 줍니다. 그럴 때 여러분은 어떤 사람입니까? 그 허물을 덮어 주는 사람입니까? 직장에서 상관의 허물을 보여 줍니다. 그럴 때 여러분은 어떻게 합니까? 일반적으로 허물을 말하기는 쉽습니다. 그런데 덮어 주는 것은 쉽지 않습니다.

여러분, 하나님께서 그 허물을 우리에게 보여 주신 이유를 아십니까? 바로 저와 여러분을 시험하시는 것입니다. 우리의 됨됨이를 시험해 보시는 것입니다. 모든 것들 위에서 하나님이 알고 계시고 판단하고 계십니다. 우리의 영적인 태도를 보시는 것입니다. 그러므로 모든 판단은 하나님께 맡기시길 축원합니다.

그렇다면 하나님은 왜 우리를 힘든 부모님 밑에 두실까요? 왜 우리를 불의하고 부패한 리더들 밑에 두실까요? 왜 당신의 백성들을 그렇게 심각한 실수를 하고 심지어 사악하기까지 한 지도자들 밑에 두시는 것일까요?

하나님께서는 어린 사무엘을 엘리라는 부패한 제사장과 사악한 두 아들 홉니와 비느하스라는 지도자 아래 두셨습니다. 홉니와 비느하스도 아버지의 뒤를 이은 제사장입니다. 그런데 그들은 어떤 자들이었습니까? 자신들의 권력을 이용하고 속임수를 써서 하나님께 드린 헌물을 착복하고, 예배를 짓밟고, 회막문 어귀에서 일하는 여인들과 동침하고 그들을 성추행합니다.

그런가 하면 아버지 엘리 제사장은 어떻습니까? 목회자가 얼마나 영감이 없으면 기도 중인 여인을 가리켜 술에 취했다고 책망하겠습니까? 그는 망나니 같은 자신의 아들들에게 아무런 조치도 취하지 않았습니다. 심지어 그런 아들들에게 제사장직을 세습시켰습니다. 여러분이 섬기는 지도자가 이런 삶을 산다고 해봅시다. 상상이나 할 수 있겠습니까?

이런 소문을 사무엘의 어머니 한나가 듣고 한걸음에 달려가서 "사무엘, 이리 와, 집에 가자. 아들아, 여기서는 배울 것이 없구나! 홉니와 비느하스를 봐라. 엘리 제사장을 봐라. 본받을 게 하나도 없구나!"라고 해도 전혀 이상할 것이 없는 상황입니다.

그런데 한나가 사무엘을 데리고 갔습니까? 아닙니다. 왜 그대로 두었을까요? 사람은 하나님이 키우시는 것임을 알았기 때문입니다.

사랑하는 성도 여러분, 오늘날 많은 성도가 여러 이유로 실족하여 방황하고 있습니다. 그래서 일명 '가나안' 교인들이 많다고 합니다. 그런가 하면 지금 주어진 교회에 만족을 못 하고 다른 교회를 찾아다니기도 합니다. 그들에게 왜 교회를 떠났느냐고 물으면 자신들이 섬기던 사역자나 리더들의 부도덕한 생활 방식 때문에 교회를 떠났다고 이야기합니다.

"아이 사무엘이 엘리 앞에서 여호와를 섬길 때에는 여호와의 말씀이 희귀하여 이상이 흔히 보이지 않았더라"(삼상 3:1).

지금 엘리 제사장이 타락해서 이스라엘 민족 전체가 위기에 빠져 있습니다. 이스라엘의 운명이 풍전등화와 같습니다. 그런데 사무엘은 어떻습니까? 하나님을 경배할 다른 장소를 찾아다녔습니까? 여러분, 어린 사무엘을 보십시오. 그는 어떻게 합니까? 엘리와 그 아들들의 불의함과 사악함을 다 보고 듣고 자랍니다. 그러나 그런 것들을 마음에 두지 않습니다.

그런 불의함과 사악함을 지적하거나 고발하려고 다른 사람, 곧 백성들의 유사와 장로들을 찾아가지 않습니다. 그는 그저 여호와를 섬겼습니다. 한결같이 섬겼습니다. 변함없이 섬겼습니다. 주변 사람들이 어떠하든지 하나님을 섬겼습니다. 순전하게 하나님을 경외하며 섬긴 것입니다.

왜 그렇습니까? 이유는 딱 한 가지입니다.

셋째, 하나님께서 자기를 그곳에 두셨음을 알았기 때문입니다.

여러분, 이것이 하나님의 절대 주권입니다. 그렇다면 사무엘을 그곳에 두신 목적이 무엇입니까? 엘리와 그의 아들들의 행동에 대해 판단하고 정죄하라고 두셨을까요? 아닙니다. 그들을 심판하라고 그곳에 두셨을까요? 아닙니다. 그들을 잘 섬기라고 그곳에 두셨습니다.

사무엘은 엘리가 하나님의 종이라는 것을 알았습니다. 홉니와 비느하스가 하나님의 종인 것을 알았습니다. 그뿐이 아닙니다. 하나님께서는 자신의 종들을 능히 다루실 수 있다는 것을 잘 알고 있었습니다. 하나님이 인간의 모든 생사화복을 주관하신다는 사실을 잘 알고 있었습니다. 이것이 하나님의 절대 주권임을 알았습니다.

이런 사무엘이 어떤 사람이 됩니까?

"의인은 종려나무같이 번성하며 레바논의 백향목같이 성장하리로다 이는 여호와의 집에 심겼음이여 우리 하나님의 뜰 안에서 번성하리로다"(시 92:12-13).

여러분 한 분 한 분이 종려나무처럼 번성하고 백향목처럼 믿음의 거목이 되시길 축원합니다. 그래서 하나님의 성전에서 자자손손 흥왕하시길 축원합니다.

사랑하는 성도 여러분, 타락한 시대에 사무엘이 성전에 심겼습니다. 거기에서 사무엘이 어떻게 합니까? 사무엘은 하나님이 기름 부으신 엘리를 최선을 다해 열심히 섬겼습니다. 판단하지 않았고 비난하지도 않았습니다. 부정적인 말 한마디도 하지 않았습니다. 그들의 잘못을 지적해 줘야 한다는 생각도 하지 않았습니다. 그들의 잘못을 다른 사람에게 전하지도 않았습니다.

사무엘이 딱 한 번 엘리에게 권고의 말을 한 적이 있습니다. 엘리가 하나님께서 그에게 예언하여 주신 것이 무엇인지 사무엘에게 물었을 때입니다. 하지만 그때조차도 사무엘에게서 나온 권고가 아니었습니다. 다만 하나님의 말씀을 전한 것뿐이었습니다.

사랑하는 성도 여러분, 오늘날 많은 성도들은 어떻습니까? 이런 하나님의 훈련의 손길을 잘 모릅니다. 그래서 영적으로 성장하지 않습니다. 늘 육신적인 생각으로 행하기 때문입니다. 그러므로 하나님 나라의 진리를 잘 배우고 익히시길 축원합니다. 오늘 이런 은혜가 있기를 축원합니다.

하나님께서 타락한 홉니와 비느하스 그리고 주님의 음성을 듣지 못하는 엘리 제사장 밑에 사무엘을 두셨던 것처럼 저와 여러분을 그런 곳에 두신다면 어떻게 하시겠습니까? 하나님께서 여러분이 있기 원하시는 곳이 그곳이라면 어떻게 하시겠습니까?

사탄은 온갖 방법을 동원해 여러분을 내쫓으려고 공격할 것입니다. 이런저런 문제들로 여러분을 하나님이 두신 자리에서 쫓아내려 하기 때문에 여러분은 갈등과 문제와 불의한 것과 비난을 경험하게 될 것입니다. 그래서 많은 사람들이 교회를 비난하면서 떠나기도 합니다.

사랑하는 성도 여러분, 오늘 여러분은 어떻습니까? 교회를 선택하는 것은 저와 여러분이 아니라 하나님이십니다. 하나님께서 우리 각자가 원하는 대로 지체를 각각 몸에 두신 것이 아닙니다.

> "그러나 이제 하나님이 그 원하시는 대로 지체를 각각 몸에 두셨으니"(고전 12:18).

이것이 무슨 말씀입니까? 하나님이 원하시는 곳에 우리를 부르고 두셨다는 것입니다. 우리가 하나님께서 원하시는 곳에 있다면 사탄은 우리를 내쫓기 위해서 갖은 공격을 다 할 것입니다. 하나님이 심어 둔 곳에서 뽑아내려고 안간힘을 쓸 것입니다. 그래서 만약 우리가 뽑혀 나간다면 사탄은 손뼉을 치면서 기뻐하겠지요. 하지만 그런 갈등 속에서도 흔들리지 않는다면 사탄의 계획은 무산될 것입니다.

그렇다면 오늘 우리는 어떻게 해야 합니까? 항상 하나님의 뜻에 따라 행동하시길 축원합니다.

> "의인은 종려나무같이 번성하며 레바논의 백향목같이 성장하리로다 이는 여호와의 집에 심겼음이여 우리 하나님의 뜰 안에서 번성하리로다"(시 92:12-13).

흥왕하는 사람은 하나님의 집에 굳게 심긴 사람입니다. 어떤 역경에도 흔들리지 말고 말씀 안에서 터가 굳어지도록 깊이 뿌리를 내리시길 축원합니다.

　하나님은 우리 아버지이십니다. 하나님께서 저와 여러분을 교회 안에 심으셨습니다. 그러니 여러분 모두 믿음의 거목들이 되시길 축원합니다. 오늘 본문의 종려나무와 백향목처럼 하나님 나라에 믿음의 거목들이 되시길 축원합니다. 하나님의 집터가 굳어지도록 뿌리를 잘 내리셔서 늙어서도 아름다운 결실을 맺는 믿음의 거목들이 되시길 축원합니다.

제자의 관점을 디자인하라
Design your perspective

믿음의 거목이 돼라

첫째, 사탄이 관계 안에 덫을 놓기 때문입니다.
둘째, 상처는 하나님께서 나를 성숙시키는 기회입니다.
셋째, 하나님께서 자기를 그곳에 두셨음을 알았기 때문입니다.

관점을 디자인하라 2 DESIGN YOUR PERSPECTIVE

5장

영적인 관계의 관점을 디자인하라

영적인 아비와 아들(빌 2:19-22)

사랑하는 법을 배우라(출 25:1-9)

하나님의 아들로 살라(요 5:19-29)

가장 귀한 선물, 부활(요 11:17-27)

몸으로 영광을 돌리라(고전 6:12-20)

행복의 비밀 - 부부의 사명(엡 5:32-33)

영적인 아비와 아들(빌 2:19-22)
Design your perspective

내가 디모데를 속히 너희에게 보내기를 주 안에서 바람은 너희의 사정을 앎으로 안위를 받으려 함이니 이는 뜻을 같이하여 너희 사정을 진실히 생각할 자가 이밖에 내게 없음이라 그들이 다 자기 일을 구하고 그리스도 예수의 일을 구하지 아니하되 디모데의 연단을 너희가 아나니 자식이 아버지에게 함 같이 나와 함께 복음을 위하여 수고하였느니라

아프리카 우간다에는 남한만 한 크기의 빅토리아 호수가 있습니다. 서울 넓이의 113배 정도 됩니다. 빅토리아 호수는 1년 내내 저수량이 일정하다고 합니다. 호수 바닥에서 물이 솟아나기 때문입니다. 그곳에서 나일강이 발원합니다. 빅토리아 호수에서 시작된 물은 3개월 뒤에 이집트에 이릅니다.

그 빅토리아 호수에서 배를 타고 가면 나일강 근원지에 인도의 영웅 간디의 무덤이 있습니다. 사람들이 간디의 시신을 화장해서 나일강의 근원에 뿌렸습니다. 간디의 사상과 가르침이 흘러 흘러서 오대양 육대주까지 널리 전파될 수 있도록 그곳에 뿌린 것입니다.

간디는 일곱 가지 사회악을 폭로했습니다. 그 일곱 가지는 원칙 없는 정치, 노동 없는 부, 양심 없는 쾌락, 인격 없는 교육, 도덕성 없는 상거래, 인간성 없는 과학, 희생 없는 종교입니다. 간디는 예수님을 사랑하고 존경했습니다. 그러나 그는 기독교인은 아니었습니다. 그는 이

런 질문을 많이 받았습니다.

"간디 선생님! 당신은 예수님을 사랑했고, 당신의 정치적인 원리와 삶의 철학을 성경으로부터 배웠습니다. 그런데 왜 교회에 나가지 않습니까?"

그럴 때마다 그는 이렇게 대답했습니다.

"나는 예수님은 좋지만 교회는 싫습니다. 나는 기독교는 좋지만 기독교인은 싫습니다."

그는 17세에 영국으로 유학을 가서 22세에 변호사 시험에 합격했습니다. 앤드류 선교사에게 전도를 받고 성경도 배웠습니다. 그래서 그는 마음을 먹고 교회에 갔습니다. 그런데 교회 입구에서 제지를 당했습니다.

"당신 같은 사람은 우리 교회에 들어올 수 없습니다."

간디는 결국 교회에 들어가지 못합니다. 그날 이후로 그는 평생 교회에 가지 않았습니다. 예수님은 좋지만 교회는 싫었습니다. 예수님은 좋지만 예수 믿는 사람들은 싫었습니다. 기독교는 좋지만 기독교인들은 싫었습니다.

사랑하는 성도 여러분, 예수 믿는 사람들의 문제점이 무엇일까요? 예수를 믿어도 복음이 무엇인지 전혀 알지 못합니다. 예수를 믿어도 십자가에 자기를 못 박지 않습니다. 교회 안에서 찬양하고 십자가 노래는 부르지만 전혀 자신을 부인하지 않습니다.

현대 교회에는 영적인 고아들이 많습니다. 영적 아버지들을 통해서 영적 자녀들에게 베풀어져야 할 축복을 많은 영적인 자녀들이 누리지 못하고 있습니다. 그 축복이 모두 풀리기를 축원합니다.

사랑하는 성도 여러분, 교회 안에서 영적인 아비와 자녀 됨의 축복을 누리려면 어떻게 해야 합니까? 세 가지입니다.

첫째로, 영적인 아비와 자녀 관계가 세워져야 합니다. 예수 믿고 거듭나면 새로운 피조물이 됩니다. 예수 믿기 전의 자기중심적인 관계가 무너지고 예수 안에서 모든 관계를 새롭게 세워나가야 합니다. 바울과 디모데가 영적인 아비와 아들 관계가 된 것은 세상적인 조건 때문이 아닙니다. 이들은 새로운 관계를 세워나가기 위해서 십자가에서 모든 것을 버리고 비웠습니다. 자신을 버렸습니다. 자기를 비웠습니다. 모든 것을 비웠습니다. 그래서 그리스도 안에서 영적인 아비와 아들 관계를 세워갈 수 있었던 것입니다.

둘째로, 철저하게 자기를 비워야 합니다. 자기를 비우지 않으면 영적인 고아가 됩니다. 하나님께서 주시는 축복이 제한됩니다. 철저하게 자기를 비우시길 축원합니다. 하나님 앞에서 자신을 비우고, 사람 앞에서도 자신을 비워야 합니다. 하나님 앞에서 자신을 비운 사람은 어떻게 나타납니까?

셋째로, 사람 앞에서 표현됩니다. 하나님 앞에서 자신을 비운 사람은 사람 앞에서도 비운 사람이 됩니다. 하나님 앞에서 자기를 부인하는 사람은 사람 앞에서도 자신을 부인하는 사람이 됩니다. 하나님 앞에서 자신을 비운 사람 중에 자기주장이 강하고 고집이 강한 사람이 있습니까? 그것은 비운 것이 아닙니다. 비운 척할 수는 있어도 결국에는 다 드러납니다.

하나님 앞에서 자신을 비운 사람은 사람 앞에서도 비운 사람으로 삽니다. 가정에서도, 셀 모임에서도, 교회 안에서도 비운 모습으로 삽니다. 비운 내부를 성령으로 채우고 하나님으로 채워서 서로 사랑하며 겸손하게 삽니다. 영적인 아비와 아들이라는 관계 속에서 행복하게 신앙생활을 합니다.

사랑하는 성도 여러분, 바울과 디모데는 영적인 아비와 자녀 관계 속에서 풍성한 축복을 누렸습니다. 디모데는 영적인 자녀로서 어떻게 풍성한 축복을 누릴 수 있었을까요?

첫째, 디모데는 연단받은 사람입니다.

"디모데의 연단을 너희가 아나니 자식이 아버지에게 함같이 나와 함께 복음을 위하여 수고하였느니라"(빌 2:22).

'연단'은 헬라어로 '도키메'라고 합니다. 그 뜻은 '시험하다, 인증하다, 신임하다, 증명하다'입니다. 그러니 연단은 인정받는다는 말입니다. 어떤 시험이나 시련의 과정을 통해서 증명되었다는 의미입니다.

디모데는 어떤 사람입니까? 여러 시험과 과정을 통해서 그가 어떤 사람인지를 증명한 사람입니다. 디모데는 말로만 믿음이 있고 충성된 자가 아니었습니다. 환난과 시련을 통과하면서 그가 얼마나 실제로 충성된 사람인가를 증명해 보였습니다.

여러분, 하나님의 자녀가 되면 연단을 받는데 구체적으로 무엇을 어떻게 연단받습니까? 두 가지입니다. 하나는 자아를 버리는 훈련이고, 또 하나는 성품 훈련입니다.

하나님의 은혜를 받고 영이 거듭나는 것은 한순간에 일어납니다. 하나님의 은혜를 받으면 우리는 고백합니다. "주님을 위해 살고 싶습니다. 주님을 사랑합니다." 그런데 우리 혼의 가치관은 어떻게 변화됩니까? 수많은 연단을 거쳐서 변화되어 갑니다. 이런 과정을 일컬어 '성화'라고 합니다.

사람이 변화되는 것은 하루아침에 되지 않습니다. 우리 안에는 여전히 다듬어지지 않은 자아가 있습니다. 고집이 있습니다. 자존심이 있습니다. 자기중심적인 성향이 있습니다. 이기심이 있습니다. 그래서 교회 생활을 하면서 크고 작은 문제를 야기합니다. 주위에 있는 사람들과 갈등이 일어나기도 합니다. 그리하여 관계가 깨지기도 합니다. 왜요? 아직 자아가 다듬어지지 않았기 때문입니다. 아직 자아가 죽지 않았기 때문입니다. 아직도 자아가 비워지지 않았기 때문입니다.

그런데 디모데는 어떤 사람입니까? 여러 가지 연단을 통해서 증명된 사람이라는 것입니다. 연단을 통해 자기 뜻을 버리고 자아를 처리했습니다.

사랑하는 성도 여러분, 오늘 저와 여러분은 어떻습니까? 사람들은 자아가 다듬어질 만한 상황이 오면 그 상황을 회피합니다. 관계를 끊기도 합니다. 교회를 떠나거나 연락을 두절하기도 합니다. 만남을 회피합니다. 셀 모임을 피하고 관계를 끊습니다. 뭔가 그를 불편하게 하는 것이 있다는 것입니다.

여러분, 그 불편하게 하는 것이 바로 자아입니다. 그것을 비워야 합니다. 그것을 버려야 합니다. 나를 불편하게 하는 것이 내 자아입니다. 자아를 부인했다면 불편할 게 없습니다. 어떤 사람이든 불편할 게 없습니다. 자아가 죽은 사람은 누구와 살아도 상관없습니다. 일망무제합니다. 자아가 없는데 뭐가 불편하겠어요.

물론 객관적으로 보면 억울할 수도 있습니다. 상황 자체가 억울할 수도 있습니다. 그러나 내 안에 자아가 해결되어 있으면 아무것도 억울할 게 없습니다. 십자가에 자아를 포기하지 않은 사람들은 그 안에 해결되지 않은 자아가 있기 때문에 결국 불편함을 느끼게 됩니다. 이 불편함 때문에 계속해서 관계를 끊고 옮겨 다닙니다. 그럴수록 자아가 다루어질 수 있는 기회가 사라집니다.

많은 사람들이 이런 과정을 죽을 때까지 반복합니다. 그래서 자아는 다루어지지 않고 신앙 경력만 쌓여 갑니다. 이렇게 한 해 한 해 신앙 경력만 쌓여 갑니다. 그러다가 집사가 되고, 그러다가 장로가 되고, 그러다가 권사가 되고, 목사가 되기도 합니다. 이렇게 신앙 경력이 쌓여 가면 우리의 자아는 다루기가 더욱더 어렵습니다. '내가 누군데 이래? 내가 권사야! 내가 장로야! 내가 목사야!' 하며 자신을 내세웁니다. 오늘 저와 여러분은 어떻습니까?

바울에게 여러 제자가 있었습니다. 그러나 연단을 통과해서 증명된 사람은 그렇게 많지 않았습니다. 마가는 함께 전도 여행을 하다가 도저히 감당할 수 없을 것 같자 도망을 갑니다. 바울의 제자인 데마는 세상을 사랑해서 세상으로 갔습니다. 바울과 함께했던 사람들 가운데 자아를 꺾는 대신 그 상황을 회피하는 사람들도 많았습니다.

오늘날도 마찬가지입니다. 많은 사람들이 예수를 믿지만 자신을 버리지 않습니다. 비우지 않습니다. 자신의 뜻, 고집을 안 버립니다. 그래서 엄청난 십자가의 능력이 경험되지 않습니다.

사랑하는 성도 여러분, 여러분은 어떻습니까? 내가 누군가의 영적인 자녀가 된다는 것은 올바른 교회의 모습을 이루어 가는 것입니다. 주님께서 원하시는 건강한 교회 모습을 세워 가는 것입니다. 그러므로 끊임없는 연단을 통해서 자아를 부인하는 축복이 있기를 축원합니다.

우리 교회가 여러분에게 정말 축복이 되길 원한다면 종교 생활을 하지 마시고 신앙생활을 하시길 축원합니다. 교회를 통해서 부어지는 많은 하나님의 축복을 누리길 원한다면 자아를 하나씩 하나씩 해결해 나가시길 축원합니다. 불편해지는 상황이 오면 내 자아를 발견하고 처리해 나가시길 축원합니다.

디모데는 무엇이 연단되었습니까?

둘째, 디모데의 성품이 연단되었습니다.

사람은 성품이 중요합니다. 하나님의 사람은 반드시 성품이 연단되어야 합니다. 왜 그렇습니까? 사람의 성품은 은혜를 담는 그릇, 축복을 담는 그릇입니다. 사람의 성품이 연단되지 않으면 하나님께 쓰임 받을 수가 없습니다.

그렇다면 우리의 성품이 어떻게 연단됩니까? 고난을 통해서 순종하는 사람이 됩니다. 고난을 통해서 겸손해지고 온유해집니다. 고난을 통해서 예수님의 성품이 강화되고, 우리의 성품이 성령님께 길들여집니다.

성도 여러분, 하나님께 쓰임 받길 원하십니까? 그렇다면 성품이 연단되어야 합니다. 우리의 성품이 연단되면 우리는 하나님께 순종하게 됩니다. 권위에 순복하게 됩니다. 그러므로 하나님께 순복하시길 축원합니다. 여러분의 인생이 하나님께 순복하시길 축원합니다. 여러분의 인생이 예수님께 순복하시길 축원합니다.

하나님께 순복한다는 것은 교회에 다니는 것을 말하는 것이 아닙니다. 내가 목사인가 아닌가 하는 것도 아닙니다. 성경 지식이 얼마나 많으냐도 아닙니다. 저는 목사이지만 그럼에도 예수님께 순복하지 않을 수 있습니다. 제가 설교를 하지만 그럼에도 예수님께 순복하지 않을 수 있습니다.

그러므로 저와 여러분의 삶이 하나님께 순복하는 것이 중요합니다. 저와 여러분의 감정이 예수님께 순복하길 축원합니다. 저와 여러분의 생각이 예수님께 순복하길 축원합니다. 저와 여러분의 이성과 의지가 예수님께 순복하길 축원합니다.

예수님께 순복하는 사람은 일이 내 뜻대로 되지 않아도 사람을 원망하지 않습니다. 일이 내 뜻대로 되지 않아도 다른 사람을 탓하거나 비난하지 않습니다. 왜 그렇습니까? 성품이 연단되었기 때문입니다. 성품이 연된되면 모든 일에 감사하는 심령이 됩니다.

그러므로 모든 사람에게 감사하는 심령이 되시길 축원합니다. 고난을 통해서 우리의 성품이 연단되면 어떤 사건 속에서든 주님을 경험합니다. 다른 사람 때문이라고 비난하거나 다른 사람을 탓하거나 원망하지 않습니다. 그래서 하나님은 우리를 고난 가운데 연단하십니다.

"하나님이여 주께서 우리를 시험하시되 우리를 단련하시기를 은을 단련함같이 하셨으며 우리를 끌어 그물에 걸리게 하시며 어려운 짐을 우리 허리에 매어 두셨으며 사람들이 우리 머리를 타고 가게 하셨나이다 우리가 불과 물을 통과하였더니 주께서 우리를 끌어내사 풍부한 곳에 들이셨나이다"(시 66:10-12).

혹시 지금 불편하고 힘든 사람이나 상황이 있습니까? 그렇다면 바로 지금이 성령님께서 우리의 자아를 다루시는 시간입니다.

오늘 디모데는 이런 연단을 통해서 자아를 비운 사람입니다. 성품이 연단되고 자기를 비웠음이 검증된 사람입니다. 이것이 디모데로 하여금 바울의 영적인 아들이 되게 했습니다.

우리의 자아가 계속해서 다루어지는 삶을 살지 않으면 사실 영적인 자녀가 되기가 힘듭니다. 왜 그렇습니까? 자아가 다루어지지 않으면 관계가 깨집니다. 그래서 많은 사람들이 고아처럼 삽니다. 사랑하는 성도 여러분, 정말 교회를 통해서 부어지는 엄청난 축복을 누리시길 원한다면 고아의 영으로 살지 말고 잘 연단되어서 영적으로 누군가의 아비도 되고 자녀로도 살 수 있기를 축원합니다.

그렇다면 디모데는 바울에 대해 어떤 심령을 가졌습니까?

셋째, 자식이 아버지에게 하는 것과 같이 했습니다.

"디모데의 연단을 너희가 아나니 자식이 아버지에게 함같이 나와 함께 복음을 위하여 수고하였느니라"(빌 2:22).

디모데는 바울을 영적인 아비처럼 대했습니다. 여러분, 이것이 하나님 나라의 축복의 원리입니다. 육신적으로 우리에게 아버지가 있듯이 영적으로도 아버지가 있습니다. 그런데 현대인들은 영적인 아비 없이 고아처럼 삽니다. 영적인 아버지가 없다는 것은 굉장히 슬픈 일입니다.

영적 아버지가 없는 사람은 특징이 있습니다. 어떤 특징이 있습니까? 성장이 없습니다. 영적으로 의지하고 기댈 곳이 없습니다. 그래서 신앙생활을 많이 해도 외롭습니다. 늘 혼자입니다. 고아와 같습니다.

그러므로 영적 아버지가 있다는 것은 엄청난 축복입니다. 누군가 내가 의지할 사람이 있다는 것입니다. 나를 성장시켜 주고, 나를 한없이 사랑해 주고, 나를 감싸 주고 보호해 줄 사람이 있다는 것입니다. 이것은 엄청난 축복입니다.

여러분에게는 이런 영적인 아버지가 있습니까? 영적인 멘토가 있습니까? 여러분을 사랑으로 양육해 주는 사람이 있다는 것은 엄청난 축복입니다. 영적인 아버지가 있다는 것은 정말 행복한 일입니다.

그런데 많은 사람들이 '아버지' 하면 먼저 독선적이고 권위적인 육신의 아버지가 생각납니다. 그래서 구속당한다고 느껴져서 거부하고 고아처럼 신앙생활을 합니다. 그렇게 신앙생활을 하면 관계의 풍성한 축복을 상실합니다. 오늘 이런 모든 것들이 회복되길 축원합니다.

디모데는 좋은 영적인 아비가 있었습니다. 좋은 영적인 권위자가 있어서 디모데는 엄청난 축복을 누릴 수 있었습니다. 성도 여러분, 왜 영적인 아비가 있으면 풍성한 축복을 누리게 됩니까? 하나님께서는 사람을 축복하실 때 영적인 아비나 권위자를 통해서 하시기 때문입니다. 하나님은 이런 영적인 원리로 일하십니다. 그러므로 바울이 없었으면 디모데도 없었을 것입니다. 엘리야가 없었으면 엘리사도 없었을 것입니다. 모세가 없었으면 여호수아도 없었을 것입니다. 엘리야가 있었기에 엘리사가 있었습니다. 바울이 있었기에 디모데가 있었던 것입니다.

하나님께서는 일을 하실 때 항상 영적 권위자인 영적인 아버지를 두어서 하나님의 사람을 세워 가십니다. 영적인 멘토를 두어서 하나님의 사람을 세워 갑니다. 오늘 이런 은혜가 있기를 축원합니다.

사랑하는 성도 여러분, 하나님은 오늘 저와 여러분이 성장하길 원하십니다. 예수님처럼 장성한 믿음의 분량까지 성장하길 원하십니다. 그런데 많은 사람들이 신앙생활을 고아처럼 합니다. 오랫동안 신앙생활을 해도 영적으로 잘 성장하지 않습니다. 초보 수준에서 벗어나지 못합니다. 그러나 때가 되면 하나님의 영적인 권위 아래에서 영적인 아비가 되고 자녀가 되어야 합니다. 그런 복이 있기를 축원합니다.

디모데는 어떤 사람이었습니까? 22절을 다시 한번 보겠습니다.

"디모데의 연단을 너희가 아나니 자식이 아버지에게 함같이 나와 함께 복음을 위하여 수고하였느니라."

디모데는 나이가 어리지만 하나님 앞에 연단받은 사람입니다. 그래서 자신을 비우고 영적인 아비인 바울의 뜻, 바울이 원하는 것으로 채웠습니다. 이것이 자기 비움입니다.

사랑하는 성도 여러분, 여러분은 어떻습니까? 많은 사람이 수년 동안 신앙생활을 해도 고아처럼 신앙생활을 합니다. 왜 그렇습니까? 자기를 비우지 않기 때문입니다. 그래서 고아처럼 외롭게 삽니다. 누구의 영적인 아비도 되지 않고, 누구의 영적인 자녀도 되지 못한 채 고아처럼 삽니다. 그래서 하나님의 풍성한 축복을 누리지 못합니다.

그런데 디모데는 어떻게 합니까? 내 생각을 내려놓고 바울의 생각으로 나를 채웁니다. 왜 그렇습니까? 바울을 존경하기 때문입니다. 내 생각을 내려놓고 하나님의 생각으로 가득 채웁니다. 하나님을 경외하고 사랑하기 때문입니다. 이것이 디모데가 바울의 영적 아들이 되는 자기 비움이었습니다.

디모데는 바울을 아버지처럼 섬겼습니다. 여러분, 지금 바울을 섬긴다고 현실적으로 디모데에게 무슨 부귀영화가 주어지는 것도 아닙니다. 바울은 아무런 힘도 없고, 돈도 없고, 늙었고, 병들었고, 감옥에 갇혔습니다.

또 디모데가 바울을 그 정도 따라다녔으면 이제 독립해서 뭔가를 해야겠다고 생각할 때도 되지 않았습니까? 그러나 '나도 점점 나이가 들어가는데 언제까지 바울의 시종 노릇만 해야 해? 나도 이제는 내 뜻대로 독립해야지' 하는 마음을 품거나 독자적으로 행동하지도 않았습니다.

바울은 아무것도 할 수 없는 죄수입니다. 이제 디모데가 일해야 할 시간이 맞습니다. 사실 바울은 죽을 날이 멀지 않았습니다. 바울은 지금 감옥에 갇혀서 디모데에게 해줄 수 있는 것이 아무것도 없었습니다. 그럼에도 그는 감옥에 갇힌 바울의 종 노릇을 우직하게 하고 있습니다.

**"오히려 자기를 비워 종의 형체를 가지사 사람들과 같이 되셨고"
(빌 2:7).**

예수님께서 자기를 비워 종의 형체를 가지신 것처럼 디모데도 철저하게 자기를 비웠습니다. 자신을 비운 디모데에게서도 예수님의 모습이 보이지 않습니까? 모든 것을 비우고, 모든 권리를 포기하고, 자기의 모든 뜻을 비우고, 모든 능력을 다 비우고 종이 되셨던 주님, 예수 그리스도의 모습이 디모데에게서도 보이지 않습니까?

디모데의 모습 속에서 오늘 우리는 예수님의 모습을 보게 됩니다. 크고 화려하게 성공한 사역자나 이 세상 사람들에게서 예수님의 모습이 보이는 것이 아니라, 충성되고 우직하고 요령 없고 자기 것 챙길 줄 모르는 바보 같은 바울과 디모데 같은 사람들 속에서 우리는 예수님의 모습을 볼 수 있습니다.

사랑하는 성도 여러분, 여러분은 어떻습니까? 바울과 디모데, 영적인 아비와 아들의 관계 속에서 철저하게 비워버린 종의 형체를 가지셨던 예수님의 모습이 보이지 않습니까?

예수님은 천국에서 이런 자가 가장 큰 자라고 말씀하십니다. 디모데는 자기를 비우고 인생을 다 바쳐서 바울에게 헌신했습니다. 자기 인생을 다 바쳐서 바보처럼 바울을 섬겼습니다. 아무런 요령 없이 자기 것 챙기지 않고 바울을 아비처럼 섬겼습니다. 바울과의 영적인 아비와 아들 같은 관계 속에 디모데는 하나님 나라의 엄청난 축복을 누리게 됩니다.

사랑하는 성도 여러분, 하나님께서 오늘 당신의 교회 안에서 가장 보고 싶어 하는 모습이 바로 이런 것 아니겠습니까? 그렇다면 오늘 저와 여러분은 어떻습니까? 여러분은 영적인 아비가 있으십니까? 아직 영적인 아비가 없습니까? 영적인 아비가 누구인지 모른다고요? 그래서 고아처럼 살고 있습니까? 만약 그런 분이 계시다면 셀에 가 보십시오. 여러분의 영적인 아비가 여러분을 기다리고 있을 것입니다.

셀 리더가 바로 여러분의 영적인 아비입니다. 나에게 영적인 리더가 있다는 것은 정말 행복한 일입니다. 내게 영적인 멘토가 있고 영적 아버지가 있다는 것은 정말 복된 일입니다. 누군가 내가 의지할 사람이 있다는 것입니다. 누군가 나를 성장시켜 주고 한없이 사랑해 줄 수 있는 사람이 있다는 것은 엄청난 축복입니다. 여러분에게 이런 영적인 멘토가 있기를 축원합니다. 이런 영적인 아비가 있기를 축원합니다.

사랑하는 성도 여러분, 이것이 오늘 주님께서 현대 교회 안에서 다시 보고 싶은 모습이 아니겠습니까? 우리 교회 안에서 다시 보고 싶은 모습이 아닐까요? 우리 하나님의 사랑은 대가를 바라지 않는 순수한 사랑입니다. 그래서 때로는 현대인들에게 바보처럼 보입니다. 그러나 이런 바보 같은 사람들이 교회를 아름답게 하고 세상과 다르게 만드는 참된 믿음의 사람들입니다.

복음 때문에 바보 같았던, 그래서 더욱 아름다웠던 영적인 바울과 아들 디모데의 관계같이 오늘날 현대 교회 안에서도 이런 영적인 관계가 세워지길 축원합니다. 우리 셀 모임 안에서도 이런 특별한 아름다움을 만들어 가는 관계의 역사가 있기를 축원합니다. 디모데가 바울에게 했던 것처럼 우직하고 충성되게, 그리고 신실하고 한결같은 마음으로 영적 아비를 존경하고 사랑하는 저와 여러분이 되길 축원합니다.

영적인 관계의 관점을 디자인하라
Design your perspective

영적인 아비와 아들

첫째, 디모데는 연단받은 사람입니다.
둘째, 디모데의 성품이 연단되었습니다.
셋째, 자식이 아버지에게 하는 것과 같이 했습니다.

사랑하는 법을 배우라(출 25:1-9)

Design your perspective

여호와께서 모세 에게 말씀하여 이르시되 이스라엘 자손에게 명령하여 내게 예물을 가져오라 하고 기쁜 마음으로 내는 자가 내게 바치는 모든 것을 너희는 받을지니라 너희가 그들에게서 받을 예물은 이러하니 금과 은과 놋과 청색 자색 홍색 실과 가는 베 실과 염소 털과 붉은 물 들인 숫양의 가죽과 해달의 가죽과 조각목과 등유와 관유에 드는 향료와 분향할 향을 만들 향품과 호마노며 에봇과 흉패에 물릴 보석이니라 내가 그들 중에 거할 성소를 그들이 나를 위하여 짓되 무릇 내가 네게 보이는 모양대로 장막을 짓고 기구들도 그 모양을 따라 지을지니라

어떤 신사가 카페에 앉아서 모닝커피를 마시다가 무심코 신문에 난 1면 톱기사를 보았습니다. 헤드라인이 눈에 띄었습니다. "죽음의 상인, 죽다!" 그리고 죽은 사람의 약력이 소개되었습니다. "알프레드 노벨, 1833년 스웨덴 스톡홀름 출생, 1850년 미국에 유학하여 기계공학을 전공하고 1863년 뇌관 및 니트로글리세린을 이용하여 다이너마이트를 발명하여 이것으로 막대한 부자가 되었다." 이 신사는 깜짝 놀랐습니다. 왜냐하면 자기가 바로 알프레드 노벨이었기 때문입니다. 그의 작은형 루드비그 노벨이 죽었는데 알프레드 노벨이 죽은 줄 알고 기사를 쓴 것입니다.

그는 자신에 대한 평가를 읽고 충격을 받았습니다. 그는 사람들에

게 죽음의 상인, 다이너마이트의 왕으로 평가받았습니다. 그가 다이너마이트를 개발한 것은 세계평화에 도움이 되기 위해서였습니다. 그러나 의도와는 달리 죽음과 파멸을 가져온 사람으로 인식되었습니다. '내가 정말 이대로 죽었다면 이 기사가 사실이 아닌가?' 충격을 받은 그는 고민하다가 앞으로 남은 시간은 자신의 사망 기사를 정정하는 데 써야겠다고 결심했습니다.

'다이너마이트로 번 많은 돈을 생명과 평화를 위해 사용하자. 그래서 파괴와 죽음을 가져온 사람이 아니라 생명과 평화를 가져온 사람이 되자.'

그는 자신의 재산을 정리해서 세계 역사와 발전에 기여한 사람에게 주는 상을 만들었는데 그것이 바로 노벨상입니다.

사랑하는 성도 여러분! 만일 저와 여러분이 이 세상을 떠난다면 사람들은 우리를 어떻게 평가할까요? "그 사람 엄청난 부자였어!" "머리가 참 좋았어. 그래서 스펙이 좋았어." "부동산을 많이 소유했지." "좋은 일을 많이 했어." "그 사람은 한국에 위대한 업적을 남겼어!" 이처럼 이 땅에 기념비적인 위대한 업적을 남겼다고 합시다. 그러나 세월이 가면 사람들은 여러분을 기억조차 하지 못할 것입니다.

많은 사람들이 이 세상에 왔다가 갑니다. 오고 오는 세대 속에 사람들은 저와 여러분을 잊을지라도 하나님은 우리를 기억하실 것입니다. 왜 그렇습니까? 주는 대대에 우리의 거처가 되시기 때문입니다. 그리스도인은 집이 아니라 하나님을 거처로 삼고 살기 때문입니다. 그러므로 모든 만물이 주께로부터 왔다가 주께로 돌아갑니다.

또 하나님께서 우리를 지명하여 부르셨기 때문입니다.

"야곱아 너를 창조하신 여호와께서 지금 말씀하시느니라 이스라엘아 너를 지으신 이가 말씀하시느니라 너는 두려워하지 말라 내가 너를 구속하였고 내가 너를 지명하여 불렀나니 너는 내 것이라"(사 43:1).

'너는 내 것이다'라고 하십니다. 할렐루야! 하나님은 우리를 늘 기억하십니다. 왜 그렇습니까? 우리는 하나님의 것이기 때문입니다. 우리의 생명이 하나님의 것입니다. 우리의 인생도 하나님의 것입니다. 그러므로 우리는 세상 사람들의 평판보다 하나님의 평가가 중요합니다.

하나님 앞에 섰을 때 하나님께서 우리에게 한 가지만 물어 보신다면 무엇을 물어 보실까요? 아마도 "너는 일생 동안 사랑의 법을 배웠느냐?"가 아닐까요?

하나님은 사랑이십니다. 하나님의 사랑은 십자가에서 확증되었습니다. 하나님은 우리에게 당신의 생명을 주셨습니다. 당신의 권세를 주셨습니다. 능력을 주셨습니다. 당신의 이름을 주셨습니다. 당신의 모든 것을 주셨습니다.

사람이 누군가를 사랑하면 함께 있고 싶고, 함께 살고 싶고, 그를 위해 희생하고 싶고, 함께 영원히 사랑하며 살고 싶어집니다. 하나님도 마찬가지입니다. 우리를 사랑하신 하나님은 우리와 함께 살고 싶어 하십니다. 그래서 하나님은 우리에게 성막을 주셨습니다. 성막은 하나님께서 거하시는 하나님의 집이요 하나님의 장막입니다.

하나님은 이곳에서 죄인을 만나 주십니다. 하나님은 이곳에서 허물 많은 인생을 만나 주십니다. 이곳에서 소망이 없는 인생을 만나 주시며, 우리와 교제하고 싶어 하십니다. 이곳에서 비전을 갖게 하십니다. 이곳에서 산 소망을 갖게 하십니다. 영원한 나라의 꿈을 꾸게 하십니다.

그러므로 어떤 인생이든 성막에 와서 하나님을 만나면 꿈같은 일이 일어납니다. 죽은 인생이 살아납니다. 인생의 문제가 해결됩니다. 이것이 성막을 우리에게 주신 이유입니다.

그런데 사람들은 하나님의 사랑을 경험하지만 그 사랑을 잘 유지하지 못합니다. 하나님의 축복을 경험하지만 그 축복을 잘 관리하지 못합니다. 왜 그렇습니까? 사랑하는 법을 배우지 않기 때문입니다. 오늘 사랑하는 법을 배우시길 축원합니다. 하나님을 사랑하는 법을 잘 배우시길 축원합니다.

구약의 율법과 성막을 신약의 성경과 교회로 생각해 보겠습니다. 하나님께서도 그런 의미로 오늘 우리에게 교회를 주셨습니다. 오늘 본문은 하나님께서 성소를 짓게 하시는 목적을 설명합니다.

"내가 그들 중에 거할 성소를 그들이 나를 위하여 짓되"(출 25:8).

성소는 하나님이 우리 가운데 거하시기 위한 공간입니다. 당신의 백성들을 돌보시고 그들과 함께하시겠다는 하나님의 뜻이 구체화되는 것입니다.

"내가 너희와 함께 있겠다."

이것은 사랑의 극치입니다. 아주 강렬한 사랑의 고백입니다. 히브리어에서 '사랑한다'는 말은 '내가 너와 함께하리라'라는 말입니다. 이 사랑이 어떻게 실현되었습니까? 바로 십자가에서 확증되었습니다. 이처럼 참된 사랑은 함께하는 것입니다. 이런 하나님 사랑의 증거가 바로 성막입니다.

그런데 우리에게 왜 성막이라는 증거가 필요합니까? 성막은 하나님의 사랑을 우리가 보고 만지고 경험할 수 있도록 하나님이 우리에게 보이는 증거물로 주신 것입니다. 그러므로 보이는 예배당도 하나님이 우리와 함께하신다는 일종의 구체적인 증거물입니다.

하나님은 어디에나 계십니다. 그런데 왜 하나님은 성막을 짓게 하십니까? 이것은 하나님을 위한 것이 아닙니다. 하나님을 믿고 섬기는 우리를 위한 것입니다. 왜 그렇습니까? 모든 영적인 사건은 아무리 강력해도 시간이 지나면 무디어지고 잊히게 마련입니다. 증거가 없으면 잊힙니다. 그래서 하나님께서는 우리와 함께하신다는 구체적인 증거로 성막을 짓게 하신 것입니다.

사랑하는 성도 여러분, 이 성막은 누가 설계합니까?

"무릇 내가 네게 보이는 모양대로 장막을 짓고 기구들도 그 모양을 따라 지을지니라"(출 25:9).

바로 하나님이십니다. 하나님은 당신이 거할 당신의 처소인 성막을 직접 설계하셨는데 여기에는 세 가지 구조적 특징이 있습니다. 하나님께서 거하실 성막은 사람이 사는 천막과 같습니다. 왜 하필이면 하나님이 거하시는 성소를 성막으로 지으시라고 하셨을까요?

첫 번째로 그 시대 이스라엘 백성들이 다 천막에 살았기 때문입니다. 그 시대 사람들이 모두 다 천막에서 살았습니다. 그렇다고 하나님도 천막에 거하셔야 하는 건 아닌데 왜 성막으로 지으라고 하셨을까요? 하나님의 사랑 때문입니다. '내가 너희와 함께하겠다. 너희들이 천막에 사니 나도 성막에 산다.'

'성막'은 다른 뜻이 있지 않습니다. 말 그대로 하나님이 거하시는 거룩한 장막이라는 말입니다. 사랑하는 성도 여러분, 하늘 아버지의 사랑을 보십시오. 우리를 사랑하시는 하늘 아버지의 배려와 인자하심을 보십시오. '너희가 광야에서 장막 집에 살 때 나도 너희처럼 성막에 거하겠다' 하시는 하나님을 생각해 보십시오. 하나님은 이렇게 우리를 사랑하시고 우리와 함께하기를 좋아하시는 아버지입니다.

그러다가 이스라엘 백성들이 가나안 땅에 들어가서 주거 형태가 천막에서 집으로 바뀌자 하나님이 거하시는 성막이 어떻게 바뀝니까? 솔로몬은 돌로 성전을 지었습니다.

하나님은 우리와 함께하고 싶으셔서 우리의 거주지 모양과 같은 성전을 짓게 하셨습니다. 그리고 '내가 함께한다'는 의미임을 말씀하셨습니다.

두 번째 특징은 백성들 한가운데 있어서 모두가 성막을 보는 구조라는 것입니다. 성막을 짓고 어떻게 배치합니까? 모든 백성들의 한가운데에 두었습니다. 이스라엘에는 모두 열두 지파가 있습니다. 이 열두 지파를 동서남북으로 각각 세 지파씩 배치하고 그 가운데 성막이 위치합니다. 백성들의 모든 장막 집의 출입구도 성막을 향하게 했습니다. 그래서 모든 백성들이 성막을 보고 있는 것입니다.

무엇을 의미합니까? '내가 너희들 가운데 있다. 성전 중심으로 살아라! 너희들은 나와 함께 거하되 너희들 마음속에 내가 중심이 되어 살아야 한다'는 것입니다. 이런 구조였기 때문에 이스라엘 백성들은 집에서 나가고 들어올 때 반드시 성막을 보고 출입했습니다. 출입할 때 성막을 보며 '하나님이 나와 함께하신다'라는 생각을 늘 한 것입니다. 오늘 저와 여러분에게도 이런 은혜가 있기를 축원합니다.

세 번째 특징은 크지 않다는 것입니다. 하나님께서 거하시는 성막은 그렇게 크지가 않았습니다.

이방인의 신전은 굉장히 크게 짓습니다. 신전을 찾아오는 자들의 기를 죽이기 위해서였습니다. 신전 크기에 주눅이 듭니다. 신전 앞에 서면 기가 죽습니다. 그리고 이방 신전은 마을과 떨어져 있습니다.

그러나 하나님은 반대입니다. 작고 단순합니다. 복잡하지 않습니다. 성막 안에 필요한 기구만 있습니다.

그렇다면 이 성막을 누가 짓습니까? 누가 하나님이 거하실 성소인 성막을 짓습니까?

"내가 그들 중에 거할 성소를 그들이 나를 위하여 짓되"(출 25:8).

설계는 하나님께서 하셨지만 짓는 것은 백성들의 일입니다. 구원받은 백성들이 성막을 짓습니다. 은혜 받은 백성들이 짓습니다. 하나님을 사랑하는 백성들이 짓습니다. 하나님을 뜨겁게 사랑하는 자들이 성막을 짓습니다. 하나님이 함께하시는 것을 진심으로 기뻐하고 감격하는 자들이 짓습니다.

사랑하는 성도 여러분, 세상 건물은 내가 짓고 싶은 대로 지을 수 있습니다. 내가 살고 싶은 집은 내 마음대로 지으면 됩니다. 설계도 자유롭게, 설계사든 건축주든 마음대로 할 수 있습니다. 그러나 하나님의 성전은 그렇지 않습니다. 하나님이 허락하셔야 짓는 것입니다.

그런데 하나님께서 허락하시면 성전을 짓는 데 어려움이 없습니까? 아닙니다. 성전 건축할 때 교회에 가장 큰 어려움이 찾아옵니다. 성전 건축할 때 어둠이 가장 강하게 역사합니다. 하나님이 함께하시는 성막을 짓기 때문입니다. 때로는 어둠이 강력하게 방해합니다. 성전을 지을 때 악의 역사가 가장 큽니다.

왜 그렇습니까? 이곳에 오면 죽은 영혼이 살아납니다. 병든 자가 치유됩니다. 인간의 운명이 바뀝니다. 이곳에 오면 영혼이 하나님을 만납니다. 이곳에 와서 수많은 사람이 주님을 만나고 인생을 새롭게 시작합니다. 소망이 없던 인생이 산 소망을 갖게 됩니다. 죄에 얽매여 죽을 인생이 죄로부터 해방됩니다. 비전이 없던 인생이 비전을 갖게 됩니다.

사랑하는 성도 여러분, 하나님께서 오늘 우리에게 "내가 거할 성소를 너희가 지어라" 이렇게 말씀한다면 어떻습니까? 이 말씀이 엄청난 축복으로 다가옵니까, 아니면 엄청난 부담이 됩니까?

하나님께는 부귀도 있고 장구한 재물도 있습니다. 하나님이 성소를 건축하지 못해서, 건축할 재료나 돈이 없어서 우리에게 지으라고 하시는 것이 아닙니다. 우리에게 복을 주시려고 성소를 짓게 하시는 것입니다. 우리의 사랑을 보고 싶어서 성소를 지으라고 하시는 것입니다.

> "나를 사랑하는 자들이 나의 사랑을 입으며 나를 간절히 찾는 자가 나를 만날 것이니라 부귀가 내게 있고 장구한 재물과 공의도 그러하니라 내 열매는 금이나 정금보다 나으며 내 소득은 순은보다 나으니라 나는 정의로운 길로 행하며 공의로운 길 가운데로 다니나니 이는 나를 사랑하는 자가 재물을 얻어서 그 곳간에 채우게 하려 함이니라" (잠 8:17-21).

그러므로 사랑하는 법을 배우시길 축원합니다. 하나님을 뜨겁게 사랑하시길 축원합니다.

구원받은 성도가 광야를 살아가면서 해야 할 가장 위대한 일이 무엇입니까? 하나님께서 거하실 성소를 짓는 일, 성막 건축입니다. 그렇다면 무엇을 가지고 성막을 짓습니까? 성막을 완성하려면 백성들의 예물이 필요합니다. 오늘 본문은 이 예물의 세 가지 특징을 말씀합니다.

> "이스라엘 자손에게 명령하여 내게 예물을 가져오라 하고 기쁜 마음으로 내는 자가 내게 바치는 모든 것을 너희는 받을지니라"(출 25:2).

하나님은 이스라엘 백성들에게 명령하여 예물을 가져오라고 하십니다. 왜 하나님은 당신의 집을 짓는데 명령을 하실까요?

첫째, 하나님이 주인이기 때문입니다.

하나님은 만물의 주인이십니다. 주인은 부탁하지 않습니다. 하나님은 우리의 주인입니다. 나의 생명의 주인이며, 내 물질의 주인이십니다.

　하나님께서 주인으로서 청지기들에게 바라시는 것은 하나님의 역사에 기쁨으로 동참하는 것입니다. 하나님의 역사에 즐거움으로 동참하라고 하십니다. 이것이 진정으로 하나님을 사랑하는 법을 배우는 것입니다. 그러므로 이 일에 참여할수록 하나님께서는 당신의 영광과 복을 나누어 주겠다고 하십니다.

　세상에서 가장 그립고 잊을 수 없는 사람을 말하라고 하면 어머니를 말하는 사람이 많습니다. 왜 어머니일까요? 우리에게 조건 없는 사랑을 넘치도록 베풀어 주시기 때문입니다. 그래서 어머니를 잊을 수가 없는 것입니다.

　우리가 사랑하는 법을 배우려면 어떻게 해야 합니까? 먼저 하나님의 사랑을 받아야 합니다. 하나님께서 어떠한 사랑으로 나를 사랑하셨는지 하나님의 사랑을 깊이 경험해야 합니다. 하나님의 사랑을 받은 자만이 사랑하는 법을 배울 수 있습니다.

　사랑하는 성도 여러분, 우리는 하나님께서 어떤 요구를 하시면 마음에 부담감이 생깁니다. 하나님의 요구에 따라 물질을 드려야 할 때가 있고, 재능을 드려야 할 때가 있습니다. 시간을 드려야 할 때도 있습니다.

　하나님은 우리에게 무엇을 원하십니까? 왜 무엇인가를 요구하시는 것입니까? 사랑하는 법을 배우게 하려고 요구하시는 것입니다. 하나님은 전능하신 분입니다. 우리의 시간, 우리의 물질, 우리의 재능이 없어도 능히 일을 이루실 수 있습니다. 훌륭한 믿음의 사람을 통해서 다 이루실 수 있습니다. 그런데도 우리에게 무엇인가를 요구하시는 것은 그것을 통해서 하나님의 놀라운 역사에 우리를 동참시키시고 하나님의 축복에 우리를 동참시키셔서 우리로 하여금 사랑하는 법을 배우게 하고 싶기 때문입니다.

그러므로 우리가 이 땅에서 어떤 모양으로 살든 사랑으로 행하는 사람이 되길 축원합니다. 주님은 우리의 인생의 주인이십니다. 청지기로서 사랑하는 법을 잘 배우시길 축원합니다.

그렇다면 주님께 예물을 드릴 때 우리는 어떻게 드려야 합니까?

둘째, 즐겁게 드려야 합니다.

"이스라엘 자손에게 명령하여 내게 예물을 가져오라 하고 기쁜 마음으로 내는 자가 내게 바치는 모든 것을 너희는 받을지니라"(출 25:2).

하나님을 사랑하는 자는 예물을 기쁜 마음으로 드립니다. 작은 것이라도 하나님의 성막을 짓는 일에 즐겁게 드리시길 축원합니다. 우리의 주인 되신 하나님께서 말씀하시면 청지기인 우리가 기쁜 마음으로 즐겁게 낼 때 보이지 않는 하나님께서 거하시는 성전이 됩니다.

사랑하는 성도 여러분, 여러분은 어떻습니까? 하나님께 기쁨으로 무엇인가를 드려 본 적이 있으십니까? 작은 것일지라도 기쁨으로 드리시길 축원합니다. 그래서 사랑하는 법을 배워야 합니다.

하나님께서는 성막을 지을 때 어떻게 하십니까?

셋째, 하나님은 액수를 정해 주지 않습니다.

왜 그렇습니까? 각자 형편과 사정이 다르기 때문입니다. 그래서 정하지 않아야만 그 사람의 진심이 드러납니다. 주님은 과부의 두 렙돈을 칭찬하셨습니다.

"너희가 그들에게서 받을 예물은 이러하니 금과 은과 놋과 청색 자색 홍색 실과 가는 베 실과 염소 털과 붉은 물 들인 숫양의 가죽과 해달의 가죽과 조각목과 등유와 관유에 드는 향료와 분향할 향을 만들 향품과 호마노며 에봇과 흉패에 물릴 보석이니라"(출 25:3-7).

하나님은 액수를 정해 주지 않으십니다. 그 사람의 진심을 알기 위해 각자의 믿음대로 드리게 하십니다. 그러므로 하나님을 사랑하는 법을 배우시길 축원합니다. 참된 사람은 희생으로 나타납니다. 여러분이 어떤 모양으로 살든지 하나님을 사랑하는 법을 배우고 실제로 하나님을 사랑하시면서 살아가시길 축원합니다.

왜 그렇습니까? 우리가 하나님 앞에 가는 그때에 하나님께서 우리에게 물으실 것입니다. "너는 사랑하는 법을 배웠느냐? 나는 너를 사랑해서 십자가에서 그 사랑을 확증했다. 너는 그런 나를 사랑하는 법을 배웠느냐?"

지금 이스라엘 백성들이 머물고 있는 지리적인 위치가 어딥니까? 광야 한복판인 시내산입니다. 그들에게는 일자리도 없고 소득도 없습니다. 그런데 하나님은 어떻게 당신의 성막을 짓게 합니까? 이들은 출애굽 직전까지 노예로 살았습니다. 그런 사람들에게 무슨 소유가 있었겠습니까? 아무것도 없었습니다.

그런데 하나님은 출애굽할 때 이스라엘 백성들이 빈손으로 나오지 않게 하셨습니다. 주인들의 마음을 감동시켜서 이들이 애굽에서 나올 때 보석들을 가지고 나옵니다. 하나님이 이들에게 재물을 허락하셔서 재물을 가지고 나올 수 있었습니다. 그런데 사실 광야에서 무슨 보석이 필요하겠습니까? 노예들에게 무슨 보석이 필요하겠습니까? 광야를 행진할 것이기에 보석은 필요 없었습니다. 오히려 짐만 될 수도 있었습니다.

그러나 하나님은 계획이 있었습니다. 이스라엘 백성들은 몰랐지만 하나님은 알고 계셨습니다. 그들이 가진 보석이 광야 한가운데에서 어디에 쓰입니까? 성막을 짓는 데 사용되었습니다.

그런데 여러분, 성막을 짓는 데 사용되지 않은 보석들이 있었습니다. 그 보석들이 어디에 사용됩니까? 금송아지를 만드는 데 쓰였습니다.

사랑하는 성도 여러분, 하나님이 원하실 때 하나님께 드리지 않는 것은 어떻게 됩니까? 내 것이 되는 게 아니라 엉뚱한 데 쓰이게 됩니다. 더 부하고자 하는 욕망 때문에 엉뚱한 데 쓰이고 맙니다.

이것이 이스라엘 백성들에게만 그럴까요? 아닙니다. 오늘날 저와 여러분에게도 동일합니다. 그러므로 사랑하는 법을 배우시길 축원합니다. 하나님을 진심으로 사랑하시길 축원합니다. 하나님을 사랑하시되 뜨겁게 사랑하시길 축원합니다.

이번에 우리 교회가 주님의 은혜 가운데 외장 공사를 잘 마감하였습니다. 모든 성도님들이 기도와 물질로 동참해 주셔서 아름답게 외장 공사가 마무리되었습니다. 동네가 환하게 되었다고 사람들이 좋아합니다. 저는 우리 성도님들이 이런 공사를 통해서 하나님을 사랑하는 법을 잘 배우셨으면 합니다.

벌써 가을입니다. 봄에 씨를 뿌린 논밭에서는 풍성한 열매를 거둘 것입니다. 그러나 아무것도 뿌리지 않은 논밭에서는 거둘 것이 없습니다. 우리 인생도 마찬가지입니다. 인생은 기회입니다. 밭이 보일 때 부지런히 심는 사람은 반드시 30배, 60배, 100배의 결실을 맺습니다. 그러나 아무것도 심지 않은 사람은 또한 거둘 것도 없습니다.

"내가 거할 성소를 너희가 지어라."

주님이 이렇게 말씀하시면 내가 정성껏 지으면 됩니다.

"자기의 육체를 위하여 심는 자는 육체로부터 썩어질 것을 거두고 성령을 위하여 심는 자는 성령으로부터 영생을 거두리라"(갈 6:8).

"이것이 곧 적게 심는 자는 적게 거두고 많이 심는 자는 많이 거둔다 하는 말이로다"(고후 9:6).

〈나는 솔로〉라는 TV 프로그램이 있습니다. 스펙도 좋고 학력도 좋고 능력도 있는데 결혼하지 못한 솔로 남녀들이 출연하여 4박 5일 동안 함께 지내면서 서로 대화하고 교제도 하면서, 마지막 날 서로가 마음에 드는 사람을 선택하는 것입니다. 이들은 모두 가명을 씁니다.

출연자 중에서 광수라는 남자는 정신과 의사입니다. 두 여성이 광수를 좋아해서 고백했습니다. 그런데 둘 중 한 여성은 광수가 자신을 선택하지 않을 것이라고 생각했습니다. 그리고 마지막 날 선택의 날이 되었습니다. 광수가 그 여성을 선택하자 여성이 펑펑 웁니다. 결혼해서 평생 살아도 100년을 못 사는데 능력 있는 사람 만났다며 펑펑 울었습니다.

저와 여러분은 어떤 존재입니까? 하늘과 땅의 모든 능력을 가진 예수님께서 나에게 다가와서 내 이름을 불러 주셨습니다.

"너는 나의 신부다. 내가 너를 사랑한다. 너는 내 것이다. 지금부터 너의 인생을 내가 영원히 보장해 줄 테니 걱정하지 마라. 나에게 너는 영원히 사랑받는 인생이다. 너는 영원히 축복이 보장된 인생이다."

이런 주님을 더 뜨겁게 사랑하는 법을 배우시길 축원합니다.

영적인 관계의 관점을 디자인하라
Design your perspective

사랑하는 법을 배우라

첫째, 하나님이 주인이기 때문입니다.
둘째, 즐겁게 드려야 합니다.
셋째, 하나님은 액수를 정해 주지 않습니다.

하나님의 아들로 살라 (요 5:19-29)

Design your perspective

그러므로 예수께서 그들에게 이르시되 내가 진실로 진실로 너희에게 이르노니 아들이 아버지께서 하시는 일을 보지 않고는 아무것도 스스로 할 수 없나니 아버지께서 행하시는 그것을 아들도 그와 같이 행하느니라 아버지께서 아들을 사랑하사 자기가 행하시는 것을 다 아들에게 보이시고 또 그보다 더 큰 일을 보이사 너희로 놀랍게 여기게 하시리라 아버지께서 죽은 자들을 일으켜 살리심같이 아들도 자기가 원하는 자들을 살리느니라 아버지께서 아무도 심판하지 아니하시고 심판을 다 아들에게 맡기셨으니 이는 모든 사람으로 아버지를 공경하는 것같이 아들을 공경하게 하려 하심이라 아들을 공경하지 아니하는 자는 그를 보내신 아버지도 공경하지 아니하느니라 내가 진실로 진실로 너희에게 이르노니 내 말을 듣고 또 나 보내신 이를 믿는 자는 영생을 얻었고 심판에 이르지 아니하나니 사망에서 생명으로 옮겼느니라 진실로 진실로 너희에게 이르노니 죽은 자들이 하나님의 아들의 음성을 들을 때가 오나니 곧 이때라 듣는 자는 살아나리라 아버지께서 자기 속에 생명이 있음같이 아들에게도 생명을 주어 그 속에 있게 하셨고 또 인자 됨으로 말미암아 심판하는 권한을 주셨느니라 이를 놀랍게 여기지 말라 무덤 속에 있는 자가 다 그의 음성을 들을 때가 오나니 선한 일을 행한 자는 생명의 부활로, 악한 일을 행한 자는 심판의 부활로 나오리라

우리가 안다고 생각하지만 실상은 잘 알지 못하는 것이 있습니다. 학교 다닐 때, 선생님이 수학 문제 푸는 것을 보면 다 아는 것 같습니

다. 그런데 막상 집에 와서 혼자 풀어 보면 안 풀립니다. 왜 그렇습니까? 머리로 아는 것과 실제로 행하는 것에는 차이가 있기 때문입니다.

오늘날 교회에 다니는 기독교인들도 마찬가지입니다. 복음에 대해서 아는 것 같은데 실상은 잘 알지 못합니다. 복음이라는 말은 많이 들었기에 자신은 알고 있다고 생각합니다. 하지만 사실 복음에 대해 잘 알지 못합니다. 그래서 이 엄청난 복음을 누리지 못합니다.

어떤 사람은 예수를 믿어도 여전히 어떤 생각에 잡혀 삽니다. 죄의식에 잡혀서 삽니다. 어둠에 잡혀서 삽니다. 실패 의식에 잡혀서 삽니다. 불안에 잡혀서 삽니다. 두려움에 잡혀서 삽니다. 왜 그렇습니까? 복음을 지식적으로만 알고 있기 때문입니다. 그런가 하면 진정으로 필요한 존재가 하나님인데 하나님이 얼마나 필요한지 잘 알지 못합니다. 알긴 아는데 잘 알지 못합니다. 그래서 끝없는 목마름 속에 무엇인가를 갈망하며 살아갑니다.

사랑하는 성도 여러분, 오늘 여러분은 어떻습니까? 인생이 갈망하고 갈망하는 그 갈망의 끝이 무엇입니까? 인간의 갈망의 궁극적인 종착지는 바로 구원입니다. 모든 인간의 갈망의 끝이 구원이요 복음이요 예수 그리스도입니다.

예수를 믿는 저와 여러분은 어떤 존재입니까? 인생에서 최고로 성공한 사람입니다. 그러므로 인생을 행복하게 사시길 축원합니다. 재미있게 사시길 축원합니다. 의미 있게 사시길 축원합니다. 선포합니다. "어둠은 떠날지어다. 저주는 떠날지어다. 질병도 떠날지어다." 여러분 모두 복음을 누리시길 축원합니다.

기독교인들은 우리가 믿는 예수님을 잘 알아야 합니다. 왜 그렇습니까? 세계 3대 종교인 유대교와 이슬람교와 기독교가 모두 성경에서 나왔기 때문입니다. 어떻게 한 성경에서 세계 3대 종교가 나왔을까요? 성경을 보는 관점이 달랐기 때문입니다.

하나님께 나아가는 중보자가 누구냐에 따라서 달라집니다. 모세를 통해서 구약성경을 보면 유대교가 됩니다. 마호메트를 통해서 구약성경을 보면 이슬람교가 됩니다. 그러나 예수 그리스도를 통해서 구약성경을 보면 기독교가 됩니다.

사랑하는 성도 여러분, 누가 여러분에게 "기독교가 무엇입니까?"라고 묻는다면 무엇이라고 답하겠습니까? "기독교는 예수 그리스도를 통하여 하나님을 만나는 종교입니다"라고 분명하게 말해야 합니다. '기독'은 한자로 '그리스도'라는 말입니다.

> "예수께서 이르시되 내가 곧 길이요 진리요 생명이니 나로 말미암지 않고는 아버지께로 올 자가 없느니라"(요 14:6).

기독교는 예수 그리스도를 통해서 하나님을 만나는 종교입니다. 그렇다면 기독교의 핵심이 무엇입니까? 예수 그리스도가 하나님의 아들이라는 것입니다.

> "시몬 베드로가 대답하여 이르되 주는 그리스도시요 살아 계신 하나님의 아들이시니이다"(마 16:16).

예수 그리스도가 하나님의 아들이라는 것이 기독교의 핵심입니다. 여러분, '아들'의 정의가 무엇입니까? 한 남자와 여자 사이에 태어난 사내아이를 아들이라고 합니다. 그렇다면 하나님께 여자가 있습니까? 없습니다. 따라서 예수 그리스도를 하나님의 아들이라고 한 것은 지식과 경험이 유한한 우리의 이해를 도우시기 위함입니다.

옛날 사람들에게 아들이라는 의미는 무엇입니까? 나와 가장 많이 닮은 존재요, 나와 가장 비슷한 존재를 아들이라고 합니다. 내 모습, 내

신분, 내 성격, 나의 DNA를 그대로 이어받은 사람, 그래서 나를 이어 갈 사람을 아들이라고 합니다. 한마디로 아들은 나의 분신입니다 아들이 '나'는 아니지만 본질적으로 나와 똑같은 존재입니다. 그래서 내가 믿고 사랑하고 나의 모든 것을 다 주면서도 아까워하지 않습니다.

그렇다면 '예수님은 하나님의 아들이다'라는 말 속에 어떤 의미가 담겨 있을까요? 예수님은 단순한 인간이 아니고 성령으로 잉태되어 본질적으로 하나님의 본성을 100퍼센트 가지고 있는 하나님이시라는 것입니다.

우리는 어떤 하나님을 믿어야 합니까? 우리가 믿는 하나님은 반드시 예수 그리스도를 통하여 보고, 예수 그리스도를 통해서 만나고, 예수 그리스도를 통해서 믿은 하나님이어야 합니다. 그래서 예수 그리스도의 아버지를 성부 하나님이라고 말합니다.

사랑하는 성도 여러분, 예수 그리스도의 아버지인 하나님은 어떤 분이십니까? 무섭고 율법적인 아버지가 아닙니다. 십자가에 자기 아들을 내주시기까지 우리를 사랑하시는 아버지입니다. 이분이 진정한 우리의 하나님이십니다. 하나님은 자신의 아들까지 주실 정도로 우리를 사랑하십니다.

하나님의 아들 예수 그리스도를 통하여 우리가 하나님의 자녀가 될 수 있다는 것이 바로 기독교의 내용입니다. 이 소식이 너무 기쁜 소식이요 복된 소식이어서 우리는 이 소식을 '복음'이라 부르는 것입니다.

첫째, 왜 예수님과 하나님은 하나일까요?

첫째로, 예수님은 하나님께 완전히 순종하셨기 때문입니다.

"그러므로 예수께서 그들에게 이르시되 내가 진실로 진실로 너희에게 이르노니 아들이 아버지께서 하시는 일을 보지 않고는 아무 것도 스스로 할 수 없나니 아버지께서 행하시는 그것을 아들도 그와 같이 행하느니라"(요 5:19).

무슨 말입니까? 예수님께서 무능하시다는 말씀입니까? 아닙니다. 100퍼센트 순종한다는 것입니다. 예수님은 아버지의 뜻에 완전히, 100퍼센트 순종하셨습니다. 누군가 내 명령에 100퍼센트 순종하는 사람이 있다고 합시다. 내 명령에 대해서 100퍼센트 순종한다면 그 내용에 관한 한 그 사람과 나는 하나입니다. 그러므로 순종은 하나로 만듭니다.

둘째로, 하나님 아버지께서 예수님을 완전히 사랑하시기 때문입니다.

"아버지께서 아들을 사랑하사 자기가 행하시는 것을 다 아들에게 보이시고 또 그보다 더 큰 일을 보이사 너희로 놀랍게 여기게 하시리라"(요 5:20).

예수님과 아버지 하나님은 사랑 안에서 하나입니다. 두 인격이 있는데 둘이 완전히 사랑합니다. 그러면 사랑하는 그 면에서 그 두 인격은 둘이 아니라 하나입니다. 완전히 사랑하므로 하나라는 것입니다. 그러므로 사랑하면 하나가 됩니다.

예수님께서 우리를 너무나 사랑하셔서 이렇게 아버지께 말씀하십니다.

"내가 비옵는 것은 이 사람들만 위함이 아니요 또 그들의 말로 말미암아 나를 믿는 사람들도 위함이니 아버지여, 아버지께서 내 안에, 내가 아버지 안에 있는 것같이 그들도 다 하나가 되어 우리 안에 있게 하사

> 세상으로 아버지께서 나를 보내신 것을 믿게 하옵소서 내게 주신 영광을 내가 그들에게 주었사오니 이는 우리가 하나가 된 것같이 그들도 하나가 되게 하려 함이니이다"(요 17:20-22).

이것이 주님이 이 땅에 오신 목적입니다. 예수님은 아버지께서 당신에게 주신 모든 것을 우리에게 주셨습니다. 예수님의 모든 능력을 우리에게 주셨습니다. 예수님의 이름의 권세를 우리에게 주셨습니다. 예수의 사랑을 우리에게 주셨습니다. 하늘과 땅과 모든 권세를 우리에게 주셨습니다.

셋째로, 왜 예수님과 하나님은 하나입니까? 예수님이 완전한 계시자이기 때문에 하나입니다.

> "내가 비옵는 것은 이 사람들만 위함이 아니요 또 그들의 말로 말미암아 나를 믿는 사람들도 위함이니"(요 5:20).

예수님은 하나님의 계시를 다 보시고 또 우리에게 보여 주시는 하나님의 완전한 계시자입니다. 그러므로 하나님과 예수님은 하나입니다.

사랑하는 성도 여러분, 이렇게 순종하고 사랑하고 당신의 모든 것을 계시하신 예수님께 하나님은 무엇을 맡기셨습니까?

둘째, 하나님이 이런 아들 예수님께 맡기신 것이 있었습니다.

> "아버지께서 죽은 자들을 일으켜 살리심같이 아들도 자기가 원하는 자들을 살리느니라"(요 5:21).

첫째로, 생명을 맡기셨습니다. 생명의 창조주이신 하나님께서 예수님에게 모든 인간의 생명을 살리는 일을 맡기셨습니다. 죄로 인하여 죽은 모든 인생의 영혼을 다시 그리스도 예수 안에서 살리려 하셨습니다. 그러므로 예수를 믿어야만 구원을 받습니다. 예수 안에만 생명이 있습니다. 예수를 믿으면 죽은 영혼이 살아납니다. 예수님은 생명을 살리시는 분, 살리는 영이십니다.

> "예수를 죽은 자 가운데서 살리신 이의 영이 너희 안에 거하시면 그리스도 예수를 죽은 자 가운데서 살리신 이가 너희 안에 거하시는 그의 영으로 말미암아 너희 죽을 몸도 살리시리라"(롬 8:11).

오늘 이 예수를 믿는 저와 여러분도 생명을 살리는 자가 되길 축원합니다.

"아들도 자기가 원하는 자들을 살리느니라."

오늘 저와 여러분이 어떤 영혼이든지 정말 구원하기 원한다면 반드시 복음으로 살릴 수 있습니다. 아들이 원하는 자를 살릴 수 있습니다. 그러므로 죽은 영혼을 살리는 자가 되시길 축원합니다. 선포합니다. "죽은 사업이 살아날지어다. 죽은 가정이 살아날지어다. 죽은 인생도 살아날지어다."

또 하나님은 예수님께 무엇을 맡기셨습니까?

둘째로, 심판을 맡기셨습니다.

> "아버지께서 아무도 심판하지 아니하시고 심판을 다 아들에게 맡기셨으니"(요 5:22).

예수 그리스도는 심판주이십니다. 예수님은 모든 인류를 심판하십니다. 세상 모든 것을 심판하십니다. 생명과 사망을 심판하십니다. 인간은 예수님 앞에서 사느냐 죽느냐 두 길밖에 없습니다. 믿느냐 믿지 않느냐 두 길밖에 없습니다. 하나님께서는 최종 심판을 예수 그리스도께 맡기셨습니다.

그렇다면 이 심판의 기준이 무엇입니까? 어떤 사람은 선한 일을 많이 하고 살았고, 어떤 사람은 아주 악하게 살았습니다. 그것이 심판의 기준이 될까요? 인간적인 선함과 착함이 기준이 아닙니다. 심판의 기준은 바로 하나님의 아들 예수 그리스도입니다. 예수를 구주로 영접했느냐 하지 않았느냐 하는 것이 절대적인 기준입니다. 이것을 잣대로 심판하십니다.

> **"예수께서 이르시되 내가 곧 길이요 진리요 생명이니 나로 말미암지 않고는 아버지께로 올 자가 없느니라"(요 14:6).**

그러므로 예수 그리스도는 인생의 길입니다. "길은 나밖에 없다. 오직 나만이 길이다"라고 말씀하십니다. 예수 그리스도는 우리 인생의 길이요 진리요 생명이십니다.

수많은 사람들이 저마다 길을 갑니다. 세상 사람들이 가는 길은 죽음의 길이요, 멸망의 길이요, 저주의 길이요, 소망이 없는 길입니다. 그런데 이런 길에서 주님이 오늘 우리를 지명해서 부르셨습니다. 죽음의 길에서 우리를 불러내셨습니다. 저주의 길, 멸망의 길, 심판의 길에서 저와 여러분을 지명해서 불러내셨습니다. 엄청난 하나님의 은혜입니다.

그런가 하면 예수 그리스도는 모든 인생을 심판하는 심판주이십니다. 그렇다면 그 심판은 언제 이루어집니까?

셋째로, 심판은 이미 이루어졌습니다.

"내가 진실로 진실로 너희에게 이르노니 내 말을 듣고 또 나 보내신 이를 믿는 자는 영생을 얻었고 심판에 이르지 아니하나니 사망에서 생명으로 옮겼느니라"(요 5:24).

예수님을 구주로 믿고 영접한 사람은 영생을 얻었습니다. 사망에서 생명의 세계로 옮겨졌습니다. 저주에서 축복으로 옮겨졌습니다. 심판에서 생명으로, 죽음에서 생명으로 옮겨졌습니다. 그러므로 나에게는 심판이 없습니다.

예수님을 만나기 전까지 제 인생은 결코 참다운 인생이 아니었습니다. 어둠이었습니다. 죽음이었습니다. 소망이 없었습니다. 예수님을 만나고 많이 울었습니다. 주님의 사랑을 깊이 체험하고 많이 울었습니다. 주님의 그 인자하심과 자비로우심, 오래 참아 주심에 한없이 울었습니다. 이제는 나의 생명보다 주님을 더 사랑하는 사람이 되고 싶습니다. 이러한 은혜가 우리 모두에게 있기를 축원합니다.

셋째, 왜 모든 사람들이 예수님을 구주로 믿어야 합니까?

예수님은 하나님의 절대 기준이기 때문입니다.

사랑하는 성도 여러분! 전도를 하다 보면 이런 질문을 받기도 합니다. "목사님, 흉악범도 예수를 믿고 구원을 받는데, 정말 착하게 살아도 예수 믿지 않으면 구원받지 못한다는 것은 억울한 일이 아닙니까? 예수를 안 믿으면 아무리 착하게 살아도 지옥에 떨어져서 심판을 받는다는 기독교의 논리가 믿어지지 않고 도무지 이해가 안 됩니다."

어떤 사람이 이렇게 질문하자 대답했습니다.

"혹시 명함이 있습니까? 명함 뒷면 여백 제일 위에 당신이 생각하는 가장 착한 사람을 적어 보십시오."

그 말을 듣고 질문자는 성 프란시스코를 적을까, 테레사 수녀를 적을까, 교황을 적을까, 석가모니를 적을까 고민하다가 누군가의 이름을 썼습니다. 그러자 목사님이 다시 말합니다.

"맨 밑에는 당신이 생각하는 인류 역사에서 가장 악독한 사람을 적어 보십시오."

질문자는 유대인을 600만 명 죽인 히틀러, 예수님을 판 가룟 유다, 북한의 김일성, 김정일 등을 놓고 고민하다가 누군가를 적었습니다. 그리고 자신을 힘들게 하는 남편 이름도 적었습니다. 목사님이 다시 말합니다.

"당신은 어느 정도로 살아가는 사람인지 생각해 보고 그에 맞는 위치에 당신의 이름을 적으십시오."

질문자는 중간 훨씬 위에 점을 콕 찍고 자기 이름을 적어 넣었습니다.

손바닥만 한 명함 뒷면에 적힌 선한 사람과 악한 사람은 높낮이 차이가 있습니다. 그런데 조금만 멀리서 보면 차이가 없습니다. 100층 높이에서 보면 그 차이는 보이지도 않습니다.

사랑하는 성도 여러분, 우리는 남과 비교하면서 이만하면 내가 괜찮은 사람이라고 생각할 수 있습니다. 그러나 성경은 말씀합니다. 모든 사람이 죄를 범하였으매 하나님의 영광에, 하나님의 기준에 이르지 못한다고 말입니다.

"무릇 우리는 다 부정한 자 같아서 우리의 의는 다 더러운 옷 같으며 우리는 다 잎사귀같이 시들므로 우리의 죄악이 바람같이 우리를 몰아 가나이다"(사 64:6).

이것이 우리 인간의 실상입니다. 우리 모두는 십자가의 예수가 필요한 존재입니다. 모두 다 하나님의 은혜와 용서가 필요합니다. 그러므로 예수는 하나님의 절대 기준입니다. 하나님의 아들인 예수님으로 살아가시길 축원합니다.

우리 노회에 은퇴하신 차 목사님이 계십니다. 목사님 아버님께서는 총신대학교 교수님이셨습니다. 그런데 어느 날 계룡산 갑사의 주지 스님과 한판 대결이 벌어졌습니다. 절 안마당에 수도승 수십 명이 한편에 자리하고, 반대편에는 신학생들이 자리했습니다.

연단에 먼저 오른 분은 갑사의 주지승이었습니다. 주지 스님은 두 시간 동안 기독교 2천 년 역사를 통하여 교회가 잘못한 사건들을 조목조목 들이대며 비판했습니다. 그리고 결론적으로 예수는 석가, 공자, 마호메트와 마찬가지로 성인 중의 한 분일 뿐이라고 선언했습니다.

이제 차 교수님 차례가 되었습니다. 그분은 불교에 대해서는 아는 바가 별로 없어서 비판할 수가 없었습니다. 그래서 딱 5분 동안만 말씀하셨습니다.

"지금까지 주지 스님께서 기독교에 대해서 비판하신 모든 내용은 사실입니다. 역사적으로 기독교가 많은 잘못을 했습니다. 그러나 스님께 한 가지만 여쭙겠습니다. 스님께서 결론으로 말씀하시길 예수는 성인이라고 말씀하셨습니다. 맞습니까?"

스님이 맞다고 대답하자 교수님이 말을 이어 갔습니다.

"그럼 묻겠습니다. 성인이신 예수님이 거짓말을 하셨을까요?"

주지 스님이 대답했습니다.

"성인은 거짓말을 하지 않습니다. 거짓말을 한다면 성인이 아니니까요."

교수님은 다시 말했습니다.

"성인이신 예수님께서 말씀하시기를 '나는 길이요 진리요 생명이니 나로 말미암지 않고는 아버지께 올 자가 없느니라'고 말씀하셨습니다. 그럼 이 말씀은 사실입니까, 거짓말입니까?"

교수님의 말이 끝나자마자 스님은 얼굴이 벌겋게 변하여 법당 안으로 급하게 피했다고 합니다.

사랑하는 성도 여러분, 예수님은 하나님의 아들입니다. 어떤 모양으로 살든 인생의 성공과 실패는 예수가 기준입니다. 여러분은 예수님을 아십니까? 예수를 구주로 믿고 하나님의 아들로 살면 그 사람은 성공한 인생입니다.

영적인 관계의 관점을 디자인하라
Design your perspective

하나님의 아들로 살라

첫째, 왜 예수님과 하나님은 하나일까요?
둘째, 하나님이 이런 아들 예수님께 맡기신 것이 있었습니다.
셋째, 왜 모든 사람들이 예수님을 구주로 믿어야 합니까?

가장 귀한 선물, 부활 (요 11:17-27)

Design your perspective

예수께서 와서 보시니 나사로가 무덤에 있은 지 이미 나흘이라 베다니는 예루살렘에서 가깝기가 한 오 리쯤 되매 많은 유대인이 마르다와 마리아에게 그 오라비의 일로 위문하러 왔더니 마르다는 예수께서 오신다는 말을 듣고 곧 나가 맞이하되 마리아는 집에 앉았더라 마르다가 예수께 여짜오되 주께서 여기 계셨더라면 내 오라버니가 죽지 아니하였겠나이다 그러나 나는 이제라도 주께서 무엇이든지 하나님께 구하시는 것을 하나님이 주실 줄을 아나이다 예수께서 이르시되 네 오라비가 다시 살아나리라 마르다가 이르되 마지막 날 부활 때에는 다시 살아날 줄을 내가 아나이다 예수께서 이르시되 나는 부활이요 생명이니 나를 믿는 자는 죽어도 살겠고 무릇 살아서 나를 믿는 자는 영원히 죽지 아니하리니 이것을 네가 믿느냐 이르되 주여 그러하외다 주는 그리스도시요 세상에 오시는 하나님의 아들이신 줄 내가 믿나이다

예수님께서 부활하셨습니다. 사망 권세를 깨뜨리고 인간의 죽음을 이기시고 부활하셨습니다. 그리고 우리도 이처럼 부활할 것입니다.

그러므로 선포합니다. "어둠은 떠나갈지어다. 저주도 떠나갈지어다. 가난도 떠나갈지어다. 부활하신 예수님의 이름의 권세로 명하노니 모든 질병도 떠나갈지어다."

네덜란드의 유명한 신학자 아브라함 카이퍼(1837~1920)는 미국의 워필드와 네덜란드의 헤르만 바빙크와 함께 세계 3대 칼뱅주의 신학자

로 수상까지 지냈습니다. 그가 말했습니다. "기독교인들의 최고의 약점은 기독교를 삶의 체계로 인정하지 않는다는 것이다."

여러분! 이것이 무슨 말씀입니까? 예수를 믿는 기독인들이 하나님의 말씀을 삶의 체계로 인정하지 않는다는 말입니다. 삶의 체계란 내 삶의 기본에서부터 모든 영역에 이르기까지의 근본적인 가치를 의미합니다. 내 삶의 전 영역에 미치는 근본 가치를 삶의 체계라고 말합니다. 그런데 오늘날 기독교인들이 하나님의 말씀을 삶의 체계로 인정하지 않고 사상 체계로 여긴다는 것입니다.

사상 체계는 내가 어떤 사상에 관심을 갖는 것을 말합니다. 그러니 기독교도 내 사상일 뿐입니다. 그렇다면 기독교를 삶의 체계로 받아들인 사람과 사상 체계로 여기는 사람은 무엇이 다를까요? 기독교를 삶의 체계로 받아들인 사람은 기독교의 진리를 받아들일 뿐 아니라 하나님의 말씀대로 사는 데 자신의 전부를 쏟아붓습니다. 하나님의 말씀을 내 인생의 가치관으로 삼았기 때문입니다. 주님을 인격의 전부로 받아들이고 내 인생의 왕으로 모십니다. 주님의 부활이 나의 부활이요, 주님의 능력으로 살아갑니다.

그러나 기독교를 사상 체계로 받아들인 사람은 신앙을 자기 삶의 일부로 생각합니다. 기독교는 여러 사상 중 하나요 내 취향에 잘 맞는다고 생각하기 때문에 받아들인 것뿐입니다. 그러므로 하나님의 말씀에 온 정성과 생명을 쏟아붓지 않게 됩니다. 기독교를 사상 체계로 생각하는 사람은, 교회에는 다니지만 신앙과 삶이 분리되어 있습니다. 신앙을 내 삶의 일부분으로 생각하기 때문입니다. 부활도 하나의 사상일 뿐이니 실제로는 믿지 않습니다.

사랑하는 성도 여러분, 오늘 여러분은 어떠십니까? 여러분의 자녀들에게 부활을 믿는지 물어 보십시오. 안 믿는다고 말하는 자녀들도 있을 것입니다. 그러므로 이 사상 체계로서의 기독교를 가진 사람은 예수를 믿어도 그 삶의 주인은 하나님이 아니라 여전히 자신이고, 하나님의 말씀이 그를 다스리는 것이 아닙니다. 하나님의 말씀에 순종이 안 됩니다. 하나님의 말씀을 취사선택합니다. 그래서 말씀이 내 마음에 맞으면 좋고, 아니면 버립니다. 이것이 기독교를 사상 체계로 여기며 신앙생활하는 현대인들의 모습입니다.

오늘은 기독교의 가장 큰 명절인 부활절입니다. 왜 부활절이 기독교의 가장 큰 명절일까요? 부활이 없다면 예수님도 다른 인생과 마찬가지로 죽어 없어지는 인생에 불과합니다. 그런데 예수님은 오늘 사망 권세를 깨뜨리고 부활하셨습니다.

예수님은 부활의 첫 열매가 되셨습니다. 우리도 부활할 것입니다. 모든 인생이 죽음 앞에 속수무책이었지만 예수님은 그 죽음을 깨뜨리고 부활하셨습니다. 그러므로 기독교의 핵심은 부활입니다.

초대교회 성도들은 바로 이 복음의 핵심으로 살았습니다. "예수님이 살아나셨다!" 이 한마디였습니다. 예수님께서 부활하신 것이 그들의 삶의 체계였습니다. 이것이 그들의 삶의 전부였습니다. 그래서 그들은 부활의 증인으로 살았습니다. 이러한 그들을 일컬어 그리스도인이라 불렀습니다.

"십자가에 죽은 예수가 살아나셨다."

이렇게 복음을 외치는 사람들이 모인 곳이 바로 교회였습니다. 이들은 날마다 집에서든 교회에서든 부활의 기쁜 소식을 증거했습니다. 그러므로 부활은 기독교의 핵심이며 뿌리입니다. 부활의 능력으로 살아가시길 축원합니다.

오늘 말씀은 여러분도 잘 아시는 내용입니다. 베다니라고 하는 작은 마을이 있었습니다. 그곳에 나사로, 마리아, 마르다 삼 남매가 살고 있었습니다. 예수님께서 지상에 계실 때 가장 많이 방문한 가정입니다. 이 가정은 잘사는 집이 아닙니다. 부모님이 계신 것도 아닙니다. 오빠와 두 여동생이 살아가는, 자식도 없는 집입니다. 그런데 예수님은 예루살렘에 올 때면 늘 이 집에서 머물다 가셨습니다.

이 가정은 가난했지만 아주 귀한 가정이었습니다. 어쩌면 세상에서 가장 아름다운 가정, 복된 가정이었을지도 모릅니다. 왜 그렇습니까? 예수님을 극진히 섬겼기 때문입니다. 그래서 예수님도 이 가정을 무척이나 사랑해 주셨습니다.

그런데 이 가정에 어려운 일이 생겼습니다. 가정의 기둥이자 대들보인 나사로가 죽을병에 걸린 것입니다. 놀란 동생들이 예수님께 기별을 보냈습니다.

"예수님! 빨리 오셔서 우리 오라버니를 고쳐 주세요."

그런데 그 소식을 듣고 예수님은 일부러 더 지체하셨습니다. 곧바로 베다니로 가지 않으셨습니다. 예수님이 그토록 사랑하시는 나사로인데 급한 부탁을 받고도 바로 가지 않은 것입니다. 그 어간에 나사로는 죽었습니다. 장례까지 치렀습니다. 오빠의 죽음 앞에 마르다와 마리아는 마음이 무너졌습니다.

장례를 치르고 나흘이 지나서 예수님이 그들을 찾아오셨습니다. 사랑하는 성도 여러분, 왜 예수님은 베다니에 늦게 가셨을까요? 그렇게 간곡한 부탁을 받고도 왜 늦게 가셨을까요? 예수님께서 가장 사랑하는 가정에 문제가 생긴 것을 알고도 예수님께서 늦게 가신 이유가 무엇일까요?

첫째, 사랑하는 그들에게 가장 소중한 것을 주시기 위함이었습니다.

여러분, 지금 예수님이 그 집에 들른다면 어쩌면 그것이 마지막 방문일지도 모릅니다. 이제 예수님은 예루살렘에 가서 십자가에 못 박혀 죽으셔야 합니다. 마지막 가시는 여정 속에 가장 사랑했던 이 가정에 마지막으로 가장 귀한 선물을 주고 싶었던 것입니다.

만약 여러분이 이 땅을 떠나면서 마지막으로 자녀들에게 선물을 준다면 무엇을 주시겠습니까? 강남의 좋은 집이나 아파트 한 채입니까? 백지 수표입니까? 자식이 평생 먹고살 수 있도록 연금을 주시겠습니까? 지금 본문의 상황에서는 상처한 나사로가 새 장가를 가게 해주거나, 좋은 남편감을 찾아서 마르다와 마리아를 시집 보내 주고 싶다고 생각할 수도 있습니다. 그것이 무엇이든 예수님께서는 이들에게 가장 필요한 것을 선물해 주고 싶으셨습니다.

여러분 같으면 무엇을 선물해 주겠습니까? 아니, 여러분 같으면 무엇을 바라겠습니까? 내가 그런 가정에 꼭 하나만 해준다면 무엇을 해줄까요? 여러분이 주고 싶어 하는 그것이 여러분의 수준입니다. 예수님도 가장 귀한 것을 주고 싶었습니다.

예수님이 보시기에 세상에서 가장 귀한 것이 무엇일까요? 이것만 있다면 어떤 문제도 해결할 수 있다, 이런 게 있습니까? 주님에게는 자신이 가장 사랑하는 사람들이 가졌으면 하는 것이 있었습니다. 그것이 무엇일까요? 돈일까요? 집, 부동산, 최신 자동차, 좋은 직장일까요? 예수님이 가장 사랑하는 사람에게 주길 원했던 최고의 선물은 바로 믿음이었습니다.

이 세상에서 믿음보다 소중한 것은 없습니다. 이 세상에서 믿음보다 가치 있는 것은 없습니다. 믿음은 금보다 귀합니다. 믿음은 천국 가는 티켓과 같습니다. 믿음은 우리의 참된 보배입니다. 그러므로 모든 사건을 통해서 믿음을 키우시길 축원합니다. 기도의 응답이 더딥니까? 믿음을 키우시길 축원합니다.

그렇다면 믿음 중에서도 최고의 믿음이 무엇일까요? 바로 죽은 자가 다시 사는 것을 믿는 부활신앙입니다. 삶과 죽음을 넘어서는 부활신앙을 갖게 하는 것입니다. 주님은 이 믿음을 최고의 선물로 주고 싶으셨습니다. 그래서 일부러 늦게 가신 것입니다.

빨리 가서 병을 고쳐 주면 고침받는 것으로 끝납니다. 그것도 대단한 일입니다. 그러나 죽었다가 다시 살아나는 것을 통하여 부활의 믿음을 갖는다면 이 땅에서 가장 큰 믿음을 가지고 넉넉히 승리할 수 있기에 주님은 그 가정에 부활신앙을 주고 싶었던 것입니다.

그러나 마르다는 이런 예수님의 마음을 알 길이 없었습니다. 그래서 찾아오신 예수님을 맞이하면서 이렇게 말합니다.

> "마르다가 예수께 여짜오되 주께서 여기 계셨더라면 내 오라버니가 죽지 아니하였겠나이다"(요 11:21).

그러면서 지금이라도 뭔가 주시길 원한다는 것입니다. 뭔가 원하고는 있는데 그 원하는 것이 뭔지는 말하지 않습니다. 여러분, 지금 마르다가 무엇을 원하겠습니까?

둘째, 죽은 오빠가 다시 살아나는 것입니다.

마르다가 간절히 원하는 것은 죽은 오빠가 살아나는 것입니다. 그러나 현실적으로 바랄 수는 없는 일입니다. 왜냐하면 죽은 자가 살아나는 것은 인간의 이해와 능력을 벗어나는 일이기 때문입니다. 마르다는 예수님의 병 고치는 능력과 기도의 능력을 알고 예수님을 믿고 있었습니다. 그래서 오빠가 살아 있을 때 예수님이 이곳에 있으셨다면 죽지 않을 수도 있었겠다고 생각했지만, 어쨌거나 오빠가 죽고 말았습니다. 이제는 아무리 예수님이라고 해도 해결할 수 없을 것으로 생각했습니다. 죽음은 모든 것의 끝이기 때문입니다. 그렇게 생각해서 예수님이 물어도 말을 하지 않는 것입니다.

이런 마르다를 보면서 예수님께서 뭐라고 하십니까?

"예수께서 이르시되 네 오라비가 다시 살아나리라"(요 11:23).

오늘 이런 은혜가 우리 모두에게 있기를 축원합니다.

여러분, 이것은 유대인들의 습관적 말입니다. 문상 가서 상주들에게 "그분은 이 세상을 떠났지만 하나님께 간 것입니다"라고 말하는 것과 똑같습니다. 이 말을 듣고 마르다가 서운해서 하는 말이 24절에 나옵니다.

"마르다가 이르되 마지막 날 부활 때에는 다시 살아날 줄을 내가 아나이다"(요 11:24).

"부활이라는 말은 나도 들어서 알고 있어요. 그런데 그게 지금 무슨 상관이 있습니까? 우리 오빠는 죽었어요. 지금 썩고 있어요." 이런 뜻입니다. 그런데 마르다가 알고 있다는 이 부활은 막연한 개념일 뿐입니다. 오빠의 죽음 앞에서는 전혀 도움이 되지 않습니다.

여러분, 이것이 마르다만의 이야기일까요? 우리도 수없이 부활에 대한 이야기를 들어 왔습니다. 그러나 사랑하는 사람의 죽음 앞에서, 나의 죽음 앞에서 그 부활이라는 말은 별로 위로가 되지 않습니다. 무기력한 부활의 개념, 이것이 오늘 많은 성도님들이 가지고 있는 신앙의 약점입니다. 부활은 말하지만 부활 때문에 힘을 얻지는 못하는 관념적 부활입니다.

예수님은 이런 약점을 간파하고 새롭게 말씀하십니다.

"예수께서 이르시되 나는 부활이요 생명이니 나를 믿는 자는 죽어도

살겠고 무릇 살아서 나를 믿는 자는 영원히 죽지 아니하리니 이것을 네가 믿느냐"(요 11:25-26).

아마도 예수님은 이렇게 말씀하고 싶으셨을 것입니다.
"내가 너에게 말하려고 하는 것은 막연한 부활이 아니다. 관념적인 부활을 말하려는 것이 아니다. 진정한 부활의 의미가 뭔지를 말하고 싶은 것이다. 내가 부활이다. 내가 진정한 부활이다. 내가 생명 자체이다. 그러므로 내 앞에서는 죽은 자도 다시 살아난다. 육체가 죽고 나면 다시 살아난다는 것이 불가능한 일이라고 생각하지만 나는 부활이며 생명 자체이기에 내 앞에서는 죽음이 문제 되지 않는다. 얼마든지 나는 살릴 수 있다. 내가 인간의 죽음의 해결자이다."

육체의 죽음, 죽어서 몸이 썩는 것은 죽음이 아닙니다. 진짜 죽음은 부활이요 생명이신 주님과의 관계가 끊어지는 것입니다.

제가 은행나무 가지를 꺾어 왔습니다. 만져 보면 생화입니다. 살아 있는 것 같습니다. 그런데 생명의 입장에서 보면 죽은 것입니다. 뿌리가 잘려 있기 때문입니다. 사람도 마찬가지입니다. 살아 있는 것 같습니다. 그러나 부활이요 생명이신 예수님을 믿지 않으면 그 사람은 살아 있더라도 실상은 죽은 것입니다.

하나님께서 어떤 목사님을 사람 낚는 어부로 부르셨습니다. 교회를 개척하고 때가 되면 하나님이 부흥시켜 주시겠지 생각하고 목회를 했습니다. 그러다 그 생각이 180도 변화되는 계기가 있었습니다.

아침에 볼일을 보려고 어디를 가는데 앞에서 걸어오는 사람을 보니 사람이 아니라 해골이었습니다. 해골들이 길에서 걸어 다니고 있었습니다. 너무 놀라서 택시를 잡아탔는데 "어디로 모실까요?" 하며 뒤돌아보는 운전수도 해골이었습니다. 갑자기 낯선 세계에 들어간 것 같았습니다.

그런데 어떤 예수 믿는 사람이 저쪽에서 걸어오는 것입니다. 그는 사람이었습니다. 얼마나 반가웠는지 모릅니다. 그 순간에 깨달았습니다. '하나님이 지금 이 순간 내 영적인 눈을 열어서 영적으로 사람을 보게 하시는구나!' 그리고 겉모습으로 살아 있다고 하는 것이 다 살아 있는 것이 아님을 깨달았습니다. 예수님을 영접한 사람과 그렇지 않은 사람이 얼마나 다른지 알게 되었습니다.

얼마나 충격이 컸던지 그날로 변화되어 얼마나 뜨겁게 기도하고 열심히 전도를 하였는지 마침내 능력 있는 목사님이 되셨습니다. 왜요? 영적인 눈이 떠졌기 때문입니다. 육신의 눈으로 볼 때는 다 살아 있는 것 같습니다. 그러나 영안이 열리니 길거리에 명품을 걸친 멋쟁이들도 다 해골이었습니다.

부활과 생명 자체이신 주님과 연결되어 있지 않으면 사람은 뿌리 잘린 나무와 같습니다. 우리는 육체가 죽으면 끝난다고 생각합니다. 그런데 주님은 아닙니다. 인생은 죽음으로 끝나는 것이 아닙니다. 예수님을 모르는 사람은 살아 있어도 죽은 것입니다. 예수님이 부활이요 생명이심을 믿는 사람은 그 몸이 썩었어도 살아 있는 것입니다. 할렐루야!

"그러므로 육체의 생명이 끝났다고 울지 마라, 마르다야. 내가 부활이다. 생명이다. 이것을 믿느냐?"

주님은 지금 무엇을 요구하고 계십니까? 믿음을 요구하십니다. 그 이야기를 듣고 마르다가 믿음이 생깁니다.

> "이르되 주여 그러하외다 주는 그리스도시요 세상에 오시는 하나님의 아들이신 줄 내가 믿나이다"(요 11:27).

믿음을 주시고 믿게 하시고 그 고백을 듣고 믿음을 받으신 후 예수님은 어떻게 하십니까? 죽은 나사로에게 "나사로야, 나오라!" 명령하십니다. 그러자 죽었던 나사로가 무덤에서 걸어 나옵니다.

이 사건을 통해서 주님이 우리에게 가르치려는 것이 무엇입니까?

셋째, 부활을 믿고 부활 생명으로 살라는 것입니다.

여러분, 기독교는 어떤 사상이나 이념이 아니라 삶의 실제입니다. 막연한 관념이 아니라, 어떤 지식의 체계 속에 있거나 사상 체계가 아니라, 부활은 바로 눈앞에 있는 현실이요 분명한 것이요 삶의 실제입니다.

그러므로 나사로를 살림으로 예수님 안에 이 부활의 능력이 확실하게 있음을 오늘 본문을 통해서 보여 주고 있습니다. 여러분, 나사로가 살아났습니다. 많은 사람들이 나사로가 부활했다고 말하는데, 정확히 말하자면 나사로는 부활한 것이 아니라 소생한 것입니다.

성경에 보면 죽었다가 살아난 사람들이 있습니다. 이들은 부활한 것이 아니고 소생한 것입니다. 그렇다면 부활과 소생은 무엇이 다릅니까? 소생은 죽었을 때 모습으로 복원됩니다. 70세에 죽었으면 70세의 모습으로 살아나는 것입니다. 살아난 후에 일정한 기간을 살다가 결국 죽는 것이 소생입니다.

그러나 부활은 소생과 다릅니다. 다시 살아났는데 바뀝니다. 영광스러운 모습으로 바뀝니다. 그 몸은 절대로 죽지 않는 몸입니다. 이것이 부활입니다. 성경에 죽었다가 소생한 사람은 많습니다. 그러나 진정으로 첫 번째 부활하신 분은 예수님이십니다.

> "만일 그리스도 안에서 우리가 바라는 것이 다만 이 세상의 삶뿐이면 모든 사람 가운데 우리가 더욱 불쌍한 자이리라 그러나 이제 그리스도께서 죽은 자 가운데서 다시 살아나사 잠자는 자들의 첫 열매가 되

셨도다 사망이 한 사람으로 말미암았으니 죽은 자의 부활도 한 사람으로 말미암는도다 아담 안에서 모든 사람이 죽은 것 같이 그리스도 안에서 모든 사람이 삶을 얻으리라 그러나 각각 자기 차례대로 되리니 먼저는 첫 열매인 그리스도요 다음에는 그가 강림하실 때에 그리스도에게 속한 자요"(고전 15:19-23).

예수님은 죽으신 지 사흘 만에 부활하셨습니다. 그런데 이 예수님의 부활은 어쩌다 그렇게 된 것이 아니라 구약성경에 수없이 예언되었던 말씀을 성취하신 것입니다.

> "내가 받은 것을 먼저 너희에게 전하였노니 이는 성경대로 그리스도께서 우리 죄를 위하여 죽으시고 장사 지낸 바 되셨다가 성경대로 사흘 만에 다시 살아나사"(고전 15:3-4).

그러므로 부활 사건은 예언된 사건이요, 역사적 사건이요, 검증된 사건입니다. 이제 남은 것은 예수님의 분명한 이 부활 사건을 신앙적으로 수용하느냐 하지 않느냐 하는 것뿐입니다. 이제 부활은 여러분의 몫입니다.

내가 예수님의 부활을 인정하지 않는다고 해서 예수님의 부활이 취소되는 것이 아닙니다. 예수님의 부활은 그 역사적인 사실이 변하지 않습니다. 너무나 명백한 것이기 때문입니다. 문제는 예수님의 부활을 믿지 않으면 내가 예수님의 생명으로부터 멀어진다는 것입니다. 이런 경우는 비록 살아 있다고 할지라고 실제로는 살아 있는 것이 아닙니다.

그러나 예수님의 부활을 믿으면 비록 죽어 썩어져 백골이 진토가 되었어도 예수님이 그를 다시 살리시는 줄 믿으시기 바랍니다. 그러므로 예수님의 부활을 믿으며 살아가시길 축원합니다. 부활의 능력으로 살아가시길 축원합니다.

여러분, 부활이라고 하는 것은 믿어도 되고, 안 믿어도 되는 것이 아닙니다. 이 부활이 없으면 어떤 인생도 소망이 없습니다. 그렇다면 오늘 부활절을 맞이해서 우리는 어떻게 살아야 합니까? 부활의 증인으로 사시길 축원합니다. 부활의 능력으로 살아가시길 축원합니다.

우리가 왜 주님처럼 착하게 살아야 합니까? 우리가 왜 주님처럼 진실하게 살아야 합니까? 왜 주님처럼 인내하고 희생해야 합니까? 왜 주님처럼 사랑하고 용서하며 살아야 합니까? 왜 주님처럼 때로는 어려운 가운데서도 헌금하고 교회에 충성하고 섬기며 살아야 합니까? 부활이 없다면 아무 소용 없는 일입니다. 부활이 있기에 예수님처럼 살아야 하는 것입니다.

오늘은 부활절입니다. 예수님이 부활하셨습니다. 나도 부활할 것입니다. 죽음으로 끝나는 인생, 우울하고 어둡고 멸망으로 끝나는 인생이 예수님의 부활로 축제 같은 인생이 되었습니다. 승리하는 인생이 되었습니다. 죽음으로부터 해방되었습니다. 그러므로 부활의 능력으로 사시길 축원합니다.

영적인 관계의 관점을 디자인하라
Design your perspective

가장 귀한 선물, 부활

첫째, 사랑하는 그들에게 가장 소중한 것을 주시기 위함이었습니다.
둘째, 죽은 오빠가 다시 살아나는 것입니다.
셋째, 부활을 믿고 부활 생명으로 살라는 것입니다.

몸으로 영광을 돌리라 (고전 6:12-20)

Design your perspective

모든 것이 내게 가하나 다 유익한 것이 아니요 모든 것이 내게 가하나 내가 무엇에든지 얽매이지 아니하리라 음식은 배를 위하여 있고 배는 음식을 위하여 있으나 하나님은 이것저것을 다 폐하시리라 몸은 음란을 위하여 있지 않고 오직 주를 위하여 있으며 주는 몸을 위하여 계시느니라 하나님이 주를 다시 살리셨고 또한 그의 권능으로 우리를 다시 살리시리라 너희 몸이 그리스도의 지체인 줄을 알지 못하느냐 내가 그리스도의 지체를 가지고 창녀의 지체를 만들겠느냐 결코 그럴 수 없느니라 창녀와 합하는 자는 그와 한 몸인 줄을 알지 못하느냐 일렀으되 둘이 한 육체가 된다 하셨나니 주와 합하는 자는 한 영이니라 음행을 피하라 사람이 범하는 죄마다 몸 밖에 있거니와 음행하는 자는 자기 몸에 죄를 범하느니라 너희 몸은 너희가 하나님께로부터 받은바 너희 가운데 계신 성령의 전인 줄을 알지 못하느냐 너희는 너희 자신의 것이 아니라 값으로 산 것이 되었으니 그런즉 너희 몸으로 하나님께 영광을 돌리라

예수 믿는 저와 여러분은 엄청난 부활 생명을 선물로 받았습니다. 이 생명은 매년 부활절을 기념하기 위한 생명이 아닙니다. 매 순간 이 부활 생명으로 살아가시길 축원합니다. 이 생명은 죽음을 이긴 생명입니다. 저주를 이긴 생명입니다. 어둠을 이긴 생명입니다.

그런데 이런 엄청난 부활 생명을 소유하고 살면서도 많은 사람이 삶의 변화 없이 살아갑니다. 인생의 목표도, 목적도, 변화도 없이 살아갑

니다. 사랑하는 성도 여러분, 오늘 여러분은 어떻습니까? 여러분은 예수 믿고 무엇이 변화되었습니까? 인생의 목표와 목적이 바뀌었습니까?

사람들은 저마다 인생의 목표가 있고 목적이 있습니다. 자녀들은 열심히 공부해서 자신이 원하는 대학에 들어가고 싶어 합니다. 좋은 대학에 들어가는 것이 목표입니다. 사업하는 사람은 열심히 사업을 해서 사업이 잘되는 것이 목표입니다. 직장 다니는 사람은 열심히 일해서 연봉이 올라가고 승진이 되는 것이 목표입니다. 집 없는 사람은 집을 장만하는 것이 목표입니다. 청년들은 좋은 믿음의 사람을 만나서 결혼하는 것이 목표입니다.

이런 목표도 중요하지만, 이런 목표를 이루면서 우리 인생을 어떻게 살 것이냐가 더 중요합니다. 좋은 회사에 들어가는 것도, 돈을 많이 버는 것도, 대통령이 되는 것도 목표가 될 수는 있어도 우리 인생의 목적이 될 수는 없습니다. 우리가 원하는 직업을 갖고 무엇을 위해 사느냐 하는 것이 인생의 목적입니다.

저와 여러분이 아무리 그럴듯한 직업을 가지고 있다고 할지라도 인간 존재의 가치는 그것보다 더 큽니다. 그러므로 이제 부활 생명을 가진 저와 여러분은 어떻게 살아야 할까요? 우리 인생의 참된 목적은 무엇이며, 우리는 무엇을 위해 살아야 할까요?

첫째, 하나님의 영광을 위해 살아야 합니다.

예수를 믿지 않는 사람은 인생의 목적이 오직 자신입니다. 예수 믿기 전 저는 인생의 목적이 나 자신이었습니다. 예수 믿고 거듭난 후 삶의 목적이 바뀌었습니다. 어떻게 바뀌었습니까? 성경은 말씀합니다.

"그런즉 너희가 먹든지 마시든지 무엇을 하든지 다 하나님의 영광을 위하여 하라"(고전 10:31).

하나님의 영광을 위해서 살아가시길 축원합니다. 돈을 버는 것은 내 인생의 목표일 뿐입니다. 사업을 잘하는 것, 그것도 내 인생의 목표일 뿐입니다. 좋은 대학에 들어가는 것, 건강하게 사는 것 모두 목표입니다.

우리 그리스도인의 삶의 목적은 무엇을 하든지 어떻게 살든지 하나님의 영광을 위하는 것입니다. 그러므로 하나님의 영광을 위해 사시길 축원합니다.

사랑하는 성도 여러분, 오늘 본문은 여러분도 잘 아는 구절입니다. 고린도교회에 다니는 남자들 중에 예수를 믿고 교회에 다니는데도 여전히 사창가를 드나드는 사람들이 많았습니다. 그들은 예수를 믿으면서도 창녀촌에 다니며 아무런 죄의식 없이 살았습니다.

"내가 뭘 잘못했나요? 내 행위가 뭐가 잘못되었나요? 내 몸을 가지고 내가 즐기는데 뭐가 잘못인가요? 예수 믿고 내 영혼이 구원받았으면 된 것 아닌가요?" 이렇게 말한다는 것입니다.

이것을 알고 사도 바울은 오늘 본문에서 '음행을 피하라'고 말하며 우리의 몸과 영혼의 관계를 설명해 주고 있습니다. 또 부활 생명을 가진 예수 믿는 사람들은 이제 몸을 가지고 무엇을 위해 어떻게 살아야 하느냐에 대해서도 잘 말해 주고 있습니다.

사랑하는 성도 여러분, 고린도교회 성도들은 음행을 하면서도 전혀 잘못이라고 생각하지 않았습니다. 왜 그렇습니까? 그 시대의 헬라 철학 사상 '이원론' 때문이었습니다. 이원론의 핵심이 무엇입니까? 영은 선하고 육은 악하다, 정신은 고상하고 물질은 악하다는 것입니다. 세상을 둘로 구분하는 것입니다. 이것이 이원론자들의 모토입니다. 이들은 육체는 악하고 더러우며 정신만 선하다고 생각했습니다. 내 육체는 방탕하게 살아도 내 영혼은 구원받았으니 괜찮다고 생각하는 것입니다. 내 영은 선하니까 육체가 원하는 대로 막 살아도 된다, 즉 육체적으로 아무리 방탕하게 살아도 정신만 선한 생각을 하면 나는 선하다고 생각했습니다.

이런 이원론적 사고를 가진 사람들이 무엇을 주장합니까?

> "모든 것이 내게 가하나 다 유익한 것이 아니요 모든 것이 내게 가하나 내가 무엇에든지 얽매이지 아니하리라"(고전 6:12).

'나는 자유다. 내 몸을 가지고 내 마음대로 하는 것이 뭐가 문제냐?'라고 생각하며 살아갑니다. 그러나 성경은 다르게 말합니다. 인간에게 자유의지가 있으나 그렇다고 하고 싶은 대로 다 하는 것은 유익하지 않다고 합니다. 바울은 헬라 속담을 하나 인용합니다.

> "음식은 배를 위하여 있고 배는 음식을 위하여 있으나 하나님은 이것 저것을 다 폐하시리라 몸은 음란을 위하여 있지 않고 오직 주를 위하여 있으며 주는 몸을 위하여 계시느니라"(고전 6:13).

이들은 이렇게 생각했습니다. '배는 음식을 위해서 있다. 음식은 우리 배를 위해서 있다. 우리 몸이 왜 있는가? 우리 육체는 왜 남자와 여자로 만들어졌는가? 즐기기 위해서다. 먹으라고 있는 배, 즐기라고 있는 몸이니 마음껏 먹고 마시고 즐기고 사랑해야 마땅하다. 그러라고 있는 배가 아닌가. 그러라고 있는 몸이 아닌가. 그렇게 사는 게 인생의 즐거움이고 보람이다.'

이렇게 합리화했습니다.

이런 사람들이 복음을 듣고 예수를 믿고 고린도교회 교인이 되었습니다. 그러나 여전히 이원론적 사고로 생각했습니다. 내 영은 예수님 만나서 하나님 자녀가 되어 거룩해졌지만 내 몸은 내 마음이 원하는 대로, 육체가 원하는 대로 살아도 된다고 생각하면서 창녀촌에 출입한 것입니다. 죄의식도 없이 음행을 합리화했습니다.

이원론에 대해 조금만 더 말해 보자면, 이 이원론에서 두 가지가 나왔습니다. 하나는 쾌락주의, 다른 하나는 금욕주의입니다. 쾌락주의는 육체의 쾌락을 극대화하면서 사는 것을 추구하는 것입니다. 육체가 원하는 것을 금하지 말고 다 들어주라고 합니다. 그래서 방탕하게 삽니다. 구원받았으니 내 몸은 아무렇게나 살아도 된다는 것이 쾌락주의입니다.

이것이 구원파의 구원관입니다. 내가 예수 믿고 구원받았으니 나머지는 내 멋대로 살아도 된다는 것입니다. 예수님이 우리를 위해서 고난받으셨기 때문에 우리는 고난받을 필요가 없고, 영은 이미 구원을 받았으니 되는 대로 살아도 된다고 합니다.

모든 이단들과 잘못된 종교의 사고 기반을 찾아보면 이원론이 나옵니다. 그들은 이것을 큰 믿음이라고 착각하면서 삽니다. 이런 쾌락주의 사상이 고린도교회에만, 이단에만 있을까요? 아닙니다. 오늘날 수많은 사람들이 이런 생각을 가지고 삽니다. '당신과 내가 만나서 말을 주고받는 것처럼, 당신과 내가 서로 감동해서 서로의 몸을 주고받는 것이 잘못이냐'고 되묻습니다.

잘못된 종교와 이단들이 모두 다 이런 이원론적 사고로 타락을 합리화합니다. 그래서 많은 이단 종파에서는 지금도 합동결혼식을 하고 혼음 파티를 하면서도 '우리는 거룩하다, 신성하다' 주장합니다. 이것은 몸의 문제일 뿐 자신들의 정신은 깨끗하고 고상하다고 주장합니다.

여기에 반하여 금욕주의가 나옵니다. 육체는 더럽고 추하기 때문에 가만두면 안 됩니다. 그래서 육체를 학대하고 고행을 합니다. 육체를 고통스럽게 하는 고행을 통해서 더 거룩해지고 높은 경지에 이른다고 생각하는 것이 금욕주의입니다. 여러분, 금욕주의도 이단입니다. 기독교는 금욕주의가 아닙니다. 쾌락주의도 아닙니다. 성경은 뭐라고 말씀합니까?

> "음식은 배를 위하여 있고 배는 음식을 위하여 있으나 하나님은 이것 저것을 다 폐하시리라 몸은 음란을 위하여 있지 않고 오직 주를 위하여 있으며 주는 몸을 위하여 계시느니라"(고전 6:13).

인생은 먹고 마시는 것, 사랑하는 것, 그것 자체가 목적일 수 없다는 것입니다. 이것을 넘어서는 더 높은 목적이 있다고 합니다. 그것이 무엇입니까? 바로 하나님의 영광입니다.

이 육체를 가지고 주님을 뜨겁게 사랑하시길 축원합니다. 우리의 몸을 하나님의 영광을 위해 써야 합니다. 이것이 하나님께서 인간을 창조하신 목적입니다. 그러므로 오늘 이런 은혜가 있기를 축원합니다.

그렇다면 우리가 왜 주님을 위해 우리 몸으로 영광을 돌려야 합니까?

둘째, 우리가 주님과 한 영, 한 지체이기 때문입니다.

예수님께서 십자가에서 죽고 부활하신 목적은 우리와 하나 되기 위함입니다. 그러므로 부활하신 주님은 우리와 한 영이 되었습니다. 부활하신 주님은 우리와 한 몸이 되었습니다. 왜 그렇습니까?

예수님이 죽으실 때 우리를 위하여 그분의 영만 죽으신 것이 아닙니다. 그분의 육체만 죽으신 것이 아닙니다. 그분의 정신만 죽으신 것이 아닙니다. 예수님은 우리를 위해 십자가에서 몸과 마음과 영혼을 다 주셨습니다. 그러므로 주님은 우리의 영만 구원하신 것이 아니니다. 영과 혼과 육 모두를 구원하셨습니다.

"너희 몸이 그리스도의 지체인 줄을 알지 못하느냐 내가 그리스도의 지체를 가지고 창녀의 지체를 만들겠느냐 결코 그럴 수 없느니라"(고전 6:15).

예수님이 우리를 위해 죽으셨으니 이제 우리는 그리스도의 것이 되었다고 말씀합니다. 우리는 그리스도의 지체가 되었습니다.

그렇다면 '나'라는 존재는 무엇입니까? 진짜 '나'는 영입니다. 그런데 지금 내 육체도 '나'입니다. 정신도 '나'입니다. 영혼도 '나'입니다. 나의 영만이 아니라 육체도 '나'라는 것입니다. '나'라는 존재 안에는 몸과 혼과 영이 다 들어 있습니다. 그래서 이 몸과 마음과 영이 주님과 연합되었습니다. 그런데 이런 우리가 창녀와 한 몸이 된다면, 그것은 그저 잠시 육체의 결합으로만 끝나는 것이 아니라 감정과 영까지도 하나가 되고 마는 것입니다.

"주와 합하는 자는 한 영이니라"(고전 6:17).

'주님과 하나 될 때 우리의 영만 하나 되는 것이 아니라 우리의 육체도 하나가 된다. 그런데 이런 우리가 창녀와 합하면 어떻게 되겠는가! 이런 우리가 함부로 막 살면 되겠느냐?' 하는 말입니다. 영혼은 그리스도에게로, 몸은 창녀에게로, 이럴 수는 없다는 것입니다. 그러므로 육체를 함부로 죄 가운데 내주면 안 됩니다.

그렇다면 우리의 몸을 어떻게 사용해야 합니까?

"음행을 피하라 사람이 범하는 죄마다 몸 밖에 있거니와 음행하는 자

는 자기 몸에 죄를 범하느니라 너희 몸은 너희가 하나님께로부터 받은바 너희 가운데 계신 성령의 전인 줄을 알지 못하느냐 너희는 너희 자신의 것이 아니라"(고전 6:18-19).

모든 상황 속에서 음행을 피하시길 축원합니다. 예수 믿는 우리는 이제 주님이 거하시는 성령의 전입니다. 성령께서 우리 인격의 주인이 되어서 그 다스림을 받아야 하는 성전입니다. 성령의 전이라는 말은 영적으로 하나님과 교통하고 몸으로 하나님의 음성에 순종하는 삶을 뜻합니다. 그러기 위해서는 주님이 진짜 주인이 되어 우리 안에 사셔야 합니다.

그런데 여전히 주님이 우리 안에 손님으로 와 계십니다. 주님이 우리 안에 손님으로 계시면 주님은 아무런 일도 하실 수 없습니다. 나에 대한 놀라운 계획이 있어도 주님은 일을 하실 수가 없습니다. 모든 것을 내가 결정하고 내 마음대로 살기 때문입니다. 그래서 내 안에 계신 주님이 내 안에서 사는 것을 불편해하십니다.

여러분은 어떠십니까? 주님께 한번 물어 보십시오. "주님, 제 안에 계시는데 거기에서 사시기가 어떠신지요?" 그러면 주님이 뭐라고 말씀하실 것 같습니까?

"참 불편하다! 너는 모든 것을 너의 뜻대로 결정하고 행동하지 않니. 너는 항상 네 뜻대로 결정하고 나한테는 통보하는 식이잖아. 너는 나보다 항상 앞서가지 않니. 그러니 참 불편하다."

여러분, 우리 안에 주님이 주인으로 와 계시는데 여러분은 얼마나 주님을 주인으로 인정하며 살아가십니까?

"값으로 산 것이 되었으니 그런즉 너희 몸으로 하나님께 영광을 돌리라"(고전 6:20).

"너 계산할 줄 알지? 똑똑히 듣고 분명히 알아라. 너는 내가 값으로 산 내 것이다. 그러니 네 몸으로 하나님께 영광을 돌려라!"

많은 사람들이 몸은 몸이고 영은 영이라고 생각합니다. 이런 사고방식 때문에 많은 불륜 사건이 일어납니다. 인생을 마음대로 삽니다. 사람들이 성(性)을 어떻게 생각합니까? 잠깐 기분이 발동하면 관계를 맺고 헤어지면 그만이라고 생각합니다. 대상을 바꾸어도 상관이 없다고 생각합니다.

그런데 여러분, 내가 몸을 엉망으로 굴리면서 거룩하다고 생각하면 거룩한 것입니까? 하나님을 사랑한다고 하면서 내 멋대로 사는 것이 하나님을 사랑하는 것입니까? 절대 아닙니다.

그렇다면 사람들이 왜 음행에 빠집니까? 두 가지 경우가 제일 흔합니다. 첫째는 감정의 상처와 외로움 때문입니다. 처음에 음행이 어떻게 들어옵니까? 감정의 상처와 외로움에서 시작됩니다. 외롭기 때문에 접촉을 갈망합니다. 마귀는 우리에게 생각을 툭툭 던집니다. 여러분, 내 머릿속에 들어오는 생각을 다 내 것이라고 생각하면 안 됩니다. 음란한 세대 속의 음란한 생각들이 우리를 툭툭 치고 지나갑니다. 그런 생각들을 잘 처리하시길 축원합니다.

이 고린도교회 건너편은 에베소 지역입니다. 에베소 거리를 다니면 두란노 서원 거리 근처 길가의 돌판에 발 모양이 새겨져 있습니다. '외로운 사람은 오세요, 상처받은 사람은 오세요, 마음이 아픈 사람은 오세요' 하고 유혹하는 것입니다. 발 그림에 발을 대보고 그보다 커야 갈 수 있습니다. 발이 작으면 아직 미성년자이기 때문입니다.

사탄은 음란한 생각을 우리에게 툭툭 던집니다. 불현듯 들어오는 생각을 붙잡으면 안 됩니다. 내쫓아야 합니다. 선포합니다. "예수의 이름으로 음란한 생각은 떠나갈지어다!" 그런데 안타깝게도 많은 사람이 그 생각을 붙잡습니다. 외롭고 힘이 드니까, 내 욕심과 죄가 그 생각을 자꾸 받아들이게 합니다. 그리고 자꾸 생각하게 합니다. 그러면 거기에 몰입하게 됩니다. 그러면서 나의 욕구가 되고 나의 사상이 됩니다. 생각에서 마음으로 들어가고, 마음에서 말로 나오고 행동으로 번져 나갑니다. '뭐 어때, 요즘에 TV에서도 다 그러던데' 하면서 자기 생각을 합리화시킵니다. 그러나 방심하지 마시고 악은 모양이라도 버리시길 축원합니다.

둘째는 육체의 보상심리 때문에 사람들이 음행에 빠집니다. 내가 열심히 일하고 수고했으니 육체의 보상을 원합니다. 육체가 원하는 보상이 때로는 쾌락입니다. 육체가 요구하는 보상심리를 만족시켜 주기 위해 어떤 때는 맛있는 음식으로, 어떤 때는 즐거운 게임으로 육체적 쾌락을 요구합니다. 그래서 많은 사람들이 중독에 빠집니다. 어떤 사람은 성적인 쾌락에 빠집니다. 또 어떤 사람은 게임에 빠집니다. 술에 중독되기도 합니다.

그러면 예수 믿는 사람은 어떻게 살아야 합니까? 몸으로 하나님께 영광을 돌려야 하는데 어떻게 몸으로 하나님께 영광을 돌릴 수 있습니까?

셋째, 몸을 하나님께 드려야 합니다.

예수 믿는 사람은 그 몸이 자기 것이 아닙니다. 이미 법적으로 우리의 몸은 주님의 소유입니다. 주님께서 십자가에서 모든 값을 지불하고 우리를 구속하셨습니다.

> "우리 중에 누구든지 자기를 위하여 사는 자가 없고 자기를 위하여 죽는 자도 없도다 우리가 살아도 주를 위하여 살고 죽어도 주를 위하여 죽나니 그러므로 사나 죽으나 우리가 주의 것이로다"(롬 14:7-8).

이것이 팩트입니다. 성도들이 아무리 신앙생활을 오랫동안 해도 팩트를 잘 모릅니다. 신앙생활은 팩트를 믿는 것입니다. 팩트가 무엇입니까? 하나님의 말씀이 팩트입니다. 진리가 팩트입니다. 십자가의 사건이 팩트입니다. 그곳에서 내가 주님과 함께 죽은 것이 팩트입니다.

> "내가 그리스도와 함께 십자가에 못 박혔나니 그런즉 이제는 내가 사는 것이 아니요 오직 내 안에 그리스도께서 사시는 것이라 이제 내가 육체 가운데 사는 것은 나를 사랑하사 나를 위하여 자기 자신을 버리신 하나님의 아들을 믿는 믿음 안에서 사는 것이라"(갈 2:20).

그러므로 우리 몸으로 주님께 영광을 돌려야 합니다. 매 순간 주님께 드리십시오. 우리 몸은 주님께 드리지 않으면 반드시 세상에 바치게 됩니다.

이탈리아의 유명한 조각가 미켈란젤로는 14세 때 당대 최고의 조각가 베르톨도 디 지오바니의 문하생이 되었습니다. 스승이 보니 미켈란젤로의 재능이 매우 뛰어났습니다. 그래서 물었습니다.

"위대한 조각가가 되기 위해서 가장 필요한 것이 뭐라고 생각하느냐?"

그러자 미켈란젤로가 이렇게 대답합니다.

"제게 주신 재능을 열심히 갈고닦는 것입니다."

스승은 그 말을 듣고 이렇게 대답했습니다.

"아니다! 재능만 가지고는 안 되는 것이다. 재능을 무엇을 위해 사용하느냐가 중요하단다. 너는 너의 재능을 무엇을 위하여 어디에 써야 하는지 결정해야 한다."

스승은 미켈란젤로를 데리고 가서 유명한 조각상 두 개를 보여 주었습니다. 하나는 큰 술집 앞에 만들어진 조각상이었습니다.

"보아라. 얼마나 아름답게 만들어졌느냐?"

미켈란젤로는 그것을 보고 감탄했습니다. 그의 스승은 이번에는 그를 성당 앞으로 데리고 가서 다른 조각품을 보여 주었습니다.

"보아라. 얼마나 멋진 기술로 조각을 했느냐? 둘 다 훌륭한 조각이란다. 그런데 두 개의 조각품은 차이가 있어. 하나는 술 마시는 사람들 속에 욕망을 불태우도록 조각되었고, 하나는 하나님의 영광을 위해 조각되었다는 것이지. 미켈란젤로야! 너는 너의 재능을 무엇을 위해 사용하기를 원하느냐?"

어린 미켈란젤로가 이렇게 대답합니다.

"선생님! 저는 제 재능을 하나님을 위해서, 하나님을 위해서, 하나님을 위해서만 사용하겠습니다."

세 번이나 하나님만을 위해서 사용하겠다고 선언했습니다. 그 이후로 하나님의 영광은 그의 인생의 목적이 되었고, 그는 한평생 자기의 위대한 재능을 하나님의 영광을 위해 사용했습니다.

미켈란젤로처럼 하나님의 영광을 삶의 목적으로 삼는 여러분이 되시길 축원합니다.

영적인 관계의 관점을 디자인하라
Design your perspective

몸으로 영광을 돌리라

첫째, 하나님의 영광을 위해 살아야 합니다.
둘째, 우리가 주님과 한 영, 한 지체이기 때문입니다.
셋째, 몸을 하나님께 드려야 합니다.

행복의 비밀 – 부부의 사명(엡 5:32-33)
Design your perspective

이 비밀이 크도다

나는 그리스도와 교회에 대하여 말하노라 그러나 너희도 각각 자기의 아내 사랑하기를 자신같이 하고 아내도 자기 남편을 존경하라

워싱턴시티 남쪽에서 벌어진 래퍼해녹강(Rappahannock river) 전투는 미국 남북전쟁에서 가장 치열했던 전투였습니다. 양쪽 진영은 강 하나를 사이에 두고 대치하면서, 낮에는 전투를 하고 밤이면 군인들의 사기를 위해서 군악대가 음악회를 열었습니다.

어느 날 밤, 북군 군악대가 '성조기의 노래'를 연주하자, 남군 군악대가 '딕시의 노래'를 연주합니다. 북군의 밴드가 '즐거운 나의 집'(Home, Sweet home)을 연주하자 남군 군악대도 같은 노래를 연주했고, 그 순간 남북 모든 군인들이 텐트 밖으로 나와서 노래를 부르기 시작했습니다.

> 즐거운 곳에서는 날 오라 하여도
> 내 쉴 곳은 작은 집 내 집뿐이리

그들은 상대방이 적이라는 것도 잊어버리고 강으로 뛰어나와서 서로를 얼싸안고 노래를 불렀습니다. 이 장면을 현장에서 취재했던 프

랭크 막심이라는 기자는 이 광경을 '다들 미쳤다'라고 한마디로 표현했습니다. 노래 하나 때문에 전쟁은 사라지고 오직 조국과 동포애만 남았던 것입니다. 그로 인해 양쪽 군사들은 잠시 전쟁을 중단하고 24시간의 휴전을 약속했다고 합니다.

'즐거운 나의 집'은 1823년 영국의 작곡가 헨리 비숍(Henry Rowley Bishop, 1786~1855)이 작곡한 곡에 미국의 극작가이자 기자였던 존 하워드 페인(John Howard Payne, 1792~1852)가 가사를 붙인 노래입니다. 존 하워드 페인은 알제리에서 사망했는데, 그 후 31년 만에 그의 시신이 군함에 실려 뉴욕에 돌아오던 날, 미국 대통령, 국무위원, 상원위원들과 수많은 국민들이 항구에 나와 모자를 벗고 조용한 그의 귀국에 환영과 조의를 표했습니다. 그는 평생 결혼하지 않았지만 가정의 소중함을 절실하게 깨달아 이 곡을 작사했다고 합니다.

사랑하는 성도 여러분! 하나님께서 세상을 지으시고 가장 먼저 만든 기관과 제도가 가정입니다. 하나님은 가정을 만드시면서 행복하라고 명령하셨습니다. 그런데 왜 많은 가정들이 행복하지 못한 삶을 살아갈까요? 오늘 본문은 그 이유를 우리에게 잘 가르쳐 주고 있습니다.

"이 비밀이 크도다 나는 그리스도와 교회에 대하여 말하노라" (엡 5:32).

비밀에는 두 종류가 있습니다. 하나는 가르쳐 주지 않았기 때문에 알 수 없는 비밀로 '시크릿'(secret)이라고 합니다. 시크릿은 감추어져서 알 수 없는 비밀을 말합니다. 예를 들면 통장 비밀번호, 집 현관 비밀번호가 시크릿입니다. 그래서 그것을 정한 사람 외에 다른 사람은 알 수가 없는 것입니다. 그런데 반대로 알 수 있도록 자세하게 가르쳐 주었는데 상대방이 잘 몰라서, 관심이 없어서 잘 모르게 된 비밀이 있습니다. 이런 비밀을 '미스터리'(mystery)라고 부릅니다.

그렇다면 오늘 본문에 나오는 비밀은 시크릿일까요, 미스터리일까요?

성경은 주님이 다시 오시는 그날과 그 시만 가르쳐 주지 않았을 뿐, 다른 것은 모두 우리에게 가르쳐 주었습니다. 그런데 우리가 잘 알아듣지 못했습니다. 그래서 알지 못하게 되었으니 '미스터리'입니다.

가정에는 '행복의 비밀'이 있습니다. 사람의 생각으로는 그렇게 하면 전혀 행복할 것 같지 않은데 꼭 그렇게 해야만 행복해지는 원리가 있습니다. 바로 부부 관계의 비밀입니다. 부부가 행복하려면 반드시 성경이 말씀하는 대로 행해야 합니다.

그렇다면 오늘 성경이 말씀하시는 부부가 행복해지는 비밀이 무엇일까요?

첫째, 부모와의 관계입니다.

부부가 행복해지는 첫 번째 비밀은 부모와의 관계에 있습니다.

> "그러므로 사람이 부모를 떠나 그의 아내와 합하여 그 둘이 한 육체가 될지니"(엡 5:31).

부모님을 떠나는 것이 첫 번째 비밀입니다. 사람들은 '내가 왜 부모님을 떠나?'라고 생각합니다. 또 부모 입장에서는 '내가 내 자식을 어떻게 키웠는데 떠나보내?'라고 생각합니다. 떠나지 않는 것이 행복할 것 같다고 생각하는 것입니다.

그러나 성경은 단호하게 부모를 떠나라고 말씀합니다. 떠나야 행복합니다. 그래서 비밀입니다. 떠나는 것이 하나님의 뜻인데 안 떠나서 문제가 됩니다. 그러므로 부모를 떠나시길 축원합니다.

부모를 떠나라는 말은 부모님과 멀리 살아라, 부모와 같이 살지 말아라 하는 말이 아닙니다. 부모님과 함께 살아도 좋습니다. 이 말의 근본 의도가 무엇입니까? 이전에는 부모님과 나와의 관계가 세상에서 제일 밀접한 관계였습니다. 부모님이 1순위였습니다. 그런데 결혼하는 순간부터는 그 관계를 능가하는 관계가 생겨납니다. 바로 부부 관계입니다.

부모를 떠나라는 말은 부부 관계의 절대성을 인정하라는 것입니다. 왜 그렇습니까? 결혼하면 부부가 하나가 됩니다. 하나가 되려면 뭐가 필요합니까? 부부가 하룻밤 같이 잠을 잤다고 하나가 되는 것이 아닙니다. 하나가 되려면 먼저 부모를 떠나야 합니다. 그래야 부부가 진정으로 하나가 될 수 있습니다.

하나가 된 부부는 이제 하나로서 살아야 합니다. 부부가 하나가 되어서 모든 것을 풀어 가야 합니다. 부부는 이제 하나이니까 재정 문제도 부부가 상의해서 풀어 가야 합니다. 부모님께 효도할 때도 각각 자기의 방식으로 하는 것이 아니라 합의하에 하나가 되어서 해야 합니다. 양가 부모님들이 두 사람의 부모님이 되었기 때문에 이제 두 사람이 하나가 되어 어떻게 부모님을 공경할까 생각해야 한다는 것입니다.

부부의 마음이 하나가 안 되었을 때는 어떻게 해야 합니까? 보류해야 합니다. 기다려야 합니다. 서두를 것 없습니다.

그런데 왜 성경은 이런 말씀을 할까요? 부부 두 사람은 문제가 없는데 부모님 때문에 문제가 많이 생기더라는 것입니다. 이 문제를 우리가 어떻게 풀어 갈 것입니까? 그래서 부부가 행복해지는 첫 번째 비밀이 부모를 떠나는 것입니다. 그래야 그 부부는 부부로서 하나가 되어 하나님의 뜻을 따라 행복하게 살아갈 수 있습니다. 그러므로 부모를 떠나시길 축원합니다.

그렇다면 부모를 어떻게 떠나야 합니까? 먼저 영적으로 떠나십시오. 영적으로 독립해야 합니다. 경제적으로도 떠나십시오. 경제적으로 부모님을 의지하지 말고 독립하시길 축원합니다. 그런가 하면 감정적으로, 정서적으로도 떠나시길 축원합니다. 감정적으로 부모님께 상처가 있다면 깨끗하게 십자가 앞에서 풀고 용서하고 떠나야 합니다. 그렇지 않으면 부모로부터 받은 상처가 새롭게 시작하는 부부 관계를 힘들게 합니다. 오늘 이런 은혜가 있기를 축원합니다.

하나님께서 말씀하시는 행복한 부부가 되는 두 번째 비밀은 무엇입니까?

둘째, 부부는 서로 섬겨야 합니다.

두 사람이 사랑해서 결혼합니다. 많은 부부들이 행복하려고 결혼합니다. 그런데 결혼한다고 저절로 행복해지지는 않습니다. 그렇다면 서로에게 어떻게 해야 행복한 가정을 이룰 수 있습니까? 많은 가정이 갈등하고 어려움을 겪는 이유가 무엇입니까?

이기심 때문입니다. 부부가 행복해지려면 어떻게 해야 합니까? 서로에게 헌신해야 합니다. 서로를 섬겨야 합니다. 여러분, 결혼의 목적은 섬기려는 것입니다. 사람이 진짜 사랑하면 사랑하는 사람을 섬기게 됩니다. 사랑하는 사람을 더 잘 섬기려고 결혼합니다.

"그리고 맡은 자들에게 구할 것은 충성이니라"(고전 4:2).

그런데 서로에게 헌신하는 방법에 있어서 남편과 아내가 좀 다릅니다. 우리는 그것을 이해해야 합니다. 남편은 어떻게 아내에게 헌신해야 할까요?

"남편들아 아내 사랑하기를 그리스도께서 교회를 사랑하시고 그 교회를 위하여 자신을 주심같이 하라"(엡 5:25).

아내를 사랑하므로 자신을 내어 주는 것입니다. 자기의 모든 것을 아내에게 내어 주는 것이 남편이 걸어가야 하는 길입니다. 주님이 조건 없이 교회를 사랑해서 당신의 모든 것을 내어 주신 것처럼 남편들은 아내를 조건 없이 다 내어 주며 사랑해야 합니다.

여러분, 다 내어 주면 남편에게 손해가 될 것 같지만 그렇지 않습니다. 이것이 남편의 행복이고, 남편의 보람입니다. 이것이 남편의 가치이고, 남편의 영광이며, 남편을 향한 하나님의 뜻입니다. 이것이 비밀입니다.

남편은 돈을 부지런히 벌어서 아내에게 다 가져다주십시오. 절대로 아까워하지 마십시오. 사랑하면 생명도 내어 줄 수 있는 것인데 왜 돈을 못 줍니까? 다 주는 것이 남자의 역할입니다. 내가 수고하고 노력하여 얻은 것을 사랑하는 아내와 자녀와 가족들에게 다 줌으로써 그들이 건강하고 행복하게 살도록 하는 것이 남편과 아버지의 길이라는 것입니다.

남편들은 그리스도를 대신하여 공급자가 되어야 합니다. 그러므로 물질도 주고, 관심도 주고, 자신의 모든 것을 아낌없이 내어 주는 남편들이 되시길 축원합니다. 이것이 남편이 가정에 헌신하는 방법입니다. 아내들은 지금 자신이 누리는 것이 남편에게서 왔음을 고백할 것입니다.

물론 하나님께서 남편에게 복을 주시고 능력도 주셨습니다. 그러나 남편의 수고를 통하여 그것이 지금 아내에게 주어졌습니다. 또 요즘은 거의 다 맞벌이를 합니다. 다른 형태의 가정도 있습니다. 그러나 성경의 원칙은 절대로 변하지 않습니다. 남편은 아내에게 모든 것을 내어 줌으로 헌신합니다.

그렇다면 아내는 남편에게 어떻게 헌신할까요?

"그러므로 교회가 그리스도에게 하듯 아내들도 범사에 자기 남편에게 복종할지니라"(엡 5:24).

부부는 동등합니다. 부부는 동등하지만 부부 역시 작은 그룹이며 단체입니다. 그래서 부부지간에도 질서가 있습니다. 하나님은 작은 질서 속에 남편을 대표자로, 머리로 세우셨습니다.

"이는 남편이 아내의 머리 됨이 그리스도께서 교회의 머리 됨과 같음이니 그가 바로 몸의 구주시니라"(엡 5:23).

그러므로 몸이 머리의 지시를 따라오듯이 아내도 남편에게 복종해야 합니다.

남편에게 복종하라고 하면 많은 여성들이 왜 복종해야 하느냐며 반발할 것입니다. "내가 뭐가 부족해서 복종을 해요? 내가 더 능력이 많아서 돈도 많이 버는데 내가 왜 복종해야 합니까?" 이것이 행복의 비밀이기 때문입니다. 복종하기 싫지만 복종해야 행복합니다. 그래서 비밀입니다.

왜 아내들이 남편에게 복종해야 합니까? 남자는 남성성을 가지고 태어납니다. 남성성의 가장 중요한 요소는 바로 왕의 속성입니다. 왕은 지배자이며 보호자이며 공급자입니다. 남자는 이런 남성성을 본성적으로 가지고 있습니다. 내가 다스려야 하고 보호해야 하고 공급해야 한다는 것을 알고 있습니다. 남성들에게는 이런 남성성이 아주 중요하게 자리하고 있습니다.

그렇다면 여성성의 중요한 요소는 무엇입니까? 현명한 조언자입니다. 왕과 현명한 조언자, 이것이 비밀입니다. 이것이 부부 관계 속에 있는 메커니즘입니다.

아내가 몰라서 복종하는 것이 아닙니다. 아내가 부족해서 복종하는 것이 아닙니다. 하나님이 주신 질서이기 때문에 순종하는 것입니다. 그런가 하면 이것이 아내들의 본성이기 때문입니다. 그래서 아내들이 순종할 때 남편과 더 깊이 연합할 수 있습니다. 그렇게 순종하는 아내를 남편이 더 귀하게 여겨주고 존중함으로 두 사람의 관계가 더 아름다워집니다. 이것이 하나님의 뜻입니다.

사랑하는 성도 여러분, 왕에게 가장 필요한 사람이 누구입니까? 현명한 조언자입니다. 왕들은 뭔가를 결정하기 전에 묻습니다. "어떻게 하면 좋겠습니까?" 왕이라고 모든 것을 다 압니까? 신하가 왕보다 더 똑똑합니다. 그래서 왕에게 조언이 필요합니다.

그런데 신하가 왕에게 조언할 때는 태도가 중요합니다. 남편에게 잘 조언하되 조언으로 끝나야 합니다. 그러지 않고 아내가 남편에게 강요하거나 명령하면 왕이 어떻겠습니까? 아주 싫어합니다. 그래서 지혜로운 신하는 지혜롭게 조언합니다. 결정은 왕이 하도록 맡기는 것입니다. 이것을 충성이라고 합니다. 그럴 때 왕은 그 신하를 존귀하게 여기는 것입니다.

이런 비밀을 모르면 부부가 대화를 하다가 어느 순간 꼭 큰소리로 끝을 냅니다. "알았어! 그만해!" 하고 남편이 딱 끊어 버리는 경우가 있습니다. 남편을 무시하는 태도나 말투 때문입니다. 남자는 그 순간에 정확하게 압니다. 아내의 말투와 태도가 지나치다는 것을 압니다. 그래서 아내가 현명한 조언자의 범위를 넘어서면 남자는 그 말을 끊어 버립니다. "알았어! 그만해!" 그리고 듣지 않습니다.

그러므로 아내들이여, 정말 행복하길 원하십니까? 그렇다면 이런 남성성을 아시고 남자를 휘어잡으려고 하지 마시길 부탁드립니다.

아내의 말을 제일 잘 듣는 사람이 누구입니까? 남편입니다. 자식보다 남편이 말을 더 잘 듣습니다. 그러니 아내들은 남편의 반응에 서운해하지 말고 먼저 부드럽게 말하기를 권합니다. "여보, 내 생각은 이렇습니다. 그러니 이제 당신이 잘 판단하세요. 내 생각은 이러니 이제 당신이 잘 결정하세요. 나는 당신의 결정을 따르겠습니다." 이렇게 권위를 인정해 주면 됩니다.

그렇다고 그런 아내를 남편이 무시합니까? 무시하지 않습니다. 사실은 남편도 복종합니다. 그런데 순서는 아내가 먼저입니다. 이것이 비밀입니다.

우리는 성령 충만을 사모합니다. 성령 충만의 목적이 무엇입니까?

"그리스도를 경외함으로 피차 복종하라"(엡 5:21).

성령 충만하면 그리스도를 경외하게 되어 있습니다. 그리고 진리 가운데서 서로 복종하게 되어 있습니다. 그렇다면 성령 충만이 실천되어야 할 장소는 어디입니까? 교회입니까? 아닙니다.

"아내들이여 자기 남편에게 복종하기를 주께 하듯 하라"(엡 5:22).

성령 충만이 실천되어야 하는 현장은 바로 가정입니다. 성령 충만이 가정에서 실천되지 않으면 그 성령 충만은 문제가 있는 것입니다. 여성들이 성령 충만 받고 가장 먼저 해야 할 일이 바로 남편에게 복종하는 것입니다.

"전에 하나님께 소망을 두었던 거룩한 부녀들도 이와 같이 자기 남편

에게 순종함으로 자기를 단장하였나니"(벧전 3:5).

무슨 말씀입니까? 하나님께 소망을 두는 여자는 남편에게 순종할 수 있습니다. 그러나 남편에게 소망을 두면 순종할 수 없습니다. 그러므로 하나님께 소망을 두시길 축원합니다.

하나님이 나를 여자로 만들었고 이 남자와 함께 가정을 이루게 하셨으니, 그 하나님께 소망을 두면 하나님의 뜻을 따라서 순종할 수 있다는 것입니다. 그러면 반드시 그 결과는 하나님이 책임져 주십니다.

그러므로 거듭난 믿음의 딸이라면 기꺼이 남편에게 순종하시길 축원합니다. 그럴 때 가정에 순종의 영이 흐르게 됩니다. 그런데 거역하면 그 가정이 거역의 영에 잡히게 됩니다.

사랑하는 성도 여러분, 우리가 잊지 말아야 할 것은 우리를 남자와 여자로 지으신 분이 하나님이라는 것입니다. 가정을 만든 분도 하나님입니다. 진정한 행복의 길을 아시는 분도 하나님입니다.

오늘 하나님의 말씀 앞에 선택은 내가 하는 것입니다. 결과도 내가 얻는 것입니다. 그런데 왜 그렇게 옳은 말씀을 받아들이기가 어렵습니까? 왜 하나님의 말씀에 순종하기가 어렵습니까? 왜 남편에게 순종하기가 어렵습니까? 인간이 죄인이기 때문입니다.

죄인인 인간은 말씀에 순종하는 것이 아니라 아직도 자기중심적입니다. 그러나 부부의 행복의 길은 다른 데 있지 않습니다. 남편은 아내를 사랑해서 모든 것을 내어 주고, 아내는 그 남편에게 즐거이 순종할 때 참으로 행복한 가정이 됩니다. 여러분, 이것 말고는 다른 방법이 없습니다. 그러므로 이것이 비밀입니다.

그렇다면 이런 부부 사랑의 모델을 어디에서 찾을 수 있을까요? 우리의 부부 사랑의 모델은 누구입니까?

셋째, 그리스도와 교회입니다.

어떤 가정이나 사람을 모델로 삼으면 가치관의 변화, 세월에 따른 변화, 문화와 역사의 변화에 의해서 변할 수 있습니다. 그러나 그리스도와 교회는 영원한 가치로서 불변합니다. 이것이 모델이 되어야 합니다.

여러분, 예수님이 교회를 위해 어떤 일을 하셨습니까? 십자가에 죽으심으로 자기 생명을 주셨습니다. 자격이 없는 교회를 가장 귀한 존재로 만들어 주셨습니다. 교회를 향한 예수님의 사랑은 비교할 수가 없는 것입니다.

그러므로 교회는 그리스도에게 어떻게 해야 합니까? 사랑하고 충성하고 복종해야 합니다. 날마다 감격하고 찬양해야 합니다. 주님의 영광을 생각해야 합니다. 이것이 그리스도와 교회의 관계입니다. 여러분, 부부 관계도 그런 것입니다.

부부는 어디를 바라보아야 합니까? 남자는 다른 사람을 바라보면 안 됩니다. 예수님을 바라봐야 합니다. 예수님이 교회를 어떻게 사랑하셨는지 십자가를 바로 보아야 합니다. 그래야 남편의 길을 걸어갈 수 있습니다.

아내들은 남편에게 어떻게 해야 합니까? 어디를 바라보면 됩니까? TV가 아닙니다. 다른 아내들이 남편에게 어떻게 하는가 보고 따라가면 안 됩니다. 교회가 그리스도께 어떻게 하는지를 생각해야 합니다. 그럴 때 아내는 아내의 길을 흔들림 없이 갈 수 있습니다.

그러므로 가정이 행복해지려면 세상이 뭐라고 하든지 하나님의 말씀으로 돌아가야 합니다. 이것이 하나님이 남편들에게 가르쳐 주신 비밀입니다. 아내들에게 보여 주신 비밀입니다. 신의 한 수입니다. 다른 방법은 없습니다. '아내들아, 남편에게 복종하라'는 것은 하나님이 아내들에게 주시는 최고의 묘수입니다. 다른 수가 없다는 것입니다.

그런데 많은 남자들이 아내에게 자기 자신을 다 내어 주지 않습니다. 앞으로 점점 더 이기적이 되고 인색하게 변할 것입니다. 또한 아내들은 세월이 흐를수록 남편을 더 거역할 것입니다. 하나님의 말씀을 듣지 않음으로 가정이 갈수록 황폐해지고 불행해질 것입니다. 세상이 그리로 가고 있기 때문입니다.

방법은 하나뿐입니다. 하나님의 말씀으로 돌아오시길 축원합니다. 만일 여러분이 하나님을 믿는 하나님의 자녀라면 말씀으로 돌아오시길 축원합니다.

이제 바울은 결론을 내립니다. '부부의 사명, 아내를 사랑하고 남편을 존경하라.' 한 절로 정리합니다.

> "그러나 너희도 각각 자기의 아내 사랑하기를 자신같이 하고 아내도 자기 남편을 존경하라"(엡 5:33).

모든 아내들이 남편에게 원하는 것이 무엇입니까? 자기를 조건 없이 사랑해 주는 것입니다. 모든 남편이 진심으로 바라는 것은 아내가 자기를 존경해 주는 것입니다. 그러므로 이제부터 아내들은 내 남편을 다른 남자와 비교하면 안 됩니다. 내 남편이 밖에서는 존경받지 못한다 할지라도 우리 가정 안에서는, 나에게서는 존경받을 가치가 있음을 인정하시길 축원합니다.

마찬가지로 남편들은 내 아내를 다른 아내와 비교해서도 안 됩니다. 내 아내가 다른 곳에서는 사랑받지 못할지라도 나에게는 사랑을 받아야 하기 때문입니다. 아내의 모든 것이 마음에 드는 것은 아닙니다. 남편의 모든 것이 존경할 만한 것은 아닙니다. 그러나 다시 결심해야 합니다. 사랑하기로 하나님 앞에서 약속하고, 매번 사랑하기로 결심해야 합니다.

이렇게 굳게 마음을 먹으면 웬만한 것은 극복할 수 있고 사랑의 힘을 얻게 됩니다. 이런 사랑을 받으면 서로를 존경하게 됩니다.

우리 교회 가정마다 아내를 사랑하고 아낌없이 내어 주는 남편이 되고, 그 남편에게 즐거이 순종하는 아내가 되어 행복한 가정이 되시길 축원합니다.

영적인 관계의 관점을 디자인하라
Design your perspective

행복의 비밀 - 부부의 사명

첫째, 부모와의 관계입니다.
둘째, 부부는 서로 섬겨야 합니다.
셋째, 그리스도와 교회입니다.